普通高等学校"十三五"规划教材

经管核心课

应用统计学

（第4版）

施金龙　吕　洁　施　然　编著

南京大学出版社

图书在版编目(CIP)数据

应用统计学 / 施金龙，吕洁，施然编著. —4版
—南京：南京大学出版社，2016.6(2020.7重印)
普通高等学校"十三五"规划教材. 经管核心课
ISBN 978-7-305-17024-9

Ⅰ. ①应… Ⅱ. ①施… ②吕… ③施… Ⅲ. ①应用统计学—高等学校—教材 Ⅳ. ①C8

中国版本图书馆 CIP 数据核字(2016)第 120221 号

出版发行	南京大学出版社
社　　址	南京市汉口路22号　　邮　编　210093
出版人	金鑫荣
丛书名	普通高等学校"十三五"规划教材·经管核心课
书　　名	应用统计学(第4版)
编　著	施金龙　吕　洁　施　然
责任编辑	何永国　　　　　编辑热线　025-83686596
照　　排	南京开卷文化传媒有限公司
印　　刷	南京人民印刷厂有限责任公司
开　　本	787×1092　1/16　印张 20.75　字数 596千
版　　次	2016年6月第4版　2020年7月第5次印刷
ISBN 978-7-305-17024-9	
定　　价	42.00元
网　　址	http://www.njupco.com
官方微博	http://weibo.com/njupco
微信服务号	njuyuexue
销售咨询热线	(025)83594756

本书配套PPT及期末模拟卷

* 版权所有，侵权必究
* 凡购买南大版图书，如有印装质量问题，请与所购
　图书销售部门联系调换

第1版序

现代统计学发展到今天,已经成为与数学和一系列实质性学科互有交叉的综合性、通用性方法论学科。从统计方法的构成来看,统计学可以分为描述统计学和推断统计学;从统计方法的研究与应用来看,统计学可以分为理论统计学和应用统计学。

理论统计学是指统计学的数学原理,它主要研究统计学的一般理论和统计方法的数学理论。应用统计学是指统计学的专业应用,它主要研究如何应用统计原理和方法去解决各专业领域的实际问题。本书紧密结合企业管理和经济管理的实际问题,阐述统计原理和方法及其应用。

本书按篇幅精简、内容丰富、适用面广的原则编写,是一本经济类、管理类的非统计专业的通用性、导论性教材。各章配有习题,并附有参考答案;在部分章节中,穿插补充 Excel 的统计应用。

本书由施金龙任主编,吕洁任副主编;王晓晖、王云、黄雪丽参加部分章节的编写。

编者学习、吸收了大量统计学著作和相关文献的理论成果。在此,向这些著作和文献的作者,表示我们的深深谢意。

编 者
2005 年 10 月

第 2 版序

现代统计学发展到今天,已经成为与数学和一系列实质性学科互有交叉的综合性、通用性方法论学科。从统计方法的构成来看,统计学可以分为描述统计学和推断统计学;从统计方法的研究与应用来看,统计学可以分为理论统计学和应用统计学。

理论统计学是指统计学的数学原理,它主要研究统计学的一般理论和统计方法的数学理论。应用统计学是指统计学的专业应用,它主要研究如何应用统计原理和方法去解决各专业领域的实际问题。本书紧密结合企业管理和经济管理的实际问题,阐述统计原理和方法及其应用。

本书按篇幅精简、内容丰富、适用面广的原则编写,是一本经济类、管理类的非统计专业的通用性、导论性教材。各章配有习题,并附有参考答案。在部分章节中,穿插补充 Excel 的统计应用。

本书第 1 版 2005 年出版以来,受到多方专家、教师和学生的好评。2007 年 4 月、9 月,本书分别获得"江苏科技大学精品教材""镇江市哲学社会科学优秀成果三等奖"等荣誉。

本书第 2 版主要修正了第 1 版中的遗漏和错误,改写了第 1 版中的部分过时的统计数据和习题资料。施金龙、吕洁、王晓晖、黄雪丽教师和李绍丽、张艳同学参加了本书改版工作。

为方便教学,我们编写了随书赠送的配套教学辅助材料(光盘),内含教学课件和模拟试卷。我们真诚期待广大教师和学生,就本书使用及统计教学中的相关问题,与我们交流、切磋。我们热忱欢迎广大教师和学生,查阅我们的网页、发送邮件到我们的电子邮箱:http://202.195.195.69/lesson/teacher/mainteacher.jsp、jkdsjl@yahoo.com.cn。

编者学习、吸收了大量统计学著作和相关文献的理论成果。在此,向这些著作和文献的作者,致以我们的深深谢意。

编 者
2008 年 3 月

第 3 版序

统计思维是现代人必须具备的素质之一。正如英国学者威尔斯(H. G. Wells)所说:统计思维,如同读写能力一样,总有一天会成为讲求效率的公民所必需的本领。教育部也一直将《统计学》列为经济和管理类大学本科教育的核心基础课程。

本书《应用统计学》定位于经济类、管理类的大学本科非统计专业开设"统计学""统计学原理""应用统计学""管理统计学"等课程的通用性、导论性教材。本书按篇幅精简、内容丰富、适用面广的原则编写。各章配有习题,并附有参考答案。在部分章节中,穿插补充 Excel 的统计应用。

本书 2008 年再版以来,受到多方专家、教师、学生等读者的广泛认可和好评,销量不断增加。这给予了我们极大的鼓励,也使我们更有信心对本书不断改进和完善。

本书第 3 版主要修正了第 2 版中的遗漏和错误;改写了第 2 版中的部分过时的统计数据和习题资料;增设了"知识链接"栏目(留给课程教学和读者阅读的广阔知识空间);补充了各章的习题。

本书第 3 版的改版工作,有幸邀请江西农业大学南昌商学院三位教师加盟。参加改版的这三位教师和江苏科技大学四位教师的角色分工是:施金龙和吕洁任主编;潘求丰(江西农业大学)和杨君(江西农业大学)任副主编;施然、王育霞和杨娟(江西农业大学)参与编写。

为方便教学,我们编写了随书赠送的配套教学辅助材料(光盘),内含教学课件和模拟试卷。我们真诚期待广大师生和读者,就统计教学及本书使用中的相关问题,与我们交流、切磋。我们热忱欢迎广大师生和读者,查阅我们的网站(http://202.195.195.21),点击"网络教学";发送邮件到我们电子邮箱(jkdsjl@yahoo.com.cn)。

编者学习、吸收了大量统计学著作、相关文献及网络资料的理论成果。在此,向这些著作、文献和资料的作者,致以我们的深深谢意。

编 者
2012 年 6 月

第 4 版序

本书第 4 版对第 3 版各章做了修正、补充和完善。第一，以"十二五"我国经济和社会发展的最新统计数据，更新了第 3 版中的部分过时的统计数据和习题资料。第二，较大幅度地补充了第 3 版部分章节的习题，补齐了各章单选题和多选题。第三，在保留第 3 版各章"知识链接"内容的基础上，增加了"英文选读"栏目(作为学生课外阅读和教师双语教学的可选素材)。第四，删节了第 3 版中一些不必要的数学证明。

为方便教学，我们编写了随书赠送的配套教学辅助材料，内含教学课件和模拟试卷。我们热忱欢迎广大师生和读者选用、阅读本书，真诚期待与各位交流本书使用及统计学教学中的相关问题。交流邮箱：JSKDSJL@163.com。

编者学习、吸收了大量统计学著作、相关文献及网络资料的理论成果。在此，向这些著作、文献和资料的作者，致以我们的深深谢意。

编　者
2016 年 3 月

目 录

第1版序 ………………………………………………………………………… 1
第2版序 ………………………………………………………………………… 1
第3版序 ………………………………………………………………………… 1
第4版序 ………………………………………………………………………… 1

第一章 绪 论 …………………………………………………………………… 1
  第一节 统计学的产生和发展 ……………………………………………… 1
  第二节 统计学的对象与方法 ……………………………………………… 3
  第三节 统计学的基本概念 ………………………………………………… 5
  第四节 统计工作的任务和职能 …………………………………………… 8
  习 题 ………………………………………………………………………… 12

第二章 统计调查 ……………………………………………………………… 15
  第一节 统计调查概述 ……………………………………………………… 15
  第二节 统计调查方案 ……………………………………………………… 17
  第三节 统计调查体系 ……………………………………………………… 26
  习 题 ………………………………………………………………………… 33

第三章 统计整理 ……………………………………………………………… 35
  第一节 统计整理概述 ……………………………………………………… 35
  第二节 统计分组 …………………………………………………………… 36
  第三节 分布数列 …………………………………………………………… 43
  第四节 统计资料汇总 ……………………………………………………… 50
  第五节 统计图表 …………………………………………………………… 51
  习 题 ………………………………………………………………………… 61

第四章 综合指标 ……………………………………………………………… 66
  第一节 总量指标 …………………………………………………………… 66
  第二节 相对指标 …………………………………………………………… 70
  第三节 平均指标 …………………………………………………………… 77
  习 题 ………………………………………………………………………… 94

第五章 变异与均衡指标 ……………………………………………………… 98
  第一节 变异指标 …………………………………………………………… 98
  第二节 偏度指标 …………………………………………………………… 108

第三节　峰度指标 …………………………………………………………………… 111
　　第四节　均衡指标 …………………………………………………………………… 114
　　第五节　Excel 在统计描述中的应用 ………………………………………………… 118
　　习　题 ………………………………………………………………………………… 124

第六章　时间数列 …………………………………………………………………… 127
　　第一节　时间数列概述 ……………………………………………………………… 127
　　第二节　时间数列指标 ……………………………………………………………… 130
　　第三节　时间数列分析 ……………………………………………………………… 140
　　第四节　时间数列预警 ……………………………………………………………… 151
　　第五节　Excel 在时间数列分析中的应用 …………………………………………… 156
　　习　题 ………………………………………………………………………………… 160

第七章　指　数 ……………………………………………………………………… 164
　　第一节　指数概述 …………………………………………………………………… 164
　　第二节　指数计算 …………………………………………………………………… 166
　　第三节　指数分析 …………………………………………………………………… 175
　　第四节　指数数列 …………………………………………………………………… 182
　　习　题 ………………………………………………………………………………… 187

第八章　抽样分布 …………………………………………………………………… 193
　　第一节　抽样概述 …………………………………………………………………… 193
　　第二节　抽样设计 …………………………………………………………………… 197
　　第三节　抽样分布 …………………………………………………………………… 200
　　习　题 ………………………………………………………………………………… 209

第九章　参数估计 …………………………………………………………………… 211
　　第一节　参数估计概述 ……………………………………………………………… 211
　　第二节　总体平均数的区间估计 …………………………………………………… 213
　　第三节　总体比率的区间估计 ……………………………………………………… 219
　　第四节　总体方差的区间估计 ……………………………………………………… 221
　　第五节　样本容量的确定 …………………………………………………………… 223
　　习　题 ………………………………………………………………………………… 226

第十章　假设检验 …………………………………………………………………… 229
　　第一节　假设检验的基本问题 ……………………………………………………… 229
　　第二节　总体平均数的假设检验 …………………………………………………… 233
　　第三节　总体比率的假设检验 ……………………………………………………… 239
　　第四节　总体方差的假设检验 ……………………………………………………… 242
　　第五节　Excel 在统计推断中的应用 ………………………………………………… 245
　　习　题 ………………………………………………………………………………… 253

第十一章 方差分析 ·········· 256
    第一节 方差分析概述 ·········· 256
    第二节 单因素方差分析 ·········· 257
    第三节 双因素方差分析 ·········· 262
    第四节 Excel 在方差分析中的应用 ·········· 267
    习　题 ·········· 270

第十二章 相关分析 ·········· 274
    第一节 相关分析概述 ·········· 274
    第二节 相关系数 ·········· 275
    第三节 回归方程 ·········· 284
    第四节 相关与回归 ·········· 291
    第五节 Excel 在相关与回归分析中的应用 ·········· 293
    习　题 ·········· 299

附录一 常用统计表 ·········· 303
    附表1 标准正态分布表 ·········· 303
    附表2 t 分布表 ·········· 304
    附表3 χ^2 分布表 ·········· 306
    附表4 F 分布表 ·········· 308

附录二 各章习题(部分)参考答案 ·········· 312

主要参考书目 ·········· 320

第一章 绪 论

> 那些默默无闻的统计学家们已经改变了我们的世界,不是发现了新的事实或技术,而是改变了我们推理和试验的方法,以及我们对这个世界的观念的形成方式。
>
> 哈克英

统计,原本是统而计之、合而计之的意思。后来,译自英语 statistics 的"统计"一词延伸为包含下面三种含义:统计工作,从事具体的数字资料搜集、分析的实践活动;统计数据,统计工作的成果——数字资料及相关信息;统计学,统计工作实践的理论总结和提炼,一门方法论科学。本章介绍统计学、统计数据及统计工作的一般问题。

第一节 统计学的产生和发展

人类的统计活动,特别是搜集社会经济数字资料的活动,在中国可以上溯到夏、商时代,在外国可以追及古埃及、古罗马时期。而统计学的历史,最早也只能从 17 世纪算起。统计学的产生和发展,大体上经历了三个阶段。

一、古典统计学

古典统计学指的是 17 世纪中末叶至 18 世纪中末叶萌芽时期的统计学。差不多同时,在德国和英国分别产生了"国势学"和"政治算术",史称"国势学派"和"政治算术学派"。

1. 国势学派

所谓国势学是指以文字来记述国家的显著事项的学说(故国势学派又称记述学派)。最早在德国大学里讲授国势学的是康令(H. Conring)。康令的后继者阿亨华尔(G. Achenwall)讲授国势学时,于 1749 年把"国势学"称为"Statistika",即"统计学"。

国势学派在研究各国的显著事项时,主要是用对比分析的方法研究关于国家组织、人口、军队、领土、财产等基本国情、国力,用以比较各国实力的强弱。国势学的研究方法侧重文字描述、性质解释,缺乏数量、数值分析。

2. 政治算术学派

这一学派是以英国人威廉·配第(W. Petty)的著作《政治算术》(1671 年写出,1690 年正式出版)命名的。这里的"政治"是指政治经济学,"算术"是指统计方法。《政治算术》运用大量实际资料,对英、法、荷三国的国情国力作了系统的数量对比分析,阐明英国的国际地位并不悲观。他用"数字、重量、尺度来说话"的方法,奠定了统计学的方法论基础。对此,马克思评价他是"政治经济学之父,在某种程度上也可以说是统计学的创始人。"

政治算术学派的另一创始人是约翰·格朗特(J. Graunt),他的代表作《对死亡率公报的自然观察和政治观察》与《政治算术》齐名。当时,伦敦人口死亡情况严重,格朗特对此作了分类计算和分析,揭示出人口出生率、死亡率、性别比例等人口现象的某些规律性事实。

政治算术学派的人物及著作,一直未正式使用"统计学"这一命名。因此,被称为无统计学之名却有统计学之实。这恰与国势学相反。一般认为,政治算术是统计学的正宗起源。

国势学所研究的是历史学的组成部分,政治算术也还未从政治学中分化出来。它们都属实质性的社会科学。

二、近代统计学

近代统计学指的是18世纪末到19世纪末期间发展起来的数理统计学派和社会统计学派及其学说。

1. 数理统计学派

1869年比利时人凯特勒(A. Quetelet)发表了《社会物理学》。他的社会物理学是"要给政治科学和精神科学附加上一种以观察和计算为基础的方法,而支配着社会现象的法则和方法则是概率论。"他把作为数学分支的概率论引入统计学,使统计方法在"政治算术"所建立的"算术"基础上,在准确化的道路上大大跨进一步。凯特勒不仅是近代统计学的先驱者,也是数理统计学的奠基人。因为数理统计学就是在概率论基础上,经过许多英美统计学者的努力,发展起来的一门兼有数学和统计学双重性质的新生科学。因此,英美统计学者将凯特勒誉为"近代统计学之父",数理统计学派又称英美数理统计学派。

2. 社会统计学派

19世纪中叶,正当英美数理统计刚刚开始发展的时候,在德国兴起了社会统计学派。

社会统计学派由德国人克尼斯(K. G. A. Knies)首创,主要代表人物还有德国人恩格尔(C. L. E. Engel)和梅尔(G. V. Mayr)。他们认为统计学是一门社会科学,是研究社会现象变动原因和规律性的实质性学科。社会统计学派一方面研究社会总体现象(不是个别现象),另一方面在研究方法上采用大量观察法,这两方面构成这一学派的两大特点。

社会经济的发展,社会科学不断细化和定量化,要求统计学提供更多的搜集资料、分析资料的方法。因此,社会经济统计学逐步从实质性科学向方法论科学转化。

三、现代统计学

现代统计学指自20世纪初至今的推断统计学。

统计学是一种以随机抽样为基础,推论(估计)总体数量特征的方法体系,导源于英国人戈塞特(W. S. Gosset)的小样本理论,后经费希尔(R. A. Fisher)、尼曼(J. Neyman)和皮尔逊(E. S. Pearson)等人而发展。

20世纪50年代以后,统计学的发展呈现三个明显的特点:其一是统计理论和方法的应用有了广泛的发展,不仅自然科学研究方面大量应用统计方法,就是社会和人文科学也越来越广泛地应用统计方法,特别是在经济和工商管理领域尤为如此;其二,进一步开发出一系列新的统计方法,如多元统计分析、探索性数据分析、现代时间序列方法等;其三是统计研究与电子计算机应用密切结合。

我国于20世纪初由日本传入统计学。新中国建立前,基本上是介绍、研讨英美数理统计学。新中国建立后,学习苏联的社会经济统计学(苏联学者定义的一门研究社会经济规律的实质性社会科学)。1978年以后,出现了是一门统计学还是两门统计学的争论。20世纪90年代以来,比较普遍的认识是:统计学是一个体系庞大、分支众多的大家族。在统计学这个学科体系中,尽管分支繁多,但它们的基本理论和基本方法都是共同的。

现代统计学发展到今天,已经成为与数学和一系列实质性学科互有交叉的综合性、通用性方法论学科。从统计方法的构成来看，统计学可以分为描述统计学和推断统计学；从统计方法的研究与应用来看，统计学可以分为理论统计学和应用统计学。

描述统计学研究如何取得反映客观现象的数据，并通过图表形式对所搜集的数据进行加工处理和显示，进而通过综合、概括与分析得出反映客观现象的规律性数量特征。而推断统计学则是研究如何根据样本数据去推断总体数量特征的方法，它是在对样本数据进行描述的基础上，对统计总体的未知数量特征做出以概率形式表述的推断。描述统计是推断统计的前提，推断统计是描述统计的发展；描述统计是整个统计学的基础，推断统计是现代统计学的核心。

理论统计学是指统计学的数学原理，它主要研究统计学的一般理论和统计方法的数学理论。应用统计学是指统计学的专业应用，它主要研究如何应用统计原理和方法去解决各专业领域的实际问题。本书紧密结合企业管理和经济管理的实际问题，阐述统计原理和方法及其应用。

知识链接 1："统计"词语的产生

统计已经有几千年的历史。不过在早期还没有出现"统计"这样的用语。

统计语源最早出现于中世纪拉丁语的 Status，意思指各种现象的状态和状况。由这一语根组成意大利语 Stato，表示"国家"的概念，也含有国家结构和国情知识的意思。根据这一语根，最早作为学名使用的"统计"，是 18 世纪德国政治学教授阿亨华尔在 1749 年所著《近代欧洲各国国家学纲要》一书绪言中，把国家学名定为"Statistika"（统计）这个词。原意是指"国家显著事项的比较和记述"或"国势学"，认为统计是关于国家应注意事项的学问。"统计"一词，就成了记述国家和社会状况的数量关系的总称。

此后，各国相继沿用"统计"这个词，并把这个词译成各国的文字。法国译为 Statistique，意大利译为 Statistica，英国译为 Statistics，日本最初译为"政表""政算""国势""形势"等，直到 1880 年在太政官中设立了统计院，才确定以"统计"二字正名。

1903 年（清光绪二十九年）钮永建、林卓南等翻译了横山雅南所著的《统计讲义录》一书，把"统计"这个词从日本传到我国。1907 年（清光绪三十三年）彭祖植编写的《统计学》在日本出版，同时在国内发行，这是我国最早的一本"统计学"书籍。

第二节 统计学的对象与方法

由以上统计学的发展史来看，统计学是从研究社会经济现象数量特征开始的。随着统计方法的不断发展和丰富，统计学的面貌发生了根本变化。时至今日，多数学者认为：统计学是在质与量的辩证统一中，通过大量观察和平均分析，对自然、社会客观总体现象的数量规律性进行研究的方法论科学。

一、统计学的对象

统计学的研究对象一直是统计学研究中的争论问题之一。学者们的分歧集中于三点：其一是认为统计学与统计工作的研究对象是一致的，两者均以实质性的社会科学规律为对象，称为实质性科学派；其二是认为统计学是专门研究关于社会经济总体现象的方法论的科学，强调统计方法的对象性，称为特定对象方法论派；其三是认为统计学研究的总体现象的数量特征和规律性，既适用于自然现象，也适用于社会现象，称为通用方法论派。

我们持通用方法论观点。统计学不研究各种现象自身的发展规律。各种自然现象和社会现象都有其自身发展规律，对这些规律的研究只能由各门实质性科学承担。统计学提供的一系列研究方法，使人们有可能透过对客观总体现象数量特征的观察与分析，觉察这种现象自身发展规律的存在，或者加深对这种规律的理解,而这种实质性规律的论证和解释要由研究特定现象的实质性科学具体给出。

统计学的研究对象是自然、社会客观现象总体的数量表现、数量界限和数量关系。统计学研究对象具有以下特点:

1. 数量性

统计学的研究对象是自然、社会经济领域中现象的数量属性,这一特点是统计学(定量分析学科)与其他定性分析学科的分界线。数量性是统计学研究对象的基本特点,因为,数字是统计的语言,数据资料是统计的原料。一切客观事物都有质和量两个方面,事物的质与量总是密切联系、共同规定着事物的性质。没有无量的质,也没有无质的量。一定的质规定着一定的量,一定的量也表现为一定的质。而从认识的角度,可以在一定的质的情况下,单独研究量,通过认识事物的量进而认识事物的质。

2. 总体性

统计学的研究对象是自然、社会经济领域中现象总体的数量属性,即统计的数量研究是对总体普遍存在着的事实进行观察和分析,认识现象总体的数量特征和规律性。自然、社会经济现象的数据资料和数量对比关系等,一般是在一系列复杂因素的影响下形成的。在这些因素当中,既有发挥决定和普遍作用的主要因素,也有发挥偶然和局部作用的次要因素。由于种种原因,在不同的个体中,它们相互结合的方式和实际发生的作用都不可能完全相同。所以,对于每个个体来说,就具有一定的随机性质,而对于有足够多数个体的总体来说又具有相对稳定的共同趋势,显示出一定的规律性。例如,对企业员工工资的统计分析,并不着重分析和研究个别员工的工资数额,而是着重分析和研究一个企业总体的工资水平。

3. 具体性

统计学研究对象是自然、社会经济领域中具体现象的数量属性,这正是统计学与数学的分水岭。数学是研究事物的抽象空间和抽象数量的科学,而统计学研究的数量大多是客观存在的、具体实在的数量表现。统计数据作为主观对客观的反映,必然是存在第一性、意识第二性,存在决定意识。只有如实地反映具体的已经发生的客观事实,才能为统计分析、研究提供可靠的基础,才能分析、探索和掌握事物的统计规律性。

4. 变异性

统计学研究对象的变异性是指构成统计学研究对象的总体各单位,除了在某一方面保持同质以外,在其他方面存有差异,而且这些差异并不是由某种特定的原因事先给定的。假如高等院校作为统计学的研究对象,则它除了都是从事高等教育的教学活动这一共同性质之外,各高等院校在隶属主管部门、院校性质、招生规模、专业设置等各方面都有差异。企业员工作为统计学的研究对象,每个员工在性别、年龄、工龄、工作岗位、工资福利等方面也都会有不同表现。正是这种变异性,才使从观察和分析对象的差异表现中探索其特征及规律性的统计方法大有用武之地。

二、统计学的方法

统计学是采集数据和分析数据的方法论科学,是方法论的集合体。其中基本的方法有:实验设计法、大量观察法、平均分析法和归纳推断法。

1. 实验设计法

实验设计,就是对实验进行合理安排,以较小的实验规模(实验次数)、较短的实验周期和较低的实验成本,获得理想的实验结果(实验数据)以及得出科学的结论。

英国统计学家费希尔(R. A. Fisher)总结在农业生产中使用实验设计方法(研究育种)的实践,于

1935年出版了他的名著《实验设计》。书中提出了实验设计应遵循的三个原则:随机性、区组化和重复性。随机性是指在实验设计中,对实验对象的分配和实验次序都是按随机安排的。这种安排可以使可控的影响因素作用均匀化,突出不可控影响因素的作用。区组化是指利用类型分组技术,对实验对象按有关标志顺序排队,然后依次将各单位随机地分配到各处理组,使各处理组组内标志值的差异相对扩大,而处理组组间的差异相对缩小,以提高处理组的估计精度。重复性是指允许在相同条件下重复多次实验。重复实验是为了降低随机误差的影响,以保证实验结果的重现性。

2. 大量观察法

所谓大量观察,就是对同质的客观现象所组成的集团中的大量个体逐一观察、实验和调查,取得反映所有个体现象某些特征的一组数据,作为加工、分析的原始资料。

政治算术学派的苏斯密尔斯(J. P. Süssmilch),被视为大量观察法的倡导者。他从人们的统计研究中得出结论:"事实若多一分,人事现象的规律则多发现一分……因此,不能用太少的事实,要尽可能地多,而且更好的是要尽可能包含更多的年份。"

3. 平均分析法

英国学者鲍莱(A. L. Bowley)早在20世纪20年代就指出:"统计学为平均法科学。"将客观总体现象的内部差异加以抽象,以一简明的数值(平均数)概括反映总体的典型的数量特征,这就是平均分析法。统计学中的其他许多分析方法,例如总体差异的测度、总体动态趋势分析、指数计算和回归分析等,都体现了平均分析的思想和原理,都是平均分析方法的延伸和运用。

平均分析方法,也是认识经济规律的基本方法。马克思在《资本论》里,对于平均社会必要劳动量、平均利润率、平均地租等,无不以平均数作为规律的表现形式。

4. 归纳推断法

归纳推断法可细分为归纳法和推断法。归纳法是指由观察各单位的数量表现,总结得出有关全部单位的数量特征的从个别到一般的推理方法。推断法是指根据部分单位的观察结果,对全部单位的特征做出推论或估计的方法。

推断法是现代统计学的基本方法。它既可以用于对总体参数的估计,也可以用作对总体的某些假设进行检验,广泛应用于农业产量调查、工业产品质量检测和控制等方面的估计和检验。

第三节 统计学的基本概念

概念是人们对客观事物的不同方面分析归类而得出的基本名词。每门科学都有自己的特有概念,作为本学科的科学基础。概念之间的联系和发展引申出规律,规律的总和构成科学体系。因此,掌握一个学科的基本概念,是全面认识这门学科科学体系的基础环节。

统计学是研究客观总体现象数量特征的方法论,总体由总体单位组成,总体单位互有差异的特征通过标志以说明,标志经综合成指标,指标相互结合形成指标体系。因此,总体、总体单位、标志、指标和指标体系等,是统计学的基本概念。

一、总体,总体单位

总体就是统计研究对象的全体,它是由客观存在的、具有某种共同性质的许多个别事物构成的整体。简言之,总体就是同质个体集团。组成集团的个体,称为总体单位。

总体具有四个性质,即大量性、变异性、同质性和相对性。大量性是指总体内包含的总体单位有许许多多。如果总体是由个别或少数个体构成,就无从对其实施大量观察,就无法揭示总体的数量特征。变异性是指构成总体的各个总体单位之间互有差异。例如工业企业总体,其中的各个企业在所有制形式、企业规模、行业、产值等方面都有差异。同质性是指构成总体的各个总体单位之间虽互有差异，但至少具备一种共同的性质。同质性是总体的前提，而变异性则是统计的前提。相对性是指总体与总体单位是相对于统计研究目的而言的。例如，在研究目的是研究机械行业发展时，某一机械工业企业为总体单位；在研究目的是研究某一机械工业企业发展时，该企业为总体。

二、标志，标志表现

总体内各个总体单位之间的差异（变异），可以从总体单位的某些属性或特征方面加以描述和说明。说明总体单位属性或特征的名称，叫作标志。前述的所有制形式、企业规模、行业、产值等，即为标志。

标志按其性质可分品质标志和数量标志。品质标志表明总体单位属性方面的特征，它不能用数值表示，只能用文字说明。数量标志表明总体单位数量方面的特征，它用各种不同的数值表示。按变异情况，标志可分不变标志和可变标志。当一个标志在各个总体单位的具体表现都相同时，这个标志称为不变标志。所谓总体的同质性，即总体单位至少具有一个不变标志。当一个标志在各个总体单位的具体表现有可能不同时，这个标志称为可变标志或变异标志。所谓总体的变异性，也即总体单位具有可变标志。不变的数量标志称为常量或参数，可变的数量标志称为变量。

标志表现是标志在各总体单位的具体体现。例如，品质标志"职业"的标志表现为工人、农民、教师等，数量标志"工龄"的标志表现为3年、5年、10年等。数量标志的标志表现称为标志值或变量值。

三、指标，指标体系

根据一定的统计方法对总体各单位的标志表现进行登记、核算、汇总、综合，就形成能说明总体某一数量特征的指标。指标这一概念，有两种理解：一是说明总体特征的名称，一是说明总体特征的名称和数值。例如，粗钢产量或粗钢产量8亿吨，都可以理解为一个指标。若将指标仅理解为名称，指标的具体数值就相当于指标的具体表现。

指标按其说明总体特征内容的不同，分为数量指标和质量指标。数量指标是说明总体外延量大小的指标，如总人口、国内生产总值、粗钢产量等。质量指标是说明总体内涵量多少的指标，如人口出生率、全员劳动生产率、人均国内生产总值等。指标按其作用功能不同，分为描述指标和分析指标。客观反映总体数量特征的指标称为描述指标；对描述指标加以提炼、综合、重组，用以评价、判别、分析总体数量规律的指标，称为分析指标。

一个指标说明总体某一方面的特征，多个指标才能说明总体的全面特征。说明总体全面特征（全面说明总体特征）的多个相互联系的指标组成一指标群，这个指标群称为指标体系。例如，一个工业企业的生产经营活动是人力、物质、资金、生产、供应、销售相互联系的整体运作过程，以一群指标说明和分析企业的全面情况，就形成工业企业统计指标体系；又如工业产品产量可以选用实物产量、定额工时产量、价值产量（总产值、净产值、增加值）指标加以统计描述，这就可以称为产量统计指标体系。而产值＝产量×价格，总产量＝亩产量×面积等，也可以称为指标体系。

根据统计所研究问题的范围大小，指标体系大体分为基本指标体系和专题指标体系两大类。基本指标体系是反映国民经济和社会发展及其各个组成部分的基本情况的指标体系。这类指标体系能反映社会生产和生活的全过程，其组成部分又可以分成经济、社会和科技三个子体系（子系统）。专题指标体系是针对某一个社会经济、工商管理研究课题而专门设计的指标体系。例如，经济效益指标体系，人民生活水平指标体系等。

四、数据，数据计量

统计数据是总体单位标志或统计指标的具体数量表现。要对客观现象进行计量，首先必须弄清数据的计量尺度问题。根据对研究对象自身特点及对其计量的精确程度不同,美国社会学家、统计学家史蒂文斯(S. S. Stevens)提出了由低到高、由粗略到精确的四个层次计量尺度:定类尺度、定序尺度、定距尺度和定比尺度。

1. 定类尺度

定类尺度是最粗略、计量层次最低的计量尺度,它是按照客观现象的某种属性对其进行分类。作为定类尺度的数值只是作为各种分类的代码,并不反映各类的优劣、量的大小或顺序。例如,人口按性别分为男和女;本科学生按专业分为经济学、统计学、会计学等。定类尺度的主要数学特征是"="或"≠"。在统计处理中,对于不同的类别,虽然可以计算单位数,但它不能表某一类的一个单位可以相当于另一类的几个单位。

2. 定序尺度

定序尺度是对客观现象各类之间的等级差或顺序差的一种测度。利用定序尺度不仅可以将研究对象分成不同的类别,而且还可以反映各类的优劣、量的大小或顺序。例如,本科学生可以分为大一、大二、大三和大四四类;学生成绩可以分为优秀、良好、中等、及格和不及格五类。在这里,定序尺度虽然无法表明大四学生(学到的知识)等于几倍大三学生(学到的知识),成绩优秀等于几倍成绩良好;但却能确切地表明大四学生高于大三学生、大三学生又高于大二学生,优秀高于良好、良好又高于中等。定序尺度的主要数学特征是"<"或">"。

3. 定距尺度

定距尺度是对现象类别或次序之间间距的测度。定距尺度不但可以用数字表示现象各类别的不同和顺序大小的差异,而且可以用确切的数值反映现象之间在绝对量方面的差异。定距尺度没有真正的零点(绝对零点)。在定距尺度中,"0"表示某一个数值,并不表示"没有"或"无"。温度是典型的定距尺度,因为在摄氏温度中,0℃表示在海平面高度上水结冰的温度,并不表示没有温度。定距尺度的主要数学特征是"+"或"−"。

4. 定比尺度

定比尺度不仅具有定距尺度的全部性质,还能通过对比运算来反映现象之间在相对量方面的差异。定比尺度具有真正的零点(绝对零点)。在定比尺度中,"0"表示"没有"或"无"。例如,产品产量、生产成本、销售利润等都是定比尺度。定比尺度的主要数学特征是"×"或"÷"。

由定类尺度计量形成的定类数据,表现为类别,但不区分顺序;由定序尺度计量形成的定序数据,也表现为类别,但有顺序;由定距尺度计量形成的定距数据,表现为数值,可进行加、减运算;由定比尺度计量形成的定比数据,也表现为数值,可进行加、减、乘、除运算。前两类数据说明的是事物的品质特征,不能用数据表示,其结果均表现为类别,可统称为定性数据或品质数据;后两类数据说明的是现象的数量特征,能够用数值来表现,可统称为定量数据或数值数据。

根据对客观现象观察的角度不同,统计数据可分为:横截面数据和时间序列数据。横截面数据又称为静态数据,它是指在同一时间对同一总体内不同单位的数量进行观察而获得的数据。例如,2015年我国城镇居民人均可支配收入31 195元,农村居民人均可支配收入11 422元。时间序列数据又称为动态数据,它是指在不同时间对同一总体的数量表现进行观察而获得的数据。例如,2015年、2014年、2013年我国城镇居民人均可支配收入31 195元、28 844元、26 955元,2015年、2014年、2013年我国农村居民人均可支配收入11 422元、10 489元、8 896元。

从广义上说,不仅可变数量标志可称变量,而且所有指标也可称变量。因此,统计数据也就是统计变量的具体表现。变量的具体表现即为变量数值或变量值。根据变量值连续出现与否,变量可分为连续型变量和离散型变量。连续型变量是指变量的取值在数轴上连续不断,无法一一枚举,即在一个区间内可取任意实数值。比如,人体身高、体重,天气温度、湿度,零件尺寸、寿命等。离散型变量是指变量的数值可以一一枚举,且通常取整数值。比如,企业数、设备数和员工数等。

根据变量的取值确定与否,变量又可分为确定性变量和随机性变量。确定性变量是指受确定性因素影响的变量,即影响变量值变化的因素是明确的、可解释的和可控制的。例如,一节火车车厢的座位数、一个班级的学生人数,是确定性变量。随机性变量是指受不确定(又称随机性)因素影响的变量,即变量值的变化难以预先确定。经济现象、管理问题既有确定性变量,也有随机性变量。例如,一节火车车厢的乘客数、一个班级的听课人数,则是随机性变量。研究随机性变量是理论统计学的特色。

第四节 统计工作的任务和职能

一、统计工作的任务

本节所言统计工作是指社会经济统计工作。

统计工作是实现科学决策和科学管理的基础工作,在了解国情国力、指导国民经济和社会发展、推进社会主义现代化建设中,具有重要作用。

统计工作的作用体现于统计工作的任务中。切实地完成统计工作的任务,才能充分发挥统计工作的作用。《中华人民共和国统计法》(1983年制定,1996年修正,2009年修订)规定:统计工作的基本任务是"对经济社会发展情况进行统计调查、统计分析,提供统计资料和统计咨询意见,实行统计监督"。

二、统计工作的职能

统计工作除了提供统计资料(统计信息)以外,还要加强定性和定量分析,提供决策咨询,同时还需对经济运行状况进行监督。统计工作具有信息、咨询和监督三大职能。

信息职能是指统计具有一整套科学统一的统计指标体系和统计调查方法,能够灵敏地、系统地为决策和管理采集、处理、传递、存储和提供大量综合反映客观事物总体数量特征的社会经济信息。信息职能是统计工作最基本、最经常的职能。

咨询职能是指利用已经掌握的丰富的统计资源,运用科学的分析方法和先进技术手段,深入开展综合分析和专题研究,为科学决策和管理提供各种可供选择的咨询建议与对策方案。咨询职能要求统计部门、统计工作不仅要发挥信息库、数据库的作用,而且要发挥思想库、智囊库的作用。

监督职能是指通过统计调查和统计分析,及时、准确地从总体上反映经济、社会和科技的运行状态,并对其实行全面、系统的定量检查、监测和预警,以促进国民经济按照客观规律的要求持续、稳定、健康地发展。

三、统计工作的环节

一项完整的统计工作过程由统计设计、统计调查、统计整理和统计分析四个环节组成。

统计设计就是对统计工作的各个方面和各个环节进行通盘的考虑和安排。统计设计的结果形成设计方案,如指标体系、分类目录和调查方案等。它是统计工作的先行环节。统计调查就是按照调查方案,有计划、有步骤地搜集原始资料和相关资料。它是统计工作的基础环节。统计整理就是对调查得到的资料加以综合、汇总和改制,使之条理化、系统化,为进一步的分析提供便利。它是统计工作的中间环节。统计分析就是对整理后的资料,运用一定的方法,进行对比、分析、引申、判断等,以揭示研究对象的数量特征,提出决策或管理的建议。它是统计工作的决定性环节。

本章仅概述统计设计,后面第二、第三章分述统计调查、统计整理,第四至第十二章介绍各种基本的统计分析方法。

统计设计就是根据研究对象的特点和研究目的的需要,对统计工作的各个方面及全部过程,预先做出的通盘考虑和适当安排。所谓各个方面,是指研究对象的各个组成方面。例如,工业企业统计研究,包括企业人力、物资、资金、生产、供应、销售和环境等方面的调查与分析。所谓全部过程,是指统计工作的各个环节或阶段。例如,统计指标体系的建立,统计资料的采集、整理和分析,统计资料的发布、保管等。

统计设计内容广泛,涉及统计工作的全部领域,前述的实验设计只是统计设计的一个组成部分。社会经济统计最主要的统计设计,是关于指标及指标体系的设计。指标及指标体系设计的内容包括:

1. 确定体系的中心、关系及范围

设计指标体系,要明确该体系的中心,即选择什么指标作为核心指标;围绕核心指标,设置怎样相互联系的其他多个指标;该体系包括哪些指标,包括多少指标?

核心指标是指标体系中以其为主的中心指标。核心指标的选择,取决于研究对象的特点、研究目的要求、统计总体的范围等多重因素。工业经济评价考核指标体系中,多年来一直以工业总产值为核心指标。20世纪90年代起,改由工业增加值、工业销售产值充当。

核心指标确立后,就应当围绕核心指标,从现象之间的客观联系、因果关系、内部构成等方面,设置一系列指标,以形成一个完整的指标体系。体系范围的宽窄、指标数量的多少,以核心指标的计算和分析需要为准。例如,2014年9月国家统计局印发的《基于需求的反映提质增效转型升级统计指标体系》,从经济稳定、经济安全、结构优化、产业升级、质量效益、创新驱动、资源环境、民生改善八个方面,综合考虑数据的可获得性和数据质量,选取了国内生产总值(GDP)增长率、债务余额占财政总收入比重、服务业增加值占GDP比重、居民消费率、城镇化率、R&D经费与GDP之比、每万名就业人员R&D人员全时当量、单位GDP能源消耗降低率、主要污染物排放总量削减率、居民人均可支配收入与人均GDP之比等40多个综合指标。

2. 确定指标的名称、内涵及外延

设计任何一个指标都要明确:这个指标是什么(叫什么),反映什么问题,界限如何划定?

设计指标的名称,必须综合两方面的考虑。其一是实质性学科的相应概念,其二是指标的可度量、可数值化的要求。指标名称的确定,具体讲有两类情形:一类是客观现象或实质性学科概念本身就具有明确的度量功能,如价格、成本、利润、劳动生产率等。这一类可以直接将其概念引申为指标名称。另一类是本身不具备度量功能,如企业规模、国民素质、产品质量、经济效益等。这一类概念引申为指标,必须进行转换,具体方法有:

(1) 等价替代法。即在与被度量现象性质等价的其他具有度量功能的特征中,寻找最能反映其本质的度量特征来作为这一现象总体的指标。例如用企业的生产能力、固定资产价值、职工人数等指标来度量企业规模的特征。

(2) 因果替代法。即从决定被度量现象的原因及其形成结果的若干特征中,选择最能反映其本质的度量特征来作为这一现象总体的指标。例如,国民受教育程度可用受教育年限指标予以反映。

(3) 品级替代法。即按被度量现象的品质差异编为顺序递增或递减的品级(等级),使原来只能计质而不具备度量功能的特征转变为可以度量的指标。例如产品质量可用一级品、二级品等指标表示。

(4) 特质替代法。即根据被度量现象的性质和运动规律,设计专门的度量手段(概念)作为指标。例如根据儿童智力现象的性质(儿童掌握知识的能力)和运动规律(智力随年龄的增长而提高),可以设计具有度量功能的"智商",作为观察儿童智力的指标。

提出指标名称后,还要规定指标的含义或内涵、范围或外延。例如"职工工资总额"指标,其内涵和外延的规定为"企业在一定时期内直接支付给本企业全部职工的劳动报酬总额。包括:计时工资、计件工资、奖金、津贴和补贴、加班加点工资和其他工资。"

指标的外延习惯上称为指标口径。指标口径与总体范围是两个不完全一致的概念。例如,常住人口、现住人口,既可以指指标口径,也可以指总体范围,职工工资总额,仅表现为指标口径,并不表现为总体范围(这里的总体范围指包括哪些单位、哪些人,不包括哪些单位、哪些人)。

3. 确定指标的计算单位、方法及时间

对于实物量指标要规定是用自然实物单位(只、双、辆、头、台),度量衡单位(吨、米、升)或标准实物单位(标准煤、标准油),用什么办法折合标准实物量。对于劳动量指标要规定是用工时还是工日单位。对于价值量指标要规定是用本币单位还是外币单位。

计算单位选择不当,可能产生副作用。例如,生猪收购量按头计算时,发生过收购头数年年增加,而收购总量下降的情况。

大部分统计指标在明确规定了总体范围和指标口径之后,并不需要再规定具体的计算方法。这些指标的计算简单表现为点数、计量和加总,如产品产量(实物量)、职工人数、设备台数等。另一部分指标需要规定专门的计算方法。例如工业净产值指标,规定有两种计算方法:生产法和分配法。又如播种面积指标,有间种、套种等复杂问题,需规定恰当的处理办法。还有一些咨询型统计的分析指标,其计算方法建立于恰当的数学模型和高等数学的基础上。

指标的计算时间有两种规定:(1) 规定以一段时期(日、月、季、年)为界限;(2) 规定以某一具体时刻为界限。前者如"2010年工业增加值",后者如"2010年11月1日零时总人口"等。

计算时间选择不当,也会产生副作用。例如,按年末统计"牲畜存栏头数",并以此考核工作成绩,就可能发生秋季牲畜膘肥时不宰杀,留到年末计数的情况。这样,既浪费饲料,又减少出肉量。

指标计算除时间因素外,还有空间因素。正确计算还应预先规定指标的空间范围,即地区范围或组织系统范围。

四、统计工作的组织

统计工作是一项组织严密的科学活动,必须有一套完整的符合一国国情的统计组织制度和管理体制,保证统计任务和职能的实现。

世界各国政府统计的组织体制,大体上可以归结为两类模式:集中型体制和分散型体制。

集中型统计体制,是指国家统计制度的制订与实施统统由一个专门的中央政府机构负责。中央统计机关是政府统计工作的最高领导和统计中心。这类体制依集中程度又区分为两种:集中单轨型体制和集中双轨型体制。其中,集中单轨型体制以加拿大最为典型。这种体制下,中央统计系统对全国的统计业务实行完全的控制和实施。集中双轨型体制是社会主义国家(包括我国)一般采用的体制。这种体制下,政府统计业务由中央统计机构统一部署,但具体实施通过两条途径:一条是政府统计系统,即中央政府及地方政府设立的统计机构,承担社会经济状况的综合性统计任务;另一条是部门统计系统,即中央政府及地方政府的各业务管理(职能管理)部门附设的统计机构,承担本系统内相关业务状况的专项性统计任务。

与集中型体制相反,分散型体制下,政府统计业务不存在一个形式上的中央统一机构,而是由各职能部门分别负责实施。为了使分散的统计工作在职能上协调化,避免混乱,专门设一个协调机构。美国、日本等国采用这种体制。

我国建立集中统一的统计系统,实行统一领导、分级负责的统计管理体制。国务院设立国家统计局,依法组织领导和协调全国的统计工作。县级以上地方人民政府设立独立的统计机构,乡、镇人民政府设置统计工作岗位,配备专职或者兼职统计人员,依法管理、开展统计工作,实施统计调查。国家统计数据以国家统计局公布的数据为准。

我国的统计组织系统的具体组成是:(1) 政府综合统计系统,由国家统计局及其派出的调查队和地方各级政府的统计机构组成。(2) 部门专业统计系统,由中央及地方各级业务部门的统计机构组成。(3)基层单位统计组织,包括乡镇统计组织或统计专业人员、企业事业单位的统计组织或统计专业人员。(4)民间统计组织(统计事务所)。

知识链接 2：中国统计开放日与世界统计日

自第二次世界大战结束以来,各国为了促进全社会对官方统计的理解并动员全社会对官方统计予以配合和支持,一些国家开始设立统计日、统计周或统计月,对官方统计开展集中宣传。到目前,全世界共有约 80 个国家设立了统计日,每年均开展庆祝活动;另有一些国家举办统计周或统计月,每过若干年集中开展一次庆祝活动,或举办一次性的庆祝活动。

联合国统计委员会积极倡导并支持各国开展统计日活动。在联合国统计委员会的支持下,联合国统计司自 2008 年起开始推动庆祝世界统计日的工作,并于 2010 年 6 月 3 日,第 64 届联合国大会第 90 次会议上通过第 A/64/267 号决议,将 2010 年 10 月 20 日定为"世界统计日"。根据联大决议,世界统计日的主题是"庆祝官方统计的众多成就",要在庆祝活动中体现官方统计的核心价值："服务、诚信和专业"。

中国积极支持世界统计日的庆祝活动。中国是联合国大会第 A/64/267 号决议案的共同提案国,在 2010 年 10 月 20 日世界统计日当天,在上海世博园联合国馆举办了世界统计日庆祝活动。

为庆祝世界统计日,中国国家统计局开展了一系列配套活动,其中一个重要的方面就是在 2010 年 9 月 20 日组织了首个"中国统计开放日"活动,邀请社会各界代表赴统计机构参观座谈,以了解统计、走近统计、感受统计。一些媒体连续刊发宣传中国政府统计成就的系列文章,部分电视台、广播电台、网站对统计工作进行了深度报道,有的出版单位还专门发行了统计科普读物和宣传片。这些活动有力地宣传了统计工作,取得了良好的社会效果。

为了推动统计宣传工作的深入开展,国家统计局决定,于 2011 年 9 月 20 日举办第二届中国统计开放日,并动员全国各地积极响应,以"统计和您在一起""走向规范统一的中国统计"为主题,通过建立并完善统计宣传网站、组织街头画册发放和咨询服务、开展统计文化建设等方式向公众宣传统计。

英文选读 1 The First Five Words of Statistics

You can make better sense of the numbers you encounter if you learn to understand statistics. **Statistics**, a branch of mathematics, uses procedures that allow you to correctly analyze the numbers. These procedures, or **statistical methods**, transform numbers into useful information that you can use when making decisions about the numbers. Statistical methods can also tell you the known risks associated with making a decision as well as help you make more consistent judgments about the numbers.

The first five words of statistics, population, sample, variable, parameters and statistics help you to better identify what you analyze with statistics.

Population

CONCEPT: All the members of a group about which you want to draw a conclusion.

EXAMPLES: All U. S. citizens who are currently registered to vote, all patients treated at a particular hospital last year, the entire daily output of a cereal factory's production line.

Sample

CONCEPT: The part of the population selected for analysis.

EXAMPLES: The registered voters selected to participate in a recent survey concerning their intention to vote in the next election, the patients selected to fill out a patient satisfaction questionnaire, 100 boxes of cereal selected from a factory's production line.

Variable

CONCEPT: A characteristic of an item or an individual that will be analyzed using statistics.

EXAMPLES: Gender, the party affiliation of a registered voter, the household income of the citizens who live in a specific geographical area, the publishing category (hardcover, trade paperback, mass-market paperback, textbook) of a book, the number of televisions in a household.

INTERPRETATION: All the variables taken together form the data of an analysis. Although people often say that they are analyzing their data, they are, more precisely, analyzing their variables.

You should distinguish between a variable, such as gender, and its value for an individual, such as male. An **observation** is all the values for an individual item in the sample. For example, a survey might contain two variables, gender and age. The first observation might be male, 40. The second observation might be female, 45. The third observation might be female, 55. A variable is sometimes known as a column of data because of the convention of entering each observation as a unique row in a table of data. (Likewise, some people refer to an observation as a row of data.)

Parameter

CONCEPT: A numerical measure that describes a variable (characteristic) of a population.

EXAMPLES: The percentage of all registered voters who intend to vote in the next election, the percentage of all patients who are very satisfied with the care they received, the mean weight of all the cereal boxes produced at a factory on a particular day.

Statistic

CONCEPT: A numerical measure that describes a variable (characteristic) of a sample (part of a population).

EXAMPLES: The percentage of registered voters in a sample who intend to vote in the next election, the percentage of patients in a sample who are very satisfied with the care they received, the mean weight of a sample of cereal boxes produced at a factory on a particular day.

INTERPRETATION: Calculating statistics for a sample is the most common activity because collecting population data is impractical in most actual decision making situations.

习 题

一、单选题

1. "统计"一词的基本含义是 ( )
   (1) 统计调查、统计整理、统计分析　　(2) 统计设计、统计分组、统计计算
   (3) 统计方法、统计分析、统计预测　　(4) 统计科学、统计工作、统计资料

2. 调查某大学 2 000 名学生学习情况,则总体单位是 ( )
   (1) 2 000 名学生　　(2) 2 000 名学生的学习成绩
   (3) 每一名学生　　(4) 每一名学生的学习成绩

3. 统计指标按其说明的总体现象的内容不同,可以分为 ( )
   (1) 基本指标和派生指标　　(2) 数量指标和质量指标
   (3) 实物指标和价值指标　　(4) 绝对数指标、相对数指标和平均数指标

4. 统计学的基本方法包括有 ( )
   (1) 调查方法、整理方法、分析方法、预测方法

(2) 调查方法、汇总方法、预测方法、实验设计
(3) 相对数法、平均数法、指数法、汇总法
(4) 实验设计、大量观察、统计描述、统计推断
5. 要了解某市国有工业企业生产设备情况,则统计总体是 （　　）
(1) 该市国有的全部工业企业　　　　(2) 该市国有的每一个工业企业
(3) 该市国有的某一台设备　　　　　(4) 该市国有制工业企业的全部生产设备
6. 变量是 （　　）
(1) 可变的质量指标　　　　　　　　(2) 可变的数量指标和标志
(3) 可变的品质标志　　　　　　　　(4) 可变的数量标志
7. 构成统计总体的个别事物称为 （　　）
(1) 调查单位　　(2) 总体单位　　(3) 调查对象　　(4) 填报单位
8. 统计总体的基本特征是 （　　）
(1) 同质性、大量性、差异性　　　　(2) 数量性、大量性、差异性
(3) 数量性、综合性、具体性　　　　(4) 同质性、大量性、可比性
9. 下列属于品质标志的是 （　　）
(1) 工人年龄　　(2) 工人性别　　(3) 工人体重　　(4) 工人工资
10. 标志是说明 （　　）
(1) 总体单位的特征的名称　　　　　(2) 总体单位量的特征的名称
(3) 总体质的特征的名称　　　　　　(4) 总体量的特征的名称

二、多选题

1. 统计指标的特点有 （　　）
(1) 数量性　　(2) 社会性　　(3) 总体性　　(4) 综合性
(5) 具体性
2. 变量按其是否连续可分为 （　　）
(1) 确定性变量　(2) 随机性变量　(3) 连续变量　(4) 离散变量
(5) 常数
3. 品质标志表示事物的质的特征,数量标志表示事物的量的特征,所以 （　　）
(1) 数量标志可以用数值表示　　　　(2) 品质标志可以用数值表示
(3) 数量标志不可以用数值表示　　　(4) 品质标志不可以用数值表示
(5) 两者都可以用数值表示
4. 某企业是总体单位,数量标志有 （　　）
(1) 所有制　　(2) 职工人数　　(3) 月平均工资　　(4) 年工资总额
(5) 产品合格率
5. 统计指标的构成要素有 （　　）
(1) 指标名称　　　　　　　　　　　(2) 计量单位
(3) 计算方法　　　　　　　　　　　(4) 时间限制和空间限制
(5) 指标数值

三、问答题

1. "统计"一词含义是什么?其关系如何?
2. 统计学的产生与发展可以划分为几个阶段?每一个阶段有哪些代表人物?
3. 统计学的研究对象是什么?
4. 统计研究的基本方法有哪些?
5. 举例说明什么是统计总体和总体单位,以及两者的变换关系。

6. 简述统计总体的性质。
7. 什么是标志？标志有哪几种？举例说明。
8. 什么是标志表现？它有哪些类型？举例说明。
9. 什么是统计指标和指标体系？各自如何分类？
10. 统计工作的基本任务、职能是什么？
11. 统计工作包括哪些环节？
12. 我国统计工作的组织体制的模式是什么？

第二章 统计调查

> 数据胜过自封的专家。
>
> 戴维·穆尔

经过周密的统计设计,制定了科学的、可行的指标体系,接着就要向研究对象进行系统的调查,搜集必要而充分的实际数据和资料。统计调查处于统计工作的基础环节,决定着整个统计工作的质量。

有一种学术观点,把统计学看成是关于数据处理的分析方法。这种观点将实际资料的搜集作为已知条件,不包含在统计学内容之中。我们认为,统计调查的理论和方法是统计学的基础内容之一。

第一节 统计调查概述

一、统计调查的概念

统计调查,就是按照预定的目的和科学的方法,向研究对象整体(总体)的所有或部分单位(总体单位)征询、登记标志的具体表现,搜集大量原始资料的工作过程。

所谓原始资料,也称初级资料、第一手资料,是指直接向总体单位搜集的,尚待汇总整理,需要由个体过渡到总体的统计资料。深入的统计研究,还需搜集大量的次级资料。所谓次级资料,也称间接资料,第二手资料,是指经过加工整理,由个体过渡到总体,能够在一定程度上说明总体数量特征的统计资料,一切次级资料都是由原始资料加工整理而来。所以,统计调查的基本任务,主要是搜集统计研究所需的原始资料。

统计调查与了解、查明原因的一般性调查,既有相同之处,更有不同之别。相同之处表现为,它们都是为了认识、把握客观现象的本质及规律而进行的资料和情况的了解、搜集工作。不同之别表现为:(1) 对象范围不同。统计研究运用大量观察法,需向较多的总体单位做调查,一般性调查的单位较少。(2) 资料性质不同。统计调查以数字资料为主,一般性调查以情况资料为主。

二、统计调查的要求

统计调查工作,或者调查搜集到的资料,应满足下列要求:

1. 真实性

真实相对虚假而言。真实性要求统计调查采集到的资料与客观实际情况相符合,不是造假的结果。真实性强调调查采集的统计数据具有下列特征:(1) 搜集、提供的数据一定是实际的,而不是臆造的;(2) 搜集、提供的数据一定是调查者自己内心确信的、无所顾忌的,而不是连自己都不相信的、心存疑虑的。

2. 准确性

准确相对误差而言。真实性强调的是结果（符合实际）；而准确性强调的是"求真"过程，即要求调查者应多方采取措施，努力缩小统计数据与"客观真值"之间的差异程度，尽力减少或避免调查误差，保证统计调查采集的资料的精确程度。

调查误差是指调查得到的数字资料与客观现象真实数字的差别，它包括登记性误差和代表性误差两种。登记性误差发生于所有统计调查中，它是指调查过程中由于观察、测量、登记、计算上的差错而引起的误差；代表性误差仅发生于非全面调查中，它是指采用部分调查数据推测整体数据时不可避免发生的以点概面的误差。

3. 完整性

统计调查搜集、提供的统计资料必须全面、完整。它要求：围绕调查目的，多侧面地登记调查单位的标志表现；多侧面地反映标志之间的相互联系；搜集数字资料的同时，注重采集与数字相关的情况或细节。资料的完整性将会给深入、细致的分析提供便利。

4. 及时性

在规定的时间之内，搜集、提供、公布统计资料。任何单位或个人不得迟报统计资料。

时效性关系到统计信息的使用价值。统计机构和统计人员应赶在各级领导、管理部门以及社会公众需要有关资料之前或之际，提供统计资料。做到"雪中送炭"，不做"雨后送伞"。

调查方式，是指统计调查工作的组织形式。本章第三节将介绍我国常用的五种调查方式。而调查方法，则是搜集统计资料的具体做法，主要有以下四种：

（1）观察法，调查者亲临现场对调查对象直接观察、点数、计量，以取得资料；

（2）采访法，又称询问法、访问法，调查者向被调查者口头或书面提问，由被调查者答复提问，以取得资料；

（3）报告法，调查单位按隶属系统逐级向上报告有关数字、情况，上级由此取得资料；

（4）试验法，也称实验法，调查者按预先的设计，从事一定的试验或实验，根据某些可以控制的因素的变化以取得关于这些因素对研究对象的影响的相关数据，而将那些控制因素以外的条件保持不变，或将控制因素以外的其他因素的影响以随机化的方法加以平衡抵消。

三、统计调查的分类

统计调查可以按以下几个方面从不同的角度进行分类。

（1）按调查对象包括范围的不同，分为全面调查和非全面调查。全面调查是对构成调查对象总体的所有个体，逐一进行观察和登记；非全面调查是对调查对象总体中的一部分个体，进行观察和登记。

（2）按调查组织方式的不同，分为统计报表和专门调查。统计报表按一定的表格及要求，自上而下逐级布置，自下而上逐级填报（提供统计资料）的调查方式。专门调查是为某一特定研究需要而专门组织的调查方式。

（3）按调查登记时间是否具有连续性，分为经常性调查和一次性调查。经常性调查是指在一定时期内对调查对象进行的连续性调查；一次性调查则是在间隔一定时期后对调查对象进行的间断性调查。

（4）按组织实施主体的不同，分为国家统计调查、地方统计调查和民间统计调查。对国家和地方统计调查所需的资料,任何单位和个人均有义务无偿提供,对民间统计调查,则可以根据自愿原则予以填报。国家统计调查还可按审批机关的不同,分为指令统计调查和审批统计调查。指令统计调查,由国家统计部门拟订(或与中央政府有关部门共同拟订),报中央政府审批;审批统计调查,由中央政府各部门拟订,报国家统计部门审批。

上述各类调查不是相互排斥,而是相互交叉的。例如,人口普查,既是全面调查、专门调查,也是一次性调查。各类调查的相互交叉,产生出多种多样的调查方式。统计人员应根据调查目的、经费条件和时间限制等的不同,选择最为合适的调查种类和调查方式。

第二节 统计调查方案

统计调查是一种复杂而细致的工作。规模较大的调查,面广量大,需要动员成千上万的人员协同工作,才能完成。因此,进行调查之前,必须全面计划,严密组织,编制周密、完整的统计调查方案,以便统一认识,统一行动,顺利完成调查任务。统计调查方案又称为统计调查计划,是统计设计在统计调查阶段的具体化。统计调查方案的主要内容包括以下几个方面。

一、确定调查目的

编制统计调查方案时,首先要明确调查的目的,即明确进行调查所要解决的问题。目的不明,任务不清,就无法决定向谁调查,调查什么,用什么方式方法调查。由此产生的后果必然是:搜集到的资料未必是真正需要的、需要的资料又未充分采集,从而失去调查的意义和价值。

例如,2008年《第二次全国经济普查方案》提出,第二次全国经济普查的目的是全面调查了解我国第二产业和第三产业的发展规模及布局;了解我国产业组织、产业结构、产业技术的现状以及各生产要素的构成;摸清我国各类企业和单位能源消耗的基本情况;建立健全覆盖国民经济各行业的基本单位名录库、基础信息数据库和统计电子地理信息系统。通过普查,进一步夯实统计基础,完善国民经济核算制度,为加强和改善宏观调控,科学制定中长期发展规划,提供科学准确的统计信息支持。

再如,2010年《第六次全国人口普查方案》规定:第六次全国人口普查的目的是查清2000年以来我国人口数量、结构、分布和居住环境等方面的变化情况,为科学制定国民经济和社会发展规划,统筹安排人民的物质和文化生活,实现可持续发展战略,构建社会主义和谐社会,提供真实准确、完整及时的人口统计信息支持。

二、确定调查对象和调查单位

调查对象是根据调查目的确定需要进行调查的客观现象的总体。调查单位是构成调查对象的各个单位,也就是在调查过程中实际登记其标志表现的那些单位。因此,若全面调查,每个总体单位皆为调查单位;若非全面调查,则仅有部分总体单位充当调查单位。确定调查对象和调查单位,是明确向谁调查、向谁具体采集所需资料。

明确调查单位的同时,应进一步明确填报单位。调查单位是调查内容的承担者;填报单位,又称报告单位,是提交调查结果的单位。调查单位与填报单位,多数调查情形下是一致的。例如,工业企业调查,某一工业企业可以既是调查单位,又是填报单位。但是,工业企业设备调查,调查单位是某一设备,而填报单位则是某一企业。

第二次全国经济普查的普查对象是在我国境内从事第二产业和第三产业的全部法人单位、产业活动单位和个体经营户。普查具体范围包括：采矿业，制造业，电力、燃气及水的生产和供应业，建筑业，交通运输、仓储和邮政业，信息传输、计算机服务和软件业，批发和零售业，住宿和餐饮业，金融业，房地产业，租赁和商务服务业，科学研究、技术服务和地质勘查业，水利、环境和公共设施管理业，居民服务和其他服务业，教育，卫生、社会保障和社会福利业，文化、体育和娱乐业，以及公共管理与社会组织等国民经济行业。

第六次人口普查对象是指，普查标准时点（2010年11月1日零时）在中华人民共和国境内的自然人以及在中华人民共和国境外但未定居的中国公民，不包括在中华人民共和国境内短期停留的境外人员。而《2005年全国1‰人口抽样调查方案》规定：本次调查的全国样本量共约1 300多万人。各省、自治区、直辖市的样本量按其人口规模由全国1‰人口抽样调查办公室确定。最终样本单位为调查小区。抽样采用三阶段、分层、整群、概率比例的方法。第一阶段抽取乡级样本单位，由全国1‰人口抽样调查办公室组织省级1‰人口抽样调查办公室实施。第二阶段抽取村级样本单位，由省级1‰人口抽样调查办公室组织实施。第三阶段抽取调查小区，由省级1‰人口抽样调查办公室组织实施。

三、设计调查表

根据调查目的，明确调查内容，提出调查项目，将调查项目列在表格的恰当位置上，就形成了调查方案的核心部分——调查表。

调查表的设计涉及两个问题：调查项目多少的确定和调查表格样式的设计。调查项目就是向调查单位调查的具体内容。项目对调查对象（总体）而言，即指标；对调查单位（总体单位）而言，即标志。例如，第二次全国经济普查的主要内容（项目）包括：单位基本属性、财务状况、生产经营情况、生产能力、能源消耗、主要生产设备、信息化和科技活动情况等。其中，各类被调查单位必须填报的共性内容为：单位基本情况、财务状况、水及能源消费情况、信息化情况主要指标。再如，第六次人口普查登记的主要内容包括：姓名、性别、年龄、民族、国籍、受教育程度、行业、职业、迁移流动、社会保障、婚姻、生育、死亡、住房情况等。

在确定调查项目时，应注意少而精的原则。必须根据调查目的的需要确定必要的指标或标志，凡是不必要或不可能得到数据的指标或标志都不要列入调查项目内。调查项目的含义要明确、易懂，并使答案具有确定的表现形式，如填充式、选择式等。各项目之间应彼此衔接，互相关联，以便从联系中、逻辑中审验调查资料的质量。还应注意，本次调查的项目与以前同类型调查项目保持较好的可比性。

调查表的设计包括表头、表体、表脚的设计，主要是表体的设计。表体是调查表的主要部分，包括调查项目（指标或标志）、栏号、计算单位等。设计时，要注意调查项目在表中前后、左右的恰当列示，将联系较为紧密的项目列示于同一区域，充分考虑项目的先后顺序等。表头，即调查表的名称和调查单位（填报单位）的名称；表脚，即调查者（填报人）的签名和调查日期。例如，表2-1为第二次全国经济普查基层表。

表 2-1 第二次全国经济普查基层表

规模以上工业企业主要经济指标

2008 年

法人单位名称：
组织机构代码：☐☐☐☐☐☐☐☐-☐

表　　号：B103 表
制表机关：国家统计局
　　　　　国务院经济普查办公室
文　　号：国统字(2008)105 号
有效期至：2009 年 12 月

指标名称	代码	本年实际 (千亿 百亿 十亿 亿元 千万 百万 十万 万元)	指标名称	代码	本年实际 (千亿 百亿 十亿 亿元 千万 百万 十万 万元)
甲	乙		甲	乙	
一、年末资产负债	—	—	主营业务税金及附加	49	
流动资产合计	12		其他业务收入	51	
其中：应收账款	14		其他业务利润	52	
存货	15		营业费用	53	
其中：产成品	16		管理费用	54	
流动资产年平均余额	17		其中：税金	55	
固定资产合计	19		财务费用	62	
固定资产原价	20		其中：利息支出	63	
累计折旧	22		营业利润	64	
固定资产净值年平均余额	25		投资收益	65	
资产总计	29		补贴收入	66	
流动负债合计	30		营业外收入	67	
其中：应付账款	31		营业外支出	68	
长期负债合计	32		利润总额	69	
负债合计	33		应交所得税	70	
所有者权益合计	34		三、工资、福利费、增值税	—	—
其中：实收资本	35		本年应付工资总额(贷方累计发生额)	76	
1.国家资本	36		本年应付福利费总额	78	
2.集体资本	37		本年应交增值税	80	
3.法人资本	38		本年进项税额	81	
4.个人资本	39		本年销项税额	82	
5.港澳台资本	40		四、生产、销售总值	—	—
6.外商资本	41		工业总产值(当年价格)	83	
二、损益及分配	—	—	工业销售产值(当年价格)	84	
主营业务收入	43		其中：出口交货值	85	
主营业务成本	48		五、全部从业人员年平均人数(人)	94	

单位负责人：　　　统计负责人：　　　填表人：　　　报出日期：200 年 月 日

　　调查表分为单一表和一览表。单一表是在一张表上只登记一个调查单位的资料，一览表是在一张表上登记多个调查单位的资料。表 2-1 即为单一表。这两种表各有优点：单一表可以设置较多调查项目，一览表适于项目较少的调查。

　　调查表设计完毕后要编写引言和注释。引言中，简要说明该项调查的意义、作用，以获取被调查者的好感和合作。注释中，给出填表说明和指标解释。填表说明用来提示填表时应注意的事项；指标解释则是为了说明调查表中每一个指标的含义、范围、计算方法等。例如，表 2-1 中"工业总产值""工业销售产值"指标解释为：

　　(1)工业总产值(当年价格)。指工业企业在本年内生产的以货币形式表现的工业最终产品和提供工业劳务活动的总价值量。工业总产值计算应遵循的原则：

第一，工业生产的原则。即凡是企业在本年内生产的最终产品和提供的劳务，均应包括在内。其中的最终产品，不管是否在本年内销售，只要是本年内生产的，就应包括在内。凡不是工业生产的产品，均不得计入工业总产值。

第二，最终产品的原则。即企业生产的成品价值必须是本企业生产的，经检验合格不需再进行任何加工的最终产品。企业对外销售的半成品也应视为最终产品计入工业总产值。而在本企业内各车间转移的半成品和在制品只能计算其期末期初差额价值。

第三，"工厂法"原则。即以法人工业企业作为一个整体计算工业总产值，是其本年内生产的最终产品和提供劳务的总价值量。

工业总产值的内容包括三部分：生产的成品价值、对外加工费收入、自制半成品在制品期末期初差额价值。

第一，成品价值。指企业在本年内生产，并在本年内不再进行加工，经检验合格、包装入库的已经销售和准备销售的全部工业成品（包括半成品）价值合计。成品价值中包括企业生产的自制设备及提供给本企业在建工程、其他非工业部门和生活福利部门等单位使用的成品价值，但不包括用订货者来料加工的成品（半成品）价值。工业总产值是按现行价格计算的。成品价值按成品实物量乘以本年不含应交增值税（销项税额）的产品实际销售平均单价计算。会计核算中按成本价格转账的自制设备和自产自用的成品，按成本价格计算生产成品价值。

第二，对外加工费收入。指企业在报告期内完成的对外承做的工业品加工（包括用订货者来料加工生产）的加工费收入和对外工业品修理作业所收取的加工费收入和对内非工业部门提供的加工修理、设备安装等收入。对外加工费收入按不含应交增值税（销项税额）的价格计算。对于以对外加工生产为主，对外加工费收入所占比重较大的企业，如果对外加工费收入出现跨年度支付的情况，为保证总产值生产口径计算的准确性，则应将对外加工费收入按实际情况调整，记录本年应实际收取的对外加工费收入。

第三，自制半成品在制品期末期初差额价值。为了使工业总产值与工业中间投入中的物耗价值一致，以便同口径地计算工业增加值，规定本指标的计算原则是：凡是企业会计产品成本核算中计算半成品、在制品成本，则工业总产值中必须包括自制半成品在制品期末期初差额价值。反之则不包括。自制半成品在制品期末期初差额价值等于自制半成品在制品期末价值减去期初价值后的余额，如果期末价值小于期初价值，该指标为负值，企业在计算产值时，应按负值计算，不能作为零处理。

工业总产值计算的几种具体规定：

第一，凡自备原材料（包括自备零部件）生产，不论其加工繁简程度如何，一律按全价，即包括自备原材料的价值，计算工业总产值。

第二，凡来料加工，加工企业只收取加工费，则加工企业一律按财务上结算的加工费计算工业总产值，即不包括订货者来料的价值。一般分两种情况：① 工业企业之间的来料加工，加工企业（即承包单位）按财务上结算的加工费计算工业总产值；委托加工的企业（即发包单位）按全价计算工业总产值。② 工业企业与非工业企业之间的来料加工，当工业企业作为加工企业时一律按加工费计算工业总产值。

第三，自制半成品、在制品期末期初差额价值，原则上应计入工业总产值，但如果会计产品成本核算中不计算自制半成品、在制品成本，则不计入工业总产值；如果会计产品成本核算中计算自制半成品、在制品成本的，则计入工业总产值。

区分来料加工与自备原材料生产的依据是加工企业与委托加工企业间的财务结算关系。如果委托企业提供原材料而不与加工企业结算，加工企业收取加工费，产品返回委托企业销售，则这种模式是来料加工；如果委托加工企业提供的原材料与加工企业是结算的，制成品由加工企业返给委托企业也是结算的，则这种模式是自备原材料生产。

(2) 工业销售产值(当年价格)。它是以货币形式表现的,工业企业在本年内销售的本企业生产的工业产品或提供工业性劳务价值的总价值量。工业销售产值包括的内容为:

第一,销售成品价值,指企业在报告期内实际销售(包括本期生产和非本期生产)的全部成品、半成品的总价值,即按报告期产品的实际销售数量乘以不含增值税(销项税额)的产品实际销售平均单价计算。销售成品价值中包括企业生产的自制设备及提供给本企业在建工程、其他非工业部门和生活福利部门等单位使用的成品价值,但不包括用订货者来料加工,并且只收取加工费的成品(半成品)价值。

第二,对外加工费收入,指企业在报告期内完成的对外承接的工业品加工(包括用订货者来料加工的产品)的加工费收入;对外工业品修理作业可收取的加工费收入和对内非工业部门提供的加工修理、设备安装等收入。对外加工费收入按不含增值税(销项税额)的价格计算。

对于以对外加工生产为主,对外加工费收入所占比重较大的企业,如果对外加工费收入出现跨年度支付的情况,为保证总产值生产口径计算的准确性,则应将对外加工费收入按实际情况调整,记录本年应实际收取的对外加工费收入。

区分来料加工与自备原材料生产的依据同工业总产值中的规定。

四、设计调查问卷

在市场研究和社会研究中,时常采用问卷调查。问卷实际上就是一种问答式的调查表。表2-2是某省"电信服务调查问卷"(片断)。

表 2-2　电信服务调查问卷

一、基本情况

1. 你的家中是否安装了固定电话(一个号码为一部)?　　　　　　　　　　　　(　　)
   A. 没有　　　　　　B. 1 部　　　　　　C. 2 部　　　　　　D. 2 部以上
2. 如果是,为你提供固定电话服务的电信运营商是?　　　　　　　　　　　　(　　)
   A. 电信　　　　　　B. 铁通　　　　　　C. 网通
3. 你是否拥有个人移动电话或者小灵通(一个号码为一部)?　　　　　　　　　(　　)
   A. 没有　　　　　　B. 1 部　　　　　　C. 2 部　　　　　　D. 2 部以上
4. 如果是,为你提供此项服务的电信运营商是(可多选)?　　　　　　　　　　(　　)
   A. 移动　　　　　　B. 联通　　　　　　C. 电信小灵通
5. 你家庭中的互联网接入方式是?　　　　　　　　　　　　　　　　　　　　(　　)
   A. 没有　　　　　　B. 拨号上网　　　　C. 宽带(a. ADSL　　b. LAN　　c. 其他)

二、总体评价

1. 你对所享受的电信服务的整体满意度是?　　　　　　　　　　　　　　　　(　　)
   A. 非常满意　　　　B. 满意　　　　　　C. 一般　　　　　　D. 不满意
   E. 非常不满意
2. 你认为本省总体的电信服务水平?　　　　　　　　　　　　　　　　　　　(　　)
   A. 不断提高　　　　B. 有所改善　　　　C. 没有变化　　　　D. 越来越差
3. 你认为本省市场上所提供的电信业务与电信服务种类?　　　　　　　　　　(　　)
   A. 非常多　　　　　B. 多　　　　　　　C. 一般　　　　　　D. 还不多
4. 你对你所使用的固定电话服务的评价是?　　　　　　　　　　　　　　　　(　　)
   A. 非常满意　　　　B. 满意　　　　　　C. 一般　　　　　　D. 不满意
   E. 非常不满意　　　F. 未使用
5. 你对你所使用的移动电话服务(包括网络覆盖、通话质量、掉线率等)的评价是?　(　　)
   A. 非常满意　　　　B. 满意　　　　　　C. 一般　　　　　　D. 不满意

E. 非常不满意　　　　F. 未使用

6. 你对你所使用的宽带服务的评价是？　　　　　　　　　　　　　　　　（　　）
   A. 非常满意　　　B. 满意　　　　C. 一般　　　　D. 不满意
   E. 非常不满意　　F. 未使用

7. 你对以下电信运营商的整体服务水平的评价是？
   电信　　　　　　　　　　　　　　　　　　　　　　　　　　　　　　（　　）
   A. 很好　　　　　B. 还可以　　　C. 一般　　　　D. 不好
   E. 很差　　　　　F. 未使用
   移动　　　　　　　　　　　　　　　　　　　　　　　　　　　　　　（　　）
   A. 很好　　　　　B. 还可以　　　C. 一般　　　　D. 不好
   E. 很差　　　　　F. 未使用
   联通　　　　　　　　　　　　　　　　　　　　　　　　　　　　　　（　　）
   A. 很好　　　　　B. 还可以　　　C. 一般　　　　D. 不好
   E. 很差　　　　　F. 未使用
   铁通　　　　　　　　　　　　　　　　　　　　　　　　　　　　　　（　　）
   A. 很好　　　　　B. 还可以　　　C. 一般　　　　D. 不好
   E. 很差　　　　　F. 未使用
   网通　　　　　　　　　　　　　　　　　　　　　　　　　　　　　　（　　）
   A. 很好　　　　　B. 还可以　　　C. 一般　　　　D. 不好
   E. 很差　　　　　F. 未使用

三、电信资费

1. 你认为本省的电信资费与过去相比？　　　　　　　　　　　　　　　　（　　）
   A. 高了　　　　　B. 差不多　　　C. 较低
2. 你认为本省当前的电信资费水平？　　　　　　　　　　　　　　　　　（　　）
   A. 较高　　　　　B. 适中　　　　C. 较低
3. 你认为各大电信公司提供的资费套餐与资费选择？　　　　　　　　　　（　　）
   A. 丰富　　　　　B. 一般　　　　C. 不丰富
4. 你对以下电信运营商的缴费方式和话费查询的方便程度如何评价？
   电信　　　　　　　　　　　　　　　　　　　　　　　　　　　　　　（　　）
   A. 非常满意　　　B. 满意　　　　C. 一般　　　　D. 不满意
   E. 很不满意　　　F. 未使用
   移动　　　　　　　　　　　　　　　　　　　　　　　　　　　　　　（　　）
   A. 非常满意　　　B. 满意　　　　C. 一般　　　　D. 不满意
   E. 很不满意　　　F. 未使用
   联通　　　　　　　　　　　　　　　　　　　　　　　　　　　　　　（　　）
   A. 非常满意　　　B. 满意　　　　C. 一般　　　　D. 不满意
   E. 很不满意　　　F. 未使用
   铁通　　　　　　　　　　　　　　　　　　　　　　　　　　　　　　（　　）
   A. 非常满意　　　B. 满意　　　　C. 一般　　　　D. 不满意
   E. 很不满意　　　F. 未使用
   网通　　　　　　　　　　　　　　　　　　　　　　　　　　　　　　（　　）
   A. 非常满意　　　B. 满意　　　　C. 一般　　　　D. 不满意
   E. 很不满意　　　F. 未使用

四、客户服务

1. 你最经常选择使用的客户服务方式是？　　　　　　　　　　　　　　　　　（　　）
   A. 拨打服务热线　　　　　　　　　B. 到营业厅
   C. 登录网上营业厅　　　　　　　　D. 找客户经理

2. 你认为目前办理电信业务的方便程度如何？　　　　　　　　　　　　　　　（　　）
   A. 很好　　　　B. 还可以　　　　C. 一般　　　　D. 不好
   E. 很差　　　　F. 未使用

3. 你认为以下电信运营商的客户服务热线的状况（接通情况、服务态度、服务水平）？
   电信(10000)　　　　　　　　　　　　　　　　　　　　　　　　　　　　　（　　）
   A. 很好　　　　B. 还可以　　　　C. 一般　　　　D. 不好
   E. 很差　　　　F. 未使用

   移动(10086)　　　　　　　　　　　　　　　　　　　　　　　　　　　　　（　　）
   A. 很好　　　　B. 还可以　　　　C. 一般　　　　D. 不好
   E. 很差　　　　F. 未使用

   联通(10010)　　　　　　　　　　　　　　　　　　　　　　　　　　　　　（　　）
   A. 很好　　　　B. 还可以　　　　C. 一般　　　　D. 不好 E. 很差 F. 未使用

   铁通(10050)　　　　　　　　　　　　　　　　　　　　　　　　　　　　　（　　）
   A. 很好　　　　B. 还可以　　　　C. 一般　　　　D. 不好
   E. 很差　　　　F. 未使用

   网通(10060)　　　　　　　　　　　　　　　　　　　　　　　　　　　　　（　　）
   A. 很好　　　　B. 还可以　　　　C. 一般　　　　D. 不好
   E. 很差　　　　F. 未使用

4. 你认为以下电信运营商在处理用户投诉方面做得如何？
   电信　　　　　　　　　　　　　　　　　　　　　　　　　　　　　　　　（　　）
   A. 很好　　　　B. 还可以　　　　C. 一般　　　　D. 不好
   E. 很差　　　　F. 未使用

   移动　　　　　　　　　　　　　　　　　　　　　　　　　　　　　　　　（　　）
   A. 很好　　　　B. 还可以　　　　C. 一般　　　　D. 不好
   E. 很差　　　　F. 未使用

   联通　　　　　　　　　　　　　　　　　　　　　　　　　　　　　　　　（　　）
   A. 很好　　　　B. 还可以　　　　C. 一般　　　　D. 不好
   E. 很差　　　　F. 未使用

   铁通　　　　　　　　　　　　　　　　　　　　　　　　　　　　　　　　（　　）
   A. 很好　　　　B. 还可以　　　　C. 一般　　　　D. 不好
   E. 很差　　　　F. 未使用

   网通　　　　　　　　　　　　　　　　　　　　　　　　　　　　　　　　（　　）
   A. 很好　　　　B. 还可以　　　　C. 一般　　　　D. 不好
   E. 很差　　　　F. 未使用

五、意见和建议：

_____

_____

_____

设计调查问卷时要注意:

1. 问卷的开场白

问卷的开场白,即指导语或引导语,要以亲切的口吻、精心的措辞说明调查目的和注意事项。做到言简意明,诚恳真切,使被调查者自愿与之合作,认真填好问卷。

2. 问题的措辞(字眼)

由于不同的措辞会对被调查者产生不同的影响,因此往往看起来差不多相同的问题,会因所用字眼不同,而使应答者做出不同的反应、不同的回答。问题所用的字眼必须小心谨慎,以免影响答案的准确性。一般来说,在设计问题时应留意以下几个原则:

(1) 避免一般性问题。如果问题的本来目的是在求取某种特定资料,但由于问题过于一般化,使应答者所提供的答案资料无多大意义。

例如,某酒店想了解旅客对该酒店房租与服务是否满意,因而作以下询问:

你对本酒店是否感到满意?

这样的问题,显然有欠具体。由于所需资料牵涉到房租与服务两个问题,故应分别询问,以免混乱,如:

你对本酒店的房租是否满意?

你对本酒店的服务是否满意?

(2) 问卷语言口语化,符合人们交谈的习惯,避免书面化和文人腔调。

3. 问题的顺序

(1) 容易回答的问题放前面,较难回答的问题放稍后;困窘性问题放后面,个人资料的事实性问题放卷尾。

(2) 封闭式问题放前面,开放式问题放后面。开放式问题,又称无结构的问答题。在采用开放式问题时,应答者可以用自己的语言自由地发表意见,在问卷上没有已拟定的答案。例如,表2-2中的第五大题"意见和建议"。封闭式问题,又称有结构的问答题。封闭式问题与开放式问题相反,它规定了一组可供选择的答案和固定的回答格式。例如,表2-2中第一至第四大题。由于开放式问题往往需要时间来考虑答案和语言的组织,若放在问卷前面可能会引起应答者的厌烦情绪。

(3) 注意问题的逻辑顺序,按时间顺序、类别顺序等合理排列。

五、确定调查时间和调查地点

调查时间是调查资料所属的时间。如果调查项目为时期指标,须确定起止时间;如果为时点指标,须确定某一时点(即标准时间)。例如,第六次全国人口普查的标准时间为2010年11月1日零时;第二次经济普查,普查标准时点为2008年12月31日,普查的时期资料为2008年度(普查时期为2008年1月1日—12月31日)。

调查期限与调查时间是不同的。调查期限可以指整个调查工作的起讫时限,也可以指整个调查工作中某一阶段(某一项)工作的起讫时限。例如第六次人口普查,人口普查的登记工作,从2010年11月1日开始到11月10日结束;普查登记结束后,普查指导员应当组织普查员按照规定的方法进行全面复查,复查工作应于2010年11月15日前完成;复查工作完成后,国务院人口普查办公室统一组织事后质量抽查,事后质量抽查工作应于2010年11月底前完成。

再如,第三次全国经济普查标准时点为2013年12月31日,普查时期为2013年1月1日—12月31日。第三次全国经济普查的业务流程主要包括自2013年9月起到2015年7月止的十个阶段:普查区划分与绘图,确定核查单位底册,手持电子终端设备内容加载,普查告知,普查登记,数据审核、检查和验收,数据汇总,事后质量抽查与数据评估,主要数据发布,普查成果的开发与应用等。其中第五阶段普查登记,普查登记和数据采集工作从2014年1月1日至3月31日。

调查地点是指调查对象所在的地点,也就是统计资料所属的空间范围。如第六次人口普查,采用按现住地登记的原则。每个人必须在现住地进行登记。普查对象不在户口登记地居住的,户口登记地要登记相应信息。明确规定统计资料的空间范围,是防止调查资料重复或遗漏的重要手段。

六、制订调查的组织计划

严密细致的组织工作,是调查工作顺利进行的保证。调查工作的组织主要包括:调查的组织领导机构、参加人员及人员培训、宣传教育、经费收支、数据控制、资料报送、公布时间等。组织计划中重要的内容是安排工作进度,促进和保证调查的各项工作前后衔接,按序、按时完成。

例如,第二次全国经济普查按照"全国统一领导、部门分工协作、地方分级负责、各方共同参与"的原则组织实施。为了加强对此项工作的组织和领导,国务院设立第二次全国经济普查领导小组,成员单位由各有关部门(国务院办公厅、国家统计局、国家发展改革委、中央宣传部、中央编办、监察部、民政部、财政部、税务总局、工商总局和质检总局)组成,负责普查的组织实施。

国务院第二次全国经济普查领导小组办公室具体负责普查的日常组织和协调。普查办公室内设的工作小组要分工协作,共同完成宣传协调、普查方案的设计、普查培训和布置、普查单位清查、普查数据的录入、审核和汇总、普查数据处理及资料开发等全部任务。

军队系统、武警系统的第二次经济普查工作由中国人民解放军、中国人民武装警察部队经济普查办公室负责组织完成;铁路运输业的第二次经济普查工作由铁道部经济普查办公室负责组织实施,铁路运输业活动以外,铁路系统从事第二、三产业活动的企业和单位的普查工作,由地方人民政府经济普查机构负责组织实施;银行、证券、保险及其他金融业(不包括典当业)的普查工作,由中国人民银行、中国银行业监督管理委员会、中国证券监督管理委员会、中国保险监督管理委员会与各级人民政府普查机构共同组织完成。国务院其他各有关部门,也要充分发挥各自的职能,各负其责、通力协作、密切配合第二次全国经济普查工作。

地方各级人民政府要设立相应的普查领导小组及其办公室,结合当地实际,组织好本地区的普查工作。

对于规模较大而又缺乏经验的调查,还需进行试点调查。通过试点调查,检验、修正调查方案,积累组织和实施调查的经验。

知识链接3:MPS与SNA

由于各国经济运行机制和经济管理体制不同,形成了两种不同的国民经济核算体系,即产生于前苏联、东欧国家的"物质产品核算体系"(System of Material Product Balances,MPS)和产生于发达的市场经济国家"国民账户体系"(System of National Accounts,SNA)。MPS和SNA两大核算体系都是以国民收入的生产、分配和使用的核算为主要内容,都力图从实物运动和价值运动上反映社会总产品的运行全貌,但由于两个体系赖以建立的理论基础和社会经济制度方面的差异,二者在核算内容、核算方法、指标概念、指标体系及部门分类等方面均存在一系列根本区别。

这两个体系的最大差别是生产观的差异。MPS采用限制性生产观,它把经济生产的定义只限于物质产品生产和生产性劳务,只承认物质生产才是生产;相应地,社会产品只是物质生产部门的生产成果。从使用价值看,物质产品由工业、农业和建筑业三大部门生产,社会产品就是这三个部门所生产的物质产品;从价值形成过程看,物质产品的价值除三大部门所创造的价值外,还包括货物运输业和商业等流通部门追加在商品中的价值。所以,MPS把工业、农业、建筑业、货物运输业和商业通称为五大物质生产部门,这五大物质生产部门的生产活动成果,构成了MPS的社会产品价值核算的内容。

SNA则采用综合性生产观,它把凡是创造效用并取得收入的活动(除去非法活动外),不管是生产物质产品还是提供各类服务,一律看作是生产活动。也就是说,SNA的生产范围除了包括农业、工业、建筑业、货物运输业、商业等物质生产部门外,还包括了除个人自我服务以外的各个社会服务领域。因此,SNA 的社会产品(商品)就是有形的物质产品与无形的劳务产品的合称。

从新中国建国初期到改革开放初期,我国国民经济核算一直采用 MPS。1984 年至 1992 年,国家统计局会同有关部门在总结我国当时的国民经济核算实践经验和理论研究成果的基础上,制定了《中国国民经济核算体系(试行方案)》。该方案采纳了 SNA 的基本核算原则、内容和方法,保留了 MPS 体系的部分内容。2000 年以来,国家统计局会同国务院有关部门对 1992 年颁布实施的《中国国民经济核算体系(试行方案)》做了修订,制定了《中国国民经济核算体系(2002)》。新核算体系对 1992 年颁布的"试行方案"进行了全面系统的修订,取消了其中的 MPS 核算内容,澄清了某些基本概念,修订了机构部门和产业部门分类,调整了基本框架,增加了核算内容,修改和细化了有关表式的指标设置,努力做到基本上与联合国等国际组织于 1993 年推出的 SNA 体系相衔接。

第三节　统计调查体系

所谓调查体系,是指多种调查方式的整体。根据不同调查需要和调查对象特点,可以选用或结合使用统计报表、普查、重点调查、典型调查和抽样调查等方式,搜集有关统计资料。

新中国成立后我国推行的统计调查体系,是按高度集中的计划经济体制和分级管理的要求设置的。随着社会主义市场经济的发展和经济体制改革的深入,要适应国家宏观决策与调控以及部门、企业和社会公众对统计信息的需求,必须加快改革统计调查体系。统计调查体系改革的目标模式是:建立以周期性的普查为基础、经常性的抽样调查为主体,综合运用全面调查、重点调查,并充分运用行政记录等资料的统计调查体系。

一、统计报表

统计报表是按照国家统一规定的表格形式,统一规定的指标内容,统一的报送程序和报送时间,由填报单位自下而上地逐级提供统计资料的一种统计调查方式。统计报表有定期或临时、全面或非全面之分。全面、定期的统计报表是统计报表的主体。国家统计机构对全面、定期统计报表的内容(指标、表式、分类等)、布置和填报等所做出的一系列制度规定,形成全面统计报表制度(简称统计报表制度)。

1. 统计报表的种类

按制定颁发单位的不同,分为国民经济基本统计报表和专业统计报表。基本统计报表是由国家统一制发,用来搜集工业、农业、交通运输、基本建设、商业、劳动、物资、财政、文教卫生、科学研究等方面最基本的统计资料,为各级政府及其部门制订政策、编制计划提供基础数字。专业统计报表是各有关部门为专业管理的需要而制订的,在本部门系统内实施,用以搜集本部门的业务技术及相关资料,是基本报表的必要补充。

按报送周期长短的不同,分为定期统计报表(定报,含日报、旬报、月报、季报、半年报)和年度统计报表(年报)。定期统计报表,指标少,分类粗,时间快。日报、旬报通常采用电信报告的方式。月报、季报和半年报中的重要指标也采用电信报告的方式;一般指标采用邮寄报告的方式。年度统计报表,指标多,分类细,精度高。实行定报和年报的结合,就可以把进度统计与总结统计结合起来,把年度的全面情况的检查和定期的主要情况的检查结合起来。

按填报机构单位的不同,分为基层统计报表和综合统计报表。企业、事业等基层单位填报的报表称为基层报表,填报基层报表的单位称为基层填报单位(简称填报单位);企业、事业等的上级主管部门和地方统计部门填报的报表称为综合报表,填报综合报表的机构称为综合填报单位(简称综合单位或综合机关)。表 2-3 和表 2-4 分别为基层报表和综合报表。综合报表是由综合单位根据各个填报单位提供的基层报表逐级汇总而编制的。

表2-3 工业产销总值及主要产品产量

表　号:B204表
制定机关:国家统计局
文　号:国统字(2011)82号
有效期至:2013年1月

组织机构代码□□□□□□□□-□
单位详细名称：　　　　　　　20　年　月

指标名称	计量单位	代码	本年		上年同期	
			本月	1—本月	本月	1—本月
甲	乙	丙	1	2	3	4
一、工业总产值(当年价格)	千元	01				
其中:新产品产值	千元	02				
工业销售产值(当年价格)	千元	03				
其中:出口交货值	千元	04				
二、工业总产值(当年价格)按工业行业小类分	—	—				
烟煤和无烟煤开采洗选	千元	0610				
⋮	⋮	⋮				
其他水处理、利用与分配	千元	4690				
三、工业生产电力消费	万千瓦时	05				
四、主要工业产品产量	—	—				

单位负责人：　　统计负责人：　　填表人：　　联系电话：　　报出日期:20　年　月　日

说明:1.统计范围:辖区内规模以上工业法人单位。

2.报送日期及方式:调查单位3月、4月月后3日,9月月后7日,12月次年1月4日,其他月月后2日前网上填报;市级统计机构3月、4月月后7日,9月月后10日,12月次年1月9日,其他月月后5日12时前完成数据审核、验收。

3.本表甲栏下"二、工业总产值(当年价格)按工业行业小类分"按国民经济行业小类填报;"四、主要工业产品产量"按《规模以上工业主要产品产量目录》填报。

4.由于从2012年定报起使用国民经济行业分类(GB/T 4754-2011),本表"上年同期"数据由调查单位填报。

5.审核关系:

(1) 工业总产值(01)≥其中:新产品产值(02)

(2) 工业销售产值(03)≥其中:出口交货值(04)

(3) 工业总产值(01)=烟煤和无烟煤开采洗选(0610)+…+其他水处理、利用与分配(4690)

表2-4 地区工业增加值及其增长速度

表　号:B401表
制定机关:国家统计局
文　号:国统字(2011)82号
有效期至:2013年1月

综合机关名称：　　　　　　　20　年　月

指标名称	计量单位	代码	本月	1—本月
甲	乙	丙	1	2
工业增加值	亿元	01		
工业增加值增长速度(按价格缩减法计算)	%	02		

单位负责人：　　填表人：　　报出日期:20　年　月　日

说明:1.本表数据由各省辖市统计局根据月度汇总资料计算取得,工业增加值增长速度按价格缩减法计算。

2.统计范围是辖区内全部年主营业务收入2 000万元及以上的工业法人企业。

3.本表由各省辖市统计局负责报送。

4.报送时间:3月、4月月后7日,9月月后10日,12月次年1月9日,其他月月后5日12时前,报送方式为电子邮件或电话。

2. 统计报表的基础

统计报表资料来源于基层单位的原始记录。从原始记录到统计报表,中间还需经过统计台账和企业内部报表的中间环节。因此,建立和健全原始记录、统计台账和企业内部报表,是保证和提高统计报表数据质量的基础。

原始记录是基层单位通过一定的表格形式,对生产、经营活动的过程和成果所做的第一手的数字或文字记载,是未经过任何加工整理的初级材料。企业生产计划、出勤表、领料单、入库单等,都是原始记录。原始记录一般具有三个要素,即时间、项目和数量。它构成了统计指标核算的基础内容。

科学设置原始记录,不仅是统计核算、会计核算和业务核算的基础工作,而且也是加强企业管理、实行科学决策的基础工作。设置原始记录,应包括表格设计、项目确定、方法明确、制度配套等。设置原始记录应注意:

(1) 简明。方法简便,通俗易懂。
(2) 务实。从实际出发,适应企业的生产特点和管理水平。
(3) 协调。与统计报表制度、会计核算、业务核算相照应,满足多方面需要。

一份原始记录,只能反映一时一事的情况,要填报上级的统计报表和满足本单位的需要,就必须对原始记录及时分类、汇总。设立统计台账,就是为了便于平时登记(录入数据)、及时分类(录入原始记录的分项、分类)、期末汇总。建立和完善统计台账,既调节了基层统计工作的忙与闲,也保证了统计报表的数字质量。

根据对内、对外的需要,企业可以设置班组台账、车间台账及企业台账或多指标综合台账、单指标分组台账等多种形式的统计台账。设置台账,一要防止重复和烦琐;二要兼顾编制报表、积累资料、开展分析等多方面的需要。

内部报表是根据原始记录和统计台账逐级汇总、定期编制、使用于企业内部的报表。内部报表不仅为编制、填报上级布置的统计报表,完成上级下达的其他调查任务等提供可靠的数据;而且也为企业各级领导及时了解企业生产经营活动情况,决定对策,指导工作等提供基础的资料。

原始记录、统计台账和内部报表之间存在着密切关系。原始记录是一切统计资料的来源;统计台账是系统积累统计资料的手段,并将原始记录加以分类、汇总、录入;内部报表是根据原始记录和统计台账逐级汇总、定期编制的,是反映统计资料的方式,也是统计资料汇总的成果。三者之间的联系过程,如图2-1所示。

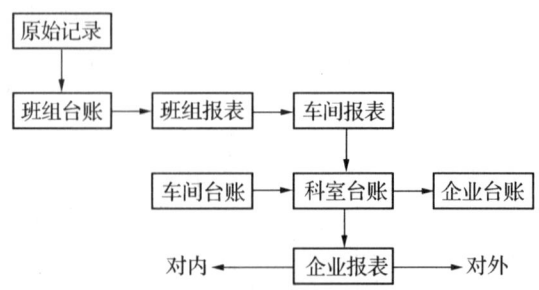

图 2-1　原始记录、统计台账和内部报表的联系

3. 统计报表的局限性

作为全面调查的统计报表,存在一定的局限性,主要表现为:

(1) 人力、财力和时间花费较大;
(2) 调查者与被调查者之间的配合存在难度;
(3) 逐级汇总上报过程中易受人为干扰。

在市场经济条件下,企业与政府之间、上下级政府之间利益的独立化、多元化,更使后两点局限日益突出。市场经济的发展,还可能出现一些新现象、新事物处在"无主管"状态,因而不能包括于现有的报送渠道。克服统计报表的局限性,既需要改革报表本身,也需将报表与其他调查方式结合使用。

二、普查

普查是一种为特殊目的专门组织的一次性全面调查,主要用以调查一定时点上的社会经济现象的总量及结构的详细资料。

采用统计报表,虽然可以经常搜集全面的基本统计资料,但报表的内容比较固定(不能及时反映新情况、新问题),报表的指标不可能较详设置。此外,若干社会经济现象如人口增长及其构成变化、物资库存、耕地面积、各类从业人员、各企业设备等情况不合适或没必要进行连续登记和经常调查。普查以它灵活的内容、详尽的指标和间断的时间(每隔一段时期从事一次调查)等方式和特点,解决了上述问题。

普查的组织方式基本上有两种:一是组织专门的普查机构,配备一定数量普查人员,对调查单位直接进行登记;一是利用调查单位的原始记录和有关资料,颁发一定的调查表格,由调查单位自行填报。即使是后一种方式,仍需建立普查机构、配备专门人员,以组织和协调普查工作的顺利开展。例如,我国采取第一种方式普查的有:1953年、1964年第一次、第二次全国人口普查,1977年全民所有制单位实际用工人数普查,1978年全国科技人员普查,1982年、1990年、2000年、2010年第三次、第四次、第五次、第六次全国人口普查等;采取上述第二种方式普查的有:1954年黑色金属、有色金属和木材库存普查,1954年以后所进行的多次物资库存普查,1985年第二次全国工业普查等(2004年的第一次经济普查,实际上是将之前的工业普查、第三产业普查和基本单位普查三项专项普查合并,还同时将建筑业纳入普查范围)。

为满足决策部门的紧迫需要,完成特殊、紧急的普查任务,常常采用"快速普查"的方式。这种方式基本类似上述后一种方式,其快速主要表现为:(1)调查项目少,涉及范围小;(2)普查任务从最高普查机构直接布置给基层单位,并由基层单位将普查资料直接报送最高机构。

做好普查工作,发挥普查资料的最大作用,必须遵循下列原则。

(1)明确标准时间。第六次人口普查的标准时间明确为2010年11月1日零时,其意义在于:在这以前出生的人应予登记,在这之后出生的人不予登记,在这以前死亡的人不予登记,在这之后死亡的人应予登记。总之,不论登记的具体时间是在标准时间之前或之后,都必须按标准时间的实际状态予以调整,以保证普查资料的不重不漏。

(2)力求短期完成。普查工作要多头并举,平行进行,力求在尽可能短的时间内完成,以保证调查资料的时效性。

(3)统一指标解释。普查项目和指标要有统一的规定,统一的解释,不能任意更改,只能动态修订和补充。同类普查,各时期的调查项目和指标的口径应尽可能保持统一,并逐步扩展。这样既可满足对历次普查资料加以对比分析的需要,也能适应新一轮普查的要求。

(4)保持相同间隔。普查是每隔一段时期进行一次的间断性调查。为方便前后两次或多次的普查资料的对照、动态分析,应使每次普查保持相同的间隔期,即每隔五年、七年或十年进行一次普查,以形成周期性普查制度。我国正逐步以国家法律或法规的形式,对各种普查的实施周期做出如下规定:

人口普查,逢0的年份;
农业普查,逢6的年份;
经济普查,逢3、8的年份。

三、重点调查

一般来说,统计研究的总体中,总是存在着一部分总体单位,它们的单位数占总体单位总数的比重较小,其标志值占总体标志值总量的比重较大。这样一部分单位被称为重点单位。所谓重点调查,就是从总体中选择一部分重点单位而开展的非全面调查。例如,首钢、宝钢、鞍钢等几个钢铁企业,虽然在全国钢铁企业中只占少数,但它们的钢铁产量却占很大比重。对这些重点企业进行调查,就可以比全面调查省时省力,而且更加详细地搜集全国钢铁生产的基本情况和基本趋势。

重点调查,既可以应用于经常性调查(向重点单位布置定期报表),搜集更为细致、翔实的统计资料(与向所有单位布置定期报表相比),也可以应用于一次性的专门的调查。应用重点调查,必须具备两项条件:其一调查任务只要求掌握调查对象标志值总量的基本数值,其二调查对象中存在部分具有重点单位性质的调查单位。

选择好重点单位,是组织好重点调查的关键。随着调查任务的变更或调查时间、空间的变化,重点单位也会有所不同。某个研究问题上的重点单位,在另一个研究问题上就不一定仍是重点单位;某个调查时间上的重点单位,在另一个调查时间上也不一定仍是重点单位。选择重点单位的通常做法是:

(1) 分析历史资料和相关资料后,再做决定;
(2) 重点单位不宜选多;
(3) 重点单位标志值所占比重应尽量大一些。

四、典型调查

重点调查是选取重点单位进行的非全面调查,典型调查是选取典型单位进行的非全面调查。

总体中的典型单位,即具有代表性的单位。其代表性取决于两个方面:一是调查目的和研究视角;一是研究者的主观认识和知识经验。因此,完整地说,典型调查是根据调查的目的要求,在对所研究的总体进行初步分析的基础上,有意识地选取若干具有代表性的单位,进行的非全面调查。

典型调查本是产生于中国革命战争年代,应用于革命战争和和平建设时期各级党政领导了解情况、调查研究的基本方法。推广到统计研究领域、作为搜集统计资料的一种调查方式,典型调查一方面可作为统计报表的补充,即以典型单位(点)生动、具体、细致的情况,补充说明统计报表(面)基本、概览、笼统的数字,做到点面结合;另一方面可作为推算总体的全面数字的基础,即以典型调查资料,在一定条件下,从数量上推算总体指标。

典型调查的成败,关键在于典型单位的正确选择。要根据调查目的和任务,对调查对象进行全面科学的分析,掌握总体情况;对比可供选择的调查单位的具体情况和差别;选出若干代表性较大的单位作为典型。

典型可以是个别的,也可以是整群的。如果调查对象的各单位之间变异小,可选择一个或几个典型单位进行"解剖麻雀"式的调查;如果变异大,或者调查研究的问题较为复杂,可采取"划类选典"式的调查,即先将调查对象按某一标准划分为几个不同类型,再从各类型中选取少数典型单位进行调查。此外,还可采取"抓两头"的方法,从社会经济组织管理和指导工作的需要出发,分别从先进单位和落后单位中选择典型,以便总结经验和教训,带动中间状态的单位,推动整体的发展。

搞好典型调查,充分发挥典型调查在统计研究中的作用,还必须足够认识典型调查的特点。典型调查与全面调查和其他非全面调查相比,前者着眼于深入,是"下马看花";后者则着眼于普遍,是"走马观花"。因此,开展典型调查,必须在深入、细致上下功夫。

五、抽样调查

抽样调查也是一种非全面调查。它是按照随机原则,从调查对象(总体)中抽选一部分调查单位(样本)调查,并以部分单位的调查资料,对调查对象的数量特征进行估计和推算。

我国人口普查每十年进行一次,尾数逢 0 的年份为普查年度,在两次人口普查之间进行全国 1% 人口抽样调查。我国在 1987 年开始进行第一次全国 1% 人口抽样调查,1995 年、2005 年、2015

年又各开展一次。2015年全国1‰人口抽样调查,在我国境内抽取约6万个调查小区,调查对象为小区内的全部人口(不包括港澳台居民和外国人),共约1 400万人;调查内容为人口和住户的基本情况,主要包括姓名、性别、年龄、民族、受教育程度、行业、职业、迁移流动、社会保障、婚姻、生育、死亡、住房情况等;调查时点为2015年11月1日零时。

我国劳动力调查也采用抽样调查方式,调查员入户对16岁以上人口的就业状况进行调查。每次调查抽取样本40万户,涉及全国1 800多个县(市、区)的130万人口。首次调查于2005年11月进行。2006年调查增加到两次,分别于5月和11月进行。从2007年起,调查每季度进行一次,分别于2月、5月、8月和11月进行。劳动力调查的主要内容包括调查对象的年龄、性别、居住地、受教育程度、就业状况、所从事的职业和所在的行业、工作时间、失业原因、失业时间、收入以及参加社会保障情况等。具体调查内容由统计局会同有关部门制订,报国务院批准。

抽样调查的基本原理与方法,将在第八章详细阐述。

六、统计"四大工程"

国家统计局从2009年开始研究,2010年、2011年进行了两年的试验,2012年2月起全国70万家企业正式实施基本单位名录库、企业一套表制度、数据采集处理软件系统和联网直报系统等互相联系、共为整体的"四大工程"。

基本单位名录库是指建设真实完整、及时更新的基本单位名录库。坚持"全国统一管理、专业分工协作、地方分级负责、各方共同参与、信息资料共享"的原则,按照"统一标准、一库在线、分级维护、及时更新"的模式,遵循"各项统计调查必须使用统一的名录库作为调查单位库或抽样框,不在名录库中的单位不得列入专业统计调查范围"的要求,以经济普查资料为基础,充分利用部门行政记录和专业统计信息,健全基本单位统计标准,完善基本单位名录库维护更新规范,分步建设"三上"企业调查单位库和"三下"企业及非企业单位名录库,最终建成一个全国统一完整、不重不漏、真实准确、及时更新的基本单位名录库。

企业一套表制度是指建立统一规范、方便填报的企业(单位)一套表制度。按照"统一设计、统一标准、统一调查单位、统一布置"的原则,将对企业分散实施的各项调查整合统一到一起,统一布置报表,统一采集原生性指标数据,统一不同专业报表中相同指标的含义、计算方法、分类标准和统计编码,建立既能有效满足各级党委政府、各类经济体和社会公众统计需求,又能满足专业统计和国民经济核算需要,便于企业填报、减轻企业和基层统计机构负担的统一规范的企业一套表制度。

统一的数据采集处理软件系统是指建设功能完善、统一兼容的数据采集处理软件系统。按照"功能完善、方便使用、标准统一、友好兼容"的总体要求,以规范的统计业务流程为依托,以解决现有数据采集处理软件多、乱为重点,以满足各项统计调查数据采集处理、实现不同专业数据共享为目标,建设能够对统计调查制度进行统一电子化设计和布置,具备数据统一管理、录入、审核、编辑、报送、汇总等功能,性能优良、便于操作的数据采集处理软件系统。

联网直报系统是指建设安全畅通、便捷高效的联网直报系统。在信息化硬件设施、数据采集处理软件系统和原始数据库建设的基础上,尽快实现调查对象和调查人员通过互联网直接向全国数据管理中心报送原始数据、各级统计机构在线共享的工作模式,转变基层统计队伍工作重点,从过去繁重的数据收集汇总、报表填报转向对原始数据的核查和企业基础统计工作的督导,有效消除可能存在的中间环节对统计数据的干扰,提高数据汇总效率和生产过程的透明度与可控性。

四大工程是一个有机整体。基本单位名录库是基础,是报送数据的企业范围;企业一套表制度是核心,一套表下的表格是数据报送的载体;统一的数据采集处理软件系统是平台;联网直报系统是手段。简言之,四大工程就是统一的基本单位名录库中的法定调查单位,按照企业一套表制度规定的调查内容,采用统一的数据采集处理软件,将原始数据通过互联网直接报送全国统一的数据中心,实现各级统计机构在线同步接收、审核和共享原始数据,确保数据的真实准确、完整及时。

知识链接 4：盖洛普民意测验

盖洛普民意测验是美国民意调查机构——美国舆论研究所进行的调查项目之一，因 1935 年由乔治·盖洛普创办该所而得名。民意测验每年举行 20～25 次，总统大选年略多。调查内容包括政治、经济、社会等，调查方法采用抽样调查。

在盖洛普民意测验中出现非常频繁的问题有：谁是最受人们赞美的人；如果今天是选举的话人们会选择谁；男人是否会选择健康又美丽的女人；人们是否认为是政治团体引发了第三次世界大战；人们对社会的公共机构有何看法和建议；而盖洛普民意测验中最热门的十大问题是：为什么人生在世会有患难？是否将有一种方法可以医治所有的疾病？世界上为什么有罪恶的存在？人类会迎来永久的和平吗？人与人之间会彼此相爱吗？世界的末日何时来临？我和自己的家庭能有什么样的未来？人死后还有生命吗？天国会是什么样子？我怎样才能成为一个更加纯朴高尚的人？

"盖洛普世界民意调查"在 2005 至 2009 年间，访问了来自 155 个国家及地区数千名受访者，让他们将自己的生活满意程度，以 1 至 10 评分，得出"人生评估"幸福指数。指数高的人属"生活如意者"，其他则为"处身逆境者"及"饱受折磨者"。研究人员根据每国"生活如意者"所占百分比，得出排名。此外，受访者又被问及之前一日的幸福程度，如是否休息足够、受尊重、远离病痛及是否有益智消遣等，得出"每日体验"幸福指数。此项调查显示，在"全球最幸福的国家和地区"中，北欧国家丹麦排名第 1，美国排名第 12，中国大陆位列第 125 位，中国香港位列第 81 位。

英文选读 2　Sources of Data

You begin every statistical analysis by identifying the source of the data. Among the important sources of data are **published sources**, **experiments**, and **surveys**.

Published Sources

CONCEPT：Data available in print or in electronic form, including data found on Internet websites. Primary data sources are those published by the individual or group that collected the data. Secondary data sources are those compiled from primary sources.

EXAMPLE：Many U. S. federal agencies, including the Census Bureau, publish primary data sources that are available at the www. fedstats. gov website. Business news sections of daily newspapers commonly publish secondary source data compiled by business organizations and government agencies.

INTERPRETATION：You should always consider the possible bias of the publisher and whether the data contain all the necessary and relevant variables when using published sources. Remember, too, that anyone can publish data on the Internet.

Experiments

CONCEPT：A study that examines the effect on a variable of varying the value(s) of another variable or variables, while keeping all other things equal. A typical experiment contains both a treatment group and a control group. The treatment group consists of those individuals or things that receive the treatment(s) being studied. The control group consists of those individuals or things that do not receive the treatment(s) being studied.

EXAMPLE：Pharmaceutical companies use experiments to determine whether a new drug is effective. A group of patients who have many similar characteristics is divided into two subgroups. Members of one group, the treatment group, receive the new drug. Members of the other group, the control group, often receive a placebo, a substance that has no medical effect. After a time period, statistics about each group are compared.

INTERPRETATION: Proper experiments are either single-blind or doubleblind. A study is a single-blind experiment if only the researcher conducting the study knows the identities of the members of the treatment and control groups. If neither the researcher nor study participants know who is in the treatment group and who is in the control group, the study is a double-blind experiment.

When conducting experiments that involve placebos, researchers also have to consider the placebo effect—that is, whether people in the control group will improve because they believe they are getting a real substance that is intended to produce a positive result. When a control group shows as much improvement as the treatment group, a researcher can conclude that the placebo effect is a significant factor in the improvements of both groups.

Surveys

CONCEPT: A process that uses questionnaires or similar means to gather values for the responses from a set of participants.

EXAMPLES: The decennial U. S. census mail-in form, a poll of likely voters, a website instant poll or "question of the day."

INTERPRETATION: Surveys are either **informal**, open to anyone who wants to participate; **targeted**, directed toward a specific group of individuals; or include people chosen at random. The type of survey affects how the data collected can be used and interpreted.

 习 题

一、单选题

1. 重点调查中重点单位是按(　　)选择的
   (1) 这些单位数量占总体全部单位总量的很大比重
   (2) 这些单位的标志总量占总体标志总量的很大比重
   (3) 这些单位具有典型意义,是工作重点
   (4) 这些单位能用以推算总体标志总量
2. 有意识地选择三个农村点调查农民收入情况,这种调查方式属于　　　　　　(　　)
   (1) 典型调查　　　(2) 重点调查　　　(3) 抽样调查　　　(4) 普查
3. 2010 年 11 月 1 日零点的第六次全国人口普查是　　　　　　　　　　　　(　　)
   (1) 典型调查　　　(2) 重点调查　　　(3) 一次性调查　　(4) 经常性调查
4. 调查大庆、胜利等几个主要油田来了解我国石油生产的基本情况,这种调查方式属于 (　　)
   (1) 普查　　　　　(2) 典型调查　　　(3) 重点调查　　　(4) 抽样调查
5. 某些不能够或不宜用定期统计表搜集的全面统计资料,一般应采取的方法是　　(　　)
   (1) 普查　　　　　(2) 重点调查　　　(3) 典型调查　　　(4) 抽样调查
6. 统计数据中,最基本的计量尺度是　　　　　　　　　　　　　　　　　　(　　)
   (1) 定类尺度　　　(2) 定序尺度　　　(3) 定距尺度　　　(4) 定比尺度
7. 工厂对生产的一批零件进行检查,通常采用　　　　　　　　　　　　　　(　　)
   (1) 普查　　　　　(2) 抽样调查　　　(3) 重点调查　　　(4) 典型调查

二、多选题

1. 某地区进行企业情况调查,则每一个企业是　　　　　　　　　　　　　　(　　)
   (1) 调查对象　　　(2) 统计总体　　　(3) 调查单位　　　(4) 调查项目
   (5) 填报单位

2. 我国常用的统计调查方式——统计报表是一种 （　　）
   (1) 自下而上地搜集统计资料的方式
   (2) 定期的统计报告制度
   (3) 为了解决和研究某种情况或某项问题而专门组织的统计调查
   (4) 以经常性调查为主的调查形式
   (5) 以一次性调查为主的调查形式
3. 统计报表必须 （　　）
   (1) 以一定的原始记录为基础　　(2) 按照统一的表式填报
   (3) 按照统一的指标填报　　　　(4) 按照统一的报送时间报送
   (5) 按照统一的报送程序报送
4. 我国第五次人口普查规定的标准时点是2000年11月1日零时，普查人员遇到下列问题，哪些不应该算在人口总数内 （　　）
   (1) 2000年11月2日出生的婴儿
   (2) 2000年10月31日8时出生，20时死去的婴儿
   (3) 2000年10月31日8时出生，7月1日4时死去的婴儿
   (4) 2000年10月31日22时死去的人
   (5) 2000年11月1日8时死去的人
5. 下列判断中，正确的有 （　　）
   (1) 普查和统计报表都是全面调查
   (2) 重点调查、抽样调查和典型调查都是非全面调查
   (3) 经常性调查都是定期的
   (4) 一次性调查都是不定期的
   (5) 统计报表是我国搜集统计资料的一种主要报表
6. 普查是一种 （　　）
   (1) 全面调查　　(2) 非全面调查　　(3) 专门调查　　(4) 经常性调查
   (5) 一次性调查

三、问答题

1. 什么是统计调查？
2. 统计调查有哪些分类？
3. 统计调查的基本要求是什么？
4. 一个完整的统计调查方案必须包括哪些内容？
5. 怎样理解调查目的与调查对象、调查单位及调查项目之间的关系？
6. 调查单位与填报单位有何区别与联系？
7. 什么是统计报表？统计报表有哪几种？
8. 什么是原始记录、统计台账和内部报表？它们之间有何联系？
9. 统计报表与普查有何区别？
10. 重点调查、典型调查与抽样调查有何区别？
11. 简述统计调查体系改革的目标模式。
12. 请分别为下面各项调查拟订调查方案（可选做1～2题）：
    A. 对本校一年级新生进行一次基本情况的调查；
    B. 对本校图书馆全部藏书情况进行调查；
    C. 对本市职工家庭生活状况的调查。

第三章 统计整理

> 数字不会说谎,但说谎的人会想出办法。
>
> 格罗夫纳

统计整理是统计工作的第三阶段。它是统计调查的继续,统计分析的前提。在整个统计工作过程中,它起着承上启下的作用。统计整理经过审核、分组、汇总等工作环节,得出整理的结果。统计整理的结果,往往以统计图表等形式来表述和呈现。

第一节 统计整理概述

一、统计整理的概念

统计整理是根据统计研究的目的,对统计调查所获得的原始资料(初级资料)进行科学的分类和汇总,或对已经加工过的资料(次级资料)进行再加工,为统计分析准备系统化、条理化的综合资料的工作过程。

作为一个相对独立的统计工作阶段来说,统计资料整理主要是指原始资料的整理。统计调查取得的总体单位的原始资料,只能说明各单位的具体情况。这种零星的、分散的、不系统的资料,也只能说明事物的表面现象。要说明总体情况,反映事物的本质,还需要对这些资料进行整理,使之系统化、条理化。

统计整理不仅实现了对总体单位表现的认识过渡到总体的数量特征的认识,也实现了对现象的感性认识过渡到对现象的本质和规律性的认识。统计整理工作质量如何,直接影响对事物的正确认识。

二、统计整理的程序

对原始资料整理的工作过程一般按下列程序进行。

1. 设计整理方案

统计整理方案常常是在调查之前进行总体设计时,与调查方案同时拟定的。整理方案的主要内容包括两部分:一是确定如何对原始资料进行分组以及确定分组体系;二是确定用什么指标说明各组和总体的特征,确定指标体系。这两部分内容通常都用整理表或汇总表形式来反映。所以,整理方案又是一系列汇总表形式的总称。

统计整理必须严格按照整理方案进行,才能保证统计整理的工作质量。

2. 审核原始资料

统计汇总之前对统计资料进行审核,是保证统计汇总质量的关键,如果统计资料有差错,统计汇总再精确,也影响统计数字。审核的主要内容包括三点:第一,资料的齐备性。主要是检查调查的单位是否遗漏,调查项目填写是否完全。第二,资料的及时性。主要检查资料是否按规定时间报送,检查未按时报送的原因。第三,资料的准确性。这是审核的重点,主要是检查资料是否符合实际。其审核方法有二:一是逻辑检查,主要是审核资料的内容从理论上和常识上是否合理,项目之间是否有矛盾的地方。二是计算检查,主要是通过数字进行计算来进行审核,如计算方法、计算范围、计算结果和数字的计量单位是否正确等。

另外,在利用历史资料时,也应审核其可靠程度,指标含义,所属时间与空间范围,计算方法和分组方法与规定的要求是否一致。

3. 进行科学分组

为了对统计资料进行分组,说明现象总体的数量特征和内部结构,必须对经过审核并确认正确无误的资料进行科学的分组,编制分布数列。统计分组是统计整理的基础问题和核心问题。

4. 汇总加工资料

为了能够反映调查对象分布的全貌,必须对统计资料进行汇总,即计算各组的单位数和标志总量,并在此基础上计算出总体单位数和标志总量。

5. 绘制统计图表

以图、表形式表述统计整理的结果,既可在有限的篇幅里呈现尽可能多的统计信息,又便于研究者进一步地对照、分析和使用者的阅读、理解。

第二节 统计分组

一、统计分组的概念

统计分组就是根据统计总体的本质特征,按照一定的标准,把统计总体区分为若干个组成部分。总体的这些组成部分,称为"组"或"类"。统计分组同时具有两方面含义:对总体而言,是"分",即将总体区分为性质相异的若干部分;对个体而言,是"合",即将性质相同的个体合起来形成一个组或一个类。

二、统计分组的作用

1. 划分客观现象的类型

统计分组的根本作用在于区分现象之间的差别,只有借助于统计分组把总体中性质相同的单位归并在一个组内,才有助于在质和量的密切联系中研究现象的数量方面,才能正确认识现象的总体特征和规律性。表 3-1 表明了我国人口现状及特征:13 亿人口、9 亿劳动力(劳动年龄人口);经济增长的人口红利消失,劳动年龄人口绝对数量自 2012 年第一次下降后,仅 2015 年又比 2014 年减少 487 万人;人口老龄化加深,达到了 16.1%,已超老龄化标准 6.1 个百分点,我国已经步入老龄社会(Aged society)初期。

表 3-1 2015 年我国年末人口数及其组成

指　标	年末数/万人	比重/%
全国总人口	137 462	100.0
其中:城镇	77 116	56.1
乡村	60 346	43.9

续表

指 标	年末数/万人	比重/%
其中:男性	70 414	51.2
女性	67 048	48.8
其中:0~15岁(含不满16周岁)	24 166	17.6
16~59岁(含不满60周岁)	91 096	66.3
60周岁及以上	22 200	16.1
其中:65周岁及以上	14 386	10.5

2. 反映客观现象的内部结构

将总体按某一标志分组后,计算各组的单位数或各组的标志值和占总体单位总量或总体标志总量的比重,用比重的大小反映现象的内部结构情况,表明总体的特征。表3-2说明2015年我国国内生产总值不仅总量增长,按可比价格计算,比上年增长6.9%;而且三次产业结构也发生了可喜变化,第三产业增加值占比自2013年首次超过第二产业,2015年又首次超过50%。

表3-2　2015年我国国内生产总值按三次产业分组

指 标	绝对额/亿元	比重/%
国内生产总值	676 708	100.0
其中:第一产业增加值	60 863	9.000
第二产业增加值	274 278	40.53
第三产业增加值	341 567	50.47

3. 分析客观现象间的依存关系

客观现象之间广泛地存在着相互制约、相互依存的关系,这种关系不仅表现在质的方面,还表现在量的方面。表3-3表明商品销售额与商品流通费用水平之间存在依存关系。前者是影响因素,后者为结果。商品销售额越大,流通费用水平越低;销售额越小,流通费用水平越高。

表3-3　某地商店按商品销售额分组的流通费用水平情况

商品销售额/百万元	商店数/个	商品流通费率/%
50以下	25	11.2
50~200	70	10.4
200~400	130	9.9
400~600	75	6.7
600~800	40	5.9
800~1 000	18	5.0
1 000以上	10	5.5
合 计	368	100.0

以上统计分组的三个作用不是彼此孤立的,而常常是互相补充,结合运用。

三、统计分组的原则

正确、合理的统计分组，必须遵循下列原则。

(1) 选择合适的分组标志。分组标志，即据以分组的标准。选择分组标志是统计分组的核心问题，因为分组标志是统计分组用以划分总体的标准和依据，分组标志选择是否适当，关系到能否正确反映总体的数量特征及其变化规律。为此，在选择分组标志时要注意以下几点：

第一，要根据研究目的选择分组标志。任何一个总体单位都有若干个标志，究竟应该采用什么标志为分组标志，要看哪些标志与研究目的关系最为密切。对同一总体，研究目的不同，所采用的分组标志就不同。

第二，要选择具有本质特性的标志或主要的标志作为分组标志。在符合研究目的的情况下，当有多个标志可供选择时，要选择与统计研究目的、与有关事物的性质或类型关系密切的标志，即最本质或最主要的标志作为分组的依据。

第三，要结合客观现象所处的具体的历史条件和空间条件选择分组标志。客观事物的特点和内部联系随着时间、地点和其他条件的变化而变化。对同一事物所采用的分组标志，此时适用彼时可能不适用，此地适用彼地可能不适用。

(2) 划分明确的分组界限。划分各组界限就是要在分组标志的变异范围内，划分各相邻组之间的性质界限和数量界限。任何标志下均包含着许多变异，但各组限不能随意划分，如果划分不当，必将混淆各组的性质差别。例如学生按学习成绩分组时将 55 分和 63 分合在同一组就不恰当。划分各组界限的原则是：在标志的变异范围内，确定能够区分各组性质差别的界限，然后将不同性质的单位分别归入不同的组（每一个单位都有组可归，无一遗漏，即穷尽性），每个单位只能归入一组（不能同时归属几个组，即互斥性）。

四、统计分组的方法

1. 品质标志分组和数量标志分组

品质标志分组，就是按现象的性质分组。有的品质标志分组比较简单，通常分组标志一经选定，组数的多少与各组之间的界限就是明确而稳定的。例如，人口按性别分为男性和女性两组。有的品质分组还取决于统计分析，对分组粗细的要求。例如，学生成绩可分为及格和不及格两组，也可细分为优秀、良好、中等、及格、不及格五组。无论组数多少，各组的界限基本上明确而且稳定。但有的品质标志分组比较复杂，组间的界限往往不易划清，例如，国民经济行业分组、职业分组等。为了保证统计在调查和汇总上的统一，常常需要制定统一的标准分组（或分类）目录，如我国的《国民经济行业分类》《劳动力市场职业分类与代码》等。分类目录也是一种整理方案，它使较复杂的分组简单化。完善统计分类目录，做到分类标准化，是统计工作现代化的必然要求。

按数量标志进行分组，就是按表现总体单位数量特征的标志进行分组。它在总体不同单位之间的差异表现为数量上的差异，如企业员工按工龄分组，工业企业按产值计划完成程度分组。这种分组的结果形成变量数列，并可分为两种情况：一种是变量值的个数不多，变动范围不大，可作单项分组；另一种是变量值较多，变动范围较大，应作组距分组。

2. 简单分组和复合分组

由于采用分组标志数的不同，统计分组可以分为简单分组和复合分组。

简单分组是对总体只按一个标志分组，形成的各个组直接说明总体，说明总体在某一方面的差别或分组情况。许多简单分组从不同角度说明同一个总体，就构成一个平行分组体系。例如，表 3-1 就是对总人口按地区、性别和年龄的三个简单分组而形成的一个平行分组体系。再如，为了认识工业企业员工总体的情况，选择年龄、文化程度等标志进行简单分组后，可形成如下平行分组体系：

按年龄分组	按文化程度分组
20 岁以下	大专
21～35 岁	中专
36～50 岁	技工
51～55 岁	高中
56～60 岁	初中
61 岁上	小学

复合分组是用两个以上标志层叠进行分组,即先按一个标志分组,然后再按另一个标志将已分好的各个组又分别划分为若干个小组,依次类推。在复合分组中,处在前面的标志为主要标志,处于从属地位的为辅助标志。复合分组比简单分组能够更全面更深入地分析问题。复合分组标志不宜过多,以免失之烦琐。复合分组本身就是复合分组体系。例如,为了认识我国高等院校学生的基本情况,同时选择学科和性别两个标志进行复合分组,并以学科为主要标志,可得到如下复合分组体系,如表 3-4 所示。

表 3-4 复合分组示意

学科	性别
理科	男生 女生
文科	男生 女生

建立复合分组体系,应根据统计分析的要求,在选择分组标志的同时,确定它们的主次顺序。首先要按照主要标志对总体单位进行第一次分组,然后按次要的标志在第一次分组的基础上进行第二次分组,依次按所有标志分组至最后一层为止。

综上所述,所谓统计分组体系是根据统计分析的要求,通过对同一总体进行多种不同分组而形成的一种相互联系、相互补充的体系。运用分组体系,可以提升对总体数量表现的全面、深入、细致的认识。

3. 分组资料再分组

再分组是在原有分组的基础上,对原来的各组重新进行调整,设立新组的过程。

由于以前对分组资料的分组方法不科学、不合理,或者与现在的分组状况不可比,或者有了新的统计研究目的和任务时,都要对原有资料重新进行分组。

再分组的方法有两种:一是按原来的分组标志重新划组,并将原有各组频数(率),依据新组组限按比例重新加以整理;二是更新分组标志,重新分组,并确立新组频数(率)。再分组往往是对次级资料的加工整理。

再分组的方法均建立在假设原资料在各组内分布是均匀分布的基础上(实际上并不如此),因此再分组的结果通常具有一定程度的假定性。

下面以表 3-5 为例说明其中的一种方法。

表 3-5　某年某工业部门各企业按劳动生产率分组(1)

人均年产值/万元	企业数/个	总产值		员工人数比重/%
		绝对数/万元	比重/%	
14 以上	4	3 420	4.72	4.72
13～14	5	1 836	3.88	2.69
12～13	8	3 346	17.07	5.40
11～12	8	6 656	14.06	11.54
10～11	6	6 788	14.34	12.93
9～10	14	9 500	20.07	20.00
8～9	12	6 910	14.6	12.26
7～8	10	4 040	8.53	10.78
6～7	8	3 081	6.51	9.48
6 以下	5	1 763	3.72	6.00
合　计	80	47 340	100.00	100.00

上述分组组数过多,不能反映先进、良好、一般、后进的差异。根据要求,仍以劳动生产率为分组标志,结合具体情况,确定人均产值 12.5 万元以上为先进企业,10～12.5 万元为良好企业,7.5～10 万元为一般企业,7.5 万元以下的为后进企业,得到再分组资料,如表 3-6 所示。

表 3-6　某年某工业部门各企业按劳动生产率分组(2)

人均年产值/万元	企业数/个	总产值		员工人数比重/%
		绝对数/万元	比重/%	
12.5 以上	13	6 929	14.64	10.11
10～12.5	18	15 117	31.93	27.17
7.5～10	31	18 430	38.93	41.65
7.5 以下	18	6 864	14.5	21.07
合　计	80	47 340	100.00	100.00

表中第一组的数据是次级资料的第一组数据加第二组数据再加第三组中根据新组限按比例的部分而得到的。例如:

$$第一组企业数 = 4 + 5 + \frac{1\,250 - 1\,200}{1\,300 - 1\,200} \times 8 = 13$$

其余各组的整理计算方法与第一组相同。

五、统计分组的举例

1. 国民经济行业划分

《国民经济行业分类》国家标准于 1984 年首次发布,分别于 1994 年和 2002 年进行修订,2011 年第三次修订。该标准(GB/T 4754-2011)由国家统计局起草,国家质量监督检验检疫总局、国家标准化管理委员会批准发布,并于 2011 年 11 月 1 日实施。此次修订除参照 2008 年联合国新修订的《国际标准行业分类》修订四版(简称:ISIC4)外,主要依据我国近年来经济发展状况和趋势,对门类、大类、中类、小类做了调整和修改。

我国国民经济行业划分为 20 个门类：

A 农、林、牧、渔业

B 采矿业

C 制造业

D 电力、热力、燃气及水生产和供应业

E 建筑业

F 批发和零售业

G 交通运输、仓储和邮政业

H 住宿和餐饮业

I 信息传输、软件和信息技术服务业

J 金融业

K 房地产业

L 租赁和商务服务业

M 科学研究和技术服务业

N 水利、环境和公共设施管理业

O 居民服务、修理和其他服务业

P 教育

Q 卫生和社会工作

R 文化、体育和娱乐业

S 公共管理、社会保障和社会组织

T 国际组织

2. 三次产业划分

2003 年国家统计局发文，规定我国三次产业划分为：

第一产业是指农、林、牧、渔业。

第二产业是指采矿业，制造业，电力、燃气及水的生产和供应业，建筑业。

第三产业是指除第一、二产业以外的其他行业。第三产业包括：交通运输、仓储和邮政业，信息传输、计算机服务和软件业，批发和零售业，住宿和餐饮业，金融业，房地产业，租赁和商务服务业，科学研究、技术服务和地质勘查业，水利、环境和公共设施管理业，居民服务和其他服务业，教育，卫生、社会保障和社会福利业，文化、体育和娱乐业，公共管理和社会组织，国际组织。

3. 企业规模划分

2011 年国家统计局发文，规定我国大、中、小微企业划分为：

行业名称	指标名称	计量单位	大型	中型	小型	微型
农、林、牧、渔业	营业收入(Y)	万元	$Y \geqslant 20\,000$	$500 \leqslant Y < 20\,000$	$50 \leqslant Y < 500$	$Y < 50$
工业*	从业人员(X)	人	$X \geqslant 1\,000$	$300 \leqslant X < 1\,000$	$20 \leqslant X < 300$	$X < 20$
	营业收入(Y)	万元	$Y \geqslant 40\,000$	$2\,000 \leqslant Y < 40\,000$	$300 \leqslant Y < 2\,000$	$Y < 300$
建筑业	营业收入(Y)	万元	$Y \geqslant 80\,000$	$6\,000 \leqslant Y < 80\,000$	$300 \leqslant Y < 6\,000$	$Y < 300$
	资产总额(Z)	万元	$Z \geqslant 80\,000$	$5\,000 \leqslant Z < 80\,000$	$300 \leqslant Z < 5\,000$	$Z < 300$

续表

行业名称	指标名称	计量单位	大型	中型	小型	微型
批发业	从业人员(X)	人	$X \geq 200$	$20 \leq X < 200$	$5 \leq X < 20$	$X < 5$
	营业收入(Y)	万元	$Y \geq 40\,000$	$5\,000 \leq Y < 40\,000$	$1\,000 \leq Y < 5\,000$	$Y < 1\,000$
零售业	从业人员(X)	人	$X \geq 300$	$50 \leq X < 300$	$10 \leq X < 50$	$X < 10$
	营业收入(Y)	万元	$Y \geq 20\,000$	$500 \leq Y < 20\,000$	$100 \leq Y < 500$	$Y < 100$
交通运输业*	从业人员(X)	人	$X \geq 1\,000$	$300 \leq X < 1\,000$	$20 \leq X < 300$	$X < 20$
	营业收入(Y)	万元	$Y \geq 30\,000$	$3\,000 \leq Y < 30\,000$	$200 \leq Y < 3\,000$	$Y < 200$
仓储业	从业人员(X)	人	$X \geq 200$	$100 \leq X < 200$	$20 \leq X < 100$	$X < 20$
	营业收入(Y)	万元	$Y \geq 30\,000$	$1\,000 \leq Y < 30\,000$	$100 \leq Y < 1\,000$	$Y < 100$
邮政业	从业人员(X)	人	$X \geq 1\,000$	$300 \leq X < 1\,000$	$20 \leq X < 300$	$X < 20$
	营业收入(Y)	万元	$Y \geq 30\,000$	$2\,000 \leq Y < 30\,000$	$100 \leq Y < 2\,000$	$Y < 100$
住宿业	从业人员(X)	人	$X \geq 300$	$100 \leq X < 300$	$10 \leq X < 100$	$X < 10$
	营业收入(Y)	万元	$Y \geq 10\,000$	$2\,000 \leq Y < 10\,000$	$100 \leq Y < 2\,000$	$Y < 100$
餐饮业	从业人员(X)	人	$X \geq 300$	$100 \leq X < 300$	$10 \leq X < 100$	$X < 10$
	营业收入(Y)	万元	$Y \geq 10\,000$	$2\,000 \leq Y < 10\,000$	$100 \leq Y < 2\,000$	$Y < 100$
信息传输业*	从业人员(X)	人	$X \geq 2\,000$	$100 \leq X < 2\,000$	$10 \leq X < 100$	$X < 10$
	营业收入(Y)	万元	$Y \geq 100\,000$	$1\,000 \leq Y < 100\,000$	$100 \leq Y < 1\,000$	$Y < 100$
软件和信息技术服务业	从业人员(X)	人	$X \geq 300$	$100 \leq X < 300$	$10 \leq X < 100$	$X < 10$
	营业收入(Y)	万元	$Y \geq 10\,000$	$1\,000 \leq Y < 10\,000$	$50 \leq Y < 1\,000$	$Y < 50$
房地产开发经营	营业收入(Y)	万元	$Y \geq 200\,000$	$1\,000 \leq Y < 200\,000$	$100 \leq Y < 1\,000$	$Y < 100$
	资产总额(Z)	万元	$Z \geq 10\,000$	$5\,000 \leq Z < 10\,000$	$2\,000 \leq Z < 5\,000$	$Z < 2\,000$
物业管理	从业人员(X)	人	$X \geq 1\,000$	$300 \leq X < 1\,000$	$100 \leq X < 300$	$X < 100$
	营业收入(Y)	万元	$Y \geq 5\,000$	$1\,000 \leq Y < 5\,000$	$500 \leq Y < 1\,000$	$Y < 500$
租赁和商务服务业	从业人员(X)	人	$X \geq 300$	$100 \leq X < 300$	$10 \leq X < 100$	$X < 10$
	资产总额(Z)	万元	$Z \geq 120\,000$	$8\,000 \leq Z < 120\,000$	$100 \leq Z < 8\,000$	$Z < 100$
其他未列明行业*	从业人员(X)	人	$X \geq 300$	$100 \leq X < 300$	$10 \leq X < 100$	$X < 10$

说明:(1) 大型、中型和小型企业须同时满足所列指标的下限,否则下划一档;微型企业只需满足所列指标中的一项即可。

(2) 上表中各行业的范围以《国民经济行业分类》(GB/T4754-2011)为准。带 * 的项为行业组合类别,其中,工业包括采矿业,制造业,电力、热力、燃气及水生产和供应业;交通运输业包括道路运输业,水上运输业,航空运输业,管道运输业,装卸搬运和运输代理业,不包括铁路运输业;信息传输业包括电信、广播电视和卫星传输服务,互联网和相关服务;其他未列明行业包括科学研究和技术服务业,水利、环境和公共设施管理业,居民服务、修理和其他服务业,社会工作,文化、体育和娱乐业,以及房地产中介服务,其他房地产业等,不包括自有房地产经营活动。

(3) 企业划分指标以现行统计制度为准。从业人员,是指期末从业人员数,没有期末从业人员数的,采用全年平均人员数代替。营业收入,工业、建筑业、限额以上批发和零售业、限额以上住宿和餐饮业以及其他设置主营业务收入指标的行业,采用主营业务收入;限额以下批发与零售业企业采用商品销售额代替;限额以下住宿与餐饮业企业采用营业额代替;农、林、牧、渔业企业采用营业总收入代替;其他未设置主营业务收入的行业,采用营业收入指标。资产总额,采用资产总计代替。

知识链接 5:中国被列入中上等收入国家

世界银行按人均国民总收入(人均国民生产总值,与人均国内生产总值大致相当),对世界各国经济发展水平进行分组。通常把世界各国分成四组:低收入国家、中等偏下收入国家、中等偏上收入国家和高收入国家。按世界银行公布的数据,2008 年的最新收入分组标准为:人均国民总收入低于 975 美元为低收入国家;在 976 至 3 855 美元之间为中等偏下收入国家;在 3 856 至 11 905 美元之间为中等偏上收入国家;高于 11 906 美元为高收入国家。每年 7 月世界银行都会对国家的分类进行调整,而 2011 年 7 月的最新调整是:低收入的标准为年人均国民总收入 1 005 美元及以下,下中等收入为 1 006 至 3 975 美元,上中等收入为 3 976 至 12 275 美元,高收入为 12 276 美元及以上。所以,根据世界银行 2011 年的标准,中国已被列入"中上等收入国家"。

20 世纪 80 年代中期前,中国一直属于低收入国家行列;其后开始步入中等收入国家之列;经过 10 多年的努力,又从低中等收入国家变成了中上等收入国家。《中国统计年鉴(2011)》有关数据显示,2010 年我国国民总收入 403 260 亿元,年末总人口 134 091 万人;若按 1 比 7 的汇率计算,2010 年我国人均国民总收入约为 4 300 美元。

第三节 分布数列

一、分布数列

在统计分组的基础上,将总体中所有单位按组归类汇总,形成总体中各单位数在各组间的分布,叫作频数分布。分布在各组的总体单位数叫频数或次数。将各组借以划分的标志表现依一定顺序,同时将各组频数相应列出,即构成频数分布数列(或次数分布数列),简称分布数列(或分配数列)。

分布数列主要用来表明总体的分布特征、结构情况,并据以研究总体某一标志的平均水平,是统计整理的一种重要形式,也是统计分析的一种重要方法。

分布数列有两个要素:一是借以对原始数据分组的标志表现,另一是各组的频数。前者表示总体的成分,后者表示总体的结构。有时为了研究需要,还需在频数的基础上加列其他表示总体结构的数据,如各组频数除以频数总和得到相对频数,又称频率或比重。

分布数列按选用的分组标志不同,可分为品质数列和变量数列两种。

品质数列是用品质标志分组所形成的分布数列,它由各组名称和各组频数构成,也可称作属性分布数列。

例如,某校学生按性别分组,可以形成品质数列如表 3-7 所示。

表 3-7 某校学生性别分组

性别	人数/人	比重/%
男	863	68.6
女	395	31.4
合计	1 258	100.0

这个品质数列反映了该校学生的性别构成及其特点,男生占 68.6%,女生占 31.4%。

按数量标志分组的分布数列称为数量分布数列,简称变量数列。变量数列仍是由两部分组成,即各组变量值和各组频数。例如某校某班学生《应用统计学》考试成绩,可以形成变量数列如表 3-8 所示。

表 3-8　某校学生统计学成绩分组

分 数	人 数/人	比 重/%
50～59	2	5.0
60～69	7	17.5
70～79	16	40.0
80～89	10	25.0
90～100	5	12.5
合　计	40	100.0

对于品质数列来说,如果分组标志选择得好,分组标准定得恰当,则现象性质的差异就表现得比较明确,总体中各组如何划分就较易解决。因此,品质数列的编制程序,一般比较简单,其步骤是:原始数据→归类→合计→列表。对于变量数列来说,因为现象性质的差异表现不甚明确,决定现象性质的数量界限往往因人的主观认识而异,因此按同一数量标志分组时,有出现多种分布数列的可能。以下着重研究变量数列。

二、变量数列

在变量数列中,作为分组标准的那个数量标志,称为变量。变量有离散型和连续型两种。连续变量的数值是不间断的,相邻两值之间可作无限分割,即可取无限数值。例如身高、体重、年龄等。连续变量年龄也可离散化,比如年龄采用足岁为单位时,即视为离散变量。离散变量的数值都是以整数位断开的,例如人数、企业数、设备台数等。

1. 变量数列的种类

按变量值的表现形式不同,变量数列分为单项变量数列和组距变量数列。

单项变量数列,就是数列中的每个组只用一个变量值表示的数列。例如,表 3-9 就是一个单项变量数列,其中数列的组数就是数量标志所包含的相异变量值个数。

表 3-9　某车间工人工资情况

工资级别	人数/人	比重/%
2	25	35.7
3	20	28.6
4	10	14.3
5	10	14.3
6	5	7.1
合　计	70	

单项变量数列主要适用于变量值变动范围不大的离散型变量。某些取整数的连续型变量(即连续变量离散化),如年龄,如果变量值变动范围不大,也可以编制单项变量数列。当总体中变量值较多,而且变量值变动范围较大时,就不适宜用单项变量数列,而应采用组距变量数列。

组距变量数列,就是数列中的各个组由两个分组标志值所决定的一定区间表示的数列,简称组距数列。如表 3-8 所示。

组距数列中,界定一组变量值区间的两个数值,统称组限。其中,较大的数值为上限,较小的数值为下限,每组的区间叫组距。通常情况下,计算组距的一般公式是:

$$组距 = 本组上限 - 上一组上限$$
$$= 本组下限 - 上一组下限$$

例如，表 3-8 的组距 = 60 - 50 = 10，或 69 - 59 = 10。

当组限相连或重叠时，上一组上限即为本组下限，下一组下限即为本组上限。例如，表 3-3，第三组上限与第四组下限重叠，都为 400；第五组下限与第四组上限重叠，都为 600。

各组上限与下限之间的中点数值叫组中值。它是假定各组变量值均匀变化下的一个代表值。组中值的一般计算方法：

$$组中值 = (本组下限 + 下一组下限) \div 2$$
$$= (本组上限 + 上一组上限) \div 2$$

当组限重叠时，

$$组中值 = (本组上限 + 本组下限) \div 2$$
$$组距 = (本组上限 - 本组下限)。$$

各组组距都相等的组距数列，称为等距数列。各组组距不完全相等的组距数列，称为异距数列。上下限齐全的组称为闭口组，上下限不全的组称开口组。例如，表 3-3，第一组和最后一组都为开口组。其中，第一组称为向下开口组（有上限无下限），最后一组称为向上开口组（有下限无上限）。开口组以其相邻组的组距作为该组组距。

2. 变量数列的编制

(1) 单项数列的编制。例如：某市商务局系统 20 个商店员工人数的资料如下：30, 32, 38, 40, 45, 40, 30, 52, 45, 32, 38, 45, 52, 40, 40, 45, 38, 38, 40, 40。本资料为离散型变量，且变量值个数不多，故可编制单项数列。单项数列编制步骤为：

第一，将原始资料按变量值大小的顺序排列，即 30, 30, 32, 32, 38, 38, 38, 38, 40, 40, 40, 40, 40, 40, 45, 45, 45, 45, 52, 52。

第二，把变量值分为若干组，本例分 30, 32, 38, 40, 45, 52 六个组。

第三，设计整理表，登记变量值出现的频数。

完成这三步，即可得到表 3-10 所示的结果。

表 3-10 某市商业局系统商店职工数

人数（人）	商店数/个	比重/%
30	2	10
32	2	10
38	4	20
40	6	30
45	4	20
52	2	10
合　计	20	100

(2) 组距数列的编制。例如，有人对 62 人进行智力测验，按韦克斯勒（D. Wechsler）智力量表打分，得到如下分数（智商）：107, 115, 98, 95, 129, 125, 106, 101, 102, 117, 132, 94, 84, 109, 111, 105, 124, 112, 107, 90, 82, 99, 110, 102, 86, 87, 108, 86, 123, 122, 99, 104, 107, 105, 102, 110, 129, 135, 114, 104, 103, 115, 78, 120, 131, 100, 113, 90, 118, 96, 91, 80, 111, 124, 117, 119, 88, 93, 110, 128, 79, 125。

将上例资料编制成组距变量数列的步骤是：

第一，将原始资料按变量值大小的顺序排列（略）。

第二,计算全距。全距为最大变量值(标志值)与最小变量值(标志值)之差。本例的全距=135-78=57(分)。

第三,确定组距和组数。全距确定后,就可进而决定组数多少和组距大小。全距既定情况下,组数和组距成反比关系。组数愈少,组距愈大;组数愈多,组距愈小。实践中,究竟是先确定组数还是先确定组距,没有一定规则可循,必须根据统计研究的要求和对资料性质的了解而作灵活掌握。

组数多少可由数据多少(变量值个数)决定。数据多,则组数多;数据少,则组数少。通常考虑组数5～15组。在实际分组时,可以按美国学者斯特奇斯(H. A. Sturges)提出的经验公式来确定组数:

$$K = 1 + \lg N \div \lg 2 = 1 + 3.322 \lg N$$

式中,K 为组数,N 为变量值的个数。本例的组数:$K = 1 + 3.322 \lg 62 = 6.9543 \approx 7$,即可分为7个组。

组距的确定,主要考虑组内的同质性和能够反映总体分布的特点或原始资料的集中程度的实际情况。通常,可以根据下述三种情况确定采用什么样组距:
- 在全距内的变量值变动比较均衡的资料适用等距分组,这样便于直接比较各组频数;
- 在变量值分布不规则、有疏有密的资料中,适用异距数列;
- 有特大或特小的极端数值的资料,适用在第一组或最后一组定为开口组。

如果先定了组数,则组距可按以下公式确定:

$$i = R \div K$$

式中,i 为组距,R 为全距,K 为组数。本例的组距:$i = 57 \div 7 = 8.1429$。组距一般取整数,且多以5或10的整数倍,所以本例组距确定为10。

第四,设置组限。应注意以下几点:
- 最小值的下限应低于最小变量值;最大值的上限应高于最大变量值。但不应过于悬殊。本例的第一组下限可定为70,最后一组上限定为140;
- 组限的设置应表现出总体分布的规律性,应反映出研究对象的差异;
- 考虑连续型变量和离散型变量的不同特点。

设置连续型变量组限,相邻组的组限必须相连(重叠)。用一个数值作为两组共同的界限,这是由于变量的任何两数值之间可能还有无限多个数值,因此相邻组的上限和下限不可能用两个确定的数值来表示。例如,表3-3中的50～200、200～400、400～600、600～800等。由于统计分组必须满足穷尽性和互斥性的要求,因此凡遇到某单位的变量值刚好等于相邻两组的界限值时,例行规定是将这个单位归入作为下限的组内,即所谓"上限不包括在内"原则。例如,销售额200百万元的商店归入200～400这一组内,400百万元的商店归入400～600这一组内。本例可按连续型变量设置组限。

设置离散型变量组限,相邻组组限应间断(组限不相连)。这是由于离散变量的相邻两个变量值之间没有中间数值,因此,各组的上限和下限都可用确定的数值(整数)表示。例如,商店按员工人数分组,分为10人以下、11～49人、50～299人……

根据以上所述,形成本例各个分组如下:70～80,80～90,90～100,100～110,110～120,120～130,130～140。

第五,计算频数(次数),编成组距数列。

表 3-11 智商分布状况

分数(分)	人数/人	比重/%
70~80	2	3.22
80~90	7	11.29
90~100	10	16.13
100~110	16	25.81
110~120	14	22.58
120~130	10	16.13
130~140	3	4.84
合 计	62	100.00

3. 变量数列的表示方法

(1) 列表法。即用统计表来表示变量数列,并可列入累计频数、累计频率。前例所举62人智力分数分布,如表3-12所示。

较小制累计,是以最小值的频数或频率为始点逐项累计各组频数或频率。较小制累计中每组的累计频数或频率,表示小于该组上限的频数或频率合计有多少。例如,第三组的累计频数是19,累计频率为30.64%,说明智商在100分以下的人数合计是19人,是全部人数的30.64%。

表 3-12 智商分布表

分数	人数/人	比重/%	较小制累计		较大制累计	
			人数/人	比重/%	人数/人	比重/%
70~80	2	3.22	2	3.22	62	100.00
80~90	7	11.29	9	14.51	60	96.18
90~100	10	16.13	19	30.64	53	85.49
100~110	16	25.81	35	56.45	43	69.36
110~120	14	22.58	49	79.03	27	43.55
120~130	10	16.13	59	95.16	13	20.97
130~140	3	4.84	62	100.00	3	4.84
合 计	62	100.00	—	—	—	—

较大制累计,则是从最大值的频数或频率开始,逐项累计各组的频数或频率。较大制累计中每组的累计频数或频率,表示大于该组下限以上的频数或频率合计有多少。例如,第三组的累计频数是53,累计频率为85.49%,说明智商在90分以上的有53人,占总人数的85.49%。

(2) 图示法。即用统计图形来表示变量数列的方法。常用的有直方图和折线图两种。

① 直方图。即用直方形(矩形)的宽度和高度来表示频数分布的图。根据表3-12资料,可绘制直方图如图3-1所示。

直方图中,横轴表示各组组限,纵轴表示频数(一般标在左侧)和频率(一般标在右侧),若没有频率则保留左侧频数。按数据分布在各组的频数或频率,依各组组距为宽、频数或频率为高,相应绘制各个矩形,形成直方图。

对于异距数列,要先计算出各组的频数密度,然后以组距为宽、以频数密度为高,绘制直方图。其中频数密度的计算公式为:

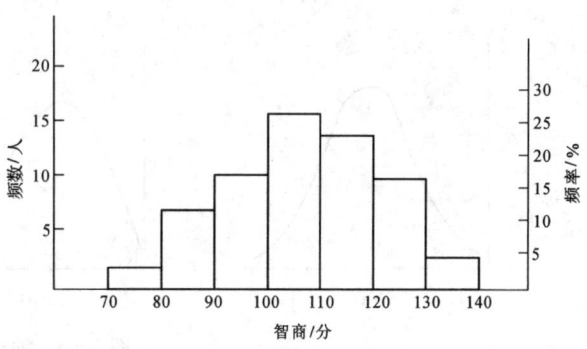

图 3-1 直方图

$$频数密度 = 频数 \div 组距$$

② 折线图。也称频数多边形图。在直方图的基础上,把直方图顶部的中点(即组中值)用直线连接起来,再把原来的直方图抹掉就是折线图。需要注意,折线图的两个终点要与横轴相交,具体的做法是将第一个矩形顶部中点通过竖边中点(即该组频数一半的位置)连接到横轴,最后一个矩形顶部中点与其竖边中点连接到横轴。这样才会使折线图下所围成的面积与直方图的面积相等,从而使二者所表示的频数分布一致。根据表 3-12 的资料,可以近似地画成如图 3-2 所示的变量数列折图。其中,图 3-2(a)为频数分布折线图;图 3-2(b)为累计频数分布折线图(此图又称拱形图)。

当变量值非常多时,变量数列组数会不断增多、组距会不断变小。这时所绘制的折线图就会越来越光滑,逐渐形成一条平滑的曲线,从而形成曲线图如图 3-3 所示。

4. 变量数列的类型

根据不同性质的社会经济现象的变量数列(频数分布),可绘制出各不相同的曲线图。概括起来,这些曲线图主要有下列三种类型:钟形分布、U 形分布和 J 形分布。

(1) 钟形分布。钟形分布的特征是"两头小、中间大",即靠近中间的变量值分布的频数多,靠近两端的变量值分布的频数少,绘成曲线图,宛如一口古钟。

钟形分布的种类较多,其中最重要的是对称分布。对称分布的特征是中间变量分布的频数最多,两侧变量值分布的频数则随着与中间变量值距离的增大而渐次减少,并且围绕中心变量值两侧对称分布,如图 3-3(a)所示。许多社会经济现象统计总体的分布都趋近于对称分布。例如,居民收入分布,商品价格分布,农作物平均产量分布等。

在非对称的分布中,有不同方向的偏态,如图 3-3(b)、(c)两图所示。

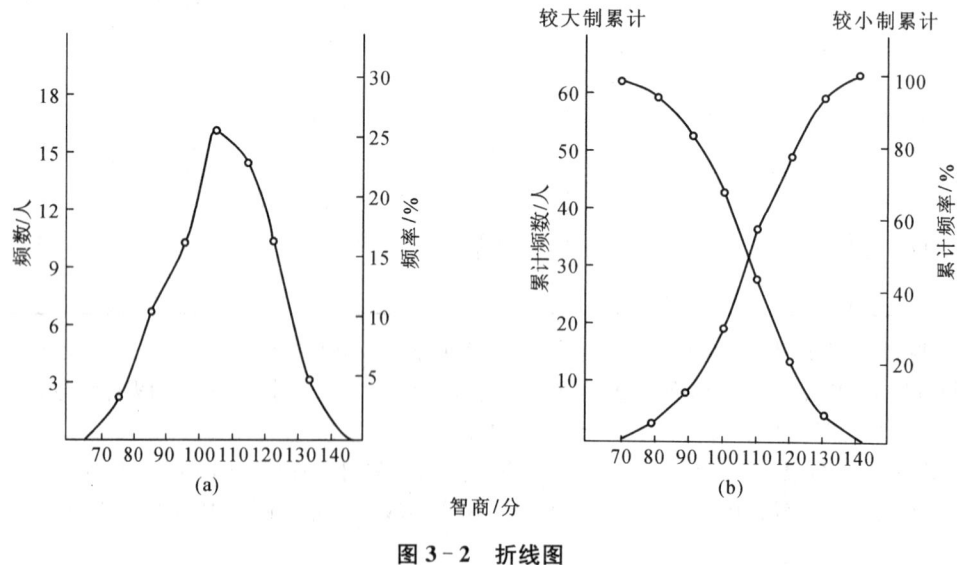

图 3-2 折线图

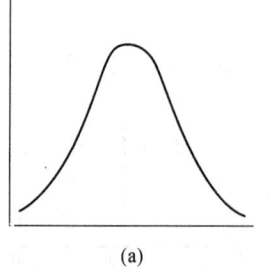
(a)

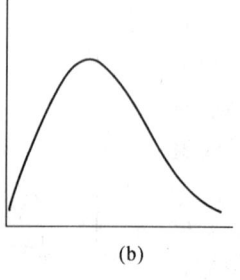
(b)

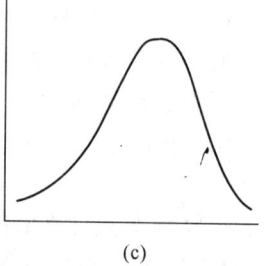
(c)

图 3-3 钟形分布

(2) U形分布。U形分布是一种少见的分布,其特征与钟形分布恰恰相反,靠近中间的变量值分布的频数少,靠近两端的变量值分布的频数多,形成"两头大,中间小"的分布特征。绘成曲线图,像英文字母"U"字,如图3-4所示。有些社会经济现象的分布,表现为U形分布。例如人口死亡率按年龄组分布,低龄组和高龄组的死亡率都很高,而中龄组的死亡率较低,因而表现为U形分布。

(3) J形分布。J形分布是另一种少见的分布,其特征是分布频数自低变量值(或高变量值)逐渐增多,绘成曲线图,犹如英文字母"J"字(或反写的"J"字),如图3-5所示。在社会经济现象中,也有一些统计总体呈J形分布。例如,人口总体按年龄大小分布,一般是反J形。顾客人数在某一商场逗留时间分布,也可以看成是反J形分布。而股票交易处于"牛市"时,需求量按价格分布,则可视为正J形曲线。

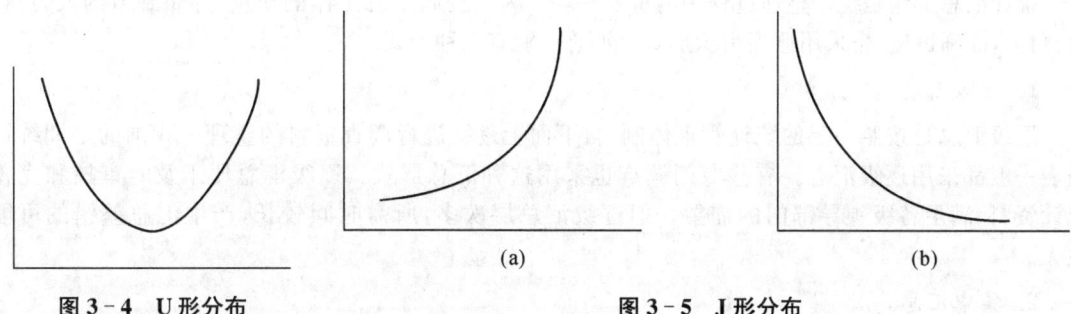

图3-4 U形分布　　　　　　　　　图3-5 J形分布

三、茎叶图

在统计分组的基础上,编制变量数列或绘制直方图,我们可以认识和呈现总体(一群数据)的分布特征。但变量数列或直方图,已失去数据的原始数值。而茎叶图,既能呈现一群数据的分布特征,还能保留这群数据的每一个原始数值。

茎叶图又称"枝叶图",由美国统计学家图基(J. W. Tukey)设计。它的思路是将一群数据中的数按位数进行比较,将数的大小基本不变或变化不大的位作为一个主干(茎),将变化大的位的数作为分枝(叶),列在主干的后面,这样就清晰呈现出每个主干后面有几个数,每个数具体是多少。

绘制茎叶图的关键是设计好树茎,通常是以一群数据的高位数值作为树茎。树茎一经确定,树叶就自然地"生长"在相应的树茎上了。譬如,将前例62人智商分数的数据,可绘制如图3-6的茎叶图。

```
 7 | 8 9
 8 | 0 2 4 6 6 7 8
 9 | 0 0 1 3 4 5 6 9 9
10 | 0 1 2 2 2 3 4 4 5 6 7 7 8 9
11 | 0 0 0 1 1 2 3 4 5 7 8 9
12 | 0 2 3 4 4 5 5 8 9 9
13 | 1 2 5
```

图3-6 智商分数茎叶图

将茎叶图茎和叶按逆时针方向旋转90度,实际上就是一个直方图,可以从图中统计各数据段的频数,计算各数据段的频率或百分比。

第四节　统计资料汇总

调查资料经过分组之后就要进一步进行汇总工作。统计汇总是在科学分组基础上，将各总体单位分别归组，计算各组及总体单位数，计算各组及总体的标志总量。通过统计汇总，能全面了解有关总体及其各组的数量特征。

一、统计资料汇总的组织形式

统计汇总工作是统计整理过程中的重要一环。为了提高汇总工作的质量，并做到节约人力、物力、财力，准确迅速，需采用适当组织形式。汇总一般有三种形式。

1. 逐级汇总

逐级汇总是按照一定的统计管理体制，自下而上逐级进行调查资料的整理。我国的定期统计报表一般都采用逐级汇总。有些专门调查也采用这种汇总形式。逐级汇总便于及时审核和完善统计资料，满足各级领导部门的需要。但逐级汇总层次多，所需时间较长，产生汇总差错的可能性大。

2. 集中汇总

集中汇总是将全部原始资料集中到组织调查的最高一级机关或由其指定的机构直接进行一次汇总。集中汇总不经中间环节，可以缩短汇总时间，减少发生登记性误差的可能性，不增加下级单位负担。但集中汇总不便核对原始资料出现的差错，汇总的资料不能及时满足各地各级领导和部门的需要。

此外，也可将以上两种形式结合起来，一方面对一些最基本又重要的统计指标实行逐级汇总，以满足各级地方和部门的需要，另一方面又将全部原始资料实行集中汇总。这种形式兼有以上两种组织形式的优点，但耗费人力、物力和财力。

3. 汇审汇编

汇审汇编就是下级报告单位的统计人员，在报表规定的报出时间内，自带统计报表和有关资料，集中到上级单位，共同汇总资料和编制统计报表。这种汇总方式便于及时查对和更正差错，缩短汇总时间，也有利于相互交流经验，提高统计人员的业务水平。

二、统计资料汇总的技术方法

统计资料的汇总方法，在我国的统计实践中，常用的有手工汇总和电子计算机汇总两种。

1. 手工汇总

手工汇总是指以算盘和小型计算器为工具通过手工操作而进行的汇总。常用的手工汇总有以下四种方法。

（1）划记法。它是利用点线等符号，计算各组总体单位数的一种汇总方法。常用的点线符号有"正""卅"等。汇总时用点线符号将各总体单位数分别记入所属组中。这种方法简便易行，但不能汇总总体标志值。

（2）过录法。先将原始资料过录到预先设计的整理表上，在整理表上加总各组和总体的单位数或标志值，再填入正式的统计表上。这种方法既可以汇总单位数，也可以汇总标志值，而且便于核对和计算。但工作量大，费时费力，过录较易发生差错。

(3) 折叠法。它是在汇总时,将全部调查表中需要汇总的项目和数值折在边上,按一定顺序叠放整齐,然后进行加工计算,并将结果直接填入统计表中。这种方法简便易行,省时省工,适用于标志值的汇总。但一旦发现差错,不便查对,只好从头返工,且容易把统计表折坏,不利于资料的保存及资料的校对。

(4) 卡片法。它是将各调查单位的有关资料摘录到一张卡片上,利用卡片再分组,计算和汇总。采用卡片法进行复合分组很方便,整理时要求的分组越多,越感到方便。但是,如果调查资料不多,采用此法不够经济。

上述四种方法各有利弊,适用范围也不尽相同,因都以手工操作为主,只适宜处理少量数据。

2. 电子计算机汇总

采用电子计算机统计汇总,是统计汇总技术的新发展。应用电子计算机进行统计汇总工作具有显著的优点,即速度快、精度高,具有逻辑运算、自动工作和储存资料的功能。

电子计算机汇总统计资料的方法大体分为五个步骤:

(1) 对原始资料审查和编码;

(2) 根据汇总整理的要求,选用适当的计算机语言编写程序;

(3) 录入数据资料和程序;

(4) 逻辑检查和运算;

(5) 汇总结果制表打印。

广泛使用计算机技术和网络技术,是我国统计工作现代化的重要标志之一。上一章所述我国统计"四大工程"中的"联网直报系统",就是计算机及网络技术在我国统计工作中的近期应用。

第五节　统计图表

一、统计表

1. 统计表的意义

从广义上说,统计工作各个阶段所使用的一切表格都是统计表。但这里所指的统计表是狭义的,专指统计整理阶段用于表现统计汇总结果所使用的表格。

将统计资料整理结果体现在统计表上,有如下几方面的作用:

(1) 便于统计资料条理化、系统化,使读者一目了然;

(2) 便于比较分析,检查数字的完整性和准确性;

(3) 便于积累资料。

2. 统计表的结构

统计表的结构,可以从表式和内容两个方面来认识。

从表式结构看,统计表是由纵横交叉的线条组成的一种表格,它包括总标题、横行标题、纵栏标题和指标数值四个部分。总标题就是统计表的名称,它扼要地说明统计表的内容,处于统计表格的上端中部。横行标题一般放在表格的左方位置上,通常用来表示各组的名称。纵栏标题一般放在表格的上方位置上,通常用来表示统计指标的名称。横行标题和纵栏标题共同说明表格中填入的统计数字所指的内容。例如,表 3-13 中"222 459 737"指的是我国 2010 年 11 月 1 日零时 0～14 岁(横行标题)的人口数(纵栏标题)为 222 459 737 人。指标数值就是说明总体及其组成部分数量特征的各种统计数字,填写在各横行标题与纵栏标题的交叉处。此外,有的统计表在表下还列出附注、资料来源、某些指标的计算方法、填表单位、填表人员和填表日期等。

表 3-13 全国人口年龄构成(2010 年 11 月 1 日零时)

年 龄	人口数/人	比重/%
0~14 岁	222 459 737	16.60
15~59 岁	939 616 410	70.14
60 岁及以上	177 648 705	13.26
合 计	1 339 724 852	100.00

从内容结构上看,统计表由主词栏和宾词栏两个部分组成。主词栏是统计表所要说明的对象,也就是所要研究的总体及其各个组成部分。例如表 3-13 中,我国人口数及其按年龄划分的各个组,是统计表的主体,我们称为主词,主词的位置通常在统计表的左边。宾词栏是统计表中用来说明主词的各个统计指标,表 3-13 中各年龄段的人口数及其比重,是统计指标,用来说明我国人口数及其年龄结构的数量特征,是统计表的客体,我们称它为宾词。宾词通常列在统计表的右边。主词和宾词是统计表的两个组成部分,缺一不可。

3. 统计表的种类

按用途不同可分为调查表、汇总表、计算表和分析表。

调查表是指在统计调查阶段所使用的,登记调查单位原始资料的统计表。

整理表或汇总表是在统计整理汇总过程中使用的统计表,汇总表可提供系统化的统计资料,为统计分析提供依据。

计算表是为了理清计算逻辑、展示计算过程而用的统计表。

分析表是统计分析所使用的统计表。分析表主要用于提示事物在各方面的数量特征,反映事物之间的联系及其发展规律。

按主词分组状况不同,可分为简单表、分组表和复合表。

简单表是指总体未经任何分组的统计表。其主词可以按总体单位的名称、地区或时间顺序排列。表 3-14~3-16 均为简单表。

表 3-14 我国直辖市人口数(2010 年 11 月 1 日零时)

	人口数/人
北京市	19 612 368
天津市	12 938 224
上海市	23 019 148
重庆市	28 846 170

表 3-15 "十二五"期间我国国内生产总值

时间 指标	2011 年	2012 年	2013 年	2014 年	2015 年
国内生产总值/亿元	471 564	519 322	568 845	636 463	676 708

(来源:国家统计局各年统计公报)

表 3-16　某地工业企业劳动生产率

企业编号	经济类型	员工人数/人	总产值/百万元	人均产值/万元/人
（甲）	（乙）	（1）	（2）	（3）＝（2）÷（1）
1	国有	540	963.9	178.5
2	国有	500	864.0	172.8
3	国有	480	844.8	176.0
4	非国有	400	518.6	129.6
5	非国有	420	621.6	148.0
6	国有	360	445.5	123.6
7	非国有	360	277.2	77.0
8	国有	340	309.4	91.0
9	非国有	350	368.9	105.4
10	非国有	250	192.0	76.8
11	非国有	240	165.6	69.0

　　简单表在实际工作中应用较多，其作用有：用以比较分析各单位、各地区的情况，从中发现矛盾；用以反映总体的基本情况；用以分析现象变动情况和发展趋势，找出规律性。简单表的局限性在于它不能用于分析现象之间的联系和相互依存关系，不能反映总体内部的类型和结构状况。

　　分组表是指总体按一个标志分组，主词排列的是简单分组的各组名称的统计表。本节开始使用的我国社会商品零售总额及其构成（见表 3-13）就属于分组表。分组表的应用十分广泛，它针对简单表的局限性，可以起到如下几方面的作用：区分事物的类型；研究总体的结构；分析现象之间的依存关系。

　　复合表是指总体按两个或两个以上标志进行层叠分组，主词排列的是复合分组各组名称的统计表。例如，某地区社会商品零售额统计表（见表 3-17）中，同时采用按地域标志和按对象标志层叠分组，就属于复合表。其作用在可以多角度地对总体进行观察分析，能比较深入细致地说明问题。但是其局限性也是显而易见的，当采用三个以上标志复合分组时，表格过于庞大，数字资料过于分散，这时，就显不出总体的数量特征和分布规律了。

表 3-17　某地区社会商品零售额构成

项　　目	金　　额
社会商品零售额 　其中：（一）对居民的零售额 　　　　　1. 城市 　　　　　2. 农村 　　　　（二）对社会集团的零售额 　　　　　1. 城市 　　　　　2. 农村	

　　按宾词设计的繁简程度，分为宾词不分组设计的统计表，宾词简单分组设计的统计表和宾词复合分组设计的统计表三种。

　　宾词是用来说明主词的统计指标，宾词的设计不同，则其说明主词的角度和深度也不同。

　　宾词不分组设计的统计表，就是宾词各指标按说明的主次先后顺序排列，保持各指标间一定的逻辑关系。例如，某市主要消费品供需情况表就属于宾词不分组设计的统计表，如表 3-18 所示。

表 3-18　某市主要消费品供需情况表

	需求量/万元	供应量/万元	供需差异/万元
食品类			
衣着类			
日用杂品类			
文教用品类			
其他			
合　计			

宾词简单分组设计的统计表,就是统计指标从不同角度分别按某一标志分组,各种分组之间是相互独立,平行排列的,如表 3-19 所示。

表 3-19　某高校历年招收新生的性别与城乡来源状况(单位:人)

年　份	学生总数	性别		城乡来源	
		男	女	城镇	乡村
2014 年					
2015 年					

宾词复合分组设计的统计表,就是统计指标同时有层次地按两个或两个以上标志分组,各种分组层叠在一起的统计表。这时,宾词的栏数等于各种分组的组数连乘积。例如表 3-20 即为宾词复合分组设计的统计表,该表中宾词共有 2×2=4 栏。

表 3-20　某高校历年招收新生的性别与城乡采源状况(单位:人)

年份	学生总数	城乡来源			
		城镇		乡村	
		男	女	男	女
2014 年					
2015 年					

4. 统计表的设计

(1) 形式设计。包括:

第一,统计表通常是纵横线条交叉组成的长方形表格,表格的设计应力求美观而实用。表的上、下两端线应以粗线或双线绘制,其他线条一般应细一些。表的左右两端习惯上不封口。

第二,统计表各横行需合计时,一般先列各项,后列总计,统计表各纵栏需合计时,一般应将合计列在最前一栏。

第三,将总体进行复合分组时,应在第一次分组的组别后退一、二字填写第二次分组的组,以此类推。

第四,统计分组栏数较多时,为了阅读方便,可编栏号。习惯上对非填写统计资料的各栏分别以(甲)、(乙)、(丙)……的次序编栏;对填写统计资料的各栏分别以(1)、(2)、(3)……的次序编栏,各栏存在相互关系的,也可用代码标出,如表 3-16 所示。

(2) 内容设计。包括:

第一,统计表的总标题应用简练而又准确的文字来表述统计资料的内容,以及资料所属的空间和时间等限定性条件。

第二,统计表主词和宾词的排列顺序,应当根据时间先后、空间位置,先计划后实际等自然顺序和逻辑顺序。

第三,统计表中指标数值的计量单位的标注方法是当表内所有指标数值都以同一单位计量时,应将计量单位写在表的右上角;当同栏指标值计量单位相同,而不同栏的计量单位不同时,应将计量单位写在各栏标题的下方或右侧,当同行指标值以同一单位计量,而不同行的计量单位不同时,应在横行标题后单设一列来标注计量单位。

第四,字迹要清楚规范,数字要排列整齐,同栏数据要有同等的精确度。表中不应有空格,数字为"0",则填"0",不需填或无数字的地方用"—"表示,缺数字的地方用"…"表示,相同数字应如数写出,不可用"同上"或"同左"等字样代替。

二、统计图

1. 统计图的意义

统计资料不仅可以用统计表来表示,而且还可以用统计图表示。根据统计资料所绘的图形,亦即用点、线、面、体或形象等来表现统计资料,以反映社会现象数量特征的图形,称为统计图。利用图形表现统计资料的方法,叫作统计图示法。用图形表现统计资料的显著优点:形象具体,简明生动,通俗易懂,一目了然。所以,统计图是统计资料的一种重要的表现形式。它在经济管理和统计分析中,在宣传教育、推动各项工作中都有重要的作用。其作用主要体现在以下几个方面:

(1) 用统计图便于表示现象间的数量对比关系,揭示总体内部结构,显示现象间的相互依存关系,表明现象在时间上的发展和在地区上的分布状况,以及检查计划的执行情况。

(2) 用统计图可对统计资料进行分析,借以反映社会经济现象变化过程的规律性。

(3) 用统计图示插补法,可求统计资料缺项的近似值。

(4) 看统计图可以节省阅读数字的时间。

(5) 统计图有艺术作品的意味,能把统计数字资料表现得生动有趣。

2. 统计图的种类

(1) 条形图。条形图是利用相同宽度的条形的高低或长短来表示统计指标数值大小的一种图形,用来对比的指标可以是绝对数或平均数。条形图主要用来表明各个指标之间的差异,或反映指标在时间上的变化。

条形图的图形既可以是纵的,也可以是横的。纵条形图也叫柱形图,一般以横轴表示所分各组,以纵轴表示各组统计指标数值。横条形图也叫带形图,一般以纵轴表示所分各组,以横轴表示各组统计指标数值。这两种图的选择,可根据统计资料情况决定。例如,为了表示产量或劳动生产率的高低,可用柱形图;为了表示修建水渠长度、新建公路长度等,可用带形图。为了使图形中的文字容易阅读,可绘柱形图,为了使图形中的数字清晰醒目,可用带形图。无论是柱形图或带形图,都可分为简单条形图、复合条形图和分段条形图。下面就这三种图作简要介绍。

简单条形图简称单条图,是以条形的长短来表示某一统计指标在不同时间、不同地点等条件下的数值大小。现以某年中国、美国、日本和英国四国的商品贸易进出口总额(见表3-21)为例来介绍单条图的绘制方法。

表3-21 某年中美日英四国商品贸易进出口总额(单位:10亿美元)

国别	进出口	进口	出口
中国	136	72	64
美国	931	422	509
日本	551	315	236
英国	395	185	210

将表 3-21 的统计资料绘制成柱形图,方法如图 3-7 所示,在横轴上均匀地排出有关国别,在纵轴上标出统计数字的尺度,其直立的条形高度与纵轴标度对应。

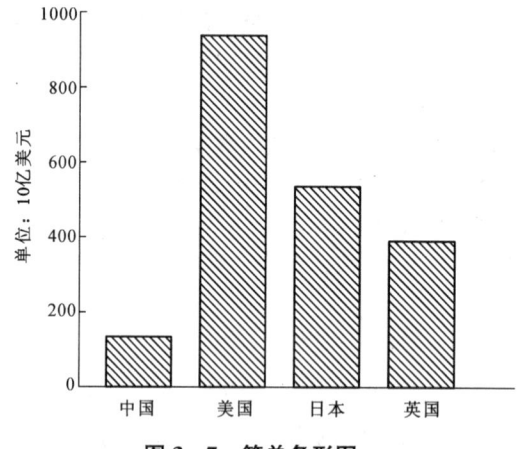

图 3-7　简单条形图

带形图的绘制方法与此相同,只不过以横轴标明数字尺度而已。

复合条形图是以两个或两个以上条形为一组,同时并列若干组的条形在一个图上,它可进行组内各条形间的比较,也可对各组间的因素条形进行比较。例如,我国农业、轻重工业产值资料如表 3-22 所示。

表 3-22　我国农业、轻重工业总产值(单位:亿元)

年份	工农业总产值	农业总产值	轻工业总产值	重工业总产值
1976	4 579	1 317	1 426	1 836
1979	6 175	1 584	1 980	2 611
1980	6 619	1 627	2 344	2 648
1981	6 919	1 720	2 675	2 524

根据表 3-22 资料,可绘制复合条形图如图 3-8。

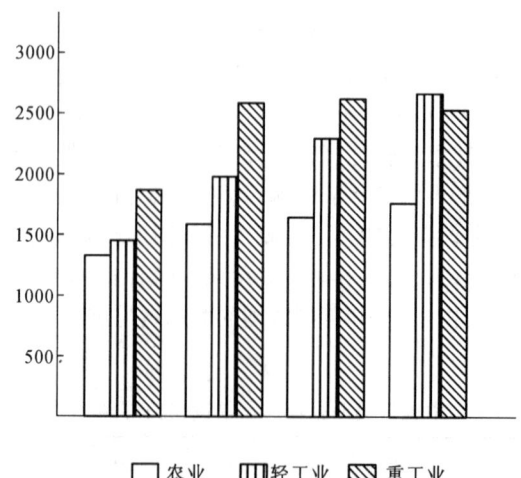

图 3-8　复合条形图

分段条形图又称结构条形图,这种图形用来表明总体内部的结构关系。它有两种表现形式:一是在条形比较图的基础上,把各条形加线分段,以段的长短表示各组成部分数值的大小,如图 3-9

所示,另一种为百分比条形图,它是绘制若干相同长度的条形,分别表示100%,条形中段的长短表示各组成部分所占百分比的大小,即结构相对数的大小,如图3-10所示。

如果以各国的进出口总额为100%,分别求出出口额与进口额占进出口总额的比重(见表3-23),则可绘制百分比条形图,如图3-10所示。

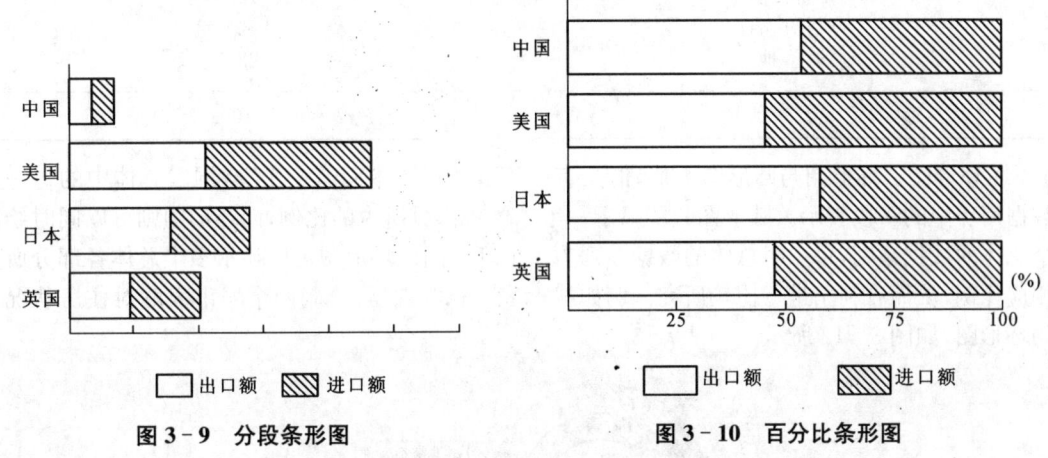

图3-9　分段条形图　　　　　图3-10　百分比条形图

表3-23　某年中美日英四国商品贸易进出口额构成(单位:%)

国别	进出口总额	出口总额	进口总额
中国	100.00	52.94	47.06
美国	100.00	45.53	54.67
日本	100.00	57.17	42.83
英国	100.00	46.84	53.16

应特别注意,条形图与直方图不同。条形图是用各条形的高度表示各类别频数的多少,其宽度(表示类别)是固定的;直方图是用各矩形的面积表示各组频数的多少,矩形的高度表示每一组的频数或百分比,宽度则表示各组的组距,因此其高度与宽度均有意义。此外,由于分组数据具有连续性,直方图的各矩形通常是连续排列;条形图则是分开排列。

(2)圆形图。又称扇形图,它用来表明总体内部的结构关系。这种图形以全圆面积表示总体,把全圆分成若干扇形部分,以扇形面积的大小表示总体各组成部分所占百分比的大小。以全圆面积为100%,因为圆的角度共360°,所以3.6°的圆的角代表1%的圆面积,以各部分占合计的百分数乘3.6°,即得各圆弧角的度数,然后用量角器测定度数,即得各部分的扇形面积。例如,根据表3-24资料,可绘出如图3-11所示的圆形图。

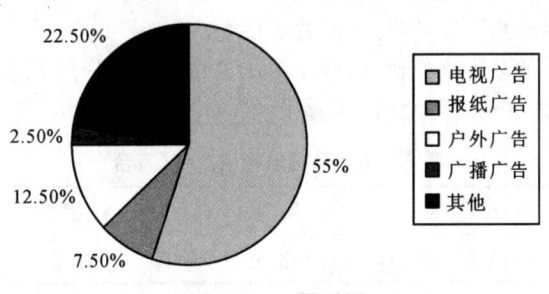

图3-11　圆形图

表 3-24　某企业广告费支出情况

支出类型	百分比/%
电视广告	55
报纸广告	7.5
户外广告	12.5
广播广告	2.5
其　他	22.5
合　计	100

(3) 环形图。环形图与圆形图类似,但又有区别。环形图中间有一个"空洞",总体中的每一部分数据用环中的一段表示。圆形图只能显示一个总体各部分所占的比例,而环形图则可以同时绘制多个总体的数据系列,每一个总体的数据系列为一个环。因此环形图可以显示多个总体各部分所占的相应比例,从而有利于进行比较研究。例如根据表 3-25 数据,绘制两个城市家庭对住房状况评价的环形图,如图 3-12 所示。

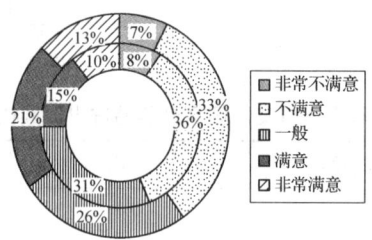

图 3-12　环形图

表 3-25　甲、乙城市家庭对住房状况的评价

评价类别	甲城市		乙城市	
	户数/户	百分比/%	户数/户	百分比/%
非常不满意	24	8	21	7.0
不满意	108	36	99	33.0
一般	93	31	78	26.0
满意	45	15	64	21.3
非常满意	30	10	38	12.7
合　计	300	100	300	100

(4) 象形图。也称形象图,是用各种实物的具体形象反映统计资料的一种形象图形。由于它画面生动活泼,特别富有表现力,所以,容易被读者所接受。

象形图若用形象个数的多少来作比较,称作单位象形图。象形图若用形象的大小、长短来作比较,称作变形象形图。由表 3-26 可绘出单位象形图,如图 3-13 所示。

表 3-26　我国电视机产量(万台)

年　份	1978	1979	1980	1981
电视机	51.73	132.85	249.20	539.40

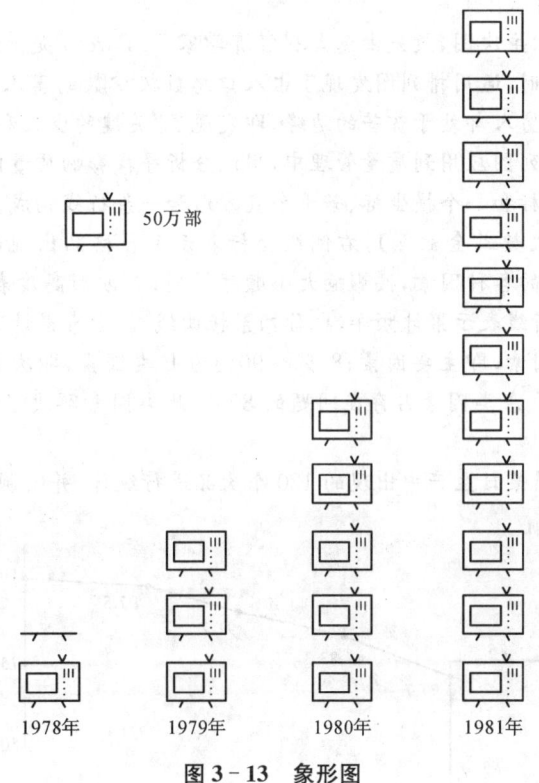

图 3-13　象形图

3. 统计图的绘制

(1) 基本原则。包括：

第一，资料性质原则。统计图形的选择必须适合资料的性质，如曲线图适用于连续性资料，条形图和圆形图适用于离散性（间断性）资料。

第二，纵轴横轴原则。作统计图时，必须遵守几何学上坐标系纵轴和横轴的交合处必须是原点（O点），纵轴上面的由下向上为正，横轴上面的刻度由左向右为正的原则。

(2) 注意事项。包括：

第一，图形的大小和比例。图形的大小，取决于统计图的用途。挂在展览会上和墙上的，必须要大些，印在手册上的就应小些。无论大小图形，其高度和宽度应有适当的比例，一般 7∶5 左右比较美观。

第二，图域和基线。图域是指在绘图纸上图形所占的空间。纵轴的外侧应留适当的位置，以便书写刻度和刻度名称及所代表的数值，纵轴的长度应以数值中的最大者为准（如条形图中以最长的一个条形为准）这样画出的最长的线条不至于顶破图域的最上端。图域上端即顶边的上侧应留适当空白，以保持美观。图域底边即基线下侧也应留有空白，以便书写必要的文字。

第三，线条、字体和色彩。线条长短高低用以表示数值大小，有实线、虚线、黑粗线、黑细线或带有花纹的线等。字体用以表示总标题，指标名称及时间、计量单位等，有老宋体、仿宋体、黑体、隶体、行书体等。色彩用以装饰图形，可选用不同颜色。线条、字体和色彩的选择，应以图形生动鲜明、美观易懂为准。

第四，统计资料。统计资料是统计图的主体，是统计图表述的对象。应选择适合于制图的、准确的、最必需的统计资料，使图示内容正确而又简明扼要，不过分庞杂。

知识链接 6：帕累托图

帕累托图又叫排列图、主次图，最先由意大利经济学家 V. Pareto 提出和应用。1906 年，帕累托在研究社会财富分布问题时，运用排列图发现了占人口总数极少数的富人占有社会财富的大部分、而占人口总数绝大多数的穷人却处于贫苦的边缘，即发现了"关键的少数和次要的多数"的规律。后来美国统计学家朱兰将排列图应用到质量管理中，用以分析寻找影响质量问题的主要因素。

帕累托图由两个纵坐标和一个横坐标、若干个直方形和一条折线构成。其左侧纵坐标可表示不合格品出现的频数（出现次数或金额等），右侧纵坐标表示不合格品出现的累计频率（以百分比表示）；横坐标表示影响质量的各种因素，按影响大小顺序排列；直方形高度表示相应的因素的影响程度（即出现频率为多少）；折线表示累计频率（也称帕累托曲线）。通常累计百分比将影响因素分为三类：占 0%~80% 为 A 类因素，即主要因素；80%~90% 为 B 类因素，即次要因素；90%~100% 为 C 类因素，即一般因素。由于 A 类因素占存在问题的 80%，此类因素解决了，质量问题大部分就得到了解决。

例如，某酒杯制造厂对某日生产中出现的 120 个次品进行统计，并绘制帕累托图如下：

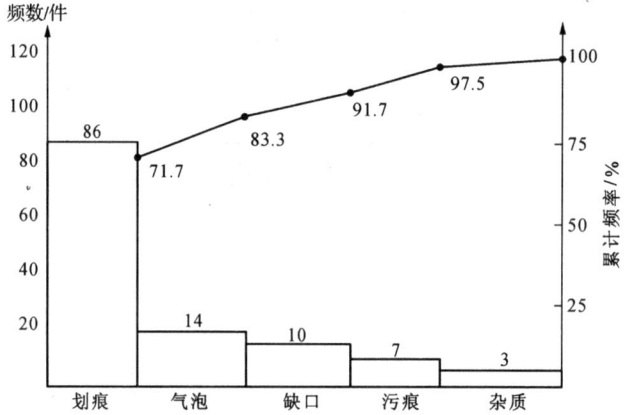

此帕累托图表明：酒杯质量问题的主要因素是划痕和气泡。一旦这些问题得到纠正，大部分质量问题即可消除。

英文选读 3 Presenting Data in Charts and Tables

In an information-overloaded world, you need to present information effectively.

You can present categorical and numerical data efficiently using charts and tables.

The Bar Chart

CONCEPT: A chart containing rectangles ("bars") in which the length of each bar represents the count, amount, or percentage of responses of one category.

The Pareto Chart

CONCEPT: A special type of bar chart that presents the counts, amounts, or percentages of each category in descending order left to right, and also contains a superimposed plotted line that represents a running cumulative percentage.

The Pie Chart

CONCEPT: A circle chart in which wedge-shaped areas—pie slices—represent the count, amount, or percentage of each category and the entire circle ("pie") represents the total.

The Frequency and Percentage Distribution

CONCEPT: A table of grouped numerical data that contains the names of each group in the first column, the counts (frequencies) of each group in the second column, and the percentages of each group in the third column. This table can also appear as a two-column table that shows either the frequencies or the percentages.

Histogram

CONCEPT：A special bar chart for grouped numerical data in which the frequencies or percentages in each group of numerical data are represented as individual bars on the vertical Y axis and the variable is plotted on the horizontal X axis. In a histogram, in contrast to a bar chart of categorical data, no gaps exist between adjacent bars.

When producing your own charts, use these guidelines：
- Always choose the simplest chart that can present your data.
- Always supply a title.
- Always label every axis.
- Avoid unnecessary decorations or illustrations around the borders or in the background.
- Avoid the use of fancy pictorial symbols to represent data values. Using pictorial symbols, instead of bars or pies, always obscures the data and can create a false impression in the mind of the reader, especially if the pictorial symbols are representations of three-dimensional objects.
- In two-dimensional charts, always include a scale for each axis.
- When charting non-negative values, the scale on the vertical axis should begin at zero.

习 题

一、单选题
1. 各组频率除以本组组距,称为 （   ）
   (1) 频数　　　　　　(2) 频率　　　　　　(3) 频数密度　　　　(4) 频率密度
2. 在等距数列中,各组的次数分布与次数密度的分布 （   ）
   (1) 一致
   (2) 有关系,但不一致
   (3) 有时一致,有时不一致
   (4) 毫无关系
3. 在异距数列中,各组的次数分布与次数密度的分布 （   ）
   (1) 一致
   (2) 有关系,但不一致
   (3) 有时一致,有时不一致
   (4) 毫无关系
4. 频率密度是 （   ）
   (1) 平均每组组内分布的次数
   (2) 平均每组组内分布的频率
   (3) 单位组距内分布的频率
   (4) 组距÷频率
5. 变量数列中,各组的频率之和应该 （   ）
   (1) 大于 1　　　　　(2) 小于 1　　　　　(3) 等于 1　　　　　(4) 等于零
6. 反映社会经济现象集中状况和集中过程的曲线图是 （   ）
   (1) 对称分布图
   (2) U 形分布图
   (3) J 形分布图
   (4) 洛伦茨曲线图
7. 某零件规定直径为 10 cm,误差允许在±0.02 cm 范围内波动,在正常生产的情况下,其误差的分布通常服从 （   ）
   (1) 二项分布　　　　(2) 正态分布　　　　(3) 均匀分布　　　　(4) 泊松分布

二、多选题

1. 变量数列由两部分组成,即变量值所形成的各组和各组的 （　　）
   (1) 组距　　　　(2) 频率　　　　(3) 频数　　　　(4) 次数
   (5) 组中值

2. 在等距数列中,各组次数的分布与 （　　）
   (1) 频率的分布一致　　　　　　(2) 次数密度的分布一致
   (3) 次数密度的分布不一致　　　(4) 频率密度的分布一致
   (5) 频率密度的分布不一致

3. 频率密度 （　　）
   (1) 即频数密度　　　　　　　　(2) 等于组距÷次数
   (3) 等于频率÷组距　　　　　　(4) 就是单位组距所含的频率
   (5) 是一种相对数

4. 钟形分布是统计分布的一种常见形式,这种分布的 （　　）
   (1) 特征是"中间小,两头大"
   (2) 特征是"中间大,两头小"
   (3) 中间的变量值分布次数多,两端的变量值分布次数少
   (4) 中间的变量值分布次数少,两端的变量值分布次数多
   (5) 有对称分布与非对称分布之分

5. 反映总体次数分布的图形有 （　　）
   (1) 直线图　　　(2) 直方图　　　(3) 折线图　　　(4) 曲线图
   (5) 趋势线图

6. 总体分布大致有以下类型 （　　）
   (1) 钟形分布　　(2) 次数分布　　(3) U形分布　　(4) J形分布
   (5) O形分布

7. 反映社会经济现象集中的存在或集中程度的曲线,称为 （　　）
   (1) 洛伦茨曲线　(2) 集中曲线　　(3) 分散曲线　　(4) 标志曲线
   (5) 单位曲线

三、问答题

1. 什么是统计整理?统计整理工作一般要经过哪些步骤?
2. 统计分组的作用是什么?
3. 什么是分布数列?什么是变量数列?
4. 什么叫全距、组距、组中值、上限、下限、频数和频率?试举例说明。
5. 异距分组和开口组各在什么场合下使用?
6. 统计汇总的组织形式有哪几种?统计汇总有哪些方法?
7. 举例说明什么是简单表、分组表和复合表?
8. 统计表从内容和形式上由哪些部分组成?从对主词分组情况看,统计表有几种?各有什么作用?
9. 统计图的作用是什么?有哪些种类的统计图?
10. 根据下述统计表要求说明:
    (1) 表的主词和宾词;
    (2) 从对主词的处理看,它属于哪种统计表;
    (3) 宾词指标属于哪一种设计。

某地区工业企业的工人性别和工龄

企业 所有制形式	企业数	工人数	性　别		工　龄		
			男	女	5年以下	5~10年	10年以上
全民所有制企业							
集体所有制企业							
合　计							

四、计算题

1. 兹有某商店 40 名营业员月工资表的原始资料（单位为元）如下：

```
152  175  180  192  182  188  196  170  190  169
194  183  164  167  188  161  163  178  181  183
185  175  181  173  197  170  209  185  188  195
198  178  198  205  176  158  200  189  164  208
```

试根据上述资料编制组距数列（150~160 元为第一组），并计算出人数，累计次数及频率。

2. 某商场某年职工销售额分组资料如下：

年销售额/万元	职工人数比重/%
30 以下	19
30~50	23
50~70	40
70~100	12
100 以上	6
合　计	100

试仍以年销售额为分组标志，将上述资料重新分为以下 4 组：50 万元以下；50~80 万元；80~100 万元；100 万元以上。

3. 试对下表的某工业局所属各公司的资料：(1) 按计划完成程度分组，整理出一个统计表（组距 10%）；(2) 按企业的工人数分组，整理出一张统计表，以表明企业规模与工人劳动生产率之间的关系（组距 499 人）。

各公司及所属企业	工人数/人	实际产值/万元	计划完成数/%
第一工业公司			
一厂	340	230	100
二厂	510	370	102
三厂	620	400	90
四厂	750	700	101
五厂	810	640	99
第二工业公司			
一厂	790	920	110
二厂	840	680	90

续表

各公司及所属企业	工人数/人	实际产值/万元	计划完成数/%
三厂	1 320	1 890	120
四厂	1 140	940	95
第三工业公司			
一厂	100	70	104
二厂	90	80	100
三厂	140	100	102
四厂	150	120	98
五厂	200	174	98
第四工业公司			
一厂	1 220	1 420	100
二厂	1 440	1 400	100
三厂	1 420	1 760	113
四厂	950	1 010	109

4. 填写下表中的空格,并绘制次数分布曲线图。

定额完成百分比/%	工人人数/人	频率/%	较大制累计次数	频数密度
80~90	6			
90~100	18			
100~120	24			
120~150	12			

5. 某企业生产某种产品需经过六道工序,为提高该产品质量,检查了一季度全部废品产生的原因,结果如下表。要求做出累计频率分布图,并进行分析。

工序名称	废品数/件
A	2 606
B	1 024
C	355
D	59
E	28
F	25
合　计	4 097

6. 我国城市人口总人数分组资料如下(1981年度)：

人数	频数/城市个数	频率/%	累计频率/%
10 万以下			
10～30 万	86		44.1
30～50 万		21.84	
50～100 万	41	17.9	
100～200 万			
200 万以上			94.32
合计	229	100	

请按频数、频率和累计频率的关系推算，把空格填上。

7. 1986 年某化工厂工人每月工资分布如下：

工资/元	频数/人	频率/%	累计频率/%
40 以下	268		
40～50	435		
50～60	825		
60～70	316		
70～80	104		
80 以上	52		
合计	2 000		

试对上表数据，(1) 计算各组频率和累计频率(较小制)；(2) 作频数分布曲线图和累计频率图；(3) 根据图形推算，本厂工人工资在 65 元以下约占百分之几，50% 工人的工资在多少元以内。

8. 下面是三个世界人口数的资料，试绘制条形图、带形图和圆形图。

	人口数/万人	占世界人口总数的%
世界人口总数	386 560	100
第一世界	46 397	12.02
第二世界	61 424	15.9
第三世界	278 739	72.08

第四章 综合指标

> 统计学家通常醉心于平均数,而不着迷于更广泛的考虑。这一点很像一些英格兰人对瑞士的回忆:如果可以将它的山脉扔进它的湖泊,那么两种讨厌的东西将立即去除。
>
> 高尔顿

第一章已经讲述了统计指标的概念,以及统计指标按其反映社会经济现象总体的不同内容,可以划分为数量指标和质量指标。如果按统计指标的指标数值的表现形式不同,还可以划分为总量指标(或绝对数指标、绝对数)、相对指标(或相对数指标、相对数)和平均指标(或平均数指标、平均数)。这三类指标通常合称综合指标。综合指标是统计分析的基本工具和方法。

第一节 总量指标

一、总量指标的意义

从数量方面调查社会经济现象,最初搜集汇总的数字资料都是绝对数,这是统计中最基本的指标。它反映了被研究对象客观存在的绝对的数量,反映了社会经济现象总体的规模、水平,反映了某部门、单位的工作总量。例如,员工人数、工资总额、工业总产值等。这类绝对数指标,通常称为总量指标。

只有对有限总体才能计算总量指标。应用经济统计的研究对象主要是由有限、可计数的总体单位组成的有限总体,在经济统计中计算总量指标具有实际意义。

首先,总量指标是对社会经济现象总体认识的起点。人们要全面了解国情国力、经济发展、社会进步状况,科学制定经济发展战略,首要的问题就是要能度量或计量一定时间、地点、条件下的经济活动及其结果的绝对数量。例如粮食、钢铁产量,人口总数,固定资产价值等。

其次,总量指标是实行宏观调控和企业管理的依据。主要产品产量、工资总额、生产费用等总量指标,都是从事宏观和微观管理不可缺少的基本数据。

再次,总量指标是计算相对指标和平均指标的基础。相对指标和平均指标一般都是由两个有联系的总量指标对比计算出来的。它们是总量指标的派生指标,其计算的质量必然决定于总量指标的计算质量。

二、总量指标的分类

总量指标按其反映的内容不同可以分为总体单位总量(总体总量)与标志总量。像员工人数、工业企业数等用来反映总体中总体单位数总和的总量指标,称为总体总量。像工资总额、工业总产值等用来反映总体中总体单位的某一数量标志的标志值总和的总量指标,称为标志总量。总体总量和标志总量,在不同的研究目的条件下会发生变动。例如,研究企业工资水平(平均工资)时,员工人数为总体总量,工资总额为标志总量;而研究企业规模水平时,员工人数成为标志总量,企业数量成为总体总量。

总量指标按其反映的时间状况不同可以分时点总量和时期总量。时点总量又称存量、时点指标,反映总体在某一时刻(瞬间)的水平,如员工人数、设备台数、物资库存量等。时期总量又称流量、时期指标,反映总体在一段时期内活动的过程和成果,如产品产量、固定资产投资额、生产费用等。时点总量与时期总量各有不同特点(详见第六章第一节)。

三、总量指标的计量单位

根据所反映的社会经济现象总量的性质不同,总量指标的计量单位可采用实物单位、价值单位和劳动单位。按实物单位、价值单位和劳动单位计量的总量指标,一般分别称为实物指标、价值指标和劳动量指标。

1. 实物单位

实物单位是根据事物的属性和特点而采用的计量单位。实物单位还可具体划分为自然计量单位、度量衡单位、标准实物计量单位、复合计量单位和双重或多重计量单位。

人口以人为单位,汽车以辆为单位,胶鞋以双为单位。这种按照被研究现象的自然状况来度量其数量的计量单位,称为自然计量单位。

布匹按米、粮食按吨,木材按立方米计量,称为度量衡单位。度量衡单位是按照统一度量衡制度的规定来度量客观事物数量的一种计量单位。

标准实物单位是按照统一的折算标准来度量被研究现象数量的一种计量单位。例如,各种不同发热量的能源折合为 29 288 焦/千克的标准煤计算,各种不同含量的化肥用折纯法折合为 100% 的含量计算等。

货物周转量、发电量分别以吨千米、千瓦时计量,称为复合计量单位,即两种计量单位结合使用。电动机以(台/千瓦)计量,船舶以(艘/瓦/吨位)计量,称为双重、多重计量单位,即同时采用两种或多种计量单位表明某一事物的数量。

2. 价值单位

价值单位是用货币(价格)来度量物质财富或劳动消耗、劳动成果的计量单位。例如工业总产值、商品销售额、商品流通费等。实物指标只能具体表明事物实际数量,但不能直接加总。而价值指标所具有的广泛的综合性和概括能力,使其成为反映部门、企业的工作总量或工作总成果的基本指标。

价值单位有现价(现行价格)和不变价(不变价格)之分。按现价,即按计算期当时使用的价格计算的价值指标,可用以反映部门、企业工作总量或工作总成果的实际水平;按不变价,即按某一特殊时期或时点的价格(各计算期保持不变)计算的价值指标,可用以反映部门、企业工作总量或工作总成本的实际变动(详见第七章第四节)。

3. 劳动单位

劳动单位是用劳动时间表示的计量单位。例如工业统计中的实际工日数、实际工时数,都是以人们在生产经营活动中所消耗的劳动时间来计量的。劳动量指标也可以直接加总,用以表明劳动消耗总量。有些工业企业,用这种劳动消耗总量表示产量,即"定额工时产量"。

定额工时产量是指企业以生产各种产品所消耗的劳动时间来表示的产品数量,也称"产品劳动量"。企业产品劳动量统计的基本计算公式为:

$$产品劳动量 = 合格产品实物量 \times 单位产品定额工时$$

计算产品劳动量指标之所以采用定额劳动时间(定额工时),而不用实际劳动时间(实际工时),

是因为实际工时直接受到员工劳动效率高低的影响,实际工时表示的产量愈多,表明劳动效率愈低、生产成绩愈差;而定额工时表示的产量愈多,则表明劳动效率愈高、生产成绩愈好。定额工时,既先进又合理,即多数员工经过努力可以达到的定额水平。定额工时的制定方法主要有经验估工法、统计分析法、类推比较法和技术定额法。其中统计分析法,就是对员工的劳动效率资料,计算先进平均数,以此为企业制定平均先进劳动定额(定额工时)提供基础数据。先进平均数的计算方法,详见本章第三节。

四、总量指标的计算方法

计算总量指标的数值,主要有直接计算法和间接推算法两种计算方法。

直接计算法,即对所有的总体单位采用直接点数、计量等方法,逐步计算汇总求得总量指标数值。间接推算法即根据有关资料及其相互关系,运用一定的估计方法,间接推算出总量指标数值。常用的估计、推算方法有平衡推算法、因素推算法、抽样推算法、比例推算法等。这些方法在后面有关章节中,将作部分阐述。

计算总量指标数值,大量的是计算总和。将具体的不同种类的总量指标的求和过程,可以抽象、简化为下列求和公式:

$$X_1 + X_2 + X_3 + \cdots + X_N = \sum_{i=1}^{N} X_i = \sum X$$

式中,$\sum$ 为连加和号。

连加和号具有三个性质:

$$\sum (X \pm Y) = \sum X \pm \sum Y$$

$$\sum aX = a \sum X$$

$$\sum a = na$$

五、总量指标的举例

1. 总人口

人口数是指一定时点、一定地区范围内的有生命的个人的总和,而总人口是指每年12月31日24时的人口数。据国家统计局2016年2月统计公报,2015年年末我国内地总人口为137 462万人,比上年末增加680万人,其中城镇常住人口为77 116万人,占总人口比重(常住人口城镇化率)为56.10%,比上年末提高1.33个百分点。

常住人口是指实际居住在某地区满特定时间(我国为半年)的人口总数。与户籍人口不同之处在于,计算常住人口时,要将户籍人口扣除流出该地区达某特定时间以上的流动人口,再加上流入当地已经过特定时间的流动人口。户籍人口是指居民已在其经常居住地的公安户籍管理机关登记了常住户口的人口总数。2015年我国户籍人口城镇化率还不到40%,而发达国家多在80%以上。

2. 国内生产总值

国内生产总值(GDP)是指一个国家(或地区)所有常住单位在一定时期内生产活动的最终成果。据国家统计局2016年2月统计公报,2015年我国国内生产总值达676 708亿元,比上年增长6.9%。

常住单位是指在一国经济领土内具有经济利益中心的经济单位。经济领土是指由一国政府控制或拥有的地理领土,也就是在本国的地理范围基础上,还应包括该国驻外使领馆、科研站和援助机构等,并相应地扣除外国驻本国的上述机构(国际机构不属于任何国家的常住单位,但其雇员则属于所在国家的常住居民)。经济利益中心是指某一单位或个人在一国经济领土内拥有一定活动场所,从事一定的生产和消费活动,并持续经营或居住一年以上的单位或个人,一个机构或个人只能有一个经济利益中心。一般就机构(单位)而言,不论其资产和管理归属哪个国家控制,只要符合上述标准,该机构在所在国就具有了经济利益中心。

国内生产总值有三种表现形态,即价值形态、收入形态和产品形态。从价值形态看,它是所有常住单位在一定时期内生产的全部货物和服务价值超过同期中间投入的全部非固定资产货物和服务价值的差额,即所有常住单位的增加值之和;从收入形态看,它是所有常住单位在一定时期内创造并分配给常住单位和非常住单位的初次收入分配之和;从产品形态看,它是所有常住单位在一定时期内最终使用的货物和服务价值与货物和服务净出口价值之和。在实际核算中,国内生产总值有三种计算方法,即生产法、收入法和支出法。三种方法分别从不同的方面反映国内生产总值及其构成。

生产法: GDP $= \sum$ 各产业部门的总产出 $- \sum$ 各产业部门的中间消耗 $= \sum$ 各产业部门增加值。

收入法: GDP $= \sum$ 各产业部门劳动者报酬 $+ \sum$ 各产业部门固定资产折旧 $+ \sum$ 各产业部门生产税净额 $+ \sum$ 各产业部门营业利润。

支出法: GDP = 总消费 + 总投资 + 净出口。其中,净出口 = 出口 - 进口。

3. 社会消费品零售总额

社会消费品零售总额是指国民经济各行业直接售给城乡居民和社会集团的消费品总额。它是反映各行业通过多种商品流通渠道向居民和社会集团供应的生活消费品总量,是研究国内零售市场变动情况、反映经济景气程度的重要指标。据国家统计局2016年2月统计公报,2015年我国社会消费品零售总额300 931亿元,比上年增长10.7%,扣除价格因素,实际增长10.6%。

社会消费品零售总额包括:
(1) 售给城乡居民作为生活用的商品和修建房屋用的建筑材料;
(2) 售给社会集团的各种办公用品和公用消费品;
(3) 售给机关、团体、学校、部队、企业、事业单位的员工食堂和旅店(招待所)附设专门供本店旅客食用,不对外营业的食堂的各种食品、燃料;企业、单位和国有农场直接售给本单位员工和员工食堂的自己生产的产品;
(4) 售给部队干部、战士生活用的粮食、副食品、衣着品、日用品、燃料;
(5) 售给来华的外国人、华侨、港澳台同胞的消费品;
(6) 居民自费购买的中、西药品,中药材及医疗用品;
(7) 报社、出版社直接售给居民和社会集团的报纸、图书、杂志,集邮公司出售的新、旧纪念邮票、特种邮票、首日封、集邮册、集邮工具等;
(8) 旧货寄售商店自购、自销部分的商品;
(9) 煤气公司、液化石油气站售给居民和社会集团的煤气灶具和罐装液化石油气;
(10) 农民售给非农业居民和社会集团的商品。

社会消费品零售总额不包括售给国民经济各部门企业、事业单位(包括国有经济的农场)生产经营用的各种原材料、燃料、设备、工具等和售给批发零售贸易业、餐饮业作为转卖用的商品,旧货寄售商店受托寄售卖出的商品,服务业的营业收入,邮局出售邮票的收入,自来水、电力、煤气生产(供应)单位的产品供应收入,也不包括农民之间的商品销售。

第二节 相对指标

一、相对指标的意义

相对指标是将两个性质相同或互有关联的指标数值通过对比求得的商数或比率;用以反映事物内部的结构、比例,事物发展的程度、强度,事物之间的联系、区别。

对比是统计分析的基本方法。通过对比显示事物的相对水平,可以更深入地说明事物发展的程度和差别,弥补总量指标的不足;提供事物之间共同的比较基础,便利对事物的鉴别和分析。所以说,相对指标具有说明和比较两大作用。

二、相对指标的数值形式

相对指标的指标数值大多是相对数,或称无名数。无名数是一种抽象化的数值,分为系数、倍数、成数、百分数、千分数等。

相对指标是由两个指标分别作为分子项与分母项对比而成的,其分母项作为比较的基础,故称为基数。系数和倍数是将基数抽象为 1 而计算出来的相对数。分子项与分母项相差不大时,宜采用系数;相差很大时,则采用倍数。成数、百分数、千分数是将基数抽象为 10、100、1 000 计算的相对数,其中百分数最常用。

像人口密度、人均国内生产总值这类相对指标,将其分子项与分母项的计量单位同时使用,即以(人/平方千米)、(元/人)作为数值形式,此称有名数或名数。

三、相对指标的种类

根据不同的分析目的,选择不同的对比基数,就产生了不同种类的相对指标。常用的相对指标有计划完成情况相对指标、结构相对指标、比例相对指标、比较相对指标、动态相对指标和强度相对指标。

1. 计划完成情况相对指标

计划完成情况相对指标有计划完成程度相对指标和计划完成进度相对指标两种。以计划完成情况相对指标检查计划执行情况,还有短期计划执行情况检查和中长期计划执行情况检查两种。分述如下。

(1) 计划完成程度相对指标。计划完成程度相对指标是某一总体全期实际完成数与全期计划规定数之比,直接表明计划的完成程度。一般以百分数表示之,故又称计划完成百分比。其基本计算公式为:

$$\text{计划完成程度相对指标} = \frac{\text{全期实际完成数}}{\text{全期计划规定数}} \times 100\%$$

计划规定数是衡量计划完成程度的标准,故上式的分子项与分母项不可互换。其计算结果是大于(等于)100%,还是小于(等于)100% 表示超额完成(完成)计划,这需根据计划指标的性质而定。以多为好的指标,如产量、利税、劳动生产率等,应取前者;以省为宜的指标,如物耗、成本、资金占用率等,则取后者。

当资料为绝对数或平均数时,即实际数和计划数均为绝对数或平均数,直接运用基本公式,就可计算出计划完成程度相对指标。例如,某企业 2004 年甲产品总成本及单位成本,计划为 50 000 元及 500 元,实际为 48 000 元及 450 元,则

$$总成本计划完成程度相对指标 = \frac{48\,000}{50\,000} = 96\%$$

$$单位成本计划完成程度相对指标 = \frac{450}{500} = 90\%$$

当资料为相对数时,应按基本公式的实质要求,对资料作适当处理,方可计算出正确的计划完成程度相对指标。例如,某企业 2004 年甲产品单位成本计划降低 7%,实际降低 10%。若单位成本计划完成程度相对指标计算为

$$10\% \div 7\% = 174.86\%$$

则不符合基本公式的实质含义;只有计算为

$$\frac{100\% - 10\%}{100\% - 7\%} = 96.78\%$$

才符合基本公式的要求。因为

$$\frac{本期全期实际完成数}{上期全期实际完成数} \div \frac{本期全期计划完成数}{上期全期实际完成数} = \frac{本期全期实际完成数}{本期全期计划完成数}$$

也就是说,在相对数资料下,不能以实际降低率(或增长率)除以计划降低率(或增长率),而应当包括原有基数(100%)在内。

实际工作中,也常用减法计算相对数资料的计划完成程度相对指标。如上例,可计算为

$$10\% - 7\% = 3\%$$

减法和除法计算的结果不同,说明的意义也不同。3% 表明实际单位成本比计划多降低了 3 个百分点;96.78% 表明单位成本计划超额 3.2% 完成,确切反映了计划的完成程度。要注意它们之间的区别,正确表达其不同含义。

百分数也称百分比,是用一百做分母的分数。例如,"实际比计划超额 20%",即计划为 100,实际是 "120";"实际比计划降低 20%",即计划是 100,实际是 "80";"实际降低到计划的 20%",即计划是 100,实际是 "20"。运用百分数时,还要注意有些数最多只能达到 100%,如产品合格率、种子发芽率等;有些百分数只能小于 100%,如粮食出粉率等;有些百分数却可以超过 100%,如产品产量计划完成程度等。

百分点是指以百分数形式表示的相对指标(计划完成相对指标、结构相对指标、动态相对指标等)的变动幅度。例如:工业增加值今年比去年增长 19%,去年比前年增长 16%,今年比去年的增长幅度提高了 3 个百分点(19%—16%);今年物价上升了 8%,去年物价上升了 10%,今年比去年物价上升幅度下降了 2 个百分点(8%—10%)。

(2)计划完成进度相对指标。计划完成进度相对指标是某一总体累计至本期的实际完成数与全期计划规定数之比,直接表明计划的完成进度。其计算公式为

$$计划完成进度相对指标 = \frac{累计至本期的实际完成数}{全期计划规定数}$$

例如,某企业 2004 年产值计划为 4 000 万元,第一、二和三季度实际完成产值 855,1 100 和 1 200 万元,则该企业各季度的产值计划完成进度分别为

一季度

$$\frac{855}{4\,000} = 21.4\%$$

二季度

$$\frac{855+1\,100}{4\,000}=48.9\%$$

三季度

$$\frac{855+1\,100+1\,200}{4\,000}=78.9\%$$

计算结果表明,该企业第一、二季度计划完成进度稍慢;截止第三季度,进度加快,已完成全年计划的78.9%。在正常生产条件下,全年计划可望完成或超额完成。

(3) 短期计划执行情况检查。年度、季度计划,称为短期计划。对短期计划执行情况的考核、检查,一般即按前述计划完成程度、完成进度的计算公式,实施计算和分析,评价实绩,督促进度,以确保计划的顺利、足额完成。

(4) 中长期计划执行情况检查。五年计划和五年期以上的计划,称为中长期计划。在我国,五年计划是中长期计划的主要形式。中长期计划执行情况的检查,主要是五年计划完成程度的考核。由于五年计划指标的规定有两种情况,所以考核其执行情况,也分两种方法。

第一,水平法。五年计划中,有一类指标只规定计划末期应达到的水平数,如粗钢产量××××万吨,社会消费品零售总额××××亿元等。以计划末期的实际达到的水平数与之比较,考核计划执行情况,称为水平法。水平法的计算公式为

$$计划完成程度=\frac{计划末期实际水平数}{计划规定末期水平数}$$

例如,"十二五计划"规定甲产品的年产量在2015年应达到5 000万台,2015年实际年产量已达5 100万台,则

$$计划完成程度=\frac{5\,100}{5\,000}=102\%$$

即此项计划超额2%完成。

就上例来说,实际上在2015年,用了不到一年的时间就生产了甲产品5 000万台,此项计划已提前完成。提前了多少时间呢?按水平法的实质意义,只要在一个连续的一年时期内(可以跨日历年度)实际达到了计划规定的末期水平,就算完成了计划,往后所剩的时间即为提前期。若上例甲产品在2014年4月到2015年3月的连续一年中,产量已达5 000万台,则可以认为此项计划已于2015年3月完成,提前了9个月时间。

第二,累计法。五年计划中,有一类指标只规定计划全期应完成的累计数,如固定资产投资额××××亿元,造林面积××××平方米。以计划全期的实际完成的累计数与之比较,考核计划执行情况,称为累计法。累计法的计算公式为

$$计划完成程度=\frac{计划全期实际累计数}{计划规定全期累计数}$$

采用累计法检查五年计划执行情况,只要从计划期开始至某一时间止,实际完成的累计数达到计划规定的累计数,就算完成了计划。将计划全部时间减去自计划执行之日起,至实际累计数达到计划累计数之时止的时间,即为提前完成计划的时间。

将上述水平法和累计法公式的分子项调整为"考核年(报告期)实际完成数""累计至考核年实际完成数",即可得到"计划执行进度"指标,用以考核五年计划的执行进度。

2. 结构相对指标

结构相对指标是某一总体部分数值与全部数值之比重或比率,表明总体内部构成状况。其计算

公式为

$$\text{结构相对指标} = \frac{\text{部分数值}}{\text{全部数值}}$$

结构相对指标的分母项可以是某一总体的总体总量,也可以是该总体的标志总量;其分子项则为相应总体的某一组的总体单位数或该组的标志值。结构相对指标一般用百分数或系数表示,总体各组的结构相对指标之和应等于100%或1。

例如,上一章表3-2计算出2015年我国第一产业增加值占国内生产总值的比重为9.0%,第二产业增加值比重为40.5%,第三产业增加值比重为50.5%。

计算结构相对指标,不仅可以了解总体的内部结构,而且可以认识总体的结构特征和量变过程。例如,我国主要年份工农业总产值所占比重如表4-1所示。

表4-1 我国主要年份工农业总产值所占比重(单位:%)

年份	农业总产值	工业总产值	年份	农业总产值	工业总产值
1949	70.0	30.0	1965	37.3	62.7
1952	56.9	43.1	1970	33.7	66.3
1957	43.3	56.7	1975	30.1	69.9
1960	21.8	78.2	1978	27.8	72.2
1962	36.8	61.2	1980	30.8	69.2

表4-1表明了我国经济由农业占较大比重逐步发展为工业占较大比重的量变过程,也表明了不同时期我国经济结构的特征和经济发展的水平。

计算结构相对指标还可以说明总体的质量或工作的质量。例如产品合格率、设备完好率和员工出勤率等,可以从不同方面说明企业的生产经营质量;文盲率、入学率和青年受高等教育人口比率等,可以从文化教育方面说明人口的素质。

3. 比例相对指标

比例相对指标是某一总体一部分数值与另一部分数值之比,表明总体内各个局部之间的比例关系和协调平衡关系。其计算公式为

$$\text{比例相对指标} = \frac{\text{一部分数值}}{\text{另一部分数值}}$$

比例相对指标的分子、分母项一般为总量指标。依据分析任务及资料情况,也可为相对指标和平均指标。其计算结果通常用百分比或几比几的数值形式表示。例如,第六次人口普查结果显示,我国大陆男性人口686 852 572人,女性人口652 872 280人,则我国大陆人口性别比例为105.20%(以女性为100),或为105.20∶100,1.052 0∶1。

若以几比几的形式表示,为了醒目,要求比数以较简单的整数表示。但统计资料不是总能满足在经最大公约数约分后得到的整数的要求。因此,只能取其近似值。例如,某地某年新生婴儿中,男婴1 747人,女婴1 663人,则

$$\text{婴儿性比例} = \frac{\text{男婴数}}{\text{女婴数}} = \frac{1\ 747}{1\ 663} = \frac{194}{185} = 20 : 19$$

统计分析中,通常运用1∶m∶n的连比形式反映总体中若干局部之间的比例关系。例如,按上一章表3-2数据计算,2015年我国国内生产总值中,第一、二、三产业的比例为1∶4.506 5∶5.602 1。

比例相对指标所反映的比例关系,实际上是一种结构性比例,因而此指标与前述结构相对指标具有相同的作用,即说明总体的内部结构。两者在说明结构中,只在对比方法、分析角度上有所差别。实际工作中,常将两者结合使用。

将实际计算的比例相对指标与国内外经验比例、历史资料或理论分析结论比照、分析,可以研究总体的比例关系是否协调、合理。因此,比例相对指标又称协调相对指标。

4. 比较相对指标

比较相对指标是两个总体同一指标的不同指标数值之比,表明某一现象在不同总体内发展程度的差异。其计算公式为

$$比较相对指标 = \frac{某一总体某一指标数值}{另一总体同一指标数值}$$

比较相对指标的分子、分母项可以是总量指标,也可以是相对指标或平均指标。由于总量指标易受总体规模大小的影响,因而计算比较相对指标,更多的是采用相对指标和平均指标。比较相对指标的数值通常用百分数或倍数表示。例如,第六次人口普查结果显示,上海市人口总数为 23 019 148 人,北京市人口总数为 19 612 368 人,沪京两市人口的比较相对指标为 117.4% 或 1.174 倍。

一般情况下,比较相对指标的分子、分母项,可以相互对换,从不同的角度说明同一问题。例如,若以上海市人口总数作为基数,则京沪两市人口的比较相对指标为 85.20%。

比较相对指标既可以用于不同国家、地区、单位的比较,也可用于先进与落后、实际水平与标准水平的比较。例如,在企业管理中,把企业的各项技术经济指标与同类企业的先进水平或国际先进水平对比、与国家规定的质量标准对比,可以找出自身差距、瞄准赶超目标,为提高企业水准提供依据。

从一定意义上讲,比例相对指标也可归入比较相对指标。其区别在于:第一,前者强调一个总体内部的两数值之比,后者强调两个总体的两数值之比;第二,前者一般有个客观的、合适的数值标准,后者一般不具备之。鉴于所有相对指标都是比较的结果,有学者建议将比较相对指标改称类比相对指标。

5. 动态相对指标

动态相对指标是某一总体同一指标不同时间上的不同指标数值之比,表明某一现象在不同时间上的发展程度的差异,其计算公式为

$$动态相对指标 = \frac{某一时间某一指标数值}{另一时间同一指标数值}$$

如果说比较相对指标是同一指标、同一时间下的空间比较,是静态、横向比较;那么,动态相对指标就是同一指标、同一空间下的时间比较,是动态、纵向比较。在对不同的社会制度、不同国家的经济发展水平作比较时,应把纵比和横比结合起来,进行全面的、综合的比较。

动态相对指标分子项的时间通常称报告期(又称计算期),分母项的时间称基期,因而动态相对指标的计算公式常表述为

$$动态相对指标 = \frac{报告期指标数值}{基期指标数值}$$

例如,我国 2015 年生产了液晶电视机 14 391.9 万台、2014 年生产了 13 865.9 万台,则可计算液晶电视机产量动态相对指标为 103.8%。它说明,如果 2014 年的液晶电视机产量为 100%,那么 2015 年已发展至 103.8%。所以,动态相对指标又称发展速度。

动态相对指标的详细计算和分析,将在第六章再作阐述。

6. 强度相对指标

强度相对指标是两个总体互有关联的两个总量指标之比,表明某一现象相对另一现象的发展强度、密度和普遍程度。其计算公式为

$$强度相对指标 = \frac{某一总体某一总量指标}{另一性质不同但有联系总量指标}$$

前述人口密度、人均国内生产总值,即为强度相对指标。它们的计算结果以有名数表示。例如,我国土地面积为960万平方千米,第六次人口普查全国总人口为137 054万人,则

$$人口密度 = \frac{137\ 054}{960} = 142.76(人/平方千米)$$

如果对比的两个总量指标的计量单位相同,强度相对指标的数值也可用百分数、千分数表示。例如,商品流通费率,由商品流通费用额与商品销售额对比得出,常以百分数表示;人口自然增长率,由年内人口自然增长数与年平均人数对比得出,常以千分数表示。人口自然增长数=出生人口数—死亡人口数。据2016年2月国家统计局公报,我国大陆人口自然增长率为4.96‰。

在统计分析中,强度相对指标具有广泛应用。它可以说明现象的强弱程度,如人均国内生产总值说明国家的经济实力;说明现象的密集程度,如人口密度说明居住的疏密状况;说明现象的普遍程度,如每位医生负担人数、每位律师服务人数说明医疗卫生业、法律咨询业的普及程度和保证程度。强度相对指标还可用于反映社会生产活动的条件或效果,如每位工人装备的固定资产价值,每万顷耕地拥有的拖拉机台数,每百元产值提供的利税额等。

据第六次人口普查数据,我国2010年同2000年相比,每10万人中具有大学文化程度的由3 611人上升为8 930人;具有高中文化程度的由11 146人上升为14 032人;具有初中文化程度的由33 961人上升为38 788人;具有小学文化程度的由35 701人下降为26 779人。这些强度相对指标,从一个侧面反映了我国教育事业十年发展的程度和成就。

出于分析的目的或角度,强度相对指标的分子、分母项可以互换位置,以不同的基数进行比较。例如

$$商业网密度 = \frac{某地区商业网点数(个)}{该地区人口数(千人)}$$

$$= \frac{某地区人口数(千人)}{该地区商业网点数(个)}$$

前式计算结果的数值越大,说明商业网密度越高,称为正指标;后式数值越小,密度越高,称为逆指标或反指标。实用中,能够如此计算正、逆指标的强度相对指标,只是少数。

强度相对指标实际上也反映了一种比例关系,如人口密度,人均国内生产总值反映了人口与土地面积、人口与经济水平之间的比例关系。但它所反映的比例关系是两个总体之间的依存性比例关系,而比例相对指标所反映的则是同一总体内部的结构性比例关系。

强度相对指标虽有平均的意义,如人均国内生产总值、人均粮食产量等,但它不是平均指标。在后面一节的阐述中,平均指标是指同一总体的标志总量与总体总量对比的指标,其标志总量(分子项)随总体总量(分母项)的变动而变动。而强度相对指标是指两个总体的总量指标对比的指标,其分子项并不随分母项的变动而变动。

四、相对指标的原则

正确计算和合理运用相对指标,必须遵循下列原则:

1. 保持可比性

相对指标是由两个有关指标数值对比而成,对比结果是否正确、合理,首先决定于对比指标的可

比性。可比性有两层含义:其一,计划完成程度相对指标、比较相对指标和动态相对指标等,它们的分子和分母项在含义内容、口径范围、计算方法等方面的一致性;其二,计划完成进度相对指标、结构相对指标、比例相对指标和强度相对指标,它们的分子和分母项在对比角度、相互关系、实际意义等方面的适应性。所谓保持可比性,就是要求在计算相对指标时,必须保持其分子、分母项的一致性或适应性。例如,计算比较相对指标,以对比不同国家同一指标的差距时,必须注意到指标口径、价格等方面的差异,作必要的调整(调整为一致)后,再作对比。又如,将钢产量与人口数对比以计算强度相对指标是合适的,而将钢产量与土地面积对比则不合适。因为钢产量终是为人所用,因而与人口对比具有适应性。

从广义上说,保持可比性还包括正确选择对比的基数或基期。基数的选择要根据现象的真实联系和性质特点而定。例如,某企业三个车间某月缺勤工日、制度工作工日资料如表4-2所示。

表4-2 某企业缺勤工日、制度工作工日数

	缺勤工日/工日	缺勤工日比重/%	制度工作工日/工日	缺勤率/%
第一车间	30	37.5	1 200	2.5
第二车间	26	32.5	650	4.0
第三车间	24	30.0	480	5.0
合 计	80	100.0	2 330	3.4

如果将各车间缺勤工日以全部缺勤工日为基数计算各车间的缺勤结构相对指标,得出结论是第一车间最高,为37.5%。这一结论没有考虑各车间制度工作工日(制度规定出勤工日),显然是不合理的。事实上,第一车间制度工作工日全月为1 200工日。如果以1 200作基数,第一车间缺勤率仅为2.5%,是三个车间中最低的。

基期的选择,将于第六章阐述。

2. 结合绝对数

相对指标通过两个有关绝对数对比,以一个抽象化的比值有效地反映了现象间的联系及现象的发展变化程度。但另一方面,它也把现象的绝对水平、现象间的绝对差别抽象化、模糊化了。其结果可能是,两个大的绝对数之比为一小的相对数,两个小的绝对数之比为一大的相对数。因此在分析问题中,应该将相对指标与总量指标结合起来使用。假设生产同一产品的甲、乙两厂的产量等资料如表4-3所示。

表4-3 甲、乙两厂产量、质量资料

	合格产量/万件	一级品产量/万件	一级品率/%
甲 厂	50	40	80
乙 厂	10	9	90

若从相对指标看,乙厂一级品率高,乙厂产品质量高于甲厂;但从总量指标看,甲厂一级品数多,甲厂对市场的产品供应多于乙厂。所以,只有将相对数与绝对数结合分析,才能比较全面地反映或评价甲、乙两厂的生产规模和产品质量。

结合绝对数的原则,除了把相对数分析与绝对数分析结合起来使用的基本要求外,还包含不宜滥用相对数之意。在对比的绝对数数值过小时,一般不宜采用相对数说明问题。马克思曾明确指出:"如果一个工人每星期的工资是2先令,后来他的工资提高到4先令,那么工资水平就提高了100%……所以不应当为工资水平提高的动听的百分比所迷惑。我们必须经常这样问:原来的工资

数是多少?"再如,假定某个科室仅有4名员工,其中有2人经常上班迟到。此时,就不宜说成50%的员工经常迟到,仅以绝对数表示即可。在不宜使用相对数的场合下就不能滥用相对数,以免引起不必要的误解或误导。

3. 运用多指标

前已述及,对比分析中,须将纵比与横比结合起来,进行全面的、综合的比较。广而言之,计算和运用相对指标,不仅要把相对指标和绝对指标结合分析,而且还要把多种相对指标结合运用。结合运用多种相对指标,能更全面、更深刻地说明和比较社会经济现象。我们常说的"纵比看成就,横比看差距",就是一例。如此科学的比较,能使我们既坚定加快发展的信心,又增强赶超世界的紧迫感。又如,我国以占世界7%的耕地,养活占世界22%的人口。仅用两个相对数的数值,就已经把我国的耕地状况、粮食生产、人口规模等问题,给予了既全面又简洁的说明。

在结合运用多种相对指标时,既要注意不同相对指标之间的相互联系,更要注意它们的各自特点。缘于基数的特点、对比的角度和分析的意义等,除结构相对指标外,其余相对指标不能简单相加;除比例、比较和强度相对指标外,其余相对指标不能互换分子、分母项;分子、分母项指标若无一定关系、联系,不能计算强度相对指标。

知识链接7:性别比

性别比是指族群中雄性(男性)对雌性(女性)的比率。"第一性别比"指怀孕时的性别比;"第二性别比"指刚出生婴儿的性别比;"第三性别比"指所有成熟个体(出生后至死亡)的性别比。人口学上对人类社会或国家中的男女性别比,通常是以每100位女性所对应的男性数目为计算标准。目前的人类第二性别比大约是105位男性对100位女性。而生物学上的性别比,则是指族群中雄性所占比例。

自20世纪80年代以来,我国出生性别比持续升高。1982年第三次人口普查,我国的出生性别比为108.50;1990年第四次人口普查为111.30;2000年第五次人口普查为116.86;2010年第六次全国人口普查(初步汇总)为118.06。国家统计局局长马建堂在国务院新闻发布会上指出,118.06的出生人口性别比仍然还是高于正常的范围(联合国相关文献认为,一般正常范围在102至107之间)。但118.06比2005年人口抽样调查的118.59下降了0.53,比2009年的人口抽样调查的119.45下降了1.39。这说明近年来我国有关部门开展广泛的措施,如关爱女孩活动等,还是取得了成效的。

第三节 平均指标

一、平均指标的意义

平均指标是应用经济统计中最常用的一种综合指标,用以反映社会经济现象总体各单位某一数量标志在一定时间、地点条件下所达到的一般水平。

在社会经济现象的同质总体中,每个单位都有区别于其他单位的特征,这些特征有许多表现为数量标志,这些数量标志表现出来的数值,在总体各单位之间是不相同的。例如,某一企业有500名员工,这500名员工的工资收入不可能完全相同,会有许多不同的工资级别、工资数额。用某一员工,某一数额的工资来代表企业的工资水平,显然是不妥的。这就需要利用一个指标来代表总体的一般水平,即用平均工资代表企业员工工资的一般水平。平均指标就是在同质总体内,将各个个体数值的差异抽象化,用以反映总体在具体条件下的一般水平。

平均指标反映事物的共性,因为它把各个具体水平的差异平均化了,它就失掉了个别事物的个性而取得了全部事物的共性。平均指标异于总体各个单位的具体水平,同时又反映了总体的一般水平。

平均指标不仅是反映总体一般水平的代表值,还是反映总体分布集中趋势的特征值。社会经济现象总体的各单位某一标志在数量、数值上存在变异,变量值从小至大形成一定的分布。通常变量值很小或很大的单位都比较少,而逐渐靠近平均指标数值的单位数就逐渐增多,变量值围绕在平均指标数值周围的单位数占最大比重。平均指标揭示了变量值分布的集中趋势或中心位置,它是总体分布的一个特征值。

统计研究中,平均指标的广泛作用可以简要归纳为评价、比较、推算和分析四方面:

(1) 评价。平均指标可作为论断、评价总体性质、等第和水准的一种数值依据或参考。例如,对企业员工劳动效率、生产消耗水平、产品质量等级和市场营销能力的评定,通常都以其平均指标为依据。

(2) 比较。平均指标可用作同一总体或多个总体之间纵、横等多方面的比较。例如,甲、乙两企业的工资总额,不宜直接比较;它们的平均工资可以直接比较,用以表明工资水平谁高谁低。同一总体的平均指标进行动态的纵向比较,可以表明总体某一指标的发展过程及未来走势。

(3) 推算。平均指标可作为推算总体水平高低或数值大小的重要参数。例如,本章于后将提及根据平均指标可以估算总体标志总量;第九章还将阐述根据样本平均指标可以估算、推断总体平均指标和总体标志总量。

(4) 分析。平均指标可用作现象之间依存关系的分析数据。例如第三章表3-3中"各组商品流通费率",实为各组平均商品流通费率,是平均指标。表3-3表明,商店规模越大,平均商品流通费率越低,显示出企业规模与费用水平之间存在一定程度的依存关系。

二、平均指标的种类

平均指标可按被平均的对象、计算的方法两大方面作分类:按被平均对象的不同,划分为一般平均指标和序时平均指标;按计算方法的不同,划分为数值平均指标和位置平均指标。

本章所述平均指标皆为一般平均指标,常称一般平均数。一般平均数将总体各单位同一时间的数量差异抽象化,用以反映总体在具体历史条件下的一般水平。第六章所述平均指标属序时平均指标,常称序时平均数。序时平均数所平均的是总体在不同时间上的数量差异,从动态上说明其在一段时间内发展变化的一般水平。

就被平均的对象而言,有一般平均数与序时平均数之别;但两者所使用的平均方法却是通用的。两者通用的方法,正是本节所述的一般平均数的各种计算方法。

根据总体所有单位标志值数值大小计算的一般平均指标,即为数值平均指标,常称数值平均数;根据总体部分单位标志值所处位置确定的一般平均指标,即为位置平均指标,常称位置平均数。按具体的平均方法不同,数值平均数可划分为算术平均数、几何平均数和调和平均数,位置平均数可划分为众数、中位数、四分位数等。

数值平均数还可区分为简单平均数和加权平均数两类。

1. 算术平均数

算术平均数是计算平均指标最常用、最基本的方法或形式,因为这种计算方法是和许多社会经济现象中客观存在的数量关系相符合的。这种关系可以简称为和的关系,即总体各单位的标志值之连加和即为该总体的指标(标志总量)。例如,所有员工的工资额之和就是工资总额,所有工人的产量之和就是总产量。所谓算术平均数,就是把某一标志的总量均匀地分配到总体的各单位上。其基本算式为

$$算术平均数 = \frac{总体标志总量(标志总量)}{总体单位总量(总体总量)}$$

当掌握了总体的两个总量指标(标志总量和总体总量),就可以直接利用上式计算算术平均数。实际应用中,往往不能直接获得这两个总量指标,此时就需根据资料的情况,选择简单算术平均数、加权算术平均数或其他算式,计算之。

(1) 简单算术平均数。将总体各单位的标志值简单加总求得标志总量,除以总体总量,求出的平均数,称为简单算术平均数。其计算公式为

$$\overline{X} = \frac{X_1 + X_2 + \cdots + X_N}{N} = \frac{\sum X}{N}$$

式中,$\overline{X}$,N 分别表示算术平均数和总体总量。

例如,某企业某一车间有 10 个工人组成一个生产班组,他们生产同一种产品,日产量分别为 30,30,31,33,33,35,35,35,35,35 件。则平均日产量为 33.2 件,即

$$\overline{X} = \frac{30 + 30 + 31 + \cdots + 35}{10} = \frac{332}{10} = 33.2(件)$$

当然,对本例 10 个工人的平均日产量的计算,从算术的计算角度来说,也可以这么计算,即

$$\overline{X} = \frac{30 \times 2 + 31 \times 1 + 33 \times 2 + 35 \times 5}{2 + 1 + 2 + 5} = \frac{332}{10} = 33.2(件)$$

这样的计算,其计算公式已不同于简单算术平均数,而且实用中这种形式(公式)更为常见,其寓意更加丰富,故专门阐述如下。

(2) 加权算术平均数。上例 10 个工人的日产量(数量标志)有 4 个不同数值(标志值),即 30,31,33 和 35。如果同样还是这 10 个工人,这 4 个标志值,只是 2 个工人日产 35 件、5 个工人日产 30 件,其他条件不变,则

$$\overline{X} = \frac{30 \times 5 + 31 \times 1 + 33 \times 2 + 35 \times 2}{5 + 1 + 2 + 2} = \frac{317}{10} = 31.7(件)$$

即平均日产量为 31.7 件产品。

从上述计算结果的比较中可以明显看出,算术平均数的大小不仅决定于总体各单位的标志值的大小,还受各标志值出现频数多少的影响。标志值频数的多少,对平均数取值具有权衡轻重的影响作用,这里的频数(f),故又称权数(W)。这种考虑了权数而计算的算术平均数,称为加权算术平均数。其计算公式为

$$\overline{X} = \frac{X_1 W_1 + X_2 W_2 + \cdots + X_N W_N}{W_1 + W_2 + \cdots + W_N} = \frac{\sum XW}{\sum W}$$

当权数以标志值的频数表示时,则

$$\frac{X_1 f_1 + X_2 f_2 + \cdots + X_N f_N}{f_1 + f_2 + \cdots + f_N} = \frac{\sum Xf}{\sum f}$$

在一般平均数的计算中,常以标志值出现的频数作为权数;在序时平均数的计算中,常以水平数(指标值)的时间间隔(或持续)长短作为权数,计算加权平均数。在统计研究或企业管理中,还可以按其他能衡量各取值(标志值)轻重不同程度的数值作为权数。例如,网络计划技术中,已掌握的为完成某工序的先进工时为 a、保守工时为 b、有把握的工时为 m,则完成该工序的平均工时定额(M)为

$$M = \frac{a + 4m + b}{1 + 4 + 1}$$

可见,对 a、m、b 三个取值分别赋予了 1、4、1 的权数。

加权算术平均数的计算也可表示为以下形式:

$$\overline{X} = 30 \times \frac{2}{10} + 31 \times \frac{1}{10} + 33 \times \frac{2}{10} + 35 \times \frac{5}{10}$$
$$= 30 \times 20\% + 31 \times 10\% + 33 \times 20\% + 35 \times 50\%$$
$$= 33.2(件)$$

计算结果同于原式。从这两种不同形式计算中可以发现,权数有两种形式。一种是以频数(f)表示,一种是以频率($f/\sum f$)表示。两种权数计算的平均数,性质和结果并无差异。

从而,加权算术平均数的计算公式还可以表达为

$$\overline{X} = \sum X \frac{W}{\sum W}$$

或

$$\overline{X} = \sum X \frac{f}{\sum f}$$

上式更准确地反映了权数对于算术平均数的影响作用,即作用的大小并不直接取决于作为权数的频数(f)的多少,而主要决定于作为权数的频率($f/\sum f$)的多少。

在组距数列条件下,计算加权算术平均数,应以各组的平均数值作为代表的标志值进行计算。但在编制组距数列时,很少计算各组的平均数值。这样,在缺乏组平均数值的情况下,往往以各组的组中值作为组平均数值的代表值,计算加权算术平均数。例如,某企业 1 600 名工人完成某一作业所需时间的资料如表 4-4 所示。

表 4-4 某企业工人完成某一作业所需时间

完成时间/分	工人数/人	组中值	每组时间总数/分
30 以下	100	25	2 500
30~40	220	35	7 700
40~50	450	45	20 250
50~60	500	55	27 500
60~70	260	65	16 900
70 以上	70	75	5 250
合计	1 600	—	80 100

根据表 4-4 资料,计算出加权算术平均数为

$$\overline{X} = \frac{\sum Xf}{\sum f} = \frac{80\ 100}{1\ 600} = 50.06(分)$$

即完成某一作业平均需要 50.06 分。

本例中,最低组(首组)、最高组(末组)分别为向下、向上口组,依上一章所述"开口组以其相邻组的组距作为该组组距",则它们的组距都为 10;进而首组的下限被视为 20,末组的上限被视为 80;所以它们的组中值分别为 25、75。由此,还可以得出开口组的组中值的如下计算公式:

向下开口组组中值=本组上限-邻组组距/2
向上开口组组中值=本组下限+邻组组距/2

应该指出,以各组组中值代替各组平均数值,是假定各单位的标志值在各组内呈均匀分布的。实际资料很少满足均匀分布的要求,因而由组距数列计算的加权算术平均数,只是实际平均数的近似值。

(3) 算术平均数的简捷计算。算术平均数的计算方法简单,但当被平均的资料较多、数值较大时,计算过程显得较为繁杂。利用算术平均数的数学性质,可以得出简捷计算公式,从而简化计算过程。算术平均数具有以下几个数学性质:

第一,算术平均数与总体总量的乘积等于标志总量。

$$N\overline{X} = \sum X$$

$$\sum f \cdot \overline{X} = \sum X$$

第二,各单位标志值与算术平均数离差之和等于零。

$$\sum (X - \overline{X}) = 0$$

$$\sum (X - \overline{X})f = 0$$

第三,各单位标志值与算术平均数离差平方之和为最小值。

$$\sum (X - \overline{X})^2 = 最小值$$

$$\sum (X - \overline{X})^2 f = 最小值$$

第四,各个变量值(标志值)加或减一个任意数 A,则算术平均数也要加或减该数 A;乘或除一个任意数 A,则算术平均数也要乘或除该数 A。以简单算术平均数为例,即

$$\frac{\sum (X \pm A)}{N} = \frac{\sum X}{N} \pm \frac{NA}{N} = \overline{X} \pm A$$

$$\frac{\sum AX}{N} = A \frac{\sum X}{N} = A \cdot \overline{X}$$

$$\frac{\sum \frac{1}{A}X}{N} = \frac{1}{A} \frac{\sum X}{N} = \frac{1}{A} \cdot \overline{X}$$

第五,两个独立的同性质变量代数和的平均数等于各变量平均数的代数和;其乘积的平均数等于各变量平均数的乘积。以简单算术平均数为例,即

$$\overline{(X+Y)} = \overline{X} + \overline{Y}$$

$$\overline{(X \times Y)} = \overline{X} \times \overline{Y}$$

由算术平均数的第四个数学性质可得

$$\frac{\sum (X - A)}{N} = \overline{X} - A$$

则

$$\overline{X} = A + \frac{\sum (X - A)}{N}$$

或

$$\overline{X} = X_0 + \frac{\sum (X - X_0)}{N}$$

抑或

$$\overline{X} = X_0 + \frac{\sum (X - X_0)f}{\sum f} \qquad \text{(简捷式 1)}$$

式中,X_0 称为假定平均数。运用简捷式 1 时,一般选用被平均的各标志值的中间数,或接近实际平均数的整数作为 X_0,从而使各标志值与 X_0 的离差较小,得以简化平均过程的计算。

简捷式 1 可运用于未分组、等距数列和异距数列等资料。对等距数列,尤其组数较多的等距数列,还可采用以下简捷式 2,简化平均数的计算过程:

$$\overline{X} = X_0 + \frac{\sum \left(\frac{X - X_0}{i}\right) f}{\sum f} \cdot i \quad \text{(简捷式 2)}$$

式中仍以 X_0 表示假定平均数,一般选用中间组的组中值;以 i 表示组距。对表 4-4 资料,取

$$X_0 = 55, i = 10$$

以简捷式 2 计算完成某一作业的平均所需时间如表 4-5 所示。

表 4-5 简捷法计算算术平均数示例

时间/分	工人数/f	组中值/X	$\frac{X - X_0}{i}$	$\left(\frac{X - X_0}{i}\right) f$
30 以下	100	25	−3	−300
30～40	220	35	−2	−440
40～50	450	45	−1	−450
50～60	500	55	0	0
60～70	260	65	1	260
70 以上	70	75	2	140
合计	1 600	—	—	−790

$$\overline{X} = X_0 + \frac{\sum \left(\frac{X - X_0}{i}\right) f}{\sum f} \cdot i = 55 + \frac{-790}{1\,600} \times 10$$
$$= 55 - 4.937\,5 = 50.06(\text{分})$$

(4) 先进平均数。运用算术平均方法,计算先进平均数,可为部门、企业管理中制定各类平均先进定额提供基础数据。

一群数据(一群标志值)的算术平均数,将该群划分为两部分:一部分是优于算术平均数的数据,另一部分是差于算术平均数的数据。就优于算术平均数的数据,再计算一个新的算术平均数,即为先进平均数。现以表 4-4 为例,说明先进平均数的计算方法如下:

先计算该表的算术平均数,即

$$\overline{X} = \frac{\sum Xf}{\sum f} = \frac{80\,100}{1\,600} = 50.06(\text{分})$$

再对优于算术平均数的数据计算先进平均数,即

$$\overline{X}_a = \frac{\sum X_a f_a}{\sum f_a}$$

式中,$\overline{X}_a$,$\sum \overline{X}_a$ 和 f_a 分别表示先进平均数和优于算术平均数的标志值及其出现次数。本例中,30 以下、30～40 和 40～50 这三组资料都是优于 50.06 分钟的数据;50～60 这一组有少部分资料应属

优于 50.06 的数据，大部分资料则为差于 50.06 的数据。假定数据在各组是均匀分布的，采用按比例均摊的方法，推算出 50~60 这一组中优于 50.06 的数据为

$$\frac{60-50}{500}=\frac{50.06-50}{f_a}$$

$$f_a=\frac{50.06-50}{60-50}\times 500=3$$

$$\overline{X}_a=\frac{50+50.6}{2}=50.03$$

从而本例的先进平均数为

$$\overline{X}_a=\frac{25\times 100+35\times 200+45\times 450+50.033\times 3}{100+200+450+3}=39.59(\text{分})$$

本例仅为对平均数数值愈小愈好的资料，按低于（小于）算术平均数的部分数据，计算其先进平均数。若资料为平均数数值愈大愈好，则必须按高于（大于）算术平均数的部分数据，计算其先进平均数。

2. 几何平均数

先从一个实例讲起。某企业生产一种钻头，前后经过 6 道工序加工，各工序的合格率如表 4-6 所示。试计算平均合格率。

表 4-6 各工序合格率

工序名称	冲料	废料	车加工	热处理	扭槽	接柄
合格率/%	98.0	97.2	97.0	96.4	95.8	95.2

如果将 6 道工序的合格率相加，得 579.6%。这一结果不符合合格率指标的经济意义，也不是该厂钻头生产的总合格率。这就是说，在各工序合格率与全厂总合格率之间，不存在应用算术平均数的数量关系，即和的关系。因此，不能采用算术平均方法计算平均合格率。

由于各工序的合格率是在前道或前几道工序合格率的基础上计算的，因而 6 道工序的合格率的连乘积等于全厂的总合格率，亦即总合格率为

$$98.0\%\times 97.2\%\times 97.0\%\times 96.4\%\times 95.8\%\times 95.2\%$$
$$=81.2\%$$

连加和，加了 N 个标志值，求平均，就用和除以 N。连乘积，乘了 N 个标志值，求平均，就用积开 N 次方。所以，该厂钻头的平均合格率应为

$$\sqrt[6]{98.0\%\times 97.2\%\times 97.0\%\times 96.4\%\times 95.8\%\times 95.2\%}$$
$$=96.6\%$$

比率指标（如合格率）、速度指标（详见第六章）等，符合积的关系，即总体各单位的标志值之连乘积即为该总体的指标。对它们求平均，一般都运用类似上例的平均方法。这种平均方法称为几何平均，上例的平均合格率称为几何平均数。

所谓几何平均数，就是 N 个标志值连乘积的 N 次方根。按是否考虑权数，几何平均数也分为简单几何平均数与加权几何平均数两类。它们的计算公式分别为

$$\overline{X}_G=\sqrt[N]{X_1\cdot X_2\cdots X_N}=\sqrt[N]{\prod X}$$

$$\overline{X}_G=\sqrt[\Sigma w]{X_1^{W_1}\cdot X_2^{W_2}\cdots X_N^{W_N}}=\sqrt[\Sigma w]{\prod X^W}$$

式中 $\overline{X}_G$,Ⅱ分别表示几何平均数,连乘积号。

计算几何平均数,当标志值个数较多时,需要开高次方。此时,可运用对数方法,以便于算。例如,对上式两边取对数,

$$\lg \overline{X}_G = \frac{1}{N}(\lg X_1 + \lg X_2 + \cdots + \lg X_N)$$

$$\overline{X}_G = \text{anti}(\lg \overline{X}_G)$$

可见,几何平均数的对数等于标志值对数的算术平均数。因此可称几何平均数为对数平均数。上例平均合格率,运用对数方法,计算如下

$$\lg \overline{X}_G = \frac{1}{6}(\lg X_1 + \lg X_2 + \cdots + \lg X_6)$$

$$= \frac{1}{6}(1.9912 + 1.9877 + \cdots + 1.9786)$$

$$= \frac{11.9089}{6} = 1.98497$$

$$\overline{X}_G = \text{anti}(1.98497) = 96.60\%$$

在电子计算器十分普及的条件下,运用计算器的开方键,可以非常快捷、准确地计算几何平均数。

3. 调和平均数

甲、乙两班各分男、女同学两组,在植树节进行植树速度的比赛。比赛结果如表4-7所示,哪一班植树速度快?

表4-7 植树比赛结果

	每小时植树/棵		
	合 计	男 生	女 生
甲 班	31	17	14
乙 班	31	16	15

甲班同学认为,两班成绩持平,不分胜负。理由是两班平均每小时植树棵数相等,即

甲班 $(17+14) \div 2 = 15.5$(棵)

乙班 $(16+15) \div 2 = 15.5$(棵)

而乙班同学认为:乙班植树速度快过甲班,乙班获胜。理由是:平均来说,植一棵树的时间乙班少于甲班,从而每小时植树棵数乙班多于甲班,即

甲班 $\left(\frac{1}{17} + \frac{1}{14}\right) \div 2 = 0.0651$(小时)

$1 \div 0.0651 = 15.36$(棵)

乙班 $\left(\frac{1}{16} + \frac{1}{15}\right) \div 2 = 0.0646$(小时)

$1 \div 0.0646 = 15.48$(棵)

哪一班的意见正确?

甲、乙两班平均指标的计算公式不同,平均的意义也不同。甲班计算的平均数(15.5,15.5)是指一定植树时间(譬如男、女生各1小时)条件下的平均数,为算术平均数,其计算公式为

$$\frac{X_1 + X_2 + \cdots + X_N}{N} = \frac{\sum X}{N}$$

乙班计算的平均数(15.36,15.48)是指一定植树数量(譬如男、女生各1棵)条件下的平均数,为调和平均数(以 $\overline{X}_H$ 表示),其计算公式为

$$\overline{X}_H = \frac{N}{\frac{1}{X_1} + \frac{1}{X_2} + \cdots + \frac{1}{X_N}} = \frac{N}{\sum \frac{1}{X}}$$

如果比赛要求男女同学植数时间相同,则甲班计算正确;如果比赛要求男女同学植树数量相同,则乙班计算正确。

(1) 调和平均数的概念。从上例可知,所谓调和平均数,从计算形式而言,它是标志值倒数的算术平均数的倒数,故又称倒数平均数;但究其实质,它与算术平均数的平均意义、计算结果都不同,是与算术平均数相区别的一种独立的平均指标。

一般而言,对相对数和平均数的标志值(如上例植树速度,还有计划完成程度、商品价格等)求平均,在约定其分母项(如上例约定植树时间,还有约定计划规定数、商品销售量等)的条件下,应采用算术平均方法;在约定其分子项(如上例约定植树数量,还有约定实际完成数、商品销售额等)的条件下,则采用调和平均方法。所以,是计算算术平均数还是计算调和平均数,完全取决于研究者的考察角度和分析目的。这两种平均数的区别正在于此。

如果上例规定甲、乙两班男女同学植树数量之比应为3:2,试比较哪一班植树速度快?回答这个问题,应计算调和平均数。为简便计算,设男女同学分别植3棵和2棵树,则甲、乙两班平均每小时植树数量为

甲班
$$\overline{X}_H = \frac{3+2}{\frac{1}{17} \times 3 + \frac{1}{14} \times 2} = 15.65(棵)$$

乙班
$$\overline{X}_H = \frac{3+2}{\frac{1}{16} \times 3 + \frac{2}{15} \times 2} = 15.58(棵)$$

结论是:甲班快。

对比上述甲班两个调和平均数(15.36,15.65),可以发现:由于男生速度快于女生,在植树数量男生多于女生时,全班的平均速度就快,而且能够快于乙班(15.65>15.58)。无疑,这里的植树数量(频数)起到了权数作用。因此,可称上述15.65及15.58为加权调和平均数。其一般计算公式为

$$\overline{X}_W = \frac{W_1 + W_2 + \cdots + W_N}{\frac{1}{X_1}W_1 + \frac{1}{X_2}W_2 + \cdots + \frac{1}{X_N}W_N} = \frac{\sum W}{\sum \frac{1}{X}W}$$

(2) 调和平均数的应用。独立意义、与算术平均数相区别的调和平均数,其运用场合远少于算术平均数。实际应用中,常常应用调和平均数的计算公式来计算算术平均数。例如,某工业部门全员劳动生产率资料如表4-8所示,试计算该部门平均全员劳动生产率。

表4-8　某工业部门全员劳动生产率

全员劳动生产率/(百万元/人)	企业数/个	产值/百万元	每组产值/百万元
0.9	40	450	18 000
1.2	30	1 800	54 000
1.4	10	3 500	35 000
合　计	80	—	107 000

劳动生产率指标为产值除以人数。本例全部门产值数已知,但全部门人员数未知。因此,需先

推算出人数,然后与产值比,才能计算劳动生产率。将这两步合在一个计算式子里,即为

$$\frac{18\,000+54\,000+35\,000}{\frac{1}{0.9}\times 18\,000+\frac{1}{1.2}\times 54\,000+\frac{1}{1.4}\times 35\,000}=\frac{107\,000}{90\,000}=1.189(百万元/人)$$

计算结果表明,该部门全员劳动生产率为118.9万元/人。

上式计算,从形式上看为一调和平均数,因为它符合加权调和平均数的计算公式;但从实质内容上看为一算术平均数,因为它符合算术平均数的基本算式。故称上式为算术平均数的变形。

将上式计算推而广之,可得一般结论如下:对相对数和平均数的标志值计算算术平均数,在已知其分母项、未知其分子项场合下,采用算术平均公式;在已知其分子项、未知其分母项场合下,采用调和平均公式。

4. 众数

众数是总体中各单位最普遍出现的标志值,即出现次数最多的标志值。例如,某车间10个工人的月工资额分别为190元、210元、210元、255元、255元、255元、255元、300元、340元和340元。其中255元出现4次,是出现次数最多的标志值,这255即为众数。255元可用以代表这10个工人的工资的一般水平。

在某些场合,使用众数以代表总体的一般水平,既合适又简便。例如,成衣、鞋袜、帽子等产品的生产与销售,工厂或商店的供销人员最关心的不是这些产品号码、尺寸、规格、型号的算术平均数,而是它们的众数。这里,众数表示什么号码、尺寸最为畅销、最为流行;而算术平均数几乎是或完全是没有意义的。又如,为了解贸易市场上某种商品的价格水平,大可不必在全面搜集了该商品销售量、销售额资料后,计算出价格的算术平均数;只需要通过非全面调查后,获得价格的众数,即可把握当时的价格行情。

计算众数的方法,视所掌握的资料而定。当资料是未分组或单项数列时,可以对资料直接观察而确定众数,如上例。当资料是组距数列时,首先确定众数组。等距数列以频数最高数一组作为众数组,异距数列以频数密度(标准频数)最高的一组作为众数组;然后运用比例插值方法,运用以下两个公式之一,近似计算众数

下限公式 $$M_o = L_m + \frac{f_m - f_{m-1}}{(f_m - f_{m-1}) + (f_m - f_{m+1})} \times i_m$$

上限公式 $$M_o = U_m - \frac{f_m - f_{m+1}}{(f_m - f_{m-1}) + (f_m - f_{m+1})} \times i_m$$

式中,M_o、L_m、U_m、f_m、i_m、f_{m-1}、f_{m+1} 分别表示众数、众数组的下限、上限、次数、组距、众数组前一组次数、后一组次数。

对前述表4-4资料,先通过观察,确定第四组为众数组;再选用下限公式或上限公式,计算出众数如下:

$$M_o = 50 + \frac{500-450}{(500-450)+(500-260)} \times 10 = 51.72(分)$$

或

$$M_o = 60 - \frac{500-260}{(500-450)+(500-260)} \times 10 = 51.72(分)$$

5. 中位数

若将某生产班组11个工人日产某零件产量数据(单位:件)

$$15,19,22,17,21,20,25,23,23,26,30$$

整理成一序列,则得

$$15,17,19,20,21,22,23,23,25,26,30$$

其中的 22 件位于这个序列的正中间位置上,称此标志值为中位数。

一般来说,位于标志值序列正中间一项的标志值,称为中位数,以 M_e 表示。中位数的概念表明,序列中有一半单位的标志值小于中位数,另一半单位的标志值大于中位数。由于位置居中,其数值既不太大,也不太小,因而可以用中位数代表总体的一般水平。

经济应用统计中,中位数有许多应用场合。对一些不能用具体数值表示,只能以等级、顺序、名次表示的经济现象,可采用中位数代表其一般水平;年龄中位数可用以判断人口发展类型(人口学家认为,年龄中位数在 20 岁以下者为年轻型人口,其发展前景可观;年龄中位数在 30 岁以上为老年型人口,人口趋向老化;年龄中位数在 20~30 岁之间为中年型人口,人口规模相对稳定);中位数也可用于工业产品质量检查和季节比率计算等。

中位数具有一个数学性质,即标志值与中位数离差的绝对值之和为最小值,亦即

$$\sum |X - M_e| = 最小值$$

利用这一性质,可以帮助解决某些实际问题。例如,欲在一条长街上设个服务居民的机构(譬如液化气供应站),就应设在各户居民与某一特定居民(譬如街头第一户居民)距离的数据的中位数的位置上,使服务机构到各用户的距离总和达到最小。

中位数的计算,视所掌握的资料,分以下三种情况:

(1) 未分组资料。对未分组资料序列,按下式确定中位数的位置

$$M_{e位置} = \frac{N+1}{2}$$

式中,N 表示总体单位数(总体总量)。

如果 N 为奇数,则居于 M_e 位置上的那个标志值就是中位数。例如上例,M_e 位置为 6,

$$M_{e位置} = \frac{N+1}{2} = \frac{11+1}{2} = 6$$

则位于序列第 6 位的标志值 22 件,就是中位数。如果 N 为偶数,应取中位数位置上的两个标志值的简单算术平均数为中位数。例如上述生产班组若为 12 人,11 人的产量如上,还有 1 人的产量为 31 件,此时

$$M_{e位置} = \frac{N+1}{2} = \frac{12+1}{2} = 6.5$$

中位数应为第 6 个和第 7 个工人日产零件数的简单算术平均数,即

$$M_e = \frac{22+23}{2} = 22.5(件)$$

(2) 单项数列资料。单项数列条件下,中位数的位置应为

$$M_{e位置} = \frac{\sum f + 1}{2}$$

式中,$\sum f$ 表示总体单位数(总体总量)。其余计算同未分组资料。

(3) 组距数列资料。从组距数列计算中位数,则按

$$M_{e位置} = \frac{\sum f}{2}$$

公式确定其位置。确定中位数位置后,按较小制或较大制累计次数,先找到中位数落在哪一组;再运用比例插值方法,选择下列下限公式或上限公式,近似计算出中位数:

下限公式 $$M_e = L_m + \frac{\frac{\sum f}{2} - S_{m-1}}{f_m} \times i_m$$

上限公式 $$M_e = U_m + \frac{\frac{\sum f}{2} - S_{m+1}}{f_m} \times i_m$$

式中,L_m、U_m、f_m、i_m、S_{m-1}、S_{m+1} 分别表示中位数组的下限、上限、频数、组距,较小制累计至中位数组前一组止的累计频数、较大制累计至中位数组后一组止的累计频数。

例如表 4-4 资料,其中位数位置为

$$M_{e位置} = \frac{\sum f}{2} = \frac{1\,600}{2} = 800$$

按较小制累计,累计至第三组,累计频数已达 770;累计至第四组,累计频数已逾 800,达 1 270。因此,中位数落在第四组,即第四位为中位数组。选用下限公式计算,得

$$M_e = 50 + \frac{\frac{1\,600}{2} - 770}{500} \times 10 = 50.6(分)$$

若按较大制累计,选用上限公式,则得

$$M_e = 60 - \frac{\frac{1\,600}{2} - 330}{500} \times 10 = 50.6(分)$$

6. 四分位数

一个数值,把标志值序列划分成两个相等部分,此谓中位数。三个数值,把标志值序列划分成四个相等部分,则谓四分位数。四分位数有三个,常以 Q_1、Q_2 和 Q_3,分别表示第一四分位数、第二四分位数和第三四分位数。

四分位数与中位数性质相通,并且第二四分位数即为中位数,因而计算方法也类似。未分组及单项数列资料,其三个四分位数的位置应为

$$Q_{K位置} = \frac{K(N+1)}{4}$$

或

$$= \frac{K(\sum f + 1)}{4} \quad (K=1,2,3)$$

组距数列的四分位数的位置则为

$$Q_{K位置} = \frac{K\sum f}{4}$$

确定位置后,按类似计算中位数的方法,即可计算出四分位数。组距数列的四分位数可按下式计算:

$$Q_K = L_K + \frac{K\sum f/4 - S_{K-1}}{f_K} i_K$$

式中,Q_K、L_K、f_K、i_K、S_{K-1} 分别表示第 K 四分位数,第 K 四分位数所在组的下限、频数、组距,较小制累计至第 K 四分位数所在组前一组的累计频数。

再以表 4-4 资料为例,说明四分位数计算过程如下:

$$Q_{1位置} = \frac{1 \times \sum f}{4} = \frac{1 \times 1\,600}{4} = 400$$

$$Q_1 = L_1 + \frac{1 \times \sum f/4 - S_{1-1}}{f_1} \times i_1 = 40 + \frac{400 - 320}{450} \times 10$$
$$= 41.78(分)$$

$$Q_{2位置} = \frac{2 \times \sum f}{4} = \frac{2 \times 1\,600}{4} = 800$$

$$Q_2 = L_2 + \frac{2 \times \sum F/4 - S_{2-1}}{f_2} \times i_2 = 50 + \frac{800 - 770}{500} \times 10$$
$$= 50.6(分)$$

$$Q_{3位置} = \frac{3 \times \sum f}{4} = \frac{3 \times 1\,600}{4} = 1\,200$$

$$Q_3 = L_3 + \frac{3 \times \sum f/4 - S_{3-1}}{f_3} \times i_3 = 50 + \frac{1\,200 - 770}{500} \times 10 = 58.6(分)$$

上述计算结果表明,完成该项作业所需时间,有 25% 的工人少于 41.78 分钟,另有 25% 的工人多于 58.6 分钟;快于或慢于 50.6 分钟的工人各占 50%。可见,第二四分位数即为中位数。计算结果还表明 50% 的工人所需时间在 41.78~58.6 分钟之间。也就是说,工人所需时间的一般水平约为 41.78~58.6 分钟;或总体有 50% 的单位分布于此区间内。

四分位数不仅可以作为平均指标,用以反映总体的一般水平和总体分布的集中趋势;而且在对其作适当处理后,还能生成变异指标和偏度指标。变异指标和偏度指标在下一章再作介绍。

7. 其他分位数

若有九个数值,将标志值序列划分成十个相等部分,则这九个数值称为十分位数,以 D_K 表示;若有九十九个数值将标志值序列划分成一百个相等部分,这九十九个数值称为百分位数,以 P_K 表示。

计算十分位数、百分位数的方法类似四分位数。例如,表 4-4 资料的第三、第七十分位数及第二、第九十八百分位数计算如下:

$$D_{3位置} = \frac{3 \times 1\,600}{10} = 480$$

$$D_3 = 40 + \frac{480 - 320}{450} \times 10 = 43.56(分)$$

$$D_{7位置} = \frac{7 \times 1\,600}{10} = 1\,120$$

$$D_7 = 50 + \frac{1\,120 - 770}{500} \times 10 = 57(分)$$

$$P_{2位置} = \frac{2 \times 1\,600}{100} = 32$$

$$P_2 = 20 + \frac{32 - 0}{100} \times 10 = 23.2(分)$$

$$P_{98位置} = \frac{98 \times 1\,600}{100} = 1\,568$$

$$P_{98} = 70 + \frac{1\,568 - 1\,530}{70} \times 10 = 75.43(分)$$

十分位数和百分位数的意义及作用也类似四分位数。譬如，前例计算结果表明：30%的工人完成该项作业所需时间少于43.56分钟，40%的工人作业时间在43.56～57分钟之间。

中位数、四分位数、百分位数，再加上位于标志值序列的第一项和最末一项的标志值，即最小值和最大值，可以合称位次指标。位次指标具有相对、平均、变异及偏度等多方面指标的功能。

三、平均指标的关系

上述六种平均指标，相互之间存在一定的数量关系。这种数量关系可以分为如下两个方面：

1. 数值平均数之间的关系

（1）$\overline{X} \geqslant \overline{X}_G \geqslant \overline{X}_H$。根据同一资料计算的三种数值平均数，数值大小顺序为算术平均数最大，几何平均数第二，调和平均数最小；当且仅当资料的数据（标志值）全相等时，这三个数值平均数才相等。

（2）简单平均数是加权平均数的特例。前已述及，数值平均数均可划为简单平均数与加权平均数两种。所有简单平均数，实质上都是相应的加权平均数的特例。即简单算术平均数实质就是各权数值相等时的加权算术平均数，其他数值平均数同此性质。

2. 数值平均数与位置平均数之间的关系

算术平均数、众数和中位数之间存在一定数量关系。这种关系决定于总体分布状况。

（1）总体分布为完全对称。当总体呈完全对称的钟形分布时，算术平均数位于次数分布曲线的对称点上，而该点同时就是曲线的最高点和中心点，因此$\overline{X} = M_o = M_e$，参见图4-2(a)。

（2）总体分布为轻微偏态。当总体呈轻微右偏（见图4-2(b)）或左偏（见图4-2(c)）时，英国统计学家皮尔逊（K. Pearson）指出它们之间的关系为：算术平均数与众数的距离是其与中位数距离的3倍，即：$\overline{X} - M_o = 3(\overline{X} - M_e)$。利用这种关系，可以判别总体分布的态势；亦可在已知其中两个平均指标时，推算第三个平均指标。譬如：

$$M_o = 3M_e - 2\overline{X}$$

$$M_e = \frac{1}{3}(M_o - 2\overline{X})$$

$$\overline{X} = \frac{1}{2}(3M_e - M_o)$$

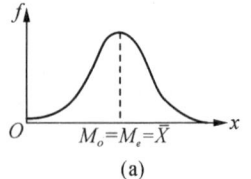
(a)

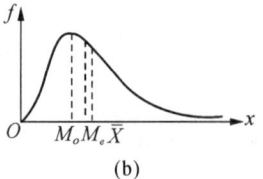
(b)

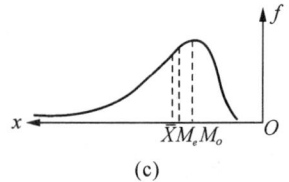
(c)

图4-2 算术平均数、众数和中位数之间的关系

四、平均指标的原则

正确计算和恰当运用平均指标,必须遵循下列原则:

1. 正视同质性

马克思指出:"平均量始终只是同种的许多不同的个别量的平均数。"只有在同质总体中,总体的各个单位在被平均的标志上才具有共同性。如果将不同质的各个单位混合在一起计算平均数,不仅不能反映现象的本质及一般水平,反而可能模糊掩盖或歪曲事实的真相。列宁曾尖锐批评资产阶级统计学者将工人和业主的收入混在一起计算平均收入,称它为"虚构的平均数"。

所谓正视同质性,不仅包含保持或坚持同质性,而且也包含辩证地看待同质性之意。如果研究的是揭露资产阶级的剥削秘密及剥削程度,理应分别观察和计算工人和业主的收入水平;但如果研究的是表明一个国家,一个地区的生活状况、收入差别等,就应该把一个国家或地区的各阶级、各界层的收入并入一起计算和对比。

2. 补充组平均数

在很多情况下,根据同质总体计算的总平均数,还不能充分、全面地反映所研究现象的数量特征和差别缘由。因此必须按分析任务的要求,选择某些重要的分组标志,将总体分组,计算出各组的组平均数,用以补充说明总平均数。例如,某局甲、乙两企业工人劳动生产率资料如表 4-9 所示。

表 4-9　甲、乙两企业工人劳动生产率资料

工人类别	甲企业			乙企业		
	工人数/人	总产量/件	劳动生产率/(件/人)	工人数/人	总产量/件	劳动生产率/(件/人)
熟练工	200	12 000	60	210	13 020	62
不熟练工	50	1 600	32	90	2 970	33
合计	250	13 600	54.4	300	15 990	53.3

计算结果表明:从总平均数看,甲企业平均劳动生产率 54.4,乙企业 53.3,甲企业高;但从组平均数看,无论是熟练工还是非熟练工,乙企业的劳动生产率都高于甲企业,即 62>60、33>32。这种总平均数和组平均数不一致的现象,原因就在于熟练工和非熟练工的劳动效率不同。总平均数把这两类工人的效率差别,以及甲、乙两企业这两类工人的数量结构的差别模糊了、掩盖了,因而它具有更为抽象的性质,不能充分地反映出真正劳动生产率的水平高低。所以,欲全面比较甲、乙两企业劳动生产率的差异,并准确说明其高低,就必须计算熟练工和非熟练工的组平均劳动生产率,用以补充说明它们的总平均劳动生产率。

3. 运用多指标

应用平均指标反映总体的一般水平及总体分布特征,不仅要把按不同范围计算的平均指标(总平均数与组平均数)结合运用,而且还要把按不同方法计算的平均指标结合运用。

假如,2015 年某贫困山区某村 120 户农户人均年纯收入资料如表 4-10 所示。

表 4-10 村农户人均年纯收入

人均年纯收入/元	农户数/户	农户数比重/%
1 500~3 000	72	60
3 000~4 500	30	25
4 500~6 000	12	10
6 000 以上	6	5
合　　计	120	100

以算术平均计算结果来看,该村平均每户人均年纯收入超过 300 元,即

$$\bar{X}=\frac{2\ 250\times 72+3\ 750\times 30+5\ 250\times 12+6\ 750\times 6}{120}=3\ 150(元)$$

全村已脱贫(2015 年贫困线为 2 800 元);但以中位数看,该村有半数的农户们处在贫困线以下,即他们的人均年纯收入仍低于 2 750 元,因为

$$M_e=1\ 500+\frac{60-0}{72}\times 1\ 500=2\ 750\ (元)$$

所以,结合算术平均数和中位数一道分析,可以认为该村的脱贫任务还很重。

在结合多种平均指标时,既要注意不同平均指标之间的数量关系,也要注意它们的各自特点及应用场合。数值平均数一般均可作进一步的统计处理。譬如,从组平均数及各组比重结构,可以直接进一步计算出总平均数。而位置平均数则不适宜进一步统计计算。数值平均数易受极端数值影响,其中平方平均最易受极大值影响,调和平均最易受极小值影响。而位置平均数一般不受极端数值影响,此性质也反映了它们缺乏敏感性。

不同平均指标在平均意义、对资料要求等方面也有许多区别。譬如,算术平均和调和平均的意义之别往往表现为不同范围的平均;总体为对称分布时,算术平均数是总体的理想代表值;而当总体呈偏态分布时,中位数或众数可能比算术平均数更具代表性;标志值有一项为零或负值,就无法计算几何平均数;标志值有一项为零,也无法计算调和平均数;当总体的分布没有明显的集中趋势而趋于均匀分布时,无法确定众数;有些离散型变量的单项数列,无中位数可言。

例如,据国家统计局 2016 年 2 月统计公报,2015 年我国城镇居民人均可支配收入 31 195 元,城镇居民人均可支配收入中位数为 29 129 元;农村居民人均可支配收入 11 422 元,农村居民人均可支配收入中位数为 10 291 元。无论城镇还是农村,居民可支配收入算术平均数皆大于中位数,居民可支配收入呈现出右偏分布。

再如,某企业有 30 个工人对技术革新提出了合理化建议,资料如表 4-11 所示。

表 4-11 技术革新建议情况

建议数/项	工人数/人
1	8
2	18
3	3
4	1
合　　计	30

由上表计算中位数,应得 2。但是,低于中位数 2 的数据有 8 个(低于提出 2 项建议的人数为 8 人),而超过中位数 2 的数据仅有 4 个。因而,这数值 2 并不符合前述的中位数性质:中位数将一群

数据一分为二,一半数据小于中位数,另一半数据大于中位数。所以,该例不适宜计算中位数,或本例不存在中位数。由此,必须注意到,中位数将一群数据一分为二的结论,通常在连续型变量条件下成立,或在中位数数值没有重复出现的情况下成立。

结合运用多种平均指标,还需把平均指标与变量数列、平均指标与变异指标结合起来分析。例如,前述表 4-10 中,平均数虽已超过 3 000 元,但从数列看,有占 60% 的农户还低于 3 000 元。也就是说,该村尚有近 60% 的农户还未脱贫,脱贫任务仍很艰巨。

平均指标与变异指标结合分析,将在下一章阐述。

知识链接 8:平方平均数

几何平均数可称为对数平均数,它是标志值对数的算术平均数的反对数。而所谓平方平均数,就是标志值平方的算术平均数的(算术)平方根。其计算公式为

$$\overline{X}_s = \sqrt{\frac{X_1^2 + X_2^2 + \cdots + X_N^2}{N}} = \sqrt{\frac{\sum X^2}{N}}$$

或

$$\overline{X}_s = \sqrt{\frac{X_1^2 W_1 + X_2^2 W_2 + \cdots + X_N^2 W_N}{W_1 + W_2 + \cdots + W_N}} = \sqrt{\frac{\sum X^2 W}{\sum W}}$$

式中,$\overline{X}_s$ 表示平方平均数,前式、后式分别表示简单、加权平方平均数。

在若干场合,需处理的数据(标志值),只是其平方数值,而非其自身数值,则宜用平方平均方法,计算其平均数值。例如,树木胸围与胸径的平方成正比。若为计算树木的平均胸径,此平均胸径应按平方平均方法计算。

假设某林区的树木胸径分布状况如下表所示:

胸径/厘米	30 以下	30~50	50~70	70 以上	合 计
树株	100	200	400	300	1 000

则该林区树木的平均胸径为

$$\overline{X}_s = \sqrt{\frac{\sum X^2 W}{\sum W}} = \sqrt{\frac{20^2 \times 100 + 40^2 \times 200 + \cdots + 80^2 \times 300}{1\ 000}}$$
$$= \sqrt{3\ 720} = 61(厘米)$$

英文选读 4 Measures of Central Tendency

Because the data values of most numerical variables show a tendency to group around a specific value, statisticians use a set of methods, collectively known as **measures of central tendency**, to help identify the properties of such variables. Three commonly used measures are the arithmetic mean, also known simply as the mean or average, the median, and the mode. You can calculate these measures as either sample statistics or population parameters.

The Mean

CONCEPT:A number equal to the sum of the data values, divided by the number of data values that were summed.

EXAMPLES:Many common sports statistics such as baseball batting averages and basketball points per game, mean SAT score for incoming freshmen at a college, mean age of the workers in a company, mean waiting times at a bank.

INTERPRETATION: The mean represents one way of finding the most typical value in a set of data values. As the only measure of central tendency that uses all the data values in a sample or population, the mean has one great weakness: Individual extreme values can distort the most typical value.

The Median

CONCEPT: The middle value when a set of the data values have been ordered from lowest to highest value. When the number of data values is even, no natural middle value exists and you perform a special calculation to determine the median.

EXAMPLES: Economic statistics such as median household income for a region; marketing statistics such as the median age for purchasers of a consumer product; in education, the established middle point for many standardized tests.

INTERPRETATION: The median splits the set of ranked data values into two parts that have an equal number of values. Extreme values do not affect the median, making the median a good alternative to the mean when such values occur.

The Mode

CONCEPT: The value (or values) in a set of data values that appears most frequently.

EXAMPLES: The most common score on an exam, the most likely income, the commuting time that occurs most often.

INTERPRETATION: Some sets of data values have no mode—all the unique values appear the same number of times. Other sets of data values can have more than one mode. Like the median, extreme values do not affect the mode. However, unlike the median, the mode can vary much more from sample to sample than the median or the mean.

习　题

一、单选题

1. 平均指标反映了　　　　　　　　　　　　　　　　　　　　　　　　　　　　（　　）
   (1) 总体次数分布的集中趋势　　　　(2) 总体分布的特征
   (3) 总体单位的集中趋势　　　　　　(4) 总体次数分布的离中趋势
2. 众数是总体中下列哪项的标志值　　　　　　　　　　　　　　　　　　　　　（　　）
   (1) 位置居中　　(2) 数值最大　　(3) 出现次数较多　　(4) 出现次数最多
3. 某工厂新工人月工资400元,工资总额为200 000元,老工人月工资800元,工资总额80 000元,则平均工资为　　　　　　　　　　　　　　　　　　　　　　　　　　（　　）
   (1) 600元　　　(2) 533.33元　　(3) 466.67元　　　(4) 500元
4. 下列指标属于比例相对指标的是　　　　　　　　　　　　　　　　　　　　　（　　）
   (1) 工人出勤率　　　　　　　　　　(2) 农轻重的比例关系
   (3) 每百元产值利税额　　　　　　　(4) 净产值占总产值的比重
5. 下列指标属于总量指标的是　　　　　　　　　　　　　　　　　　　　　　　（　　）
   (1) 人均粮食产量　　　　　　　　　(2) 资金利税率
   (3) 产品合格率　　　　　　　　　　(4) 学生人数
6. 将不同地区、部门、单位之间同类指标进行对比所得的综合指标称为　　　　　（　　）
   (1) 动态相对指标　　　　　　　　　(2) 结构相对指标

(3) 比例相对指标　　　　　　　　(4) 比较相对指标
7. 一个企业产品销售收入计划增长 8%,实际增长 20%,则计划超额完成程度为　（　　）
   (1) 12%　　　(2) 150%　　　(3) 111.11%　　　(4) 11.11%
8. 时点指标的数值　　　　　　　　　　　　　　　　　　　　　　　　（　　）
   (1) 与其时间间隔长短无关
   (2) 通常连续登记
   (3) 时间间隔越长,指标数值越大
   (4) 具有可加性
9. 某产品单位成本计划 1997 年比 1996 年降低 10%,实际降低 15%,则计划完成程度为（　　）
   (1) 150%　　　(2) 94.4%　　　(3) 104.5%　　　(4) 66.7%
10. 总体各部分指标数值与总体数值计算求得的结构相对数之和　　　　　　（　　）
    (1) 大于 100%　　(2) 小于 100%　　(3) 等于 100%　　(4) 无法确定

二、多选题

1. 根据标志值在总体中所处的特殊位置确定的平均指标有　　　　　　　（　　）
   (1) 算术平均数　　(2) 调和平均数　　(3) 几何平均数　　(4) 众数
   (5) 中位数
2. 影响加权算术平均数的因素有　　　　　　　　　　　　　　　　　　（　　）
   (1) 总体标志总量　　　　　　　　(2) 分配数列中各组标志值
   (3) 各组标志值出现的次数　　　　(4) 各组单位数占总体单位数比重
   (5) 权数
3. 下列指标中,属于强度相对指标的有　　　　　　　　　　　　　　　（　　）
   (1) 人均国内生产总值　　　　　　(2) 人口密度
   (3) 人均钢产量　　　　　　　　　(4) 每千人拥有的商业网点数
   (5) 人均粮食产量
4. 常用的相对指标有　　　　　　　　　　　　　　　　　　　　　　　（　　）
   (1) 动态相对指标　　　　　　　　(2) 结构相对指标
   (3) 强度相对指标　　　　　　　　(4) 比较与比例相对指标
   (5) 计划完成程度相对指标
5. 相对指标数值的表现形式有　　　　　　　　　　　　　　　　　　　（　　）
   (1) 比例数　　(2) 无名数　　(3) 结构数　　(4) 抽样数
   (5) 复名数

三、问答题

1. 试述总量指标的概念和种类,它在统计分析中有何意义?
2. 什么是时期指标和时点指标? 各有什么特点?
3. 总量指标可采用的计量单位有哪些?
4. 什么是相对指标? 常用的相对指标有哪几种? 其特点作用如何?
5. 计算和应用相对指标时,应遵守哪些原则?
6. 如何按水平法计算提前完成计划的时间?
7. 什么是平均指标? 它在统计分析中的作用有哪些? 如何分类?
8. 如何理解权数的意义? 试举一则加权平均数计算实例,说明权数在其中的作用?
9. 试述算术平均数的数学性质。
10. 什么是众数和中位数? 两者各有什么特点? 如何运用? 它们与算术平均数有何关系?
11. 简述正确计算和运用平均指标的原则。

12. 区分下列统计指标是总量指标、相对指标还是平均指标,并说明理由。
   (1) 某年全国粮食总产量;
   (2) 某年某县粮食单位面积产量;
   (3) 某年某省人口出生率、死亡率;
   (4) 某年商品的价格;
   (5) 单位产品成本;
   (6) 某地区人口密度;
   (7) 某年某商店的年初员工人数和年底员工人数;
   (8) 成本利润率。

四、计算题

1. 试填写下列某公司及所属三个企业的产值计划执行情况分析表中的空格数:

	本季度				上季度实际产量/万元	本季度比上季度增减/%
	计划		实际产量/万元	完成计划/%		
	产值/万元	比重/%				
甲企业	105		112		92	
乙企业	160			100	130	
丙企业				96	200	
合计	500	100				

2. 已知全国人口 109 614 万人,专业卫生技术人员 273.4 万人,医院病床 250.3 万张。要求:计算强度相对指标的正、逆指标。

3. 已知甲、乙两个车间生产情况的分析数据如下表所示:

车间名称	生产工人/人	车间面积/m^2	产量/t			本月实际为上月的百分比	本月实际为计划的百分比	本月实际占总产量的比重/%	每一工人平均占用车间面积/m^2	甲车间工人劳动生产率为乙车间的百分比
			上月实际	本月计划	本月实际					
	(1)	(2)	(3)	(4)	(5)	(6)	(7)	(8)	(9)	(10)
甲	50	1 575	140	150	142.5	101.4	95	61.8	31.5	135.7
乙	40	840	80	75	88.0	105.0	110	38.2	22.0	—

试按各种相对指标的计算公式,列出计算过程,证明上表计算结果是否有误,并按栏次说明各属于哪一种类的相对指标。

4. 甲专业户人均收入比乙专业产高 1/3,乙专业户比丙专业户又高 1/3,则甲专业户人均收入比丙专业户高多少?

5. 青年人身体发育成熟后,身体一般不再增高,只是早、晚的身高略有区别。晚间身高比早晨要矮些,但到第二天早晨又恢复为第一天早晨的高度,这是常识。因此,"若晚间比早晨矮 1%,则早晨将比晚间高 1%"。上面引号中的话科学吗?为什么?

6. 某厂按计划规定,第一季度的单位成本比去年降低 10%。实际执行结果,单位产品成本较去年同期降低 8%。问该厂第一季度产品单位成本计划的完成程度如何?

7. 一批某商品在售出 90% 后降价 20%,该批商品平均售价降低多少?

8. 某企业按五年计划规定，最后一年的产值应达到 5 000 万元，实际执行结果如下表所示：

单位：万元

第一年	第二年	第三年	第四年				第五年			
			第一季度	第二季度	第三季度	第四季度	第一季度	第二季度	第三季度	第四季度
4 200	4 400	4 500	1 100	1 100	1 200	1 200	1 300	1 300	1 300	1 300

根据上述资料计算产值的计划完成程度和提前完成计划的时间。

9. 将每个数据减去 60 后再缩小为原来的 1/10，同时又将权数缩小为原来的 1/20，所求得的平均数为 0.5。试求其原数据的平均数。

10. 已知某管理局所属 22 个企业的工人的平均工资如下：

按月工资分组/元	50 以下	50～60	60～70	70～80	80 以上	合计
企业数/个	3	6	4	4	5	22
各组工人所占比重/%	20	25	30	15	10	100

求：该管理局工人的平均工资。

11. 试以简捷法计算下列数据的平均数：

工人按完成产量定额分组/%	工人数/人
90 以上	8
90～100	12
100～110	42
110～120	54
120～130	60
130～140	38
140～150	46
合 计	260

12. 某企业员工月收入的分布情况如下表所示：

月收入分组/元	员工人数/人
80～90	5
90～100	10
100～110	13
110～120	30
120～130	19
130～140	14
140～150	9
合 计	100

试计算该企业员工月收入的中位数和众数。

第五章 变异与均衡指标

> 当事实改变时,我就改变主意。你呢?
>
> 凯恩斯

第四章从指标数值的三种表现形式着眼,集中阐述了总量指标、相对指标和平均指标。若就完整描述总体分布的特征而言,除了以平均指标描述总体分布的集中趋势外,还需以变异指标描述总体分布的离中趋势,以偏度指标描述总体分布的(非)对称程度,以峰度指标描述分布曲线顶峰的尖峭程度。此外,在应用经济统计中,常以均衡指标描述某种资源、财产、市场等在总体各单位分配的(非)均衡程度。

本章是第四章的继续和补充,着重阐述四方面指标:变异指标、偏度指标、峰度指标和均衡指标。

第一节 变异指标

一、变异指标的意义

平均指标将总体各单位标志值的差异抽象化后,反映了各单位某一数量标志的共性、集中性。对于总体数量特征的全面认识,还需要探讨被平均指标掩盖了的总体各单位在某一数量标志的个性、离散性。

反映总体各单位标志值的差异程度或离散程度的指标,称为标志变异指标。综合计算和运用平均指标与变异指标,才能更全面地说明现象总体所具有的数量特征。特别在有些场合,研究总体的变异状况及程度的意义更为突出。例如,检查工业产品质量,测定产品对公差的偏离程度,比计算产品的平均长度更能说明问题。

变异指标的分析作用一般可归纳为以下三点。

(1) 评价平均指标代表性的大小。平均指标作为总体某一数量标志的代表值,其代表性的大小决定于总体各单位标志值的差异程度。变异指标数值大,反映总体变异大,则总体的平均指标代表性小;反之,平均指标代表性大。

(2) 测度现象发展过程的均衡性、稳定性或节奏性的强弱。国民经济活动、企业生产过程,时常呈现此升彼降、此快彼慢、前松后紧或前紧后松等非稳定性、无节奏性的状况。利用变异指标,可以对之进行测度和分析。

(3) 揭示总体分布的离中趋势。平均指标揭示了总体各单位标志值围绕平均数上下波动的趋势;而变异指标则从另一侧面揭示各标志值偏离平均指标的程度,即以平均指标为中心,表明标志值偏离中心的趋势和程度。

二、变异指标的种类

标志变异指标,有些是根据位次指标生成的,有些是根据平均指标方法、相对指标思想设计出的。常用的标志变异指标有：

1. 全距

全距，又称极差，是标志值数列中最大值与最小值之差，表明总体内部标志值的变动范围。其计算公式为

$$R = X_{max} - X_{min}$$

式中，R、X_{max}、X_{min} 分别表示全距、最大值、最小值。

例如，有两组工人日产量（件）资料如下：

甲组　　10 11 11 12 12 12 12 13 13 14
乙组　　4 4 6 9 12 13 15 17 20 20

甲乙两组的全距分别为

甲组　　$R = 14 - 10 = 4$（件）
乙组　　$R = 20 - 4 = 16$（件）

计算结果表明，甲组产量的变动幅度较小，甲组平均日产量有较大的代表性。

对组距数列，可用最高组（末组）的上限与最低组（首组）的下限之差，近似计算全距。例如，表4-4资料的全距为

$$R = 80 - 20 = 60（分）$$

全距是最简单的变异指标，意义明了，计算方便，在某些场合实用价值较大。例如气象实况记录的一日之最高气温和最低气温之差，很直观地说明了一日中各时段的温差（温度的离散状况）。又如股票交易所所报每日成交之最高价和最低价，两者价差可以说明当日价格的波动状况。

全距完全由数据两端的数值决定，既不受中间标志值的影响，也不受标志值分布的影响，因而它不能全面反映各单位标志值的变异程度。

2. 四分位距

为克服全距易受极端数值影响之弊端，可以四分位距描述标志值变异程度。四分位距即第三四分位数与第一四分位数之差，以 Q_r 表示，亦即

$$Q_r = Q_3 - Q_1$$

表4-4资料的四分位距则为

$$Q_r = 58.6 - 41.78 = 16.82（分）$$

计算结果表明，50%的工人完成该项作业所需时间的差别范围为16.82分。

四分位距虽消除了标志值数列两极数值的影响，但同时忽略了数列两端各1/4的数据。若需扩大数据范围，以更多的标志值信息决定变异指标，可以将四分位距推广至十分位距或百分位距。

十分位距（以 D_r 表示）或百分位距（以 P_r 表示）一般没有固定计算公式，通常按研究者之需，选择对称的两个分位数之差计算。例如，可选择表4-4资料的第九十八、第二百分位数计算该资料的百分位距如下：

$$P_r = 75.43 - 23.2 = 52.23（分）$$

计算结果表明：96%的工人完成该项作业所需时间的波动范围为52.23分。

3. 平均差

全距、四分位距等都未全面考虑所有标志值以确定变异指标。平均差引入离差概念，运用全部

标志值,以形成新的变异指标。

所谓离差是指标志值与算术平均数之差,即

$$X - \overline{X} = X_i - \overline{X} \quad (i = 1, 2, \cdots, N)$$

所谓平均差,以 A.D. 表示,是指离差绝对值的算术平均数,即

$$A.D. = \frac{\sum |X - \overline{X}|}{N}$$

之所以按离差绝对值(不按离差)计算平均差,是因为离差绝对值能免除不同标志值下离差的正值、负值在求平均过程中的相互抵消。

平均差实为各标志值与其算术平均数离差的平均数,它反映了各标志值与其算术平均数的平均离差,也就反映了各标志值的平均离散程度。

若对前述甲、乙两组日产量资料计算平均差,则有

甲组
$$\overline{X} = 12$$
$$A.D. = \frac{|10-12| + |11-12| + \cdots + |14-12|}{10} = 0.8(件)$$

乙组
$$\overline{X} = 12$$
$$A.D. = 5(件)$$

计算结果为乙组平均差大于甲组,说明乙组较甲组变异大,乙组平均指标的代表性较甲组为弱。

对分组资料,应以标志值出现的频数作为权数,按下式计算平均差

$$A.D. = \frac{\sum |X - \overline{X}| f}{\sum f}$$

例如,某企业员工月产量资料如表 5-1 所示,若采用表格形式(表 5-2),计算表 5-1 资料的平均差,则有以下计算结果,即

$$\overline{X} = 109\ 500 \div 300 = 365(件)$$

$$A.D. = \frac{\sum |X - \overline{X}| f}{\sum f} = \frac{29\ 250}{300} = 97.5(件)$$

表 5-1　某企业员工月产量

月产量/件	员工数/人
100~200	35
200~300	50
300~400	90
400~500	85
500~600	40
合计	300

计算结果表明,每位员工的产量与平均产量的平均离差为 97.5 件。在可比条件下,平均差愈小,平均数的代表性愈好。

表 5-2 平均产量计算表

组中值(X)	员工数(f)	Xf	$\|X-\overline{X}\|$	$\|X-\overline{X}\|f$
150	35	5 250	215	7 525
250	50	12 500	115	5 750
350	90	31 500	15	1 350
450	85	38 250	85	7 225
550	40	22 000	185	7 400
合　计	300	109 500	—	29 250

为简化平均差的计算,可采用下列平均差简捷计算公式

$$A.D.=\frac{2(\overline{X}-\overline{X}_1)N_1}{N}$$

或

$$A.D.=\frac{2(\overline{X}_2-\overline{X})N_2}{N}$$

式中,$\overline{X}_1$、N_1(或为$\sum f_1$),$\overline{X}_2$、N_2(或为$\sum f_2$),N(或为$\sum f$)分别表示小于总平均数($\overline{X}$)的各标志值的第一分组平均数、小于总平均数的标志值的项数(频数)、大于总平均数的各标志值的第二分组平均数、大于总平均数的标志值的项数,标志值总项数。

对前述乙组工人日产量资料,按简捷计算式计得其平均差为

$$\overline{X}=12,\overline{X}_1=\frac{4+4+6+9+12}{5}=7(件)$$

$$\overline{X}_2=\frac{13+15+17+20+20}{5}=17(件)$$

$$A.D.=\frac{2(\overline{X}-\overline{X}_1)N_1}{N}=\frac{2\times(12-7)\times 5}{10}=5(件)$$

或

$$A.D.=\frac{2(\overline{X}_2-\overline{X})N_2}{N}=\frac{2\times(17-12)\times 5}{10}=5(件)$$

此计算结果与前述一致。

计算第一、第二分组平均数时,若遇有某个或某几个标志值与总平均数一致(如本例有一标志值为 12,与总平均数一致),既可将其并入第一分组,也可并入第二分组计算之。本例前面的计算是并入第一分组,若并入第二分组,则为

$$\overline{X}_1=\frac{4+4+6+9}{4}=5.75(件)$$

$$\overline{X}_2=\frac{12+13+15+17+20+20}{6}=16.17(件)$$

$$A.D.=\frac{2\times(12-5.75)\times 4}{10}=5(件)$$

或

$$A.D.=\frac{2\times(16.7-12)\times 6}{10}=5(件)$$

4. 方差与标准差

算术平均数是最常用、最基本的平均指标,而方差和标准差则是最常用、最主要的变异指标。方差与平均差意义基本相同,但平均差为离差绝对值的算术平均数,方差(以 σ^2 表示)则为离差平方的

算术平均数。即

$$\sigma^2 = \frac{\sum (X-\overline{X})^2}{N}$$

方差的计量单位不便于从实际意义上进行解释。例如当 X 为身高、计量单位为分米时,方差的单位为平方分米;当 X 为百分制考试成绩、计量单位为分时,方差单位为平方分。因而,实用中多以方差的算术平方根——标准差(以 σ 表示),测度数据的变异程度。即

$$\sigma = \sqrt{\frac{\sum (X-\overline{X})^2}{N}}$$

标准差以取平方的方式替代平均差取绝对值的方式,来消除离差正、负值在求平均过程中的互抵,使其在进一步的数学处理上较平均差更方便。同时,由于平方后再求平均的特点,标准差加重了较大离差的分量,使其具有更高的测定标志变异状况的灵敏度。并且,在正态分布条件下,标准差、期望值(算术平均数)及总体分布范围存在确定的数量关系(此关系将于第八章展开叙述)。所以,标准差既是一种理想的变异指标,又是一种标准的变异指标(或变异指标的一种标准)。

对未分组资料,可按上述简单式计算标准差。对分组资料,应按下列加权式计算

$$\sigma = \sqrt{\frac{\sum (X-\overline{X})^2 f}{\sum f}}$$

例如,表 5-1 资料的标准差计算过程为表 5-3 所示。

表 5-3 标准差计算表

组中值(X)	员工数(f)	$(X-\overline{X})^2$	$(X-\overline{X})^2 f$
150	35	46 225	1 617 875
250	50	13 225	661 250
350	90	225	20 250
450	85	7 225	614 125
550	40	34 225	1 369 000
合计	300	—	4 282 500

$$\sigma = \sqrt{\frac{\sum (X-\overline{X})^2 f}{\sum f}} = \sqrt{\frac{4\ 282\ 500}{300}} = 119.48(件)$$

计算结果表明,每位员工的产量与平均产量的平均离差为 119.48 件。同一资料的标准差大于平均差,本例 119.48>97.5。

实际计算标准差,可选用下列两种简捷计算公式,以简化计算过程。

$$\sigma = \sqrt{\frac{\sum X^2}{N} - \left(\frac{\sum X}{N}\right)^2}$$

或

$$\sigma = \sqrt{\frac{\sum X^2 f}{\sum f} - \left(\frac{\sum Xf}{\sum f}\right)^2} \qquad \text{(简捷式 1)}$$

$$\sigma = \sqrt{\frac{\sum d^2 f}{\sum f} - \left(\frac{\sum df}{\sum f}\right)^2}$$

或
$$\sigma = i\sqrt{\frac{\sum d^2}{N} - \left(\frac{\sum d}{N}\right)^2} \qquad \text{（简捷式 2）}$$

简捷式 2 的前式中，$d = X - X_0$（其中 X_0 同前一章，即为假定平均数）；后式中，$d = \frac{X - X_0}{i}$，i 为组距。简捷式 1 和简捷式 2 的前式适用于未分组资料，后式适用于分组资料。特别应注意，简捷式 2 的后式仅适用于等距数列的分组资料。

若取 $X_0 = 350$ 以简捷法计算表 5-1 资料的标准差，则有表 5-4 和表 5-5 及如下计算结果：

$$\sigma = \sqrt{\frac{\sum X^2 f}{\sum f} - \left(\frac{\sum Xf}{\sum f}\right)^2} = \sqrt{\frac{44\,250\,000}{300} - \left(\frac{109\,500}{300}\right)^2} = 119.48 \text{（元）}$$

$$\sigma = i\sqrt{\frac{\sum d^2 f}{\sum f} - \left(\frac{\sum df}{\sum f}\right)^2} = 100 \times \sqrt{\frac{435}{300} - \left(\frac{45}{300}\right)^2} = 119.48 \text{（元）}$$

表 5-4 简捷法标准差计算表（1）

组中值（X）	员工数（f）	X^2	Xf	$X^2 f$
150	35	22 500	5 250	787 500
250	50	62 500	12 500	3 125 000
350	90	122 500	31 500	11 025 000
450	85	202 500	38 250	17 212 500
550	40	302 500	22 000	12 100 000
合计	300	—	109 500	44 250 000

表 5-5 简捷法标准差计算表（2）

月产量/件	员工数/人	组中值（X）	$d = \frac{X - X_0}{i}$	d^2	df	$d^2 f$
100～200	35	150	−2	4	−70	140
200～300	50	250	−1	1	−50	50
300～400	90	350	0	0	0	0
400～500	85	450	1	1	85	85
500～600	40	550	2	4	80	160
合计	300	合计	—	—	45	435

可见，两种简捷计算公式的计算结果与前述基本计算公式的计算结果完全一致。

简捷式 1 免除了各标志值与其算术平均数离差的计算，直接对标志值进行有关计算。简捷式 2 是对简捷式 1 的再简化，它将原标志值 X 化简为更便于计算的新标志值 d，X 简化为 d 的原理及意义,类似上一章算术平均数的简捷计算法。

5. 标准差系数

标准差虽是一种理想的变异指标,但其数值大小除受标志值本身变异程度的影响外,还与标志值的水平高低及计量单位直接关联。因此,对于水平不等的总体、单位不同的标志,不能直接以标准差数值大小而论其变异程度高低。

标准差系数(以 V_σ 表示)是标准差与算术平均数的比值,克服了标准差在比较中的局限,可直接用于不同水平、不同单位数据的变异程度的对比或评价。其计算公式为

$$V_\sigma = \frac{\sigma}{\overline{X}} \times 100\%$$

例如,甲、乙两企业产品产量的有关资料如表5-6所示。

表5-6 甲、乙两企业产量资料

	计量单位	月平均产量($\overline{X}$)	产量标准差(σ)
甲企业	吨	120	18
乙企业	件	2 000	160

就表5-6标准差看,乙企业明显大于甲企业,但不能简单断言乙企业产量的变异程度大于甲企业。因为乙企业平均产量远高于甲企业,而且两企业平均产量的计量单位也不同。所以,它们的标准差不具可比性。若计算两企业产量的标准差系数,则有

甲企业 $\qquad V_\sigma = \dfrac{\sigma}{\overline{X}} = \dfrac{18}{120} = 15\%$

乙企业 $\qquad V_\sigma = \dfrac{\sigma}{\overline{X}} = \dfrac{160}{2\,000} = 8\%$

可见,实际上乙企业产量的变异程度低于甲企业,因而乙企业平均产量较甲企业更具代表性。

按标准差系数的计算原理,亦可计算全距系数(V_R)、平均差系数($V_{A.D.}$)等。所有这些系数统称标志变异系数或离散系数。标准差系数是最常用的变异系数。

6. 标准分数

标准差系数用于比较两个不同的标志值数列的离中程度。若仅比较不同数列中两个标志值偏离各自的中心值(算术平均数)的程度,则可以计算标准分数。标准分数(以 Z 表示)是离差与标准差的比值,即

$$Z = \frac{X - \overline{X}}{\sigma}$$

它表明某个标志值比其算术平均数大于(或小于)几个标准差。

以标准分数(相对数离差)、而不以离差(绝对数离差;$X - \overline{X}$)比较不同数列的两个标志值的离中程度,其原因或理由完全同于以标准差系数(相对数标准差),而不以标准差(绝对数标准差)比较不同数列的离中程度。

当总体为或接近正态分布时,标志值的标准分数还能指示它的位次范围。以正指标为例,它们之间的关系大致为(逆指标与之方向相反)表5-7所示,标志值处于下一半时,Z值恰与表5-7所列数值的绝对值相等,而符号相反,不再复述。

表 5-7 标准分数与位次范围的关系

$a<Z\leqslant b$	标准值位于?%之间(之列)
0, 0.4	50～35
0.4, 0.7	35～25
0.7, 1	25～12.5
1, 2	12.5～2.5
2, 3	2.5

例如,表 5-1 资料 300 员工中有 3 人,他们的月产量分别为 590 件,485 件和 135 件。计算他们的标准分数,可大约得知他们在总体中排名情况如下

$$Z_1=\frac{590-365}{119.48}=1.883$$

Z_1 接近 2,表明该员工约排在上 2.5% 之列。因 300 人的 2.5% 为 7.5,可知此人为前 7 名或 8 名。

$$Z_2=\frac{485-365}{119.48}=1.004$$

$$Z_3=\frac{135-365}{119.48}=-1.925$$

Z_2,Z_3 分别约为 1 和 -2,表明这两人分别位于上 12.5% 和下 2.5% 的位置,即分别为 300 人中的前 37 名或 38 名和后 7 名或 8 名。

标准分数的其他重要作用及标准分数与位次范围的准确对应关系,将在第九章再作详述。

三、变异指标的关系

正如前述,同一资料的平均差与标准差之间存在一定的数量关系。将变异指标之间的数量关系归纳起来,可以分为下列三个方面。

1. $A.D. \leqslant \sigma \leqslant R$

平均差($A.D.$)小于标准差(σ),已有前例一证。实际上,既可以将平均差视为离差的算术平均数,将标准差视为离差的平方平均数;也可以将平均差视为离差绝对值的算术平均数,将标准差视为离差绝对值的平方平均数。可以证明,算术平均小于等于平方平均。所以,平均差必小于等于标准差。其中等于关系,仅当所有标志值都相同时才成立。

全距(R)是最大离差,而标准差(σ)是平均离差,所以标准差小于全距;仅当所有标志值都相同时,标准差等于全距。

2. $R \approx 4\sigma \sim 6\sigma$

前述当总体为或接近正态分布时,标准分数能指示标志值的位次范围,实质上是算术平均数及标准差指示标志值在总体范围中的分布区间。根据第九章详述的经验关系可以推知:当 N 较小时,即标志值数量较少时,$R=4\sigma$;当 N 较大时,$R=6\sigma$。

表 5-1 资料的全距为 500(600-100),而标准差为 119.48,表明 $R>\sigma$,且 $R=4.185\sigma$。

3. $V_{A.D.}$ 与 V_R

$$\overline{X}\geqslant 0,\text{则}\frac{A.D.}{\overline{X}}\leqslant\frac{\sigma}{\overline{X}},\text{即}V_{A.D.}\leqslant V_\sigma$$

$$\overline{X}<0,\text{则}\frac{A.D.}{\overline{X}}\geqslant\frac{\sigma}{\overline{X}},\text{即}V_{A.D.}\geqslant V_\sigma$$

4. σ 与 σ^2

σ 是 σ^2 的(正)平方根，σ^2 是 σ 的平方。

四、变异指标的运用

计算和运用变异指标，应注意以下两个方面的问题。

1. 紧密结合平均数

上章已述，平均指标应结合变异指标一道使用。因为一方面，变异指标可以表明平均指标的代表性、评价现象发生的节奏性或稳定性；另一方面，在某种场合下，变异指标还可以检验总体的同类性(同质性)。某一总体内各单位的标志变异，客观上存在一定的数量界限。如果计算出该总体的变异指标过大，则预示着总体同类性可能存疑。

本章强调，运用变异指标，必须以平均指标为基础。也就是说，离开了平均指标，变异指标将失去实际应用的意义。假设某综合统计机构汇总若干基层单位完成生产计划的资料，出现如表 5-8 所示的甲、乙、丙三种情况。

表 5-8　生产计划完成的三种情况

情　　况	甲	乙	丙
平均完成计划/%	109	107	92
完成计划标准差系数/%	15.5	2.8	2.5

甲、乙两种情况下 15.5% 与 2.8% 的对比有实际意义，它表明乙种情况下各基层单位超额完成生产计划有较高的均衡性，即各单位计划完成程度相差较小。而丙种情况下，虽然 2.5% 小于 2.8%，但无法说明各单位的生产成绩。因为此 2.5% 仅表示各单位几乎都未完成计划，也即各单位计划完成程度差不多全是 92%。

2. 准确计算标准差

标准差是最常用的变异指标。准确计算标准差，特别应注意下列两点。

(1) 标准差的校对。前面提出的标准差简捷计算公式，就是为了在实际应用中更快、更准计算标准差。若校对表 6-5 计算是否有误，当然可重复计算一次，但易犯原错。因此，要以另外的方法来校对。学者查莱尔(Charlier)提出的一种校对方法为，即在表 5-5 中增加 $(d+1)^2 f$ 一列，如表 5-9 所示。

表 5-9　标准差计算的校对

X	f	d	d^2	df	$d^2 f$	$(d+1)^2 f$
150	35	−2	4	−70	140	35
250	50	−1	1	−50	50	0
350	90	0	0	0	0	90
450	85	1	1	85	85	340
550	40	2	4	80	160	360
合　计	300	—	—	45	435	825

表 5-9 计算为

$$825 = 435 + 2 \times 45 + 300$$

可以证明标准差为 119.48 的计算无误。因为

$$\sum (d+1)^2 f = \sum (d^2 + 2d + 1)f = \sum d^2 f + 2\sum df + \sum f$$

对简捷法计算的算术平均数欲予校对时,也可采用查莱尔校对法。例如,在表 4-5 中增加 $\left(\dfrac{X-X_o}{i}+1\right)f$ 一列,验证下式是否相等,即可证明计算是否有误

$$\sum \left(\frac{X-X_o}{i}+1\right)f = \sum \frac{X-X_o}{i}f + \sum f$$

(2) 标准差的校正。上一章曾指出由组距数列计算的算术平均数,是实际平均数的近似值。这就是说,由组距数列计得的平均数数值,与由同一资料未分组计得的平均数数值,存有误差。例如,当总体呈正态分布时,小于平均数($\overline{X}$)的各组中,比组中值小的标志值次数都少于比组中值大的标志值次数,以组中值作为组平均数值势必系统偏小,形成负差;大于平均数($\overline{X}$)的各组中,比组中值小的标志值次数多于比组中值大的标志值次数,以组中值作为平均数值势必系统偏大,形成正差。正负误差,在计算术平均数过程中可以相消,因而由组距数列计算的算术平均数为一近似值。

这种正负误差,在计算标准差时,由于各离差($X-\overline{X}$)须平方后相加,因而不能相消。也即正差平方后为正差,负差平方后仍为正差,它们无法相抵。所以,由组距数列计算的标准差,比由同一资料未分组计算的标准差为大,形成正差。英国学者薛伯(W. F. Shepperd)研究了这种分组引起正差的影响,指出由组距数列计算的方差须减去组距(i)平方的 1/12,即

$$(校正的)\sigma^2 = (未校正的)\sigma^2 - \frac{i^2}{12}$$

运用薛伯校正数$\left(\dfrac{i^2}{12}\right)$计算标准差,可将前述简捷式改为下式

$$\sigma = i\sqrt{\frac{\sum d^2 f}{\sum f} - \left(\frac{\sum df}{\sum f}\right)^2} = \sqrt{\left[\frac{\sum d^2 f}{\sum f} - \left(\frac{\sum df}{\sum f}\right)^2\right] \cdot i^2} \quad (未校正)$$

$$\sigma = \sqrt{\left[\frac{\sum d^2 f}{\sum f} - \left(\frac{\sum df}{\sum f}\right)^2\right] \cdot i^2 - \frac{1}{12}i^2} = i\sqrt{\frac{\sum d^2 f}{\sum f} - \left(\frac{\sum df}{\sum f}\right)^2 - \frac{1}{12}} \quad (已校正)$$

将表 5-5 资料代入校正式,得

$$\sigma = 100 \times \sqrt{\frac{435}{300} - \left(\frac{45}{300}\right)^2 - \frac{1}{12}} = 100 \times \sqrt{1.1948 - 0.0833} = 105.43(元)$$

知识链接 9:异众比率

平均差、标准差,常用以评价一群数据的算术平均数的代表性。异众比率,则用以评价一群数据的众数的代表性,它是指一群数据中非众数的频数与数据的总频数之比,亦即非众数组的频数占总频数的比例。异众比率的计算公式为

$$V_r = \frac{\sum f_i - f_m}{\sum f_i} = 1 - \frac{f_m}{\sum f_i}$$

式中,V_r、$\sum f_i$、$\sum f_m$ 分别表示异众比率、数据的总频数、众数组的频数。

异众比率越大,说明非众数组的频数占总频数的比重越大,众数的代表性就越差;异众比率越小,说明非众数组的频数占总频数的比重越小,众数的代表性越好。

例如,在一项消费者购买饮料的相关调查中,获得如下表所示的数据:

饮料品牌	购买人数（f）	频率/%
可口可乐	15	30
康师傅冰茶	11	22
百事可乐	9	18
汇源果汁	6	12
雪碧	9	18
合计	50	100

则异众比率为：$1-\dfrac{15}{50}=70\%$。在所调查的50人当中，购买其他品牌饮料的人数占70%，异众比率比较大。因此，用"可口可乐"代表消费者购买饮料品牌的状况，其代表性不是很好。

异众比率的取值范围是[0,1]。V_r等于0，说明所有数据都为同一个值，即众数；V_r接近0，说明数据比较集中，众数的代表性较高；V_r接近1，说明数据比较分散，众数的代表性较低。

第二节 偏度指标

全面描述总体分布，除描述其集中趋势和离中趋势的特征，还需描述其分布的态势。判断一群数据是否为正态分布，或从抽样调查中由样本分布态势推断总体是否为正态分布等实用意义考虑，常以正态分布作为描述数据分布（频数分布）的基准。某一频数分布可能是正态，也可能是偏离正态的。分布态势偏离正态可分为两个方面，即偏度和峰度。

本节阐述偏度及偏度的描述（或偏度的测定）。峰度问题留待下一节再述。

一、偏度的概念

笼统地说，偏度是指频数分布的非对称形态及程度。频数分布的非对称形态依算术平均数与众数的大小关系分为两种：一为右偏态分布，简称右偏或正偏，见图4-2(b)；一为左偏态分布，简称左偏或负偏，见图4-2(c)。左、右偏缘于频数分布曲线向左、右方拖长尾巴，正、负偏缘于算术平均数与众数之差为正、负值。

严格地说，偏度是指偏态分布（包括正偏、负偏）的偏斜程度。而偏度的描述或测定，就是运用适当的指标或方法，度量分布偏斜程度的大小，揭示分布的形态特征。

二、偏度的指标

描述次数分布的偏度，常运用下列三种指标：

1. 皮尔逊指标（皮尔逊方法）

前章已述，皮尔逊发现：轻微偏态分布下，算术平均数与众数分离两边，中位数位居之中。因此，频数分布是否偏态及偏斜程度可由下式描述

$$偏度 = \overline{X} - M_o$$

上式数值的正、负表明分布为正、负偏态，数值的大、小表明偏斜程度的大小。但此式为偏度的绝对度量，其数值大小与原数据的计量单位及水平高低直接有关，故不宜用以评价或比较不同数据的偏斜程度。为了直接比较不同数据的偏度，皮尔逊创立了偏度的相对度量的指标，即皮尔逊偏斜系数（以SK_P表示），其公式为

$$SK_P = \dfrac{\overline{X} - M_o}{\sigma}$$

皮尔逊偏斜系数实质上是以标准差为单位的算术平均数与众数的离差,因而其取值范围为 $-3\sim+3$,通常又都在 $-1\sim+1$ 之间。系数为 0 表示对称分布,$+3$,-3 分别表示极右、极左偏态分布。

由于计算众数的某些困难,譬如没有明显集中趋势的资料难以确定众数,某一频数分布资料可能出现两个或两个以上的众数等,因此可利用平均数之间的关系,将上式改为

$$SK_P = \frac{3(\overline{X} - M_e)}{\sigma}$$

表 5-1 资料的皮尔偏斜系数的计算过程及结果如下:

$$\overline{X} = 365(元) \qquad \sigma = 119.48(元)$$

$$M_o = 300 + \frac{90-50}{(90-50)+(90-85)} \times 100 = 388.89(元)$$

$$SK_P = \frac{\overline{X} - M_o}{\sigma} = \frac{365 - 388.89}{119.48} = -0.20$$

计算结果表明,300 个员工的月工资数列呈轻微左偏分布。

2. 鲍莱指标(鲍莱方法)

某一频数分布若为对称分布,第二四分位数(中位数)与第一四分位数之差,必等于第三四分位数与第二四分位数之差,即

$$Q_2 - Q_1 = Q_3 - Q_2$$
$$M_e - Q_1 = Q_3 - M_e$$

若为非对称分布,则

$$M_e - Q_1 \neq Q_3 - M_e$$

且下式大于或小于 0,则表明分布为正或负偏态:

$$(Q_3 - M_e) - (M_e - Q_1)$$
$$Q_1 + Q_3 - 2M_e$$

上式可作为分布偏度的绝对度量。英国统计学家鲍莱(A. L. Bowley)首先提出将上式再与四分位距对比,以获得偏度的相对度量,即下列鲍莱偏斜系数(以 SK_B 表示):

$$SK_B = \frac{Q_1 + Q_3 - 2M_e}{Q_r} = \frac{Q_1 + Q_3 - 2M_e}{Q_3 - Q_1}$$

作为正偏的极端场合,Q_3 远离 M_e,而 $Q_1 = M_e$,则

$$SK_B = \frac{Q_1 + Q_3 - 2M_e}{Q_3 - Q_1} = \frac{M_e + Q_3 - 2M_e}{Q_3 - M_e} = 1$$

作为负偏的极端场合,Q_1 远离 M_e,而 $Q_3 = M_e$,则

$$SK_B = \frac{Q_1 + Q_3 - 2M_e}{Q_3 - Q_1} = \frac{Q_1 + M_e - 2M_e}{M_e - Q_1} = -1$$

可见,SK_B 的取值范围在 ± 1 之间。

按鲍莱偏斜系数计算表 4-4 资料,可得

$$SK_B = \frac{Q_1 + Q_3 - 2M_e}{Q_3 - Q_1} = \frac{41.78 + 58.6 - 2 \times 50.6}{58.6 - 41.78} = -0.0488$$

计算结果表明,该数列接近对称分布,仅微微左偏。

前已提及,四分位距忽略了数列两端各 1/4 的数据。若欲扩大数据范围以测定分布偏度,可将以四分位距为基础的鲍莱偏斜系数,推广至以十分位距或百分位距为基础的偏斜系数。例如,表 4-4 资料的偏斜系数,可作如下计算:

$$偏斜系数 = \frac{P_2 + P_{98} - 2M_e}{P_{98} - P_2}$$

$$= \frac{23.2 + 75.43 - 2 \times 50.6}{75.43 - 23.2} = -0.0492$$

3. 动差指标(动差方法)

动差(又称矩),原是物理学上用以表示力与力臂对重心关系的术语。统计学上标志值与权数对平均数的关系,与此种关系十分相似。因此,统计学借用动差概念,描述频数分布的某些性质或特征。

一般地说,标志值与任意数(A)之差的 K 次方的算术平均数,称为标志值关于 A 的 K 阶动差。动差的通式为

$$\frac{\sum (X-A)^K f}{\sum f}$$

若取 $A=0$,上式称为 K 阶原点动差,以 M_K 表示;若取 $A=\overline{X}$,上式称为 K 阶中心动差,以 m_k 表示。即

一阶原点动差 $\qquad M_1 = \dfrac{\sum Xf}{\sum f}$

二阶原点动差 $\qquad M_2 = \dfrac{\sum X^2 f}{\sum f}$

三阶原点动差 $\qquad M_3 = \dfrac{\sum X^3 f}{\sum f}$

四阶原点动差 $\qquad M_4 = \dfrac{\sum X^4 f}{\sum f}$

一阶中心动差 $\qquad m_1 = \dfrac{\sum (X-\overline{X}) f}{\sum f}$

二阶中心动差 $\qquad m_2 = \dfrac{\sum (X-\overline{X})^2 f}{\sum f}$

三阶中心动差 $\qquad m_3 = \dfrac{\sum (X-\overline{X})^3 f}{\sum f}$

四阶中心动差 $\qquad m_4 = \dfrac{\sum (X-\overline{X})^4 f}{\sum f}$

从上可知,一阶原点动差即为算术平均数,二阶中心动差即为方差。所以,频数分布的集中趋势

和离中趋势等特征,皆可由动差描述。而且,三阶中心动差还可作为偏度的绝对度量。因为任何分布,不论对称与否,$\sum(X-\overline{X})$ 都等于 0(算术平均数的数学性质),因而一阶中心动差不能度量偏度。二阶中心动差的 $\sum(X-\overline{X})^2$ 都为正数,亦不能表示偏度。至于 $\sum(X-\overline{X})^3$,在不同分布条件下,可能大于、等于或小于零,所以三阶动差能反映分布的偏度。具体地说就是:若分布为对称,在平均数($\overline{X}$)左方的各个标志值都小于 $\overline{X}$,因此 $(X-\overline{X})^3$ 都为负数;在平均数右方的各个标志值,其 $(X-\overline{X})^3$ 皆为正数。由于左右对称,则离平均数的距离(离差)相等处,在左方和右方各有相等的频数,X 左方的 $(X-\overline{X})^3$ 与 X 右方的 $(X-\overline{X})^3$ 绝对值相等而正负号相反,因此相消等于零。若分布为偏态,正数与负数的 $(X-\overline{X})^3$ 在 $\sum(X-\overline{X})^3$ 中所占分量不等,致使 $\sum(X-\overline{X})^3$ 或大于零,或小于零,但不为零。分布愈偏斜,$\sum(X-\overline{X})^3$,即三阶中心动差的数值愈大。分布左偏,三阶中心动差为负数;分布右偏,则为正数。当然,从理论上说,以五阶、七阶等更高奇数阶中心动差,亦能度量偏度。但实际应用中,为避繁就简,通常使用三阶中心动差。

为消除三阶中心动差立方单位的影响,也为不同水平数据偏度的直接比较,须将三阶中心动差除以标准差的立方,以获得数据偏度的相对度量,即下列动差偏斜系数(以 SK_m 或 α_3 表示)

$$\alpha_3 = m_3/\sigma^3 \text{ 或 } \alpha_3 = m_3/\sqrt{m_2^3}$$

以动差法测定表 5-1 数列的偏度,计算过程如表 5-10 所示。

表 5-10 动差法测定数列偏度示例

组中值(X)	工人数(f)	$X-\overline{X}$	$(X-\overline{X})^2 f$	$(X-\overline{X})^3 f$
150	35	-215	1 617 875	-347 843 125
250	50	-115	66 1250	-76 043 750
350	90	-15	20 250	-303 750
450	85	85	614 125	52 200 625
550	40	185	1 369 000	253 265 000
合 计	300	—	4 282 500	-118 725 000

$$m_3 = \frac{\sum(X-\overline{X})^3 f}{\sum f} = \frac{-118\ 725\ 000}{300} = -395\ 750$$

$$\sigma = 119.48$$

$$\alpha_3 = m_3/\sigma^3 = \frac{-395\ 750}{119.48^3} = -0.230$$

计算结果表明,该数列呈轻微左偏分布。此结论与前述皮氏法基本相同。

第三节 峰度指标

一、峰度的概念

峰度是频数分布的一种性质或特征。这一特征是指,某群数据的分布曲线与正态分布曲线相比较,是尖顶,还是平顶,其尖顶或平顶的程度如何。简言之,峰度是指频数分布曲线顶峰的尖峭程度。

峰度通常分为三种:尖顶峰度、正态峰度和平顶峰度。图 5-1 中三条分布曲线分别表示这三种峰度。当标志值的频数,更密集分布于众数左右,使分布曲线较正态分布曲线更为尖耸的,为尖顶峰度;当标志值的频数,完全符合正态分布的规律,分布曲线与正态分布曲线完全一致,为正态峰度,又称为标准峰度;当标志值的频数,更离散分布于众数左右,使分布曲线较正态分布曲线更为平坦的,为平顶峰度。尖顶峰度,分布曲线的两尾比较拖长;平顶峰度,两尾比较不伸展。

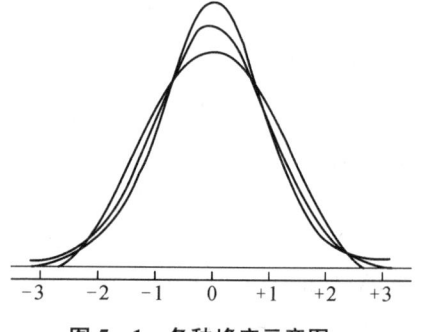

图 5-1 各种峰度示意图

二、峰度的指标

偶数阶中心动差有一特点,即不论数据的离差($X-\overline{X}$)为正或负,经偶数次乘方后,皆为正值。由于它的数值不是相消而是累积,所以无法度量分布的偏度。但由于离差经偶数次乘方后,必加重较大离差的分量,能使它在度量分布的峰度中发挥作用。对尖顶峰度而言,由于两尾比较拖长,因而靠近平均数($\overline{X}$)的标志值及离开平均数较远的标志值在标志值总和(标志总量)中所占的比重较正态分布为多。所以尖顶峰度的偶数阶中心动差,相对来说,大于正态分布的相应动差。对平顶峰度而言,由于两尾比较不伸展,因而靠近平均数的标志值及离开平均数较远的标志值在标志总量中所占的比重较正态分布为少。所以平顶峰度的偶数阶中心动差,相对来说,小于正态分布的相应动差。

从而,可以取数列的偶数阶中心动差,作为分布峰度的测度指标。又因为偶数阶中心动差只能作为峰度的绝对度量,还必须经适当处理,形成一种峰度的相对度量的指标;可以证明,正态分布的四阶中心动差与其标准差的四次方之比值为 3。所以,通常以数据的四阶中心动差与其标准差的四次方之比,作为测度峰度的指标。此指标可称为动差峰度系数(以 KU_m 或 α_4 表示),其计算公式为

$$\alpha_4 = m_4/\sigma^4 \text{ 或 } \alpha_4 = m_4/m_2^2$$

正态分布曲线的 α_4 为 3,即 $\alpha_4=3$,为正态峰度曲线;$\alpha_4>3$,为尖顶峰度曲线,α_4 愈大于 3,分布曲线愈显尖峭;$\alpha_4<3$,为平顶峰度曲线,α_4 愈小于 3,分布曲线愈见平缓。α_4 接近或等于 1.8 时,分布曲线呈一水平直线,表示各有组频数相等,为矩形分布;α_4 小于 1.8 时,次数分布将趋向"U"形分布。

在表 5-10 中增加 $(X-\overline{X})^4 f$ 列,计得 $\sum (X-\overline{X})^4 f = 134\ 826\ 937\ 500$

于是
$$m_4 = \frac{\sum (X-\overline{X})^4 f}{\sum f} = \frac{134\ 826\ 937\ 500}{300} = 449\ 423\ 125$$

$$\sigma = 119.48$$

$$\alpha_4 = m_4/\sigma^4 = \frac{449\ 423\ 125}{119.48^4} = 2.205\ 3$$

计算结果表明,该数列的次数分布呈平顶峰度。

综合前节 $\alpha_3 = -0.230$ 和本节 $\alpha_4 = 2.205\ 3$,可以认为,300 员工月产量的分布接近正态分布,仅略显左偏和平顶。

三、动差的计算与校正

上述 α_3, α_4 皆以中心动差为基础。中心动差自可按其定义公式计算,不过计算过程较为繁杂。能否简化其计算?上节曾提及,由组距数列计算的标准差,比由同一资料未分组计算的标准差为大,须加以校正。实际上,凡偶数价中心动差都存在这种分组误差(由分组形成的偏大误差),都须予以校正。现分述如下。

1. 中心动差的简捷计算

由上节标准差简捷计算式 1 可知

$$\sigma = \sqrt{\frac{\sum X^2 f}{\sum f} - \left(\frac{\sum Xf}{\sum f}\right)^2}$$

$$\sigma^2 = \frac{\sum X^2 f}{\sum f} - \left(\frac{\sum Xf}{\sum f}\right)^2$$

$$m_2 = M_2 - M_1^2$$

同理可证

$$m_3 = M_3 - 3M_2 M_1 + 2M_1^3$$

$$m_4 = M_4 - 4M_3 M_1 + 6M_2 M_1^2 - 3M_1^4$$

运用上两式,可以通过原点动差的计算来推算中心动差。因为原点动差较中心动差计算简便,从而也就简化了中心动差的计算。

由上节标准差简捷计算式 2 可知

$$\sigma = i\sqrt{\frac{\sum d^2 f}{\sum f} - \left(\frac{\sum df}{\sum f}\right)^2}$$

$$m_2 = \sigma^2 = i^2 \left[\frac{\sum d^2 f}{\sum f} - \left(\frac{\sum df}{\sum f}\right)^2\right]$$

同理也可证

$$m_3 = i^3 \left[\frac{\sum d^3 f}{\sum f} - 3\left(\frac{\sum df}{\sum f}\right)\left(\frac{\sum d^2 f}{\sum f}\right) + 2\left(\frac{\sum df}{\sum f}\right)^3\right]$$

$$m_4 = i^4 \left[\frac{\sum d^4 f}{\sum f} - 4\left(\frac{\sum df}{\sum f}\right)\left(\frac{\sum d^3 f}{\sum f}\right) + 6\left(\frac{\sum df}{\sum f}\right)^2\left(\frac{\sum d^2 f}{\sum f}\right) - 3\left(\frac{\sum df}{\sum f}\right)^4\right]$$

这后一种简捷法,实际上是前一种简捷法的再简化,即通过将标志值(X)简化为$d\left(\frac{X-X_0}{i}\right)$,更方便计算。

现取 $X_0=350$,按简捷法计算表 5-1 数列的 m_3,m_4 如表 5-11 所示。

表 5-11　m_3,m_4 的简捷计算

月工资/元	员工数(f)	组中值(X)	d	df	$d^2 f$	$d^3 f$	$d^4 f$
100~200	35	150	−2	−70	140	−280	560
200~300	50	250	−1	−50	50	−50	50
300~400	90	350	0	0	0	0	0
400~500	85	450	1	85	85	85	85
500~600	40	550	2	80	160	320	640
合　计	300	—	—	45	435	75	1 335

$$m_3 = i^3 \left[\frac{\sum d^3 f}{\sum f} - 3\left(\frac{\sum df}{\sum f}\right)\left(\frac{\sum d^2 f}{\sum f}\right) + 2\left(\frac{\sum df}{\sum f}\right)^3 \right]$$

$$= 100^3 \times \left[\frac{75}{300} - 3 \times \frac{45}{300} \times \frac{435}{300} + 2\left(\frac{45}{300}\right)^3 \right]$$

$$= 100^3 \times (0.25 - 3 \times 0.15 \times 1.45 + 2 \times 0.15^3)$$

$$= -395\,750$$

$$m_4 = i^4 \left[\frac{\sum d^4 f}{\sum f} - 4\left(\frac{\sum df}{\sum f}\right)\left(\frac{\sum d^3 f}{\sum f}\right) + 6\left(\frac{\sum df}{\sum f}\right)^2 \left(\frac{\sum d^2 f}{\sum f}\right) - 3\left(\frac{\sum df}{\sum f}\right)^4 \right]$$

$$= 100^4 \times \left[\frac{1\,335}{300} - 4 \times \frac{45}{300} \times \frac{75}{300} + 6 \times \left(\frac{45}{300}\right)^2 \times \frac{435}{300} - 3 \times \left(\frac{45}{300}\right)^4 \right]$$

$$= 100^4 \times (4.45 - 4 \times 0.15 \times 0.25 + 6 \times 0.15^2 \times 1.45 - 3 \times 0.15^4)$$

$$= 449\,423\,125$$

2. 四阶中心动差的校正

计算奇数阶中心动差,类似计算算术平均数,由分组而引起的正、负误差,可以相抵,因此无须校正。由于偶数阶动差的偶数乘方,正、负误差不能相消,所以对由组距数列计算的二阶、四阶中心动差,须予以校正。

二阶中心动差(方差)的校正,已在上节提及。四阶中心动差,仍按薛伯的设计,应作如下校正

$$m_4(校正的) = m_4(未校正的) - \frac{m_2 i^2}{2} + \frac{7 i^4}{240}$$

校正后的与未校正的二阶、四阶中心动差,数值相差一般不大。学者屈里罗(Treoloar)曾做过136人的实例,得到如表5-12的数据。

表5-12　标准差所受分组影响

		体重/kg	氧气消耗量/(cm³/min)
	分组数列所用组距	10	20
	组距数列组数/组	8	12
标准差	由未分组资料计算	10.30	29.37
	由组距数列计算	10.71	30.53
	分组影响/%	4.0	3.9

有学者提出,通过增加组数(增为20组),就可以较为精确地计算分组动差,不必予以校正。也有学者认为,标志值的总频数(N 或 $\sum f$)小于500时,不宜校正。所以在实际应用中,通常对分组资料的动差都不予校正。

第四节　均衡指标

总体各单位在某一数量标志的拥有中,时常是不均等的;或者说,某一数量标志在总体各单位间的分配,时常是不均匀的。例如,一个国家或地区的居民的收入分配、财产分配,往往是非均衡的;一种产品的市场占有份额,在生产该产品的多个企业间的分配,也往往是非均衡的。意大利经济学家基尼(C. Gini)继奥地利统计学家洛伦兹(M. Lorenz)以洛伦兹曲线描述总体标志分配的非均衡状况

之后,提出了一种测定总体标志分配的非均衡程度的指标——基尼系数。

本节主要阐述洛伦兹曲线和基尼系数。

一、洛伦兹曲线

洛伦兹曲线,实际上是累计频率曲线。第三章曾提到,表示一个变量数列,可用曲线图方法。图 3-2(b)为一累计频数曲线。若将其绘制为累计频率曲线,就可绘出一条洛伦兹曲线。

洛伦兹在研究居民的收入分配状况时,将居民家庭数的累计频率作为横坐标,将居民收入数的累计频率作为纵坐标,绘制出一条表示实际居民收入分配的累计频率曲线。他利用这条实际分配曲线(洛伦茨曲线又称实际分配曲线)与绝对均匀分配的曲线(直线)的对比,描述了实际分配的非均等状态。

根据表5-13假设的某地居民收入分配抽样调查资料,绘制洛伦兹曲线如图5-2所示。

表5-13 某地居民收入分配抽样资料

年收入/万元	家庭数/户	频率/%		累计频率/%	
		家庭	收入	家庭	收入
1.1	90	6	1	6	1
5.5	180	12	5	18	6
15.4	300	20	14	38	20
37.4	480	32	34	70	54
29.7	300	20	27	90	81
20.9	150	10	19	100	100
110.0	1 500	100	100	—	—

图5-2中,OP 和 OI 分别表示居民家庭数和居民收入数的累计频率;连接两对角的直线(45°线)OT,线上任何一点到纵轴和横轴的距离都相等,它可以表示社会总数中每一定百分比的家庭数(譬如30%家庭),拥有同样百分比的社会总收入(譬如30%收入),故称 OT 为绝对均匀分配线;OPT 线则为绝对不均匀分配线,这条线表示社会总数中,除一户家庭外,其余家庭的收入都是零,而这最后一户的收入是全部社会总收入。实际上,一个国家或地区的收入分配既不是绝对均匀,也不是绝对不均匀,而正是介于两者之间。洛伦兹曲线描述的也正是这种介于两者之间的实际收入的非均衡分配状况。

可以证明,洛伦兹曲线是下凸的。下凸程度愈大,愈离开绝对均匀分配线,表示收入分配愈不均匀;反之,下凸程度愈小,表示收入分配愈趋近均匀。

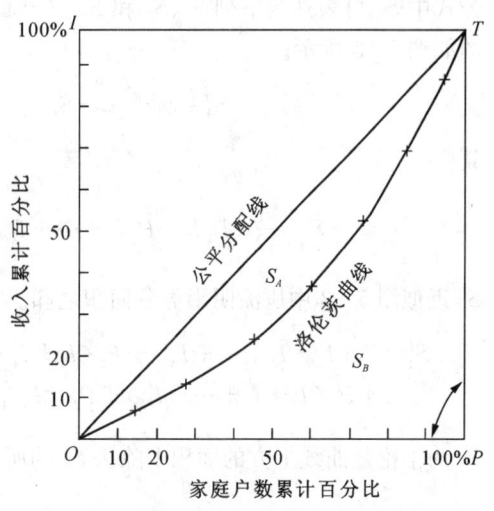

图5-2 居民收入分配线

二、基尼系数

1. 基尼系数的意义

洛伦兹曲线,直观、形象地描述了收入分配的非均衡状况。基尼系数,则是对这种非均衡状况的具体程度的定量测度。

若以 S_A 表示图 5-2 中绝对均匀分配线与洛伦兹曲线围成的面积,以 S_B 表示洛伦兹曲线与绝对不均匀分配线围成的面积,则基尼系数(以 G 表示)为

$$G = \frac{S_A}{S_A + S_B}$$

如果 $S_A=0$,$G=0$,表示收入分配绝对均匀;如果 $S_B=0$,$G=1$,表示收入分配绝对不均匀。所以,$0 \leqslant G \leqslant 1$。基尼系数越小,说明收入分配越均匀;基尼系数越大,说明收入分配越不均匀。

基尼系数是联合国规定的一种测度各国或各地区收入分配公平程度的指标。研究表明,前苏联基尼系数较小,而印度基尼系数较大。研究还表明,英国、美国等国财产分配的基尼系数大于收入分配的基尼系数。

基尼系数还可以用于检验经济政策和改革措施对收入分配的调节作用。例如,对纳税前后或改革前后的基尼系数加以比较分析,可以判断税收或改革的收入分配效应。

基尼系数不仅可以用于收入分配问题的研究,还可用于所有资源配置或分布的均衡程度的分析和评价。例如,以城市数为总体单位数(总体总量),以人口数为总体标志值(标志总量),据此计算基尼系数,可以观察城市人口的稠密或稀疏状况,反映城市人口分布的均衡程度。

2. 基尼系数的计算

常用的计算基尼系数的方法有三种。

(1) 方法 1。设 P_i 为某一收入水平组的家庭数频率,I_i 为某一收入水平组的收入数频率,$i=1,2,\cdots,N$。则基尼系数公式中 S_A 可表述为下列 S_1、S_2 和 S_3 三个面积之代数和,示意图如图 5-3 所示。

$$S_A = S_1 + S_2 - S_3$$

其中

$$S_1 = \frac{1}{2}(P_1 I_1 + P_2 I_2 + \cdots + P_N I_N)$$

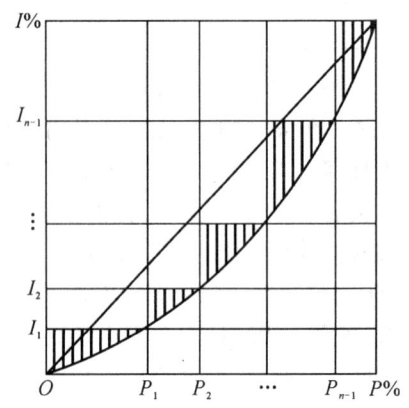

图 5-3 基尼系数的计算

S_1 近似图 5-3 中所涂阴影部分面积之和。

$$\begin{aligned} S_2 = & P_1(I_2 + I_3 + \cdots + I_N) + P_2(I_3 + I_4 + \cdots + I_N) \\ & + P_3(I_4 + I_5 + \cdots + I_N) + P_{N-1} I_N \end{aligned}$$

S_2 为洛伦兹曲线上方的面积中除去 S_1 的所余面积。

$$S_3 = \frac{1}{2} \times 1 \times 1 = \frac{1}{2}$$

S_3 为正方形面积的一半。

由于 $S_A + S_B = \frac{1}{2}$,因而基尼系数计算公式为

$$G = \frac{S_A}{S_A + S_B} = \frac{S_1 + S_2 - S_3}{\frac{1}{2}} = 2(S_1 + S_2 - S_3)$$

$$= \sum_{i=1}^{N} I_i P_i + 2[P_1(I_2 + I_3 + \cdots + I_N) + P_2(I_3 + I_4 + \cdots + I_N) + \cdots + P_{N-1} I_N] - 1$$

若以 M_i, Q_i 分别表示家庭数、收入数的累计频率，则上式为

$$G = \sum_{i=1}^{N} I_i P_i + 2[P_1(1 - Q_1) + P_2(1 - Q_2) + \cdots + P_{N-1}(1 - Q_{N-1})] - 1$$

以上式计算表 5-13 资料的基尼系数为

$G = 0.06 \times 0.01 + 0.12 \times 0.05 + 0.2 \times 0.14 + 0.32 \times 0.34 + 0.20 \times 0.27 + 0.1 \times 0.19 + 2 \times [0.06 \times (1-0.01) + 0.12 \times (1-0.06) + 0.2 \times (1-0.02) + 0.32 \times (1-0.54) + 0.2 \times (1-0.81)] - 1 = 0.2512$

(2) 方法 2。在方法 1 思路的基础上，直接运用累计频率，经数学处理，可得基尼系数的第二种计算方法为

$$G = \sum_{i=1}^{N-1} (M_i Q_{i+1} - M_{i+1} Q_i)$$

仍对表 5-13 资料计算基尼系数，则

$G = (0.06 \times 0.06 - 0.18 \times 0.01) + (0.18 \times 0.20 - 0.38 \times 0.06) + (0.38 \times 0.54 - 0.7 \times 0.2) + (0.7 \times 0.81 - 0.9 \times 0.54) + (0.9 \times 1 - 1 \times 0.81) = 0.2512$

(3) 方法 3。方法 1 是先求出 S_A，后以 $\frac{1}{2}$ 减 S_A 得 S_B；方法 3 则为先求 S_B，后以 $\frac{1}{2}$ 减 S_B 得 S_A。S_B 为洛伦兹曲线下方的面积。通过对洛伦兹曲线进行指数曲线拟合（洛伦兹曲线近似指数曲线），并对其 0 至 1 区间内进行积分，即可求出 S_B。

对表 5-13 资料，按方法 3 计算基尼系数的过程及结果如下：首先，以 X, Y 分别表示家庭数、收入数的累计频率，采用第六章和第十二章所述最小二乘法求得该资料的洛伦兹曲线的拟合指数曲线（$Y_C = aX^b$）为

$$Y_C = 0.9748 X^{1.6285}$$

其次，运用积分法，求得 S_B

$$S_B = \int_0^1 a x^b \, dx = \frac{a}{b+1}$$

$$S_B = \frac{a}{b+1} = \frac{0.9748}{1.6285 + 1}$$

最后，求出基尼系数

$$G = \frac{S_A}{S_A + S_B} = \frac{\frac{1}{2} - S_B}{\frac{1}{2} - S_B - S_B} = 2 \times \left(\frac{1}{2} - S_B\right) = 1 - 2S_B$$

$$= 1 - 2 \times 0.3709 = 0.2582$$

3. 基尼系数的应用

在实际应用基尼系数计算、分析收入分配的非均等程度时，必须注意下列问题。

（1）基尼系数的合理性标准。对于基尼系数的合理数量界限，有学者分析为 0.2～0.3，有学者论证为 1/3。联合国有关组织规定：基尼系数若低于 0.2 表示收入绝对平均；0.2～0.3 表示比较平均；0.3～0.4 表示相对合理；0.4～0.5 表示收入差距较大；0.5 以上表示收入差距悬殊。据国家统计局及国家统计局统计科学研究所相关数据，我国基尼系数 1978 年为 0.317，2000 年为 0.412（开始越过警戒线 0.4），2008 年已达 0.491，2015 年降至 0.462。

（2）基尼系数计算的前提条件。基尼系数是对收入分配均匀程度的整体评价，它只能对总体的公平程度作出判断，而无法考察各组（层次）因素对总体公平程度的影响。由于基尼系数考虑了全体居民的收入水平，任何组（层次）居民收入的变化，都会影响基尼系数的大小。因此，同一资料，不同分组，基尼系数的计算结果也不同。这说明基尼系数是受总体分组粗细、多少影响的。所以，正确合理地分组，并保证各分组之间的可比性，是准确计算基尼系数的前提条件。

知识链接 10：库兹涅茨比率与库兹涅茨指数

1975 年诺贝尔经济学奖获得者西蒙·库兹涅茨在研究收入分配差距及其度量时提出库兹涅茨比率。库兹涅茨比率是指把各个阶层的收入比重与人口比重（或家户比重）的差额的绝对值加总起来。其计算公式为

$$R = \sum_{i=1}^{n} |y_i - p_i| \quad (i = 1, 2, 3 \cdots n)$$

$$y_1 + y_2 + \cdots + y_n = \sum y_i = 1$$

$$p_1 + p_2 + \cdots + p_n = \sum p_i = 1$$

式中，R、y_i、p_i 代表库兹涅茨比率、第 i 组收入占总收入的比重、第 i 组人口占总人口的比重。

库兹涅茨比率越大，表明收入差距越大；反之则越小。

而库兹涅茨指数是指 20% 最高收入的人口在收入中所占的份额。这一指数最低值为 0.2；指数越高，表明收入差别越大。与库兹涅茨指数相似的以一定人口收入份额反映收入差距的指标还有阿鲁瓦利亚指数、欧希玛指数等。阿鲁瓦利亚指数是指 40% 最低收入人口的收入份额。这一指数最高值为 0.4；指数越低，表明收入差别越大。欧希玛指数又称不良指数，是指 20% 最高收入的人口的收入份额与 20% 最低收入的人口的收入份额之比。这一指数最低值为 1，指数越高，表明收入差别越大。

第五节　Excel 在统计描述中的应用

一、编制分布数列

可用"直方图"分析工具或 FREQUENCY 等函数，对第三章中 62 人的智力测验数据：(1) 编制次数分布数列（组距为 10 分的等距数列），并绘制次数分布图；(2) 计算向上累计和向下累计次数并绘制累计分布图。"直方图"工具只能进行向上累计，不能直接进行向下累计，需要借助 Excel 公式方可进行。

1. 利用"直方图"工具

（1）输入数据。如图 5-5 所示，A 列输入智商得分，A1 为列标志"智商得分"，C 列为分组，B2:B8 为分组组限，B1 为列标志"组限"。在确定组限时，需要注意：① 对未排序的智商得分数据，可先用 MAX 与 MIN 函数确定得分的最大与最小值，以方便确定组限；② 这里的组限仅是指某一组的上限，且利用"直方图"工具分组时采用的是"上限在内"原则，为符合统计分组的"上限不在内"原则，每组组限则不能和任一智商得分相同，如本例中组限 139.9 表示将统计出智商得分大于 129.9 而小于等于

139.9 的数据点个数,如果智商得分中有 139.9 这个数,则可将 130～140 这一组的上限定为 139.99。

(2) 调出"直方图"对话框,其主要选项的含义如下所述。

输入区域:在此输入待分析数据区域的单元格范围。本例输入区域为"＄A＄1:＄A＄63"。

接收区域:在此输入接收区域的单元格范围,该区域应包含一组可选的用来计算频数的边界值,且这些值应按升序排列,Excel 将统计在当前边界点和相邻的高值边界点之间的数据点个数。如果某个数值等于或小于某个边界值,则该值将被归到以该边界值为上限的区间中(注意:与统计分组"上限不在内"原则有所区别)。如果省略此处的接收区域,Excel 将在数据组的最小值和最大值之间创建一组平滑分布的接收区间。本例接收区域为"＄B＄1:＄B＄8"。

标志:如果输入区域的第一行中包含标志项,则选中此复选框;如果输入区域没有标志项,则不选该复选框,Excel 将在输出表中生成适宜的数据标志。

柏拉图:选中此复选框,可以在输出表中同时显示按降序排列频率数据。如果此复选框未被选中,Excel 将只按升序来排列数据。

累积百分率:选中此复选框,可以在输出结果中添加一列累积百分比数值,同时在直方图表中添加累积百分比折线。如果不选此选项,则会省略以上结果。

图表输出:选中此复选框,可以在输出表中同时生成一个嵌入式直方图表。

本例"直方图"对话框的填写如图 5－4 所示。

(3) 单击"确定"按钮。输出结果包括三列和一个频率分布图,第一列是数值的区间范围,第二列是数值分布的频数,第三列是频数分布的累积百分比。在输出的结果中,"频率"指的是统计中所指的"频数","累积%"指的是"向上累计频率"。结果中原本还有一"其他"行的数据,该行是智商分数大于 139.9 的频数与累计频率(位于单元格区域 D9:F9),因本例中没有大于 139.9 的数

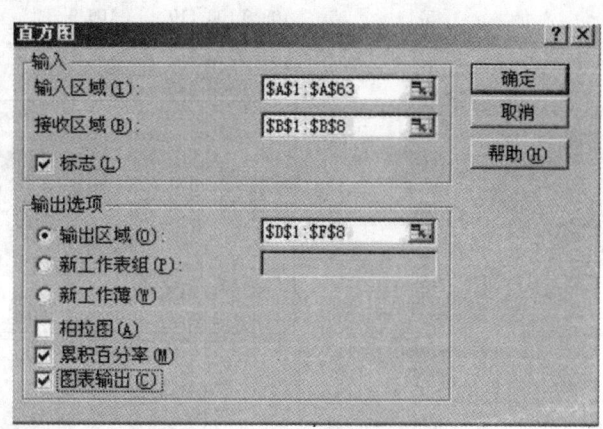

图 5－4 "直方图"对话框

据,所以可将该行删除,即选定 D9:F9,然后执行菜单命令"编辑"中的"删除"命令。经过修改的结果如图 5－5 所示。

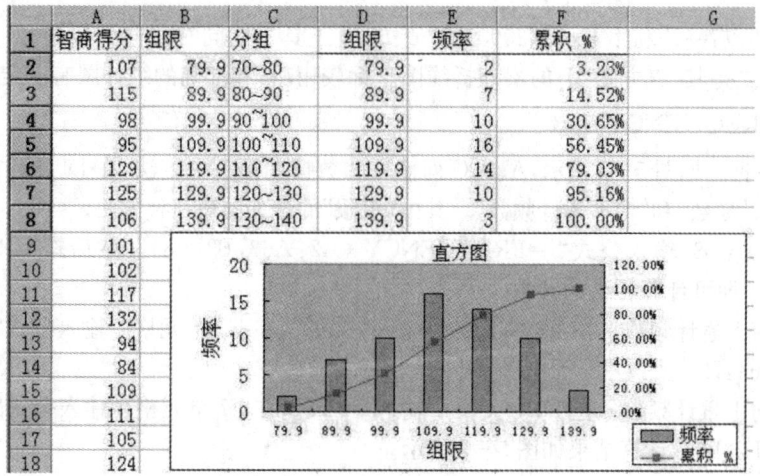

图 5－5 EXECEL"直方图"工具

(4) 计算向下累计频率。首先选中第 G 列，单击右键执行"设置单元格格式"的"数字"中"百分比"命令。在 G1 单元格输入列标志"向下累积％"。在 G8 单元格输入"＝E8/SUM(＄E＄2：＄E＄8)"，计算出最后一组的频率，在 G7 单元格中输入"＝E7/SUM(＄E＄2：＄E＄8)+G8"得到倒数第二组的累计频率，将 G7 单元格的公式复制到 G2:G6，计算出向下累计这一列。

(5) 在图表中加入向下累计曲线。复制原直方图至其下方，选定图表区，此时菜单上出现"数据"按钮变为"图表"按钮，执行菜单命令"图表"的"数据源"，调出"源数据"对话框。在"源数据"对话框的"系列"页框中，单击"累计"，单击"名称"文本框，再用鼠标单击工作表中的 G1 单元格，此时"名称"文本框显示"＝分布数列！＄G＄1"("分布数列"为工作表标签名)；单击"值"文本框，再用鼠标在工作表上选定 G2:G8 单元格，此时"值"文本框中显示"分布数列！＄G＄2：＄G＄8"；最后单击"确定"按钮，结果如图 5-6 所示。

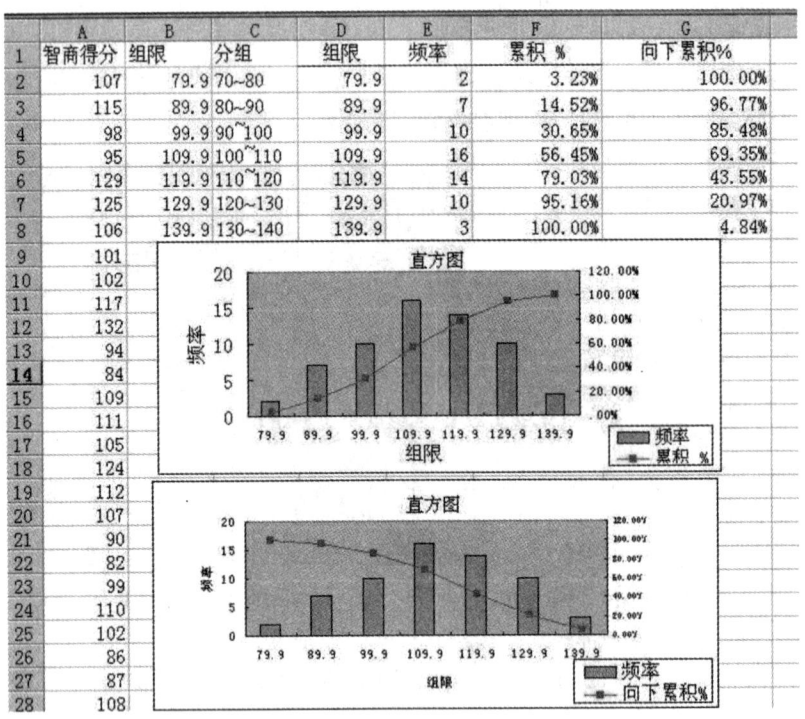

图 5-6 向上、向下累计曲线

需要说明两点：一是利用 Excel(2000)的"直方图"工具不能同时将向下累计和向上累计折线绘制在一张图中；二是其"直方图"上的累计折线图坐标较粗略，和准确的统计图有一定差距。

2. 利用 FREQUENCY 函数

(1) 输入数据。如图 5-7 所示，A、B、C 列输入的数据同第一种方法，在 D1:F1 中依次输入列标"频数""向上累计频数"和"向下累计频数"。其中"组限"的含义同第一种方法。

(2) 选定 D2:D8，输入公式"＝FREQUENCY（A2：A63,B2：B8）"，然后按 CRTL＋SHIFT＋ENTER 组合键，即可计算各组的频数。

(3) 计算向上累计频数。在 E2 单元格中输入"＝D2"，在 E3 单元格中输入公式"＝D3+E2"，再将公式复制到 F4:E8。

(4) 计算向下累计频数。在 F8 单元格中输入"＝D8"，在 F7 单元格中输入公式"＝D7+F8"，再将公式复制到 F2:F6。计算结果如图 5-7 所示。

(5) 根据得到的计算结果，可用 Excel 的图表功能绘制智商得分分布的直方图、折线图等。

	A	B	C	D	E	F
1	智商得分	组限	分组	频数	向上累计频数	向下累计频数
2	107	79.9	70~80	2	2.00	62.00
3	115	89.9	80~90	7	9.00	60.00
4	98	99.9	90~100	10	19.00	53.00
5	95	109.9	100~110	16	35.00	43.00
6	129	119.9	110~120	14	49.00	27.00
7	125	129.9	120~130	10	59.00	13.00
8	106	139.9	130~140	3	62.00	3.00
9	101					

图 5-7 "FREQUENCY 函数"计算结果

二、计算描述指标

1. 利用"描述统计"分析工具(适用于未分组资料)

对第三章中 62 人的智力测验数据,进行描述统计分析如下:

(1) 输入数据。如图 5-7 所示,A1 输入列标志"智商得分",在 A2:A63 输入分数。

(2) 调出"描述统计"对话框,其主要选项的含义如下。

输入区域。输入待分析数据区域的单元格范围。

分组方式。如果需要指出输入区域中的数据且按行还是按列排列,则单击"逐行"或"逐列"。

标志位于第一行或列。如果输入区域的第一行中包含标志项,则选中"标志位于第一行"复选框;如果输入区域的第一列中包含标志项,则选中"标志位于第一列"复选框;如果输入区域没有标志项,则不选任何复选框,Excel 将在输出表中生成适宜的数据标志。

输出区域:在此框中填写输出结果表左上角单元格的地址,用于控制输出结果的存放位置。根据所选择的"分组方式"选项的不同,Excel 将为输入表中的每一行或每一列生成一个两列的统计表。左边一列为统计标志项,右边一列为对应统计值。

新工作表组:单击此选项,可在当前工作簿中插入新工作表,并由新工作表的 A1 单元格开始存放计算结果。如果需要给新工作表命名,则在右侧编辑框中键入名称。

新工作簿:单击此选项,可创建一新工作簿,并在新工作簿的新工作表中存放计算结果。

汇总统计:指定输出表生成下列统计结果,则选中此复选框。这些统计结果有:样本平均值($\bar{x}$)、抽样平均误差($S/\sqrt{n}$)、中位数(M_e)、众数(M_o)、样本标准差($s=\sqrt{\sum(x-\bar{x})^2/(n-1)}$)、样本方差($s^2$)、峰度值、偏度值、全距、最小值(min)、最大值(max)、样本总和、样本容量(n)和一定显著水平下总体均值的置信区间。

平均数置信度:若需要输出由样本均值推断总体均值的置信区间,则选中此复选框,然后在右侧的编辑框中,输入所要使用的置信度。

第 K 大/小值:如果需要在输出表的某一行中包含每个区域的数据的第 K 最大/小值,则选中此复选框。然后在右侧的编辑框中,输入 K 的数值。

本例"描述统计"对话框的填写如图 5-8 所示。

(3) "描述统计"对话框填完后,单击"确定"按钮,结果如图 5-9 所示。

需要说明两点:(1) 各种分析工具对话框的输出选项中"输出区域"、"新工作表组"和"新工作簿"的含义基本相同,以下不再赘述。(2) 图 5-9 中的指标名称与统计中的习惯叫法不大一致,确切的指标名称见本例操作步骤第 2 步中所述。

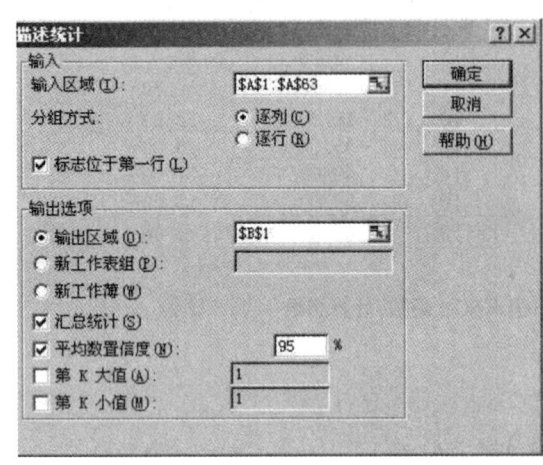

图 5-8 "描述统计"对话框　　　　图 5-9 "描述统计"计算结果

2. 利用统计函数(适用于分组资料)

对于分组数据,不能直接用"描述统计"分析工具来计算描述统计的有关指标,需综合应用 Excel 的公式与函数来实现。

例如,对第四章中工人完成某一作业所需时间的具体数据,计算平均完成时间、中位数、众数、标准差、偏度及峰度等指标如下:

(1) 输入数据。如图 5-10 所示,A1 输入标志"完成时间",A2:A7 输入完成时间的分组,这些数据在 Excel 中被认为是文本,不能直接参加数值运算。B1 输入标志"组中值",B2:B7 输入各组的组中值。C1 输入标志"人数",C2:C7 输入各组人数数据。D1 输入标志"向上累计",D2:D7 为各组向上累计人数数据。B9:B16 存放的是最终结果与一些中间变量值,对应的 A9:A16 则是它们的名称。

(2) 定义变量名。先定义数据组中值和人数的变量名,选定 B1:C7,执行菜单命令"插入"→"名称"→"指定",单击"首行"选项,最后单击"确定"按钮。再定义最终结果与中间变量的名称,选定 A9:B16,执行菜单命令"插入"→"名称"→"指定",单击"最左列"选项,最后单击"确定"按钮。

(3) 计算平均完成时间。在 B9 单元格输入如下公式,"=SUMPRODUCT(组中值,人数)/SUM(人数)"。

如果前面没有定义变量名,则要使用单元格引用,公式如下,"=SUMPRODUCT(B2:B7,C2:C7)/SUM(C2:C7)"。

(4) 计算中位数和众数。对于众数及中位数的计算,不需要特别的技巧,只要将统计中的计算公式在 Excel 中实现即可。

如本例中位数的计算,首先确定中位数组在"50~60"这一组,根据等距分组的下限公式,在 B10 单元格输入公式"=50+(800—D4)*10/C5"即可,其中 50 为中位数所在组下限,800 为中位数位置,10 为组距。

(5) 计算标准差、三阶中心动差等其他指标。在 B12:B16 中,依次输入以下内容,"=SQRT(SUMPRODUCT(POWER(组中值—平均完成时间,2)*人数)/SUM(人数))";"=SUMPRODUCT(POWER(组中值—平均完成时间,3)*人数)/SUM(人数)";"=SUMPRODUCT(POWER(组中值—平均完成时间,4)*人数)/SUM(人数)";"=三阶中心动差/POWER(标准差,3)";"=四阶中心动差/POWER(标准差,4)"。

计算结果如图 5-10 所示。

	A	B	C	D
1	完成时间	组中值	人数	向上累计
2	30以下	25	100	100
3	30~40	35	220	320
4	40~50	45	450	770
5	50~60	55	500	1270
6	60~70	65	260	1530
7	70以上	75	70	1600
8				
9	平均完成时间	50.0625		
10	中位数	50.6		
11	众数	51.72413793		
12	标准差	12.19615078		
13	三阶中心动差	-232.5776367		
14	四阶中心动差	57117.15816		
15	偏度	-0.128203417		
16	峰度	2.581519751		
17				

图 5-10 "统计函数"计算结果

英文选读 5　Measures of Variation

Measures of **variation** show the amount of **dispersion**, or spread, in the data values of a numerical variable. Four frequently used measures of variation are the range, the variance, the standard deviation, and the Z score, all of which can be calculated as either sample statistics or population parameters.

The Range

CONCEPT: The difference between the largest and smallest data values in a set of data values.

EXAMPLES: The daily high and low temperatures, the stock market 52-week high and low closing prices, the fastest and slowest times for timed sporting events.

INTERPRETATION: The range is the number that represents the largest possible difference between any two values in a set of data values. The greater the range, the greater the variation in the data values.

The Variance and the Standard Deviation

CONCEPT: Two measures that tell you how a set of data values fluctuate around the mean of the variable. The standard deviation is the positive square root of the variance.

INTERPRETATION: The variance and standard deviation, usually accompanied by the mean, help you to know how a set of data values distributes around its mean. For almost all sets of data values, most values lie within an interval of plus and minus one standard deviation above and below the mean. Therefore, determining the mean and the standard deviation usually helps you define the range in which the majority of the data values occur.

Standard (Z) Score

CONCEPT: The number that is the difference between a data value and the mean of the variable, divided by the standard deviation.

INTERPRETATION: Z scores help you determine whether a data value is an extreme value, or *outlier*—that is, far from the mean. As a general rule, a data value's Z score that is less than -3 or greater than +3 indicates that the data value is an extreme value.

一、单选题

1. 某企业 2014 年职工平均工资为 5 200 元,标准差为 110 元,2015 年职工平均工资增长了 40%,标准差增大到 150 元。职工平均工资的相对变异 ( )
   (1) 增大　　　　(2) 减小　　　　(3) 不变　　　　(4) 不能比较

2. 在变异指标中其数值越小则 ( )
   (1) 反映变量值越分散,平均数代表性越低
   (2) 反映变量值越集中,平均数代表性越高
   (3) 反映变量值越分散,平均数代表性越高
   (4) 反映变量值越集中,平均数代表性越低

3. 若把全部产品分为合格品与不合格品,所采用的标志属于 ( )
   (1) 品质标志　　(2) 数量标志　　(3) 不变标志　　(4) 是非标志

4. 若两组数列的计量单位不同,在比较两数列的离散程度大小时,应采用 ( )
   (1) 全距　　　　(2) 平均差　　　(3) 标准差　　　(4) 标准差系数

5. 若 $n=20,\sum x=200,\sum x^2=2\,080$,则标准差为 ( )
   (1) 2　　　　　(2) 4　　　　　(3) 1.5　　　　(4) 3

二、多选题

1. 标志变异指标可以反映 ( )
   (1) 平均数的代表性大小　　　　　(2) 总体各单位标志值分布的集中趋势
   (3) 总体各单位标志值的离中趋势　(4) 社会生产的规模和水平
   (5) 产品质量的稳定性

2. 标准差的意义是 ( )
   (1) 标准差越大,表示标志变异越大　　(2) 标准差越小,表示标志变异越小
   (3) 标准差越大,表示总体离中趋势越大　(4) 标准差越大,表示平均数代表性越好
   (5) 标准差等于零,表示平均数代表性为 100%

3. 是非标志的标准差是 ( )
   (1) $\sqrt{p+q}$　　　　　　　　　　(2) $\sqrt{pq}$
   (3) $\sqrt{p-qd}$　　　　　　　　　(4) $\sqrt{(1-p)(1-q)}$
   (5) $\sqrt{p(1-p)}$

4. 当 SK 系数大于零时,则变量分布为 ( )
   (1) 右偏　　　　(2) 左偏　　　　(3) 负偏　　　　(4) 正偏
   (5) 对称

5. 在下列哪些情况下,必须计算离散系数来比较两数列的离散程度大小 ( )
   (1) 平均数大的标准差亦大,平均数小的标准差亦小
   (2) 平均数大的标准差小,平均数小的标准差大
   (3) 两平均数相等
   (4) 两数列的计量单位不同
   (5) 两标准差相等

三、问答题

1. 什么是标志变异指标?它有什么作用?

2. 常用的标志变异指标有哪些?
3. 什么是标志变异系数?它有什么作用?
4. 计算和运用变异指标应注意哪些问题?
5. 怎样测定次数分布的偏斜状况?
6. 什么是峰度?应如何测定?
7. 简述洛伦兹曲线的意义及绘制方法。
8. 简述基尼系数的意义及计算方法。

四、计算题

1. 某班数学考试成绩资料如下表所示,根据资料计算该班数学的平均成绩、全距、平均差、标准差。

成绩分组/分	人数/人
50~60	5
60~70	25
70~80	30
80~90	30
90~100	10
合 计	100

2. 有一个由 25 个正数组成的数列,已知其平均数和标准差分别为 20 和 3,如从中减去 1 个为 10 的数,试求新数列的标准差系数。

3. 某企业某车间甲、乙两班组各有工人 6 名,每人日产零件数如下:

甲班:6,10,13,16,19,20
乙班:9,11,12,14,18,20

根据上述资料,分别计算甲、乙两班的全距和标准差,并加以比较说明。

4. 根据平均数与标准差的性质,回答下列问题:(1) 已知标志平均数等于 1 000,均方差系数为 25.6%,试问均方差为多少;(2) 已知标志平均数等于 12,各标志值平方的平均数为 169,试问标准差系数为多少;(3) 已知标准差为 3,各标志值平方的平均数为 25,试问平均数为多少;(4) 标准差等于 30,平均数等于 50,试问标志变量对 90 的方差等于多少;(5) 各标志值对某任意数的方差为 300,而该任意数与标志平均数之差等于 10,试问标志方差为多少?

5. 有甲、乙两厂生产同种产品,其成本资料如下表所示:

成本水平/(件/元)	产 量/件	
	甲厂 f_1	乙厂 f_2
20~30	40	150
30~40	300	350
40~50	500	700
50~60	100	180
60~70	60	120
合 计	1 000	1 500

试用简捷法计算两厂的平均成本和标准差,计算两厂的平均成本的标准差系数;并比较两厂的平均成本的代表性。

6. 根据下列变量数列,试采用皮尔逊方法和动差方法分别测定其次数分布的偏斜状况。

按工人完成生产定额数分组/百个	工人数/人
30 以下	12
30~50	24
50~70	30
70~90	14
合 计	80

7. 根据下表资料,绘制洛伦兹曲线、计算基尼系数,并分析某年我国技术转让成交额在各行业研究与开发机构之间分布是否均衡?

国民经济行业分组	机构数/个	技术转让成交额/千元
农、林、牧、渔、水利业	1 524	75 931
工业	1 904	1 493 660
地质普查及勘探业	81	14 790
建筑业	116	87 277
交通运输、邮电通信业	127	121 576
商业、公共饮食业等	29	2 047
房地产管理、公共事业等	48	3 805
卫生、体育和社会福利事业	354	13 137
教育、文化艺术及广播电视	34	2 637
综合技术服务业	647	390 339
金融、保险业	4	964
其他	65	30 090

第六章 时间数列

> 统计是动态的历史,历史是静态的统计。
>
> 斯勒兹

若将第四、五两章有关指标的计算及分析视为统计静态分析,则第六、七两章有关指标的计算及分析则可视为统计动态分析。动态分析以编制时间数列为基础。时间数列的分析,有助于了解过去的活动规律,评价当前的经营成绩,安排未来的计划部署。

第一节 时间数列概述

一、时间数列的概念

社会经济现象随时间的发展而发展变化。将某个社会经济现象的统计指标在不同时间上的不同数值,按时间先后顺序排列起来,就形成一个时间数列。时间数列又称时间序列、动态数列。表6-1就是时间数列的例子。

表6-1 时间数列示例表

年 份	2010	2011	2012	2013	2014	2015
国内生产总值/亿元	397 983	471 564	519 322	568 845	636 463	676 708
第三产业增加值比重/%	43.0	43.1	44.6	46.1	48.2	50.5
城镇居民人均可支配收入/元	19 109	21 810	24 565	26 955	28 844	31 195

从表6-1可知,时间数列一般由两个基本要素构成:一个是被研究现象所属的时间,通常以t_i表示,另一个是反映该现象的统计指标数值,通常以a_i或y_i表示。

时间数列描述了社会经济现象的发展过程和结果,反映现象的发展趋势。同时,时间数列又是计算动态分析指标的基础,并为进一步深入分析现象动态发展的规律性提供依据。

二、时间数列的因素

以时间数列为基础,对社会经济现象的发展动态进行统计分析,主要包括两项内容:一为指标计算,即对时间数列中的各项指标数值(a_i)计算一系列动态分析指标,用以揭示现象发展水平、发展速度的特征;一为因素测定,即观察、分析时间数列,采用数学方程等方法,分别测定数列中某一指标(y)的每一个取值(y_i)的成因(形成因素或影响因素),用以描述现象发展的模式和动态变化的因果关系。

影响时间数列中某一指标各个数值的因素是多种多样的。若按大类粗分,可将这些因素划分为四类。

1. 长期趋势

长期趋势(以 T 表示)是指现象由于受某种决定性因素的作用,在一段较长时期内,持续上升或持续下降的发展倾向。例如,表 6-1 资料显示我国国内生产总值、第三产业增加值占国内生产总值的比重和城镇居民人均可支配收入在"十二五"期间逐年持续增加,表明它们存有上升趋势。它们是由经济体制改革、经济增长方式转变、科学技术进步和劳动生产率提高等根本性、决定性因素影响所致。

2. 季节变动

季节变动(以 S 表示)是指现象因受自然条件或社会风俗等原因的影响,按一定的时间间隔而出现的周期性重复波动。例如,许多农副业的产品产量都因季节更替而有淡季、旺季之分,从而影响以农副业产品为原料的加工工业生产,商业部门农副产品的购销以及交通运输部门的货运量方面,也带有季节差异。

季节变动有以一年为周期的,也有以一日、一周、一月为周期的。农副产品的淡季、旺季以"年"为周期,银行存款月初增加、月末减少以"月"为周期,娱乐场所周末拥挤、平日清淡以"周"为周期等。

3. 循环变动

循环变动,又称周期波动或景气循环(以 C 表示),是指现象受多种不同因素的影响而发生周期较长的涨落起伏相间的波动。它既不同于朝同一方向持续发展的长期趋势,也不同于周期较短(一年以内)、波动规则的季节变动。例如,资本主义的周期性经济危机,即属于循环变动。

在社会主义经济发展中,一些主要的经济变量(统计指标),或多或少或强或弱也会扩张与收缩交替出现,亦即存在循环变动。为促进国民经济持续、稳定、协调地发展,我们必须加强经济循环变动的统计测定与分析。

4. 不规则变动

不规则变动(以 I 表示)是指现象因临时的、偶然的因素而发生的非趋势性、非周期性的随机变动。例如地震、水灾或一些偶然因素对社会经济发展所造成的影响及结果。

时间数列中某一指标(y)的每一个取值(y_i)是上述四类因素共同影响、作用的综合结果。通常在动态分析的"因素测定"中,即区分并测定影响 y 的 T、S、C 和 I 中,还需要明确这四类因素结合的结构形式。一般有两种假设:

(1) 乘法模式。当四类因素是相互影响的关系,时间数列(时间数列某一指标的每一个取值。下同)是各因素的乘积,它们之间的结构为

$$y = T \cdot S \cdot C \cdot I$$

这种结构称乘法模式。式中 y,T 是总量指标,而 S,C 和 I 则为比率,用百分数表示。

(2) 加法模式。当四类因素是相互独立的关系,时间数列是各因素相加的总和,它们之间的结构为

$$y = T + S + C + I$$

这种结构称加法模式。式中 y、T 仍为总量指标;S,C 和 I 则不是比率,而是 S,C 和 I 对 T 所产生的偏差。

三、时间数列的种类

时间数列由时间和指标数值两要素组成。时间长度不同(年、月、日)或指标形式不同(总量指

标、相对指标、平均指标),形成不同的时间数列。一般不考虑时间要素,而只从所排列的指标数值所属的指标形式出发,将时间数列区分为三类,即总量指标时间数列,又称绝对数时间数列;相对指标时间数列,又称相对数时间数列;平均指标时间数列,又称平均数时间数列。表6-1,将这三类数列集于一表。

1. 总量指标时间数列

由总量指标数值所组成的时间数列就是总量指标时间数列。这种数列,按其所排列的总量指标的时间属性不同,又被区分为时期数列和时点数列。

时期数列是由时期指标构成的时间数列,反映现象在各段时期内发展变化的总量。表6-1的第一行(年份)与第二行,构成一个时期数列。在时期数列中,每个指标数值所属时间的长度称作"时期",它可以是一年、一季或一月等。

时点数列是由时点指标构成的时间数列,反映现象在各个时点上(瞬间)发展变化的状态或所达到的水平。例如,各年末全国员工人数、各月末企业流动资金占用额等构成的时间数列,都是时点数列。时点数列为瞬间资料,因而时点数列中的两个时点之间总存在着一定的间距。这个间距称作"间隔"。时点间的间隔长短,可以相等或者不等。例如,我国分别在1953年、1964年、1982年、1990年、2000年和2010年举行了六次人口普查,这六次普查的有关资料可以组成一个间隔不等的时点数列。

时期数列与时点数列具有不同特点。它们的主要区别在于:第一,数列中各指标数值相加,是否具有现实经济意义。时期数列中各指标数值相加的和,可以表明现象在更长一段时期内的发展总量,即相加有意义。时点数列中各指标数值相加的和,没有实际经济意义,因为无法表明相加之和反映的是哪一时点上的现象发展状态或水平。第二,数列中各指标数值的大小与其时期长短或间隔长短,是否具有直接联系。一般来讲,时期愈长,时期数列中各指标数值就愈大;反之就愈小。例如,一年的产品产量总是大于一月或一季的产品产量。但是,时点数列中各指标数值的大小,与其间隔长短通常没有直接关系。例如,年末企业的员工人数、商品库存量等,就不会必然大于或小于本年各月末数。第三,数列中各指标数值是否通过连续统计而得。时点数列的指标数值,只在某一时点上进行统计;而时期数列,必须连续不断地进行统计。

2. 相对指标时间数列和平均指标时间数列

由相对指标数值所组成的时间数列就是相对指标时间数列。表6-1的第一行与第三行,构成一个相对指标时间数列。相对指标时间数列说明现象数量对比关系的发展变化情况,表明社会经济现象的比例、结构和速度等的发展变化过程。

由平均指标数值所组成的时间数列就是平均指标时间数列。它可以表明社会经济现象的一般水平或典型水平的变化过程及发展趋势。表6-1的第一行与第四行,构成一个平均指标时间数列。

相对指标和平均指标均由两个总量指标派生而来,因此相对指标时间数列和平均指标时间数列,均由总量指标时间数列派生而来。总量指标时间数列是计算三种时间数列有关动态分析指标的基础。相对指标时间数列和平均指标时间数列中的各指标数值,一般不宜直接相加。

四、时间数列的编制

1. 搜集资料

编制时间数列,一般可以从《统计年鉴》《统计资料手册》等各种出版物及有关文献中搜集历史资料(或次级资料)。对资料所涉及的时期长短、间隔大小的选择,主要取决于人们研究的目的和现象本身的特点。若研究现象的发展过程、进度,时期数列的时间应短些;若研究现象的发展走向、规律,时期就可以长些。如果现象变化频繁、起伏较大,时点数列的间隔就应小些,反之,则宜大些。

2. 审核资料

审核是为了判定资料的真假与可靠程度，从中选定那些可资利用的资料。对统计资料的审核，既要查明（原始）资料的搜集方法，又要弄清它的整理方法，从而做出判定与取舍。对国外的资料和较长时期以前的资料，更需要认真鉴定与审核。审核的方法主要是从有关指标间的联系、对比中进行逻辑和计算分析。

3. 调整资料

时间数列是动态对比分析的基础，是通过同一指标不同时间的数值水平的对比，以反映现象变化过程中的规律。因此，保证数列中各指标数值的可比性，就成为编制动态数列的基本原则。由于种种原因，统计资料在不同时期、不同时点或不同地区不尽可比，需要对指标的口径和计算方法调整后才能对比。例如，行政区划、隶属关系、经营范围、指标口径、计价标准以及统计制度等的变更，都会影响统计资料的可比性。所做的调整，一般应以现行规定为准。

第二节 时间数列指标

将时间数列中各指标数值进行直接对比，虽可以对现象的发展变化获得大体了解，但缺乏明确清晰的定量认识。为了深刻认识和鲜明揭示现象动态发展变化的数量特征，有必要在编制时间数列的基础上，计算一系列动态分析指标。根据时间数列计算的动态分析指标，包括水平指标和速度指标两大类。

一、时间数列水平指标

1. 发展水平

发展水平（以 a_i 表示）是指时间数列中某一指标的各项指标数值，它反映现象发展变化在各个不同时期（时点）所达到的规模或水平。发展水平是计算其他时间数列指标的基础。

发展水平一般指总量指标，如产品产量、员工人数等。也包括相对指标，如产品合格率、流动资金周转次数等；和平均指标，如全员劳动生产率、单位产品成本等。

各指标数值在时间数列中分别处在不同位置上。处在数列第一项的指标数值，称最初水平，以 a_0 表示，处在最后一项的，称最末水平，以 a_N 表示；其他各项称中间水平，以 a_i 表示。在动态对比时，作为对比基础时期（时点）的指标数值，称基础水平，以 a_0 或 a_{i-1} 表示；所要分析研究的那个时期（时点）的指标数值，称报告水平或计算期水平，以 a_i 表示。

发展水平在文字说明上，习惯用"增加到"或"增长为"、"降低到"或"降低为"来表示。例如，我国国内生产总值 2010 年为 397 983 亿元，2015 年增长为 676 708 亿元。

2. 增减水平

增减水平（也称增减量，以 Δa_i 表示）是报告期水平与基期水平相减的差额，即

$$\Delta a_i = a_i - a_0$$

或

$$\Delta a_i = a_i - a_{i-1}$$

增减水平表明现象在一定时期发展水平提高或降低的绝对量。

增减水平为正值，则表示现象水平的增长，如工业产值的增长、全员劳动生产率的提高；增减水平为负值，则表示现象水平的减少，如单位产品成本下降、原材料消耗节约。增减水平在文字上，通常用"增加了"或"减少了"来表示。例如，我国国内生产总值 2015 年比 2010 年增加了 278 725 亿元。

随动态研究的目的不同，基期选择也不同。基期选择一般有两种情形：或是以报告期的前一期

作为基期,以"$i-1$"表示;或是以某一固定时期,通常为时间数列最初水平的所属时期作为基期,以"0"表示。两类基期的选择,产生了两种增减水平

逐期增减水平: $\quad a_1-a_0, a_2-a_1, \cdots, a_N-a_{N-1}$

累积增减水平: $\quad a_1-a_0, a_2-a_0, \cdots, a_N-a_0$

显然,累积增减水平等于相应的各个逐期增减水平之和,即

$$a_N-a_0=(a_1-a_0)+(a_2-a_1)+\cdots+(a_N-a_{N-1})$$

也可以发现,相邻两期的累积增减水平之差等于相应时期的逐期增减水平,即

$$(a_i-a_0)-(a_{i-1}-a_0)=a_i-a_{i-1}$$

对表6-1资料计算国内生产总值增减水平指标,可得表6-2如下。

表6-2 增减水平计算表(单位:亿元)

年份		2010	2011	2012	2013	2014	2015
增减水平	逐期	——	73 581	47 758	49 523	67 618	40 245
	累积	——	73 581	121 339	170 862	238 480	278 725

3. 平均增减水平

从表6-2可见,各期增减水平存在差异。为了把握一段较长时期内现象的一般增减水平(平均每期增减的数量),就需要计算平均增减水平(以 $\overline{\Delta a}$ 表示)。平均增减水平也有两种基本计算方法。

(1) 水平法。将各个逐期增减水平相加之后,除以逐期增减水平的个数;或将累积增减水平除以时间数列的项数减1,即可得到水平法计算的平均增减水平。用公式表示,为

$$\overline{\Delta a}=\frac{(a_1-a_0)+(a_2-a_1)+\cdots+(a_N-a_{N-1})}{N}$$

或

$$\overline{\Delta a}=\frac{a_N-a_0}{N}$$

如上例,我国国内生产总值在"十二五"期间平均每年增长55 745亿元,即

$$\frac{676\ 708-397\ 983}{5}=55\ 745$$

水平法计算的平均增减水平满足

$$a_0+N\overline{\Delta a}=a_N$$

即,以基期水平 a_0 为基础,经过 N 期的按每期平均增减水平 $\overline{\Delta a}$ 的发展,第 N 期的发展水平的理论数值等于其实际数值。

(2) 总和法。如果考虑按平均增减水平推算的各期发展水平理论数值之总和,等于各期发展水平实际数值之总和,则

$$(a_0+\Delta a_1)+(a_0+\Delta a_1+\Delta a_2)+\cdots+(a_0+\Delta a_1+\Delta a_2+\cdots+\Delta a_N)$$
$$=a_1+a_2+\cdots+a_N$$
$$(a_0+\overline{\Delta a})+(a_0+\overline{\Delta a}+\overline{\Delta a})+\cdots+(a_0+\overline{\Delta a}+\overline{\Delta a}+\cdots+\overline{\Delta a})$$
$$=a_1+a_2+\cdots+a_N$$

亦即
$$(a_0+\bar{\Delta}a)+(a_0+2\bar{\Delta}a)+\cdots+(a_0+N\bar{\Delta}a)=\sum a_i$$

从而
$$\bar{\Delta}a+2\bar{\Delta}a+3\bar{\Delta}a+\cdots+N\bar{\Delta}a=\sum a_i-Na_0$$

$$\bar{\Delta}a(1+2+3+\cdots+N)=\sum(a_i-a_0)$$

$$\bar{\Delta}a=\frac{2\sum(a_i-a_0)}{N(N+1)}$$

按上式计算平均增减水平,即为总和法。

若按总和法计算,我国国内生产总值在"十二五"期间平均每年增长 58 865.8 亿元,即

$$\bar{\Delta}a=\frac{2\times(73\,581+121\,339+170\,862+238\,480+278\,725)}{5\times(5+1)}=58\,865.8$$

可以看出,两种方法计算的平均增减水平存有差异。其原因在于数列的各期增减水平互不一致。如果各期增减水平相同,或各期发展水平呈等差级数增减,那么两种方法计算的平均增减水平就完全相同。

水平法和总和法具有不同性质和特点,因而具有不同的应用条件。在五年计划或长期计划中,像"投资额"一类的指标,计划工作关心的是计划全期的投资总额的完成情况,宜采用总和法计算其平均增减水平;像"产品产量""产品产值"一类的指标,侧重关心的是计划末期所达到的水平,则宜采用水平法计算之。

4. 平均发展水平

各期增减水平存在差异,究其根源,可以发现各期发展水平存在差异。同样,为了把握一段较长时期内现象的一般发展水平,就需要计算平均发展水平(以 $\bar{a}$ 表示)。

对时间数列计算的平均指标,都属于序时平均数,如平均增减水平、平均发展水平、平均发展速度等。为使序时平均数与一般平均数相对等,一般仅将平均发展水平视为序时平均数,而把其他动态平均指标视为广义理解的序时平均数。因此,有平均发展水平即序时平均数的说法。

在动态分析中,平均发展水平除了表明现象在一段时期内发展所达到一般水平或典型水平,并对其做出概括说明外,利用它还可以消除现象在短时期内波动的影响,来观察现象发展的基本态势;同时还可以解决时间数列中某些可比性问题,便于同一现象在不同发展时期的比较,或同一现象在同一时期不同地区、不同单位的比较。

平均发展水平可以根据总量指标时间数列计算,也可以根据相对指标时间数列和平均指标时间数列计算。计算总量指标时间数列的平均发展水平,是计算平均发展水平的基本方法。

(1) 总量指标时间数列平均发展水平。总量指标时间数列分为时期数列和时点数列。由于时期数列与时点数列的不同性质和特点,因而计算其平均发展水平的方法也不同。

第一,时期数列平均发展水平。计算时期数列平均发展水平,一般采用简单算术平均法。计算公式为

$$\bar{a}=\frac{a_1+a_2+\cdots+a_N}{N}=\frac{\sum a}{N}$$

对表 6-1 资料的计算结果表明,我国国内生产总值"十二五"期间每年平均达到 574 580.4 亿元,即

$$\bar{a}=\frac{471\,564+519\,322+568\,845+636\,463+676\,708}{5}=574\,580.4$$

第二,时点数列平均发展水平。两个相邻的时点指标数值之间,总存有一段间隔。对时点数列计算平均发展水平,是在一个假定条件下进行的,假定间隔期间现象是均匀变动的。例如,某企业月

末员工人数资料如表 6-3 所示。

表 6-3 某企业员工人数资料

时间	3月31日	4月30日	5月31日	6月30日
员工人数/人	1 400	1 500	1 460	1 420

对表 6-3 计算各月和第二季度的平均员工人数如下：

四月 $$\frac{1\ 400+1\ 500}{2}=1\ 450(人)$$

五月 $$\frac{1\ 500+1\ 460}{2}=1\ 480(人)$$

六月 $$\frac{1\ 460+1\ 420}{2}=1\ 440(人)$$

第二季度 $$\frac{1\ 450+1\ 480+1\ 440}{3}=1\ 460(人)$$

如果将上述计算过程合并，计算第二季度平均员工人数，则

$$\bar{a}=\frac{\frac{1\ 400+1\ 500}{2}+\frac{1\ 500+1\ 460}{2}+\frac{1\ 460+1\ 420}{2}}{4-1}$$

若以一般公式表示这个计算过程，就是

$$\bar{a}=\frac{\frac{a_1+a_2}{2}+\frac{a_2+a_3}{2}+\cdots+\frac{a_{N-1}+a_N}{2}}{N-1}$$

或

$$a=\frac{\frac{a_1}{2}+a_2+\cdots+a_{N-1}+\frac{a_N}{2}}{N-1}$$

以上是对间隔相等的时点数列，按"首末折半"简单算术平均法计算其平均发展水平。当时点间隔不等时，应按"首末折半"加权算术平均法，以间隔长短 (t_i) 为权数，计算平均发展水平。计算公式为

$$\bar{a}=\frac{\frac{a_1+a_2}{2}t_1+\frac{a_2+a_3}{2}t_2+\cdots+\frac{a_{N-1}+a_N}{2}t_{N-1}}{t_1+t_2+\cdots+t_{N-1}}$$

表 6-4 某企业 2005 年钢材库存

时间	年初	三月末	七月末	年末
钢材库存量/吨	45	55	80	50

将表 6-4 资料代入上式，该厂年平均钢材库存量为 62.08 吨，即

$$\bar{a}=\frac{\frac{45+55}{2}\times 3+\frac{55+80}{2}\times 4+\frac{80+50}{2}\times 5}{3+4+5}=62.08(吨)$$

(2) 相对指标时间数列和平均指标时间数列平均发展水平。由于相对指标数值和平均指标数值不能直接相加，因此对这两种数列计算平均发展水平，一般不宜直接将数列中的相对数或平均数

简单加总求平均。

相对指标和平均指标都由总量指标派生而来,故可将它们表示为两个总量指标的比值,对其求平均发展水平,其计算方法和步骤为:

第一,计算其分子项的平均发展水平 $\bar{a}$;

第二,计算其分母项的平均发展水平 $\bar{b}$;

第三,计算相对指标或平均指标(c)的平均发展水平 $\bar{c}$,即

$$\bar{c}=\frac{\bar{a}}{\bar{b}}$$

其中,分子项或分母项是时期指标,则按前述时期数列计算方法计算其平均发展水平;是时点指标,则按前述时点数列计算方法计算之。

例如,某企业第一季度工人数和工业总产值资料如表6-5所示。

表6-5 某企业产值、工人数资料

月份	月初工人数/人	工业总产值/万元
1	1 850	250
2	2 050	272
3	1 950	271
4	2 150	—

计算表6-5中第一季度工人月平均劳动生产率如下

第一,计算总产值的月平均数 $\bar{a}$

$$\bar{a}=\frac{250+272+271}{3}=\frac{793}{3}$$

第二,计算工人数的月均数 $\bar{b}$

$$\bar{b}=\frac{\frac{1\,850}{2}+2\,050+1\,950+\frac{2\,150}{2}}{3}=\frac{6\,000}{3}$$

第三,计算工人劳动生产率月平均数 $\bar{c}$

$$\bar{c}=\frac{\bar{a}}{\bar{b}}=\frac{793}{6\,000}=0.132\,2(万元/人)$$

计算结果表明,该企业第一季度平均工人月劳动生产率为1 322元/人。

二、时间数列速度指标

1. 发展速度

增减水平是两期水平的差额比较。若将两期水平作程度比较,即得到发展速度指标。以 x_i 表示发展速度,则

$$x_i=\frac{a_i}{a_o}$$

发展速度表明现象发展变化的快慢程度,表明报告期水平已发展到基期水平的若干倍或百分之几。以表6-1为例,2015年我国国内生产总值已发展到2010年水平的1.7倍或170%,即

$$x_5 = \frac{676\,708}{397\,983} = 1.70$$

类似增减水平,由于基期选择不同,发展速度也两种形式

环比发展速度 $\quad\quad \frac{a_1}{a_0}, \frac{a_2}{a_1}, \cdots, \frac{a_N}{a_{N-1}}$

定基发展速度 $\quad\quad \frac{a_1}{a_0}, \frac{a_2}{a_0}, \cdots, \frac{a_N}{a_0}$

可以发现,两种发展速度之间存在以下数量关系:环比发展速度连乘积等于相应时期的定基发展速度,即

$$\frac{a_1}{a_0} \times \frac{a_2}{a_1} \times \cdots \times \frac{a_i}{a_{i-1}} = \frac{a_i}{a_0}$$

两个相邻时期的定基发展速度之商等于相应时间的环比发展速度,即

$$\frac{a_i}{a_0} \div \frac{a_{i-1}}{a_0} = \frac{a_i}{a_{i-1}}$$

对表 6-1 资料分别计算国内生产总值的两种发展速度,得表 6-6 结果。

表 6-6 发展速度计算表(单位:%)

年 份		2010	2011	2012	2013	2014	2015
发展速度	环比	——	118.5	110.1	109.5	111.9	106.3
	定基	——	118.5	130.5	142.9	160.0	170.0

2. 增减速度

增减水平表明报告期较基期增减的绝对水平,增减速度则表明报告期较基期增减的相对程度。增减速度以 x_i' 表示,于是

$$x_i' = \frac{\Delta a_i}{a_0}$$

由于其分子项的增减水平有两种,所以增减速度亦有两种,即环比增减速度和定基增减速度。它们的计算公式分别为

$$环比增减速度 = \frac{a_i - a_{i-1}}{a_{i-1}}$$

$$定基增减速度 = \frac{a_N - a_0}{a_0}$$

因为

$$\frac{a_i - a_{i-1}}{a_{i-1}} = \frac{a_i}{a_{i-1}} - 1$$

$$\frac{a_N - a_0}{a_0} = \frac{a_N}{a_0} - 1$$

可见

环比增减速度=环比发展速度-1
定基增减速度=定基发展速度-1

在计算环比和定基增减速度时,应该注意到环比增减速度的连乘积并不等于定基增减速度。由"环比"计算"定基",一般需要通过发展速度与增减速度的关系及两种发展速度的关系而进行。

例如某县粮食产量连年增长,2013年比2012年增长3%,2014年比2013年增长8%,2015年比2014年增长5%。试问该县2012年以来,三年共增长多少粮食产量?

首先,利用增减速度与发展速度的关系,对三个环比增减速度分别加基数100%(或1),得出这三年的环比发展速度103%、108%、105%;然后,利用两种发展速度的关系,求出定基发展速度116.8%(103%×108%×105%=116.8%);最后,再利用增减速度与发展速度的关系,由三年定基发展速度减基数100%,得到三年定基增减速度16.8%。计算结果表明,该县三年来粮食产量共增长16.8%。

增减水平有正、负值,从而增减速度也有正、负值。正值,表示现象增长,上升;负值,表示现象减少、下降。

3. 平均发展速度

从表6-6可知,各期的环比发展速度不相同,这说明现象的发展速度有快有慢、时快时慢。为了把握现象在一个较长时期内各单位时期的一般发展速度或典型发展速度,就需要计算平均发展速度,即计算环比发展速度的平均数。

两种发展速度的数量关系(连乘积)不同于两种增减水平的数量关系(连加和),因此计算平均发展速度的方法也不同于计算平均增减水平的方法。计算环比发展速度的平均数,只能按连乘法(而不能用连加法),以几何平均数公式(而不能用算术平均数公式)计算。所以,计算平均发展速度,通常采用几何平均法。

(1) 几何平均法。前面第四章已给出计算几何平均数的公式,即

$$\bar{x}_G = \sqrt[N]{x_1 \cdot x_1 \cdot \cdots \cdot x_N}$$

若以 $\bar{x}$ 表示平均发展速度,x_i 表示各期环比发展速度,则

$$\bar{x} = \sqrt[N]{\frac{a_1}{a_0} \times \frac{a_2}{a_1} \times \cdots \times \frac{a_N}{a_{N-1}}} = \sqrt[N]{x_1 \cdot x_2 \cdot \cdots \cdot x_N}$$

对表6-6,用上式计算,得

$$\bar{x} = \sqrt[5]{1.185 \times 1.101 \times 1.095 \times 1.119 \times 1.063} = 111.2\%$$

计算数字表明,我国"十二五"期间国内生产总值年平均发展速度为111.2%。

环比发展速度连乘积等于定基发展速度,故上式又可以写为

$$\bar{x} = \sqrt[N]{\frac{a_N}{a_0}}$$

例如,我国工农业总产值1980年为7 100亿元,规划于2000年达到28 000亿元。这20年中平均每年的发展必须达到上一年的107.1%,方能实现规划目标。即

$$\bar{x} = \sqrt[N]{\frac{a_N}{a_0}} = \sqrt[20]{\frac{28\ 000}{7\ 100}} = 107.1\%$$

表6-6中,有5个环比发展速度,同时有5个定基发展速度。其中最末一个定基发展速度(170.0%),又被称作总速度(以 R 表示)。这样,计算表6-6资料的平均发展速度,还可以按如下公式计算

$$\bar{x} = \sqrt[N]{R} = \sqrt[5]{170.0\%} = 111.2\%$$

采用几何平均法计算平均发展速度,视所掌握的资料,可选择上述三个公式之一计算。无论选用哪一个公式,都需要开 N 次方,此时可利用对数方法或利用电子计算器计算。

(2) 方程法。平均发展速度还可以采用方程法计算。所谓计算平均发展速度的方程法,类似计

算平均增减水平的总和法,即假定按平均发展速度推算的各期发展水平理论数值之总和,等于各期发展水平实际数值之总和,亦即

$$a_0 \cdot \frac{a_1}{a_0} + \left(a_0 \cdot \frac{a_1}{a_0} \cdot \frac{a_2}{a_1}\right) + \cdots + \left(a_0 \cdot \frac{a_1}{a_0} \cdot \frac{a_2}{a_1} \cdot \cdots \cdot \frac{a_N}{a_{N-1}}\right)$$
$$= a_1 + a_2 + \cdots + a_N$$
$$a_0 \overline{x} + a_0 \overline{x}\,\overline{x} + \cdots + a_0 \overline{x}\,\overline{x} \cdots \overline{x}$$
$$= a_1 + a_2 + \cdots + a_N$$
$$a_0(\overline{x} + \overline{x}^2 + \cdots + \overline{x}^N) = \sum a_i$$
$$\overline{x} + \overline{x}^2 + \cdots + \overline{x}^N = \frac{\sum a_i}{a_0}$$

解出上述高次方程的正根,即所需计算的平均发展速度。

求解高次方程是比较繁复的计算。实际工作中,可查对按方程法编制的《平均发展速度计算表》,进行简便计算。此查表法,后述。在缺乏《计算表》的情况下,可以利用导函数公式(切线法),求解高次方程实根的近似值。

所谓切线法求解高次方程实根的近似值,以计算平均发展速度,就是重复使用下列公式,逐次逼近求解

$$\overline{x}_{i+1} = \overline{x}_i - \frac{f(\overline{x}_i)}{f'(\overline{x}_i)} \qquad (i=1,2,3\cdots)$$

式中,$\overline{x}_i$ 表示逐次逼近值;$f(\overline{x}_i)$ 表示逼近值的函数值;$f'(\overline{x}_i)$ 表示逼近值的函数一阶导数值。在方程逼近求解中,若 $\overline{x}_{i+1} \neq \overline{x}_i$,就以 $\overline{x}_{i+1}$ 代替 $\overline{x}_i$,这样步步逼近;在满足误差的条件下,重复运用上式,直到逼近 $\overline{x}_{i+1} = \overline{x}_i$ 为止。

例如,某企业计划"十二五"期间固定资产总投资 35.5 亿元,而"十一五"末年投资额为 5 亿元。该企业"十二五"投资的年平均发展速度为多少? 用切线法求解如下:

$$\overline{x} + \overline{x}^2 + \overline{x}^3 + \overline{x}^4 + \overline{x}^5 = \frac{35.5}{5}$$
$$\overline{x} + \overline{x}^2 + \overline{x}^3 + \overline{x}^4 + \overline{x}^5 - 7.1 = 0$$

令 $$\overline{x} = 1.1$$
则 $$f(1.1) = -0.3844 < 0$$
令 $$\overline{x} = 1.15$$
则 $$f(1.15) = 0.6538 > 0$$

可见,x 落在 $(1.1, 1.15)$ 区间内。用切线法公式逐次逼近:

令 $$\overline{x}_1 = 1.1$$

$$\overline{x}_2 = \overline{x}_1 - \frac{f(\overline{x}_1)}{f'(\overline{x}_1)} = 1.1 - \frac{f(1.1)}{f'(1.1)} = 1.1197$$

由于 $\overline{x}_2 \neq \overline{x}_1$,再用 $\overline{x}_3$ 代替 $\overline{x}_2$

$$\overline{x}_3 = 1.1197 - \frac{f(1.1197)}{f'(1.1197)} = 1.1193$$

由于 $\bar{x}_3 \neq \bar{x}_2$，再用 $\bar{x}_4$ 代替 $\bar{x}_3$，则

$$\bar{x}_4 = 1.1193 - \frac{f(1.1193)}{f'(1.1193)} = 1.1193$$

所以，该企业投资额年平均发展速度为111.93%。

(3) 两种方法的比较。几何平均法计算平均发展速度，从第一个公式看，它是各个环比发展速度的平均数。但从第二、第三个公式看，它的取值实际上并不受中间各期发展水平的影响，而是仅受最初水平与最末水平的影响。因而，几何平均法具有侧重考察最末一期发展水平或最末一期定基发展速度（总速度）的特点。由于这个特点，几何平均法又称水平法。

几何平均法计算的平均发展速度满足

$$a_0 \bar{x}^N = a_N$$

$$\bar{x}^N = \frac{a_N}{a_0}$$

即，按这一平均发展速度推算的最末一期发展水平的理论数值等于其实际数值（此一性质类似水平法计算的平均增减水平），由此推算的最末一期定基发展速度的理论数值等于其实际数值。

方程法以各个时期发展水平之和与最初水平之比为基础，计算平均发展速度。因为最末水平、最初水平只是发展水平之和的一部分，所以，方程法计算的平均发展速度受各期发展水平或发展速度的影响。方程法具有侧重考察整个发展时期内的各期发展水平的累计总和的特点，故又称累计法。

方程法计算的平均发展速度，满足

$$a_0 \bar{x} + a_0 \bar{x}^2 + \cdots + a_0 \bar{x}^N = a_1 + a_2 + \cdots + a_N$$

$$\bar{x} + \bar{x}^2 + \cdots + \bar{x}^N = \frac{a_1}{a_0} + \frac{a_2}{a_0} + \cdots + \frac{a_N}{a_0}$$

即，按这一平均发展速度推算的各期发展水平之和的理论数值与其实际数值相等（此一性质类似总和法计算的平均增减水平），由此推算的各期定基发展速度之和的理论数值与其实际数值相等。

计算平均发展速度的水平法与累计法，具有不同性质和特点，因此，其应用条件也各不相同。这两种方法适用的指标，类似前述计算平均增减水平两种方法的情形。

4. 平均增减速度

平均发展速度和平均增减水平，是分别通过各期环比发展速度和逐期增减水平，直接计算的。平均增减速度，不是由各期增减速度或增减水平直接计算的。它的计算，必须通过平均发展速度，即

增减速度＝发展速度－1

平均增减速度＝平均发展速度－1

平均增减速度表明现象在一个较长时期内平均每期的增减程度。例如，通过前述平均发展速度的有关计算，可知我国国内生产总值在"十二五"期间，平均每年比上年增长11.2%；1980—2000这20年间我国工农业总产值，规划平均每年比上年增长7.1%。如果将7 100亿元近似处理为7 000亿元，那么28 000亿元就是7 000亿元的4倍；也就可以说，规划2000年工农业总产值比1980年翻两番。若是20年增长为4倍或翻两番，则平均每年增长将达7.2%。同理，如果每年平均增长7.2%，10年就可翻一番。

续前例，某县三年来粮食产量共增长16.8%。试问三年中平均每年增长多少？计算如下：

$$\sqrt[3]{16.8\% + 100\%} - 100\% = 5.31\%$$

计算结果表明,该县平均每年粮食增产 5.31%。

通过平均发展速度,求得平均增减速度。反过来,通过平均增减速度,又可计算平均发展速度。前述实际工作中,以查表法计算平均发展速度,所查之表其实是《累计法平均增长速度查对表》。查表,先求得平均增减速度,后加上基数 100%,得到平均发展速度。

例如,上例某企业"十二五"期间投资额是基期的 710%(35.5/5)。查看《累计法平均增长速度查对表》(如表 6—7 所示),可知它介于 691.27%～711.51%之间,其对应的五年间平均增减速度介于 11%～12%之间。按插值法计算,该企业投资额平均每年增长 11.9%,亦即平均发展速度为 111.9%。

表 6-7 累计法平均增长速度查对表(节选)

递增速度　　　　　　　　　　　　　　　　　　　　　　　　　　　　　　　　间隔期:1—5 年

平均每年增长/%	各年发展水平总和为基期的/%				
	1 年	2 年	3 年	4 年	5 年
⋮	⋮	⋮	⋮	⋮	⋮
8.0	108.0	224.64	350.61	486.66	633.59
9.0	109.0	227.81	357.31	498.47	652.33
10.0	110.0	231	364.1	510.51	671.56
11.0	110.0	234.21	370.97	522.77	691.27
12.0	112.0	237.44	377.93	535.28	711.51
⋮	⋮	⋮	⋮	⋮	⋮

三、时间数列指标运用

将时间数列指标划分为水平指标和速度指标,着眼的角度是反映现象发展变化的两类不同特征。如果从计算方法的不同来划分时间数列指标,则为初始指标(发展水平)、比较指标(增减水平、发展速度和增减速度)和平均指标(平均发展水平、平均增减水平、平均发展速度和平均增减速度)。这里,后两个比较指标和全部平均指标,又可分别归结为动态相对指标和动态平均指标。在利用时间数列指标计算和分析社会经济现象的发展变化数量特征时,仍须遵守相对指标和平均指标的一般原则,并加以灵活运用。尤其应该注意的是以下几个方面。

1. 选择合适的基期

一般应以现象常态发展的时期或时点作为基期,也可随研究目的作相应的选择。例如,分析五年计划执行情况,本五年计划开始前的一年即为基期;宣传改革开放的巨大成就,可以 1978 年为基期;查找差距、追赶先进,可以历史最高或最低时期为基期等。

对于某些带有季节性的现象,适于选择去年同期(同月、同季)作为基期,以消除季节变动对分析的干扰。以去年同期计算的增减水平和发展速度,称为年距增减水平和年距发展速度。即

$$年距增减水平 = 本期发展水平 - 去年同期发展水平$$

$$年距发展速度 = \frac{本期发展水平}{去年同期发展水平}$$

2. 既看速度,又看水平

通常,基数大,发展速度慢(低);基数小,发展速度快(高)。所以,高速度可能掩盖了低水平,而低速度又可能隐含着高水平。对现象作动态分析,既要看速度,又要看水平,才不致产生片面性。

有学者指出,斯大林在分析经济增长相对程度与增长绝对数量的关系时,最早利用了"增减 1%

绝对值"指标。这是一个将速度分析与水平分析结合起来的指标,它是逐期增减水平与环比增减速度之比,即

$$增减1\%绝对值 = \frac{逐期增减水平}{环比增减速度(\%) \times 100} = \frac{a_i - a_{i-1}}{\frac{a_i - a_{i-1}}{a_{i-1}} \times 100} = \frac{a_{i-1}}{100}$$

因此,增减1%绝对值又可表示为基期水平除以100。

3. 用分段平均速度补充说明总平均速度

计算较长一段时期的平均速度,若其中某些阶段(时期)现象的发展变化具有特殊性,只计算一个总的平均速度指标,并不能具体反映该现象的发展过程和变化速度。因此,有必要分段计算各个阶段的平均速度,来加以补充说明。例如,分析研究新中国60多年来某一产品产量的平均发展变化程度,除了计算一个总的平均速度外,有必要再选择国民经济恢复时期、各个五年计划时期或其他特殊时期,分段计算相应的分段平均速度,来补充说明总的平均速度。

4. 注意区分"番"与"倍"

增长一倍,就是增长100%;翻一番,也是增长100%。除了一倍与一番相当外,两倍与两番以上的数字含义就不同了;而且数字越大,差距越大。例如,增长两倍,是指增长了200%,增长为基期水平的300%;翻两番,是指增长为基期水平的400%(一番是二,二番是四,三番就是八)。所以说,翻两番就是增长了300%,翻三番就是增长了700%。"番"是按几何级数计算的,"倍"是按算术级数计算的。

计算翻番公式为

$$n = [\lg(报告期水平 - 基期水平)] \div \lg 2$$

上式中,n、lg 表示翻番数、常用对数。

知识链接11:人口自然增长率

人口自然增长率指一定时期内人口自然增长数(出生人数减死亡人数)与该时期内平均人口数之比,通常以年为单位计算,用千分比来表示。其计算公式为

$$人口自然增长率 = \frac{年内出生人数 - 年内死亡人数}{年平均人口数} \times 1\,000‰$$

$$= 人口出生率 - 人口死亡率$$

据国家统计局年度统计公报,我国人口自然增长率2007年为5.17‰,2009为5.05‰,2011为4.79‰。而据国家统计局人口普查公报,1990年我国大陆30个省、自治区、直辖市和现役军人的人口为1 133 682 501人,2000年31个省、自治区、直辖市和现役军人的人口为1 265 825 048人,2010年31个省、自治区、直辖市和现役军人的人口为1 339 724 852人。计算可得,我国大陆人口年均增长,前十年为1.07%,后十年为0.57%。

第三节 时间数列分析

一、长期趋势测定

所谓长期趋势测定,就是运用一定的计算分析方法,将原时间数列(实际值数列),加工成一个新数列(趋势值数列),以新数列鲜明地揭示出现象发展变化的总趋势。

测定长期趋势的首要目的在于，认清现象发展的总趋势是持续向上发展、向下发展或基本持平，从而把握现象动态发展的规律。把握了现象发展的规律，就为对其未来发展的预测提供了依据和条件。长期趋势的测定，也为进一步的动态分析提供了基础。

测定长期趋势的方法很多，主要有移动平均法和趋势线法。趋势线法又包含直线趋势线法和曲线趋势线法。

1. 移动平均法

移动平均法，就是对原数列，采用逐期递推移动的简单算术平均方法，计算出一系列扩大时距的序时平均数，并以这一系列平均数作为对应于原数列的新数列。通过平均，现象短期不规则变动的影响被消除了。如果平均时，采用的扩大时距能与现象的周期波动的时距相吻合或成倍数关系，则现象季节变动、循环变动的影响就能得以削弱。如此，移动平均法能较好地显现现象的基本发展趋势。

表 6-8 说明了用移动平均法计算 20 世纪 80 年代我国工业产品——布产量资料的长期趋势的过程。

表 6-8 移动平均法示例表

年 份	布产量/10^8 m	3 年移动平均	5 年移动平均
1981	142.7	——	——
1982	153.5	148.3	——
1983	148.8	146.4	145.7
1984	137.0	144.2	150.1
1985	146.7	149.5	154.2
1986	164.7	161.8	162.0
1987	173.9	175.5	171.8
1988	187.9	182.6	178.5
1989	186.0	184.6	——
1990	180.0	——	——

由表 6-8 中的原数列可以大致看出，我国布的产量尽管在某些年份有些下降，但从长期观察看总的趋势是逐步上升的。从 3 年和 5 年移动平均得到的新数列，能更明显地看出布产量的长期向上增长趋势。

采用移动平均法测定长期趋势，应注意以下两个方面：

第一，上例将原数列的"年"资料，扩大为"3 年"和"5 年"求移动平均，时距扩大期数（N）为"3"和"5"。N 一般选为奇数。采用奇数平均，一次就能得到移动平均趋势值。如本例，3 年平均，其第一个平均数为 $(142.7+153.5+148.8)\div 3=148.3$，即可作为第二年的趋势值；第二个平均数为 $(153.5+148.8+137.0)\div 3=146.4$，即可作为第三年的趋势值。如果原数列是各年的季度资料或月份资料，应选择四期或十二期移动平均，即 N 选为偶数。采用偶数平均，需要两次移动平均才能得到移动平均趋势值。这一点，可参见表 6-11。

第二，无论 N 取为奇数或偶数，关键在于 N 的具体取值，即 N 大小的选择。一般应以现象发展变化的周期长度或周期长度的倍数为准。N 较大，移动平均显现长期趋势的效果较好；N 较小，效果则较差；但 N 若较大，得到的移动平均趋势值则较少，会损失一部分信息。

2. 趋势线法

不同的社会经济现象动态发展的长期趋势，表现出不同的发展规律和发展模式。所谓趋势线法,就是对原时间数列拟合恰当的趋势线(趋势方程),用以描述该数列长期趋势的具体模式。趋势线法分三个步骤。

(1) 选择合适的趋势方程(趋势模型)。所谓合适的方程形式,取决于现象发展变化的特点。例如,当原数列的逐期增减水平大致相同时,应选择线性趋势方程进行拟合;当原数列的环比增减速度大致相同时,宜选择指数曲线趋势方程(非线性趋势方程)。如何选择合适方程或模型,还可参看第十二章第三节。

假定经分析,表 6-7 资料宜拟合线性趋势方程,即选用:

$$\hat{y} = \beta_0 + \beta_1 t$$

上式,$\hat{y}$ 表示以趋势方程确定的趋势值(数列),t 表示原数列的各个时期,β_0 和 β_1 表示方程中的待定参数。

(2) 估计趋势方程中的参数。估计参数的方法常见的有分段平均法和最小二乘法。

分段平均法的数学基础是

$$\sum(y - \hat{y}) = 0$$

对于线性趋势方程,有

$$\sum(y - \beta_0 - \beta_1 t) = 0$$

整理后,得

$$\frac{\sum y}{N} = \frac{\beta_0 N}{N} + \frac{\beta_1 \sum t}{N}$$

$$\bar{y} = \beta_0 + \beta_1 \bar{t}$$

为求得参数 β_0, β_1 的唯一解,取直线上两个平均点 (t_1, y_1)、(t_2, y_2) 代入方程得

$$\bar{y}_1 = \beta_0 + \beta_1 \bar{t}_1$$
$$\bar{y}_2 = \beta_0 + \beta_1 \bar{t}_2$$

或

$$\frac{y - \bar{y}_1}{\bar{y}_2 - \bar{y}_1} = \frac{t - \bar{t}_1}{\bar{t}_2 - \bar{t}_1}$$

将原数列分为前、后两段,每段算出平均数,代入上式,即可求解出参数 β_0, β_1。

对表 6-8 资料,运用分段平均法,求解线性趋势方程参数 β_0, β_1 如下:

以 $1, 2, \cdots, 10$,分别代表 1981 年、1982 年、$\cdots$、1990 年,则有

$$\bar{t}_1 = (1+2+3+4+5) \div 5 = 3$$
$$\bar{t}_2 = (6+7+8+9+10) \div 5 = 8$$
$$\bar{y}_1 = (142.7+153.5+148.8+137.0+146.7) \div 5$$
$$= 145.7$$
$$\bar{y}_2 = (164.7+173.9+187.9+186.0+180.0) \div 5$$
$$= 178.5$$

代入公式,得

$$145.7 = \beta_0 + 3\beta_1 \qquad 或 \qquad \frac{y - 145.7}{178.5 - 145.7} = \frac{t - 3}{8 - 3}$$
$$178.5 = \beta_0 + 8\beta_1$$

解得
$$\beta_0 = 126.02, \quad \beta_1 = 6.56$$

直线趋势方程为:$\hat{y} = 126.02 + 6.56t$。

最小二乘法又称最小平方法,是估计趋势方程参数的最佳拟合的方法。这一方法的数学基础为:

$$\sum (y - \hat{y})^2 = 最小值$$

对于线性趋势方程,则为

$$\sum (y - \beta_0 - \beta_1 t)^2 = 最小值$$

根据导函数求极值原理,可得如下标准方程:

$$\sum y = N\beta_0 + \beta_1 \sum t$$
$$\sum ty = \beta_0 \sum t + \beta_1 \sum t^2$$

亦即

$$\beta_1 = \frac{N\sum ty - \sum t \sum y}{N\sum t^2 - (\sum t)^2}$$
$$\beta_0 = \bar{y} - \beta_1 \bar{t}$$

对表 6-8 资料进行有关计算如表 6-9,并代入上式,得

$$\beta_1 = \frac{10 \times 9\,360.3 - 55 \times 1\,621.2}{10 \times 385 - 55^2} = 5.38$$
$$\beta_0 = \frac{1\,621.2}{10} - 5.38 \times \frac{55}{10} = 132.53$$

可得该直线趋势方程为

$$\hat{y} = 132.53 + 5.38t$$

表 6-9 最小二乘法趋势直线计算表(1)

年 份	t	布产量/10^8 m	ty	t^2	$\hat{y}$
1981	1	142.7	142.7	1	137.9
1982	2	153.5	307.0	4	143.3
1983	3	148.8	446.4	9	148.7
1984	4	137.0	548.0	16	154.0
1985	5	146.7	733.5	25	159.4
1986	6	164.7	988.2	36	164.8
1987	7	173.9	1 217.3	49	170.2
1988	8	187.9	1 503.2	64	175.6
1989	9	186.0	1 674.0	81	180.9
1990	10	180.0	1 800.0	100	186.3
合计	55	1 621.2	9 360.3	385	—

(3) 运用已估计出参数的趋势方程,描述和揭示现象的长期趋势。

第一,求出趋势方程所确定的趋势值($\hat{y}$),得一新数列(见表6-9)。此数列更明显地表现出现象的长期趋势。第二,趋势方程中的参数 β_1 表述当时间变量 t 每增加一个单位所引起的趋势值增加 β_1 个单位。例如,直线趋势方程 $\hat{y}=132.53+5.38t$,表示我国布产量平均每年以5.38亿米的绝对量增长。第三,根据趋势方程,进行外推预测。例如,由直线趋势方程 $\hat{y}=132.53+5.38t$,可预测1991年、1992年布产量分别为

$$1991 \text{ 年} \quad \hat{y}=132.53+5.38\times 11=191.7\times 10^8（米）$$

$$1992 \text{ 年} \quad \hat{y}=132.53+5.38\times 12=197.1\times 10^8（米）$$

通常在求解上述直线趋势方程时,为计算简便,可以采用以时间数列的中点为原点的方法,如数列项数为奇数时,可令中间一年为0年,原点以前各年分别依次记作$(-1,-2,-3,\cdots,-n/2)$,原点以后各年分别记作$(1,2,3,\cdots,n/2)$;如时间数列项数为偶数时,则以中间两个年份的中点为原点,原点以前各年份依次用$(-1,-3,-5,\cdots)$的序号,原点以后的各年份依次为$(1,3,5,\cdots)$的时间序号。这样假定时间序号,可以使原点前后两半部分的正值和负值相互抵消,使$\sum t=0$,从而,使最小二乘法所得的标准方程简化为

$$\beta_0=\frac{\sum y}{n}, \beta_1=\frac{\sum ty}{\sum t^2}$$

仍以表6-9中的数据资料,采用中间年份为原点的时间序号方法,拟合直线趋势方程,详见表6-10。

表6-10 最小二乘法趋势直线计算表(2)

年 份	时间序号 t	布产量(10^8m)	ty	t^2	$\hat{y}$
1981	−9	142.7	−1 281.3	81	137.91
1982	−7	153.5	−1 074.5	49	143.29
1983	−5	148.8	−714.0	25	148.67
1984	−3	137.0	−411.0	9	154.05
1985	−1	146.7	−146.7	1	159.43
1986	1	164.7	164.7	1	164.81
1987	3	173.9	521.7	9	170.19
1988	5	187.9	939.5	25	175.57
1989	7	186.0	1 302.0	49	180.95
1990	9	180.0	1 620.0	81	186.33
合计	0	1 620.3	884.7	330	—

将表6-10中有关数据代入到最小二乘法标准方程中,得

$$\beta_1=\frac{\sum ty}{\sum t^2}=\frac{884.7}{330}=2.69$$

$$\beta_0=\frac{\sum y}{n}=\frac{1\,621.2}{10}=162.12$$

计算结果表明,我国布产量的时间趋势直线方程为:$\hat{y}=162.12+2.69t$。各年份时间趋势值$\hat{y}$列入表 6-10 中最末一栏。

二、季节变动测定

季节变动有三个特点:它为有规律的变动;它为每年重现的变动;它在各年的变动方向和程度大体相同。因此,季节变动以"年"为变动周期。年度资料不含季节变动。只有季度资料和月份资料等含有季节变动。

所谓季节变动的测定,就是运用一定的方法,对季度或月份的历史资料,计算一相对指标——季节比率,用以反映现象季节变动的方向和程度。测定季节变动,进而认识和掌握其变动规律,科学安排生产和经营活动,对企业具有重要意义。测定季节变动,还可以用来消除时间数列的季节变动,为测定其他因素提供条件。

计算季节比率,通常有两种方法:按月(季)平均法和趋势剔除法。

1. 按月(季)平均法

利用三年以上连续的长时期短时距时间数列资料,计算同月(季)的平均数,然后再计算各个平均数占全年各月(季)总平均数的比率,即为各月(季)的季节比率

$$季节比率 = \frac{各月(季)平均数}{全期各月(季)总平均数} \times 100\%$$

假设已掌握某企业连续 20 个季度的商品销售量资料(单位:万件),采用按季平均法计算其季节比率,如表 6-11 所示。

表 6-11 中的总平均数 95.55,是全期 20 个季度资料的总平均,也是各季平均数的简单算术平均。

$$(102+93.4+88.8+98) \div 4 = 95.55$$

最后,以此数除每季的平均数,得表中末行的季节比率。这里,四个季节比率之和应等于 400%。使用月份资料时,十二个季节比率之和应等于 1200%。有时,由于计算误差等原因,四个季节比率之和或十二个季节比率之和不等于 400%或 1 200%,就需要调整。调整时是把差额分摊到各季(月)的季节比率上。例如,假定某资料算出的四个季节比率是 60.51%,82.63%,109.25%和 146.34%,其和为 398.73%,则调整系数为 $\frac{400}{398.73}=1.003\,185$。以此系数依次乘各季节比率,得到调整后的季节比率为 60.70%,82.89%,106.60%和 146.81%。这样,它们的和正好是 400%了。

表 6-11 按月平均法计算季节比率表(单位:万件)

年份 \ 季度	一	二	三	四	合计
2001	88	80	75	84	327
2002	93	85	81	90	349
2003	102	94	89	100	385
2004	110	100	96	104	410
2005	117	108	103	112	440
合计	510	467	444	490	1 911
季平均数	102	93.4	88.8	98	95.55
季节比率/%	106.75	97.75	92.94	102.56	400.00

季节比率是以百分数表示各季(月)水平比全期总水平(100%)高或低的程度,即季节变动的一般规律。如本例中,三季度最低,仅为总平均水平的92.94%;一季度最高,达总平均水平的106.75%。可以认为,一、四季度为旺季,二、三季度是淡季。

按月(季)平均法,计算方便,易于理解。但此法没有考虑时间数列经常存在着的长期趋势的影响,因而不能确切地反映季节变动的程度。在有上升趋势的资料中(如上例),后期各季水平比前期同季水平有较大的增大,而有下降趋势的资料,后期水平较前期同期水平有较大的减小,这样,客观上造成了在简单平均的季节平均数计算中,后期数值比前期数值掺入了不合理的加权因素的影响,降低了季节比率的准确程度。为了克服这一缺点,统计上常用趋势剔除法求季节比率或季节变差方法。

2. 趋势剔除法

按照先剔除长期趋势的影响、再计算季节比率的思想,先对上述资料利用最小二乘法、分段平均法或移动平均法等方法,求得趋势直线$\hat{y}$;然后,剔除实际值y中的趋势部分$\hat{y}$,最后,再逐月(季)计算季节比率或季节变差。

现以表6-11资料为例,用移动平均法剔除$\hat{y}$说明如下:

首先,采用四期移动平均法,求出趋势值如表6-12所示。由于采用偶数平均,必须两次移动平均,方能得到趋势值。例如,表6-12中第四纵栏为第一次移动平均值。其第一个平均数$(88+80+75+84)\div4=81.75$,作为2001年第二季度与第三季度之间的移动平均值;第二个平均数$(80+75+84+93)\div4=83$,作为2001年第三季度与第四季度之间的移动平均值,以此类推。表6-12中第五纵栏为第二次移动平均所得到的趋势值。其第一个趋势值为$(81.75+83.00)\div2=82.4$,第二个趋势值为$(83.00+84.25)\div2=83.6$;它们分别作为2001年第三季度、第四季度的趋势值,以此类推。这样,趋势值与相应时期的实际值,正好便于直接比较。

表6-12 加权移动平均求趋势值表(单位:万件)

年份	季度	销售量(y)/万件	四期移动平均	二次移动平均得趋势值($\hat{y}$)
2001	1	88	——	——
	2	80	81.75	——
	3	75	83.00	82.4
	4	84	84.25	83.6
2002	1	93	85.75	85.0
	2	85	87.25	86.5
	3	81	89.50	88.4
	4	90	91.75	90.6
2003	1	102	93.75	92.8
	2	94	96.25	95.0
	3	89	98.25	97.3
	4	100	99.75	99.0
2004	1	110	101.50	100.6
	2	100	102.50	102.0
	3	96	104.25	103.4
	4	104	106.25	105.3
2005	1	117	108.00	107.1
	2	108	110.00	109.0
	3	103	——	——
	4	112	——	——

其次,从原数列剔除长期趋势。剔除的方法有减法,即实际值减去趋势值;或除法,即实际值除

以趋势值两种。分别采用减法或除法剔除长期趋势。如表 6-13 所示。

最后,根据趋势值剔除后的结果,分别计算季节变差和季节比率。

(1) 季节变差(SV)的计算主要是依据时间数列加法模式的思想,将各年同季的 $y-\hat{y}$ 的数据重新排列,如表 6-14,分别求出各季的平均数。

表 6-14 中,各季平均数采用简单平均方法求得,其和应为零,这时,各季平均数就是季节变差(SV)。如果平均数之和不为零,则应校正。校正的方法就是将季平均数之和不为零的余数平均分摊到各季平均数之上。而如表 6-14 中,四个季度的平均数之和为零,则校正数为零。

表 6-13 移动平均趋势剔除计算表

年份	季度	销售量(y)/万件	趋势值($\hat{y}$)	剔除趋势值	
				$y-\hat{y}$	$y/\hat{y}$
(1)	(2)	(3)	(4)	(5)=(3)-(4)	(6)=(3)/(4)
2001	1	88	——	——	——
	2	80	——	——	——
	3	75	82.4	−0.74	0.910 2
	4	84	83.6	0.4	1.004 8
2002	1	93	85.0	8.0	1.094 1
	2	85	86.5	−1.5	0.982 7
	3	81	88.4	−7.4	0.916 3
	4	90	90.6	−0.6	0.993 4
2003	1	102	92.8	9.2	1.099 1
	2	94	95.0	−1.0	0.989 5
	3	89	97.3	−8.3	0.914 7
	4	100	99.0	1.0	1.010 1
2004	1	110	100.6	9.4	1.093 4
	2	100	102.0	−2.0	0.980 4
	3	96	103.4	−7.4	0.928 4
	4	104	105.3	−1.3	0.987 7
2005	1	117	107.1	9.9	1.092 4
	2	108	109.0	−1.0	0.990 8
	3	103	——	——	——
	4	112	——	——	——

表 6-14 季节变差 SV 计算表

年份＼季度	1	2	3	4
2001	——	——	−7.4	0.4
2002	8.0	−1.5	−7.4	−0.6
2003	9.2	−1.0	−8.3	1.0
2004	9.4	−2.0	−7.4	−1.3
2005	9.9	−1.0	——	——
合 计	36.5	−5.5	−30.5	−0.5
平均数	9.125	−1.375	−7.625	−0.125
校正数	0	0	0	0
季节变差 SV	9.125	−1.375	−7.625	−0.125

(2) 季节比率(SI)的计算主要是依据时间数列乘法模式思想,将各年各季的 $y/\hat{y}$ 的修匀比率顺序排列,然后,分别求出各季的平均数,计算过程见表 6-15。

表 6-15 季节比率 SI 计算表(%)

年份 \ 季度	1	2	3	4
2001	——	——	91.02	100.48
2002	109.41	98.27	91.63	99.34
2003	109.91	98.95	91.47	101.01
2004	109.34	98.04	92.84	98.77
2005	109.24	99.08	——	——
合 计	437.90	394.34	366.96	399.60
平均数	109.48	98.59	91.74	99.90
校正比率	1.000 73	1.000 73	1.000 73	1.000 73
季节比率(SI)	109.56	98.66	91.81	99.97

表 6-15 计算的各季平均数就是季节比率,各季节的平均数之和应等于 400%。如果是月度资料应等于 1 200%。但在实际计算中,往往不能正好相等。本例中,四个季度平均数之和为 399.71%。略作校正,校正比率系数为 400÷399.71=1.000 73,用此校正比率分别乘各季平均数,即可得季节比率(SI),其结果是季节比率四季之和为 400%。

三、循环变动测定

与季节变动不同,循环变动是指在较长时期的历史资料中由于经济体制和运行机制的矛盾,产生的经济增长波动和商业景气循环。它一般指经济发展的衰退、萧条、复苏和繁荣的周期性变化过程。以循环变动的周期长短,可将循环变动分为四种:

(1) 康德拉季耶夫循环。俄国经济学家康德拉季耶夫(N. D. Kondratieff)于 1925 年提出资本主义经济中存在着 50~60 年一个的周期,也称长周期。

(2) 库兹涅茨循环。1930 年,美国经济学家库兹涅茨(S. S. Kuznets)提出了存在一种与房屋建筑相关的经济周期,这种周期平均长度为 20 年。这也是一种长周期,又称建筑业周期。

(3) 朱格拉循环。法国经济学家朱格拉(C. Juglar)在 1862 年出版的《法国、英国及美国的商业危机及其周期》一书中,提出了资本主义经济存在着 9~10 年的循环波动。美籍奥地利经济学家熊彼特把这种周期称为中周期。

(4) 基钦循环。英国经济学家基钦(J. Kitchen)于 1923 年提出了存在着一种 40 个月(3~4 年)左右的小周期,而一个大周期则包括两个或三个小周期。基钦提到,这种小周期是心理原因所引起的有节奏的运动的结果,而这种心理原因又是受农业丰歉影响食物价格波动所造成的。

由于对形成循环的原因机制理解不同,而产生上述不同周期长度的划分。若以循环变动的性质,可将循环变动划分为两种:

(1) 古典型循环,即经济增长水平呈绝对下降,增减速度为负值;

(2) 增长型循环,即经济增长水平呈相对下降,增减速度仍为正值,但呈递减倾向。

一个标准的古典型循环变动包括收缩与扩张两个时期以及衰退、萧条、复苏和繁荣四个阶段。确定一个完整的循环变动周期,可以从一个峰顶到下一个峰顶,也可以从一个谷底到下一个谷底。图 6-1 为循环变动的示意图。横轴 t 表示时间,纵轴 y 表示国民经济增减速度,横线 Ot 为水平线。线段 $P_1 \sim P_2$ 表示由峰顶到峰顶计算的循环周期;$P_1 \sim T_3$ 表示该循环周期的收缩期,其中,$P_1 \sim D_1$ 为收缩期的衰退阶段,$D_1 \sim T_2$ 为收缩期的萧条阶段,$T_2 \sim P_3$ 表示该周期的扩张期,其中,$T_2 \sim B_2$ 为扩张期的复苏阶段,$B_2 \sim P_2$ 为扩张期的高涨阶段。峰顶 P_1 既是上一次经济扩张的高峰,又是本次经济收缩的起点;T_2 既是本次经济收缩的谷底,又是本次经济扩张的起点;峰顶 P_2 既是本次扩张的高峰,又是本次循环的终点,同时也是新一轮循环的起点。

线段 $P_2 \sim P_3$ 表示由峰顶到峰顶计算的一个完整的增长型循环变动。$P_2 \sim T_3$ 表示该周期的收缩期,$T_3 \sim P_3$ 表示扩张期。增长型循环变动的收缩是没有萧条阶段的收缩,扩张是没有复苏阶段的扩张。峰顶 P_2 既是上次循环变动的终点,又是本次的起点,同时也是扩张趋于收缩的转折点。T_3 是收缩的谷底,也是扩张的转折点和起点。P_3 是扩张和本次循环的终点,同样也是下一轮循环的起点。

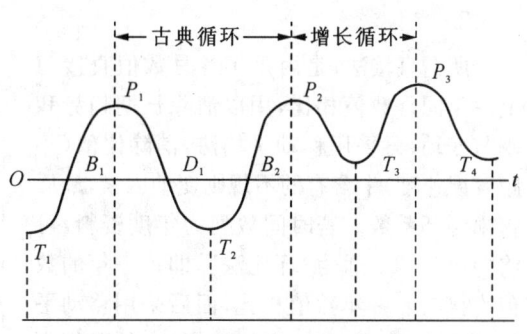

图 6-1 古典循环和增长循环图

实际测定和描述时间数列的循环变动,通常采用两种方法:剩余法和直接法。

1. 剩余法

所谓剩余法,就是依据乘法模式思路,从时间数列资料中陆续或一次消除长期趋势和季节变动,得到剩余的循环变动和不规则变动的数列;继而运用移动平均法消除不规则变动,测定出循环变动。如果原数列是年度资料,不含季节变动,则只需从原数列中消去长期趋势,而后移动平均消除不规则变动,即可呈现资料的循环变动。

以对非循环变动因素消除步骤的不同,剩余法可分为三种做法:

第一法,先消除季节变动,后消除长期趋势,即

$$\frac{y}{S} = \frac{T \cdot S \cdot C \cdot I}{S} = T \cdot C \cdot I$$

$$\frac{T \cdot C \cdot I}{T} = C \cdot I$$

第二法,先消除长期趋势,后消除季节变动,即

$$\frac{T \cdot S \cdot C \cdot I}{T} = S \cdot C \cdot I$$

$$\frac{S \cdot C \cdot I}{S} = C \cdot I$$

第三法,同时消除长期趋势和季节变动,即

$$\frac{T \cdot S \cdot C \cdot I}{T \cdot S} = C \cdot I$$

运用上述三种方法,我们可以逐步从原数列绝对数或环比相对数中得到 T,C,S 和 I。而乘法模型中各构成要素对时间数列的绝对影响可用下式表示

$$y = T + T(S-1) + TS(C-1) + TSC(I-1)$$

相应地,乘法模式中各构成要素对时间数列的相对影响可以表述为

$$100\% = \frac{T}{y}\% + \frac{T(S-1)}{y}\% + \frac{TS(C-1)}{y}\% + \frac{TSC(I-1)}{y}\%$$

这样,我们既可以将原数列值 y 分解为四个影响因素,又可以将它们合并成一个原数列 y 值。运用剩余法进行模拟分析,需要较长的时间数列数值,最好的方法是在计算机上实现上述运算,并逐步给出各个因素值的结果。

2. 直接法

所谓直接法,是由每年各月数值直接与上一年同月数值相比,用以消除长期趋势和季节变动;再采用移动平均法,消除比值(年距发展速度)中含有的不规则变动因素,最后得出循环系数。若时间数列为年度资料,可将"直接法"变通为"环比法",即每一年的数值直接与上一年数值相比,而后采用移动平均法,消除比值(环比发展速度)中的不规则变动,得到循环系数。

例如,对1950—1990年我国社会总产值资料,运用环比法,测定其循环变动,可得出表6-16和图6-2如下。

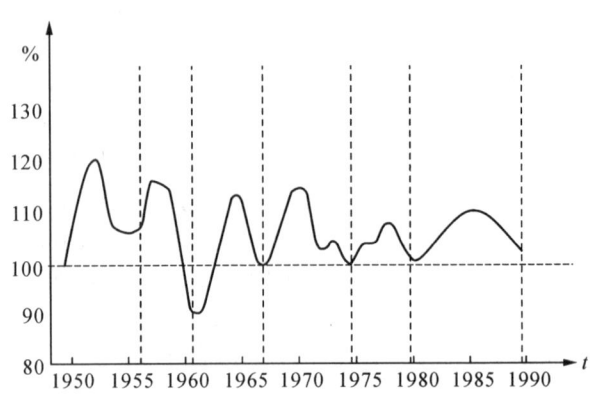

图6-2 我国社会总产值波动图(1950—1990年)

表6-16中,社会总产值环比发展速度,是按可比价格计算的。图6-2为表6-16的图示。从图6-2中可以看出,按谷底到谷底计算,我国社会总产值在40年间的发展,经历了六次显著的循环变动,平均循环周期长度为6年零8个月。

表6-16 直接法测定年循环值计算表

年份	社会总产值环比发展速度	3年移动平均	年份	社会总产值环比发展速度	3年移动平均
1950	122.60	—	1971	110.50	113.10
1951	120.10	122.87	1972	104.50	107.87
1952	125.90	121.57	1973	108.60	105.00
1953	118.70	117.70	1974	101.90	107.33
1954	108.50	111.10	1975	111.50	104.93
1955	106.10	110.83	1976	101.40	107.73
1956	117.90	110.03	1977	110.30	108.23
1957	106.10	118.87	1978	113.00	110.60
1958	132.60	118.90	1979	108.50	109.97
1959	118.00	118.43	1980	108.40	107.10
1960	104.70	96.40	1981	104.40	107.43
1961	66.50	87.07	1982	109.50	108.03
1962	90.00	88.90	1983	110.20	111.47
1963	110.20	105.90	1984	114.70	114.00
1964	117.50	115.57	1985	117.10	113.97
1965	119.00	117.80	1986	110.10	113.77
1966	116.00	108.67	1987	114.10	113.77
1967	90.10	100.77	1988	115.80	111.70
1968	95.30	103.57	1989	105.20	108.67
1969	125.30	114.93	1990	105.00	—
1970	124.20	120.00			

知识链接 12：指数平滑法

指数平滑法是由美国人布朗（R. G. Brown）从移动平均法发展而来。利用指数平滑法进行预测，就是对不规则的时间序列数据加以平滑，从而获得其变化规律和趋势，以此对未来的经济数据进行推断和预测。根据平滑次数的不同，有一次指数平滑、二次指数平滑及高次指数平滑，但高次指数平滑很少使用。

一次指数平滑法是根据前期的实测数和预测数，以加权因子为权数，进行加权平均，来预测未来时间趋势的方法。一次指数平滑法计算公式为：

$$y_{t+1} = \alpha x_t + (1-\alpha) y_t$$

式中，x_t 为时期 t 的实测值；y_t 为时期 t 的预测值；α 为平滑系数，又称加权因子，取值范围为 $0 \leqslant \alpha \leqslant 1$。

将 $y_t, y_{t-1}, \cdots, y_2$ 的表达式逐次代入 y_{t+1} 中，展开整理后，得：

$$y_{t+1} = \alpha x_t + \alpha(1-\alpha) x_{t-1} + \alpha(1-\alpha)^2 x_{t-2} + \cdots + \alpha(1-\alpha)^{t-1} x_1 + (1-\alpha)^2 y_1$$

从上式中可以看出，一次指数平滑法实际上是以 $\alpha(1-\alpha)^k$ 为权数的加权移动平均法。由于 k 越大，$\alpha(1-\alpha)^k$ 越小，所以越是远期的实测值对未来时期平滑值的影响就越小。在展开式中，最后一项 y_1 为初始平滑值，在通常情况下可用最初几个实测值的平均值来代替，或直接可用第 1 时期的实测值来代替。

从上式可以看出，新预测值是根据预测误差对原预测值进行修正得到的。α 的大小表明了修正的幅度。α 值愈大，修正的幅度愈大，α 值愈小，修正的幅度愈小。因此，α 值既代表了预测模型对时间序列数据变化的反应速度，又体现了预测模型修匀误差的能力。

在实际应用中，α 值是根据时间序列的变化特性来选取的。若时间序列的波动不大，比较平稳，则 α 应取小一些，如 $0.1 \sim 0.3$；若时间序列具有迅速且明显的变动倾向，则 α 应取大一些，如 $0.6 \sim 0.9$。实质上，α 是一个经验数据，通过多个 α 值进行试算比较而定，哪个 α 值引起的预测误差小，就采用哪个。

第四节 时间数列预警

一、选择宏观经济监测指标

单一时间数列的循环系数，只能测定出某一统计指标（经济变量）的循环变动。若要研究整个宏观经济的循环变动的全貌和全过程，就需计算出众多时间数列（经济变量）的循环系数。分析这众多经济变量循环变动的谷、峰及其转折（转节）可以发现它们有不同特点。根据它们的不同特点，一般又把它们划分为三类指标：与基准循环指标的基准时期（到达峰、谷的时间等）同步的指标，称为同步指标；比同步指标提前到达峰、谷的指标，称为领先指标；比同步指标后行到达峰、谷的指标，称为滞后指标。

作为划分领先、同步和滞后指标标准的基准指标，可以采用单一指标，如工业总产值、社会总产值、国民收入或国内生产总值指标中的一个；也可以以敏感的预警指标构成的合成指标进行划分。实际应用中一般多采用单一指标。

要使预警系统能对国民经济的运行行使较为有效的监测功能，必须依据一定的原则，筛选出恰当的指标，构成预警系统的指标体系。具体来说，这套指标体系的构建应主要采用定性与定量的方法，经过历史数据的验证，选择那些对经济波动较为敏感的指标组成。由于每个评价者对预警分析的指标认识不同，看法观点不一，很难有完全一致的指标体系。粗略分析一下，可以建立如表 6-17

的预警指标体系。这是根据我国经济统计的现状和需求提出来的。

表 6-17　经济预警指标体系示例

基准指标	领先指标	同步指标	滞后指标
工业总产值 (国内生产总值)	国企基建投资完成额 新开工项目数 工业贷款额 货币供应量 工业流动资金总额	工农业总产值 工业销售收入 社会消费品零售额 财政收入 银行现金支出 货物周转量	新增固定资产 期末商品库存 居民消费价格指数 工商业逾期未还贷款额 财政赤字

按照上述指标体系的动态数据特征,我们可以对宏观经济的运行状况做出概略判断,以确定经济的过热或过冷状况,对国民经济的间接调控提供依据。具体说来,由于领先指标与同步指标具有正向因果联系,因此,当领先指标超出正常范围值时,就可以预见到未来的同步指标会发生不正常的变化后果。所以,正确分析领先指标的预警信息,及时发出经济景气循环的信号,可以促使宏观决策部门采取相应的对策,避免经济发展的过大起落与震荡。

二、求多指标的综合指数

1. 标准循环偏差

一般地说,两个数列之间循环变动的范围和程度相差很大,往往难以直接进行比较。若以剩余法求得的循环系数 C 为纵轴,把按时间顺序排列的两个循环变动曲线绘在一张图上,它们可能会相互分离,难以直接比较。为了达到不同时间数列之间进行综合和比较目的,我们可以先求标准循环偏差。

标准循环偏差,就是指各时间数列以其循环系数减 1 除以其相应的标准差,这样做的目的是消除各指标之间量纲、单位大小不等的影响,以便于综合和比较。具体公式为

$$\text{标准循环偏差} = \frac{\frac{y}{T \cdot S} - 1}{\sigma} = \frac{C'}{\sigma}$$

式中

$$\sigma = \sqrt{\frac{\sum (C'_i - \overline{C'})^2}{N}}$$

上述公式的计算过程是对包含 N 期的某一时间数列,计算出 N 个 C';对 N 个 C',可按一般求标准差的公式求得 C' 变量的标准差 σ;再将 N 个 C' 都统一除以 σ,便可得到 N 个标准循环偏差。按此步骤,以我国工农业总产值等四个同步指标 1975—1986 年的历史数据求得标准循环偏差,详见表 6-18。

表 6-18　标准循环偏差表

时间编号	标准循环偏差				极差
	工农业 总产值	工业 净产值	货物 周转量	财政收入	
1	1.30	0.57	1.35	−0.49	1.84
2	−0.12	0.65	−0.83	−0.04	1.48
3	−0.43	0.05	−0.80	0.08	0.88

续表

时间编号	标准循环偏差				极差
	工农业总产值	工业净产值	货物周转量	财政收入	
4	0.02	0.21	0.38	2.22	2.20
5	0.04	−0.23	0.91	1.06	1.29
6	0.09	−0.37	0.27	0.54	0.91
7	−0.82	−1.25	−0.82	−0.29	0.96
8	−1.18	−1.65	−0.96	−0.94	0.71
9	−1.22	−1.55	−0.99	−1.07	0.56
10	−0.39	−0.67	−0.47	−0.62	0.28
11	1.39	1.10	0.58	0.12	1.27
12	1.78	1.76	0.98	0.69	1.09

2. 综合指数

综合指数是同类多个指标标准循环偏差的算术平均数。一般多采用加权平均方法。为方便计算亦可采用简单平均公式为

$$综合指数\ \bar{x} = \frac{\sum \left(\frac{C'}{\sigma}\right)}{N}$$

计算表 6-17 的综合指数,结果列入表 6-19 中第三纵栏。

同理,采用上述步骤和计算公式,可以分别计算有关领先指标和滞后指标的循环变动综合指数,假定计算结果见表 6-19 第二和第四纵栏。

表 6-19 综合指数表

时间编号	领先指标综合指数	同步指标综合指数	滞后指标综合指数
1	−0.56	0.68	0.04
2	−0.20	−0.09	−0.08
3	0.18	−0.28	0.34
4	0.88	0.71	−0.39
5	0.73	0.45	−0.46
6	0.55	0.13	−0.10
7	−0.44	−0.80	0.81
8	−0.74	−1.18	0.20
9	0.66	−1.21	−0.53
10	0.27	−0.54	−0.87
11	0.86	0.80	0.13
12	0.07	1.30	0.88

三、绘制变量控制图

变量控制图是一种适用的预警方法。事前,在宏观经济总体中,按照经济变量的因果关系划分并选择领先、同步和滞后三类指标,进而随机抽选样本。所取样本变量为标准循环偏差值。这种偏差值在被抽样的群体中一般服从正态分布。样本的平均数,即综合指数亦服从正态分布。于是,可以采用类似工业产品质量管理中的控制图,把一个循环变动的周期划分为不同区间,进行预警和控制。具体步骤如下。

首先确定规格中心线

$$\bar{\bar{x}} = \frac{\sum \bar{x}}{M}$$

式中,$\bar{x}$ 为循环变动综合指数值;M 为 $\bar{x}$ 的个数。

然后,确定上、下控制限线

$$UCL_x = \bar{\bar{x}} + A\bar{R}$$
$$LCL_x = \bar{\bar{x}} - A\bar{R}$$

式中,$\bar{R} = \frac{\sum R}{M}$;$A\bar{R}$ 是概率99.73%的估计值;R 表示样本极差,例如计算表6-17中的极差,结果见表6-17最末纵栏;A 为平均值控制图控制限常数因子,由样本变量个数确定其数值的大小,可从表6-20中查得。

表6-20 控制限常数因子

样本变量个数	A	样本变量个数	A
1	——	7	0.419
2	1.88	8	0.373
3	1.023	9	0.338
4	0.729	10	0.308
5	0.577	…	…
6	0.483		

最后确定上、下控制限中间值线:

$$UCL_x = \bar{\bar{x}} + \frac{1}{2}A\bar{R}$$
$$LCL_x = \bar{\bar{x}} - \frac{1}{2}A\bar{R}$$

将上述规格中心线等作图,并从峰顶作一垂线,垂直交于下控制限线,把一个循环变动周期划分为十个区间,各区间用不同颜色的灯作为警情信号灯,构成如图6-3所示的宏观经济预警信号图。

图6-3中,白灯区表示景气开始复苏,但仍处在稍冷时期;奶黄灯表示景气已经回升,趋向稳定时期;黄灯区表示景气开始高涨,处在比较稳定时期;红灯区表示景气已经开始转热处在稍热时期;双红灯区表示景气已经过热到达峰顶时期和景气虽然开始衰退但仍处在过热时期;淡绿灯区表示景气已经收缩,处在稍热时期;绿灯区表示景气已经恢复正常,回到基本稳定时期;蓝灯区表示景气开始转入萧条,但仍处在比较稳定时期;深蓝灯表示景气已经萧条,进入稍冷时期;黑灯区

表示景气已经冷到达谷底时期。上述各区间表示经济景气循环的不同阶段,有便于我们对景气循环的阶段进行正确区分。

上述控制区间信号的确定一般是按照领先、同步、滞后指标系列分别确定的。根据历史数据资料绘制好控制限图后,应召集有关经济和统计分析专家,分析研究上述历史数据控制限的确定是否符合当时当地经济发展状况。绘制好经济预警信号图后,就可以运用它来进行宏观经济的预警分析了。

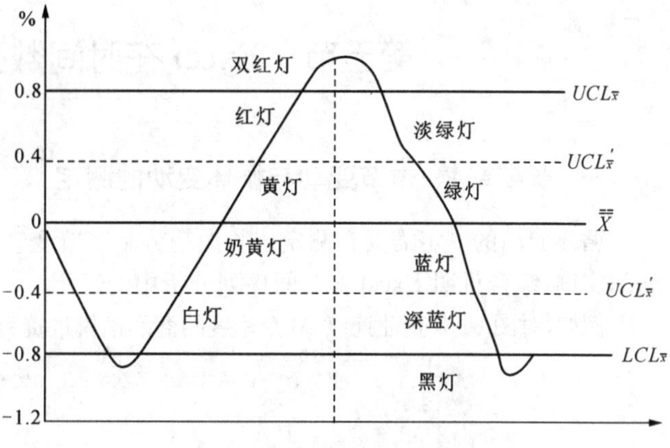

图 6-3 宏观经济预警信号图

试以表 6-19 中的数据计算同步指标的上下控制限线。

本例样本指标数为四个,即 $N=4$。

$\bar{x}$ 为表 6-18 中同步指标综合指数值,因取 12 年资料,故 M 为 12 项。

$$\bar{\bar{x}} = \frac{\sum \bar{x}}{M} = \frac{0.68 - 0.09 - 0.28 + 0.71 + \cdots + 0.80 + 1.30}{12} = -0.0025 \approx 0$$

$$\bar{R} = \frac{\sum R}{M} = \frac{1.84 + 1.48 + 0.88 + \cdots + 1.27 + 1.09}{12} = 1.12$$

由 $N=4$,查表 6-20,知 $A=0.729$,则上下控制区间线为

$$UCL_x = \bar{\bar{x}} + A\bar{R} = -0.0025 + 0.729 \times 1.12 = 0.81$$

$$LCL_x = \bar{\bar{x}} - A\bar{R} = -0.0025 - 0.729 \times 1.12 = -0.82$$

$$UCL'_x = \bar{\bar{x}} + \frac{1}{2}A\bar{R} = -0.0025 + 0.729 \times 1.12 \div 2 = 0.41$$

$$LCL'_x = \bar{\bar{x}} - \frac{1}{2}A\bar{R} = -0.0025 - 0.729 \times 1.12 \div 2 = -0.41$$

根据计算结果,绘制该预警同步指标控制限图如图 6-4 所示。

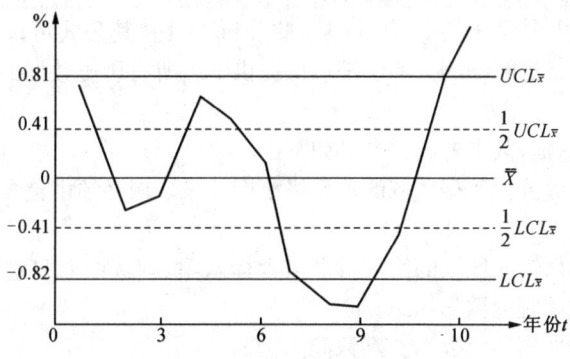

图 6-4 预警同步指标控制限图

第五节 Excel 在时间数列分析中的应用

一、长期趋势、季节变动与循环变动的测定

循环变动的测定需要在测定出长期趋势和季节变动的基础上进行,因此我们用一个测定循环变动的实例,综合说明 Excel 在时间序列分析中的运用。

例如,对图 6-5 企业连续 20 个季度的商品销售量资料,用剩余法测定其循环变动步骤如下:

	A	B	C	D	E	F	G	H
1	时间	销售量Y	四期移动T	二次移正T	S*C*I	S (%)	C*I (%)	C (%)
2	2001 .1	88				109.5539		
3	2	80				98.65032		
4	3	75	81.75	82.375	0.91047	91.83306	99.14408	
5	4	84	83	83.625	1.004484	99.96275	100.4859	99.83341
6	2002 .1	93	84.25	85	1.094118	109.5539	99.87029	99.98882
7	2	85	85.75	86.5	0.982659	98.65032	99.61031	99.76219
8	3	81	87.25	88.375	0.916549	91.83306	99.80597	99.58788
9	4	90	89.5	90.625	0.993103	99.96275	99.34735	99.84532
10	2003 .1	102	91.75	92.75	1.09973	109.5539	100.3826	100.0104
11	2	94	93.75	95	0.989474	98.65032	100.3011	100.1131
12	3	89	96.25	97.25	0.915167	91.83306	99.65551	100.3348
13	4	100	98.25	99	1.010101	99.96275	101.0477	100.1623
14	2004 .1	110	99.75	100.625	1.093168	109.5539	99.78358	100.0706
15	2	100	101.5	102	0.980392	98.65032	99.38053	100.0962
16	3	96	102.5	103.375	0.928658	91.83306	101.1246	99.78475
17	4	104	104.25	105.25	0.988124	99.96275	98.84917	99.88911
18	2005 .1	117	106.25	107.125	1.092182	109.5539	99.69361	99.66031
19	2	108	108	109	0.990826	98.65032	100.4382	
20	3	103	110			91.83306		
21	4	112				99.96275		
22								

图 6-5 "循环变动"计算结果

(1) 输入数据。A1:B1 分别输入标志"时间"和"销售量 Y",A1:A21 存放时间,B2:B21 存放商品实际销售量数据。C1 到 H1 输入计算过程中各列数据的标志,具体如图 6-5 所示。

(2) 用二次移正平均求出长期趋势值 T,并剔除长期趋势值。

首先计算四期移动平均趋势值。在 C4 单元格输入公式"=AVERAGE(B2:B5)",再将公式复制到 C5:C19 单元格,或用填充柄功能快速填充。

计算移动平均也可用"移动平均"分析工具。此分析工具及其公式可以基于特定的过去某段时期中变量的均值,对未来值进行预测。移动平均值提供了由所有历史数据的简单的平均值所代表的趋势信息。

调出"移动平均"对话框,其主要选项含义如下:

输入区域:在此输入待分析数据区域的单元格范围。该区域必须由包含四个以上数据单元格的单列组成。

标志位于第一行:如果输入区域的第一行中包含标志项,则选中此复选框;反之不选该复选框,Excel 将在输出表中生成适宜的数据标志。

间隔:在此输入移动平均的项数 N。默认间隔为 3。

输出区域:在此输入对输出表左上角单元格的引用。此分析工具的输出区域必须与输入区域在同一工作表中。因此,"新工作表组"和"新工作簿"选项均不可使用。

图表输出:选择此项可以在输出表中生成一个嵌入直方图。

标准误差:如果要在输出表的一列中包含标准误差值,请选中此复选框;如果只需要没有标准误差值的单列输出表,则清除此复选框。

在此要注意输出区域的填写,因为用该分析工具计算的移动平均值直接排放在 N 个时期中的最后一期,而根据本题要求应放在 N 个时期的中间(很难做到),这里放在 N 个时期的前一期。

本例,"移动平均"对话框的填写如图 6-6 所示。

再次,计算二次移正平均趋势值 T。在 D4 单元格输入公式"=AVERAGE(C4:C5)",再将公式复制到 D5:D19 单元格,或用填充柄功能完成。

剔除长期趋势值,$S \cdot C \cdot I = (T \cdot S \cdot C \cdot I)/T$。在 E4 单元格输入公式"=B4/D4",再将公式复制到 E5:E19。

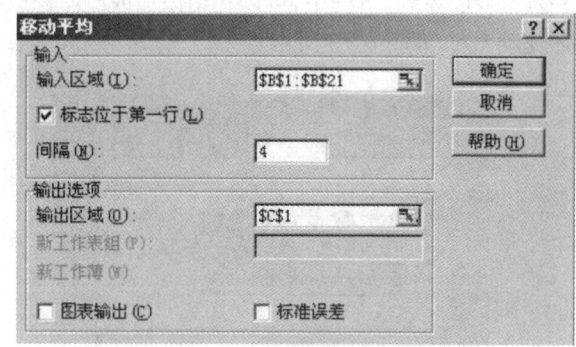

图 6-6 "移动平均"对话框

注意:这里调用"移动平均"会使 C1 单元格的标志名"四期移动"被覆盖。

(3) 计算季节指数。在 F2 单元格输入公式"= AVERAGE (E6,E10,E14,E18)/AVERAGE($E$4:$E$19)*100",并将该公式复制到 F3;在 F4 单元格输入公式"=AVERAGE(E4,E8,E12,E16)/AVERAGE($E$4:$E$19)*100",并将该公式复制到 F5 单元格。公式中乘 100 是因为季节指数的单位是‰,此时已经计算出季节指数,再用"复制"→"选择性粘贴"→"数值"命令将季节指数的值复制到其他年份。比如要将季节指数复制到 2002 年,先选定 F2:F5 单元格,执行菜单命令"编辑"→"复制",然后选中 F6 单元格,执行菜单命令"编辑"→"选择性粘贴",在调出的对话框中选择粘贴数值即可。

(4) 剔除季节变动,$C \cdot I = S \cdot C \cdot I/S$。在 G4 中输入公式="E4/(F4/100)*100",然后将公式复制到 G5:G19 单元格,或用填充柄功能完成。

(5) 进行移动平均(取 3 项)消除不规则变动。在 H5 中输入公式"=AVERAGE(G4:G6)",然后将公式复制到 F6:F18,或用填充柄功能完成。这一步也可用"移动平均"分析工具来完成。最后结果中循环变动 C 保留两位小数。结果如图 6-5 所示。

二、描绘循环曲线图

根据以上的结果,绘制该企业商品销售量的循环变动曲线。步骤如下:

(1) 执行菜单命令"插入"→"图表",调出"图表向导-4"步骤之"1—图表类型"对话。在对话框的"标准类型"页框的"图表类型"列表框中选择"折线图",子图表类型选择"数据点折线图",单击"下一步"。如图 6-7 所示。

(2) 进入"图表向导-4"步骤之"2—图表源数据"对话框。在对话框的"数据区域"页框的"数据区域"文本框中,输入循环变动 C 所在区域的地址 $H$1:$H$21,也可用鼠标拖动选择 H1:H21;选中"列"单选框,表示系列产生在列。如图 6-8 所示。

单击"系列"页框,显示出"系列"页框的内容。确定分类(X)轴标志,可单击"分类(X)轴标志"文本框,再用鼠标拖动选择 A2:A21,此时在"分类(X)轴标志"文本框中显示"时间序列!$A$2:$A$21"。单击"下

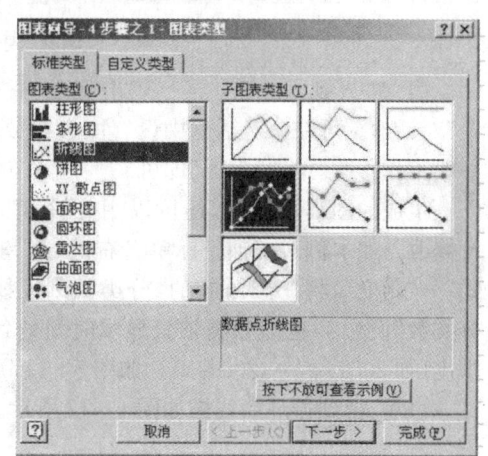

图 6-7 "图表类型"对话框

一步"。在"系列"页框中,可以利用添加或删除修改系列。系列即是要作图的数据序列(如本题的循环变动 C)。如图 6-9 所示。

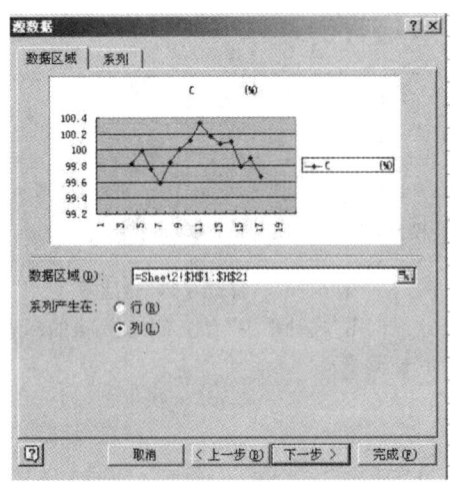

图 6-8 "数据区域"对话框

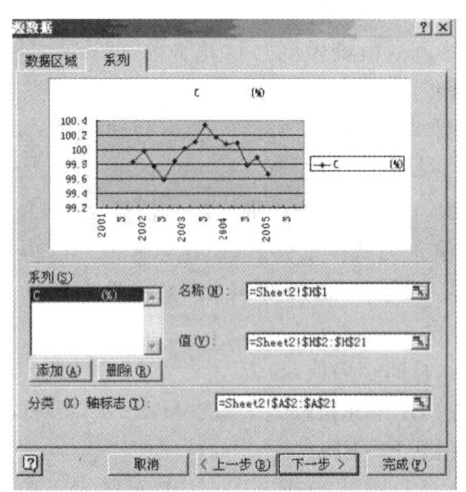

图 6-9 "系列"对话框

(3) 进入到"图表向导－4"步骤之"3－图表选项"对话框。在该对话框中,可设置图表的标题、坐标轴的标题、网络线和图例等,如图 6-10 所示。一般不作修改,单击"下一步"。

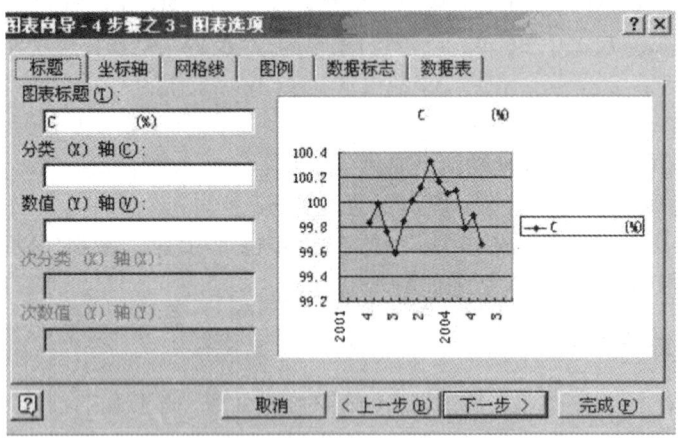

图 6-10 "图表选项"对话框

(4) 进入到"图表向导－4"步骤之"4—图表位置"对话框。可在该对话框中设置图表存放的位置。一般不作修改,单击"完成"即可。

生成的图表区格式,还可以用"图表工具栏"进行修改。如本例对横轴坐标单击右键,选"坐标轴格式"→"刻度",将"分类轴"的"分类轴刻度线之间的分类数"设为4,也即分类轴只显示时间列各年第一季度(如 2001.1,…,2004.1)。如图 6-11 所示。

最后,得到循环曲线图如图 6-12 所示。

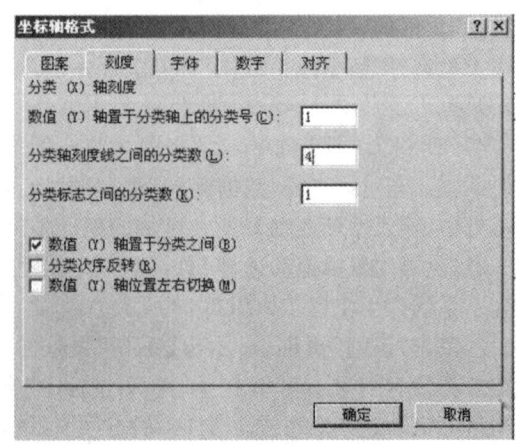

图 6-11 "坐标轴格式"对话框

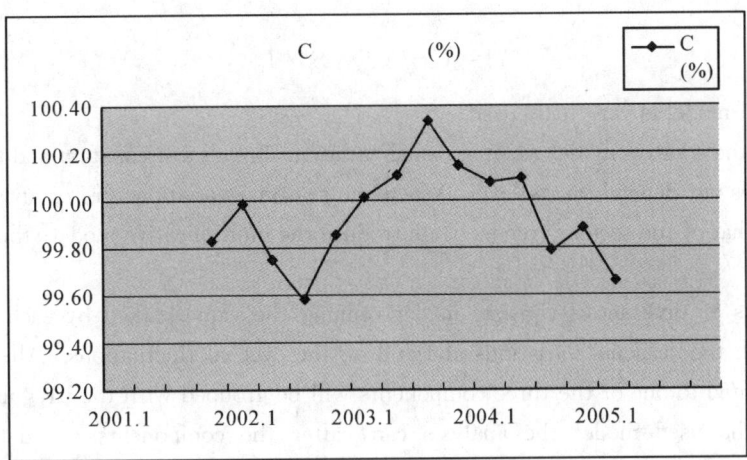

图 6-12 循环曲线图

英文选读 6　Time Series

A time series is a sequence of observations measured at successive times. Time series are monthly, trimestrial, or annual, sometimes weekly, daily, or hourly (study of road traffic, telephone traffic), or biennial or decennial. Time series analysis consists of methods that attempt to understand such time series to make predictions.

Time series can be decomposed into four components, each expressing a particular aspect of the movement of the values of the time series. These four components are:

- **Secular trend**, which describe the movement along the term;
- **Seasonal variations**, which represent seasonal changes;
- **Cyclical fluctuations**, which correspond to periodical but not seasonal variations;
- **Irregular variations**, which are other nonrandom sources of variations of series.

The analysis of time series consists in making mathematical descriptions of these elements, that is, estimating separately the four components.

Let Y_t be a time series that can be decomposed with the help of these four components:

- Secular trend T_t;
- Seasonal variations S_t;
- Cyclical fluctuations C_t;
- Irregular variations I_t.

We suppose that the values taken by the random variable Y_t are determined by a relation between the four previous components. We distinguish three models of composition:

1) Additive model:
$$Y_t = T_t + C_t + S_t + I_t.$$

The four components are assumed to be independent of one another.

2) Multiplicative model:
$$Y_t = T_t * C_t * S_t * I_t.$$

With the help of logarithms we pass from the multiplicative model to the additive model.

3) Mixed model:
$$Y_t = S_t + (T_t * C_t * I_t)$$

or
$$Y_t = C_t + (T_t * S_t * I_t).$$

This type of model is very little used.

We choose the additive model when seasonal variations are almost constant and their influence on the tendency does not depend on its level. When the seasonal variations are of an amplitude almost proportional to that of the secular trends, we introduce the multiplicative model; this is generally the case.

The analysis of time series consists in determining the values taken by each component. We always start with the seasonal variations and end on the cyclical fluctuations. All fluctuations that cannot be attributed to one of the three components will be grouped with the irregular variations.

Based on the used model the analysis can, after the components are determined, adjust subsequent data by substraction or division. Thus when we have estimated the secular trend T_t, at each time t, the time series is adjusted in the following manner:

If we use the additive model $Y_t = T_t + C_t + S_t + I_t$:
$$Y_t - T_t = C_t + S_t + I_t.$$

For the multiplicative model $Y_t = T_t * C_t * S_t * I_t$:
$$Y_t / T_t = C_t * S_t * I_t.$$

Successively evaluating each of the three components and adjusting the time series among them, we obtain the values attributed to the irregular variations.

习 题

一、单选题

1. 已知环比增长速度为 9.2%、8.6%、7.1%、7.5%,则定基增长速度为 ( )
   (1) 9.2%×8.6%×7.1%×7.5%
   (2) (9.2%×8.6%×7.1%×7.5%)−100%
   (3) 109.2%×108.6%×107.1%×107.5%
   (4) (109.2%×108.6%×107.1%×107.5%)−100%

2. 下列等式中,不正确的是 ( )
   (1) 发展速度=增长速度+1
   (2) 定基发展速度=相应各环比发展速度的连乘积
   (3) 定基增长速度=相应各环比增长速度的连乘积
   (4) 平均增长速度=平均发展速度−1

3. 累计增长量与其相应的各个逐期增长量的关系表现为 ( )
   (1) 累计增长量等于相应的各个逐期增长量之积
   (2) 累计增长量等于相应的各个逐期增长量之和
   (3) 累计增长量等于相应的各个逐期增长量之差
   (4) 以上都不对

4. 编制动态数列的基本原则是要使动态数列中各项指标数值具有 ( )
   (1) 可加性   (2) 可比性   (3) 一致性   (4) 同质性

5. 某地区1990—1996年排列的每年年终人口数动态数列是 （   ）
   (1) 绝对数动态数列　　　　　　　　(2) 绝对数时点数列
   (3) 相对数动态数列　　　　　　　　(4) 平均数动态数列

二、多选题

1. 长期趋势的测定方法有 （   ）
   (1) 季节比率法　　　　　　　　　　(2) 移动平均法
   (3) 分段平均法　　　　　　　　　　(4) 最小平方法
   (5) 时距扩大法
2. 构成动态数列的两个基本要素是 （   ）
   (1) 指标名称　　　　　　　　　　　(2) 指标数值
   (3) 指标单位　　　　　　　　　　　(4) 现象所属的时间
   (5) 现象的处理地点
3. 根据动态数列中不同时期的发展水平所求的平均数称为 （   ）
   (1) 序时平均数　　　　　　　　　　(2) 算术平均数
   (3) 几何平均数　　　　　　　　　　(4) 平均发展水平
   (5) 平均发展速度
4. 动态数列中的发展水平具体包括 （   ）
   (1) 期初水平和期末水平　　　　　　(2) 报告期水平和基期水平
   (3) 平均发展水平　　　　　　　　　(4) 中间水平
   (5) 增长量
5. 动态数列中的派生数列是 （   ）
   (1) 时期数列　　　　　　　　　　　(2) 时点数列
   (3) 绝对数动态数列　　　　　　　　(4) 相对数动态数列
   (5) 平均数动态数列

三、问答题

1. 什么是时间数列？它与变量数列有何区别？
2. 影响时间数列变动的因素有哪些？
3. 就你所熟悉的社会经济现象举例：
(1) 时期数列、时点数列；
(2) 由两个时期数构成的相对指标时间数列；
(3) 由两个时点数构成的相对指标时间数列；
(4) 由一个时期数和一个时点数构成的相对指标时间数列；
(5) 平均指标时间数列。
4. 时点数列计算序时平均数时，相邻点指标的平均采用简单算术平均有什么假定条件？
5. 计算平均发展速度的几何平均法和方程法有何不同？如何应用？
6. 什么是增减量？有哪两种？它们之间的关系怎样？
7. 什么是发展速度？有哪两种？它们之间的关系怎样？
8. 什么是增减速度？有哪两种？发展速度与增减速度有何联系与区别？
9. 什么是增减1%的绝对值？
10. 测定时间数列的长期趋势有何意义？
11. 什么是季节变动？测定季节变动的方法有哪些？
12. 简述循环变动的类型和测定方法。

四、计算题

1. 根据动态指标的相互关系，试填写表中各空格。

年份	销售额/万元	与上年比较			
		增长量/万元	发展速度/%	增长速度/%	每增长1%的绝对值
2001	120	—	—	—	—
2002		8			
2003			108		
2004				6	
2005		5			

2. 某公司某年人数资料如下，试求该年平均人数。

时间	上年12月	2月	5月	9月	12月
月末员工人数/人	254	250	260	258	256

3. 某企业有甲、乙两个车间，六月份总产值及每日在册工人数资料如下表，

车间	总产值	每日在册人数/人		
		1～10日	11～16日	17～30日
甲	30	120	110	124
乙	20	100	96	92

试分别计算甲、乙两车间的月劳动生产率，计算该企业综合的月劳动生产率。

4. 美国赫德逊研究所所长赫尔曼·卡恩估计从1976—1986年，美国经济将以4.8%的速度增长。而这以后，年平均增长速度将下降到2.7%左右。美国1976年国民生产总值为1.667万亿美元（按1976年固定价格计算），试推算2000年美国的国民生产总值。

5. 假定某产品产量计划规定2005年将比2000年增加135%，试问每年应该平均增长百分之几才能达到这个水平？若预计2002年该产品将比2000年增长55%，问以后三年中每年平均应该增长百分之几，才能完成此项任务？

6. 某高校今年招收学生1 000人，计划明、后两年招生数是今年的2.31倍，用方程法求年平均增长速度及明、后两年每年的招生数。

7. 某企业2001—2008年产值（万元）资料如下表所示，试用最小平方法配合直线趋势方程，预测2010年的产值：

年份	2001	2002	2003	2004	2005	2006	2007	2008
产值	80	94	88	101	110	121	134	142

8. 某产品销售额(万元)资料如下表：

年次＼季度	一	二	三	四
第一年	—	—	12	16
第二年	18	14	15	18
第三年	20	15	16	22
第四年	21	16	20	24
第五年	24	27	—	—

试按季节平均法求季节比率；剔除长期趋势，求季节变差；剔除长期趋势，求季节比率。

9. 1969—1983 年我国建筑业总产值资料(按当年价格计算)如下表所示。试运用直接法测定其循环变动。

年份	1969	1970	1971	1972	1973	1974	1975	1976	1977	1978	1979	1980	1981	1982	1983
建筑业总产值/亿元	222	271	311	323	335	376	437	435	462	569	645	767	747	912	1 034

第七章 指　数

> 对于"生活质量"改变的量度,可能要依靠过多的主观判断,以至无法提供能令人接受的CPI调整依据。
>
> 美国劳工统计局

指数是经济统计最古老、最独特的方法之一,主要用以测度和分析复杂经济现象总体的综合变动的方向及程度。从最初个别商品物价指数的计算,逐步发展至指数编制(物价指数、物量指数等各种指数的计算)、因素分析和综合评价等。指数方法在经济统计、管理统计中具有广泛应用场合。

第一节　指数概述

一、指数的概念

指数概念起源于对物价水平在一定期间内变动趋势及幅度的度量。举个简单的例子说明指数概念如下:

假定某厂生产甲、乙、丙三种产品,其出厂价格资料如表7-1所示。

表7-1　某厂产品的出厂价格

产品	单位	出厂价格/元		价格比 $\left(K_P=\dfrac{P_1}{P_0}\right)\%$
		2005年(P_0)	2006年(P_1)	
甲	吨	800	600	75
乙	件	50	80	160
丙	箱	20	24	120

上表价格比,分别表明甲、乙、丙产品的价格下跌25%、上涨60%、上涨20%。能否以一个数值概括、归纳若干种(上例为甲、乙、丙三种)产品价格的综合变动,即若干种产品的价格水平总体上是涨了或跌了、涨或跌的幅度又如何?所谓指数,就是这样一种概括、归纳、综合的数值。指数是一种特殊的相对数,是用以综合反映数量上不能直接加总的复杂社会经济现象(上例甲、乙、丙三种产品的价格不能直接相加)的总体发展变动的相对数。

把指数仅仅理解为一种特殊的相对数,一般称为狭义指数;不仅把上述特殊相对数理解为指数,而且把上例的三个价格比也理解为指数,此称广义指数。指数概念的进一步扩展、延伸,使得将所有的相对数都可以称为指数。正如英国百科全书对指数所下的定义:"指数是用来测定一个变量对于一个特定变量值大小的相对数"。

可见,指数是特殊相对数、是动态相对数还是所有相对数,取决于人们如何理解。但究其基本或原本含意,指数是特殊相对数。为表示区别,特殊相对数的指数,一般称为总指数。本章的中心内容,就是探讨总指数的计算、分析和应用。

二、指数的分类

按所反映的对象范围不同,指数分为个体指数和总指数。个体指数是反映单一项目的简单现象总体变动状况的指数,例如前例三种产品的价格比即为三个个体指数。个体指数与发展速度、动态相对数,实为同一指标。总指数是反映由多个项目组成的、不能直接加总的复杂现象总体综合变动状况的指数,例如若干种产品价格的总指数、若干种产品产量的总指数。在个体指数与总指数之间还有类(组)指数。类指数实质、计算同于总指数,只是所包含的项目相对少于总指数。

按所表明现象的数量特征不同,指数分为数量指标指数和质量指标指数。数量指标指数是表明总体在规模上数量变动的指数,例如产品产量指数、员工人数指数。质量指标指数是表明总体在内涵上数量变动的指数,例如产品价格指数、全员劳动生产率指数。

按比较的对象不同,指数分为动态指数和静态指数。动态指数又称时间性指数,反映现象在时间上的动态变化,其对比基准是现象在基期的水平。静态指数主要包括地区性指数和计划完成指数。地区性指数即比较相对数,它是同一时期、不同地区(单位)之间同一指标的不同数值对比形成的指数,反映现象在空间上的比例状况,其对比基准是现象在某地区(单位)的水平。计划完成指数即计划完成相对数,它反映所研究现象的计划完成程度,其对比基准是该现象的计划规定数。

按计算总指数的方法不同,指数分为综合指数和平均数指数。就表7-1而言,所谓综合指数,是指按下式计算三种产品的价格总指数

$$\overline{K}_P = \frac{\sum P_1}{\sum P_0} = \frac{600+80+24}{800+50+20} = 80.9\%$$

而所谓平均数指数,是指按下式计算价格总指数

$$\overline{K}_P = \frac{\sum K_P}{N} = \frac{0.75+1.60+1.20}{3} = 118.3\%$$

可见,综合指数是先综合、后对比,计算总指数;平均数指数是先对比、后综合,计算总指数。

上述平均数指数,实为个体指数的简单算术平均数。如果把个体指数的简单平均数称为简单指数,则其加权平均数称为加权指数。同理,上述综合指数也可称为简单指数。至于加权指数的综合指数,将在下一节详细介绍。

三、指数的性质

指数,特别是总指数具有下列四项重要性质:

(1) 相对性。指数是一个比较值,表明现象发展变化的程度。它常以百分数表示,而且百分号可省略。例如物价指数125%,可写作物价指数125。

(2) 综合性。指数是一个综合值,综合反映包含多个项目的复杂总体的变动方向和大小。综合指数方法是对绝对数的综合,平均数指数方法是对相对数(个体指数)的综合。所以总指数实为一个综合对比之数。

(3) 平均性。指数是一个平均值。总指数所反映的复杂总体的综合变动,实质上就是总体内各个项目变动的平均数。人们对物价变动的自我感受与统计部门公布的物价指数之间存在差异的原因之一,就在于自我感受对应某一种或某一类商品价格的具体上涨或下跌,而物价指数对应若干种或若干类商品价格的平均涨跌程度。

(4) 代表性。指数是一个代表值。实际编制总指数,不可能将复杂总体所包含的全部项目一一列入计算范围,只能选取其中的若干重要项目作为代表计算之。例如,目前我国居民消费价格指数

(CPI),是根据所选择的600~700种商品和服务项目的价格资料作为全部居民消费商品价格资料的代表,按加权算术平均公式(2001年后改为拉斯贝尔公式)编制而成的。

四、指数的作用

指数或指数方法的基本作用可以归纳为下列两个方面:
(1) 综合测定。指数可以综合测定复杂总体的平均变动,概略表明复杂总体的变动方向和变动程度。
(2) 因素分析。运用指数方法,可以分析各个构成因素对现象变动的影响程度和绝对效果。
指数的这两方面基本作用,具体、充分体现于本章第二节和第三节中。

第二节 指数计算

上节已述,总指数的计算方法包括综合指数和平均指数两种,这两种方法又各包括简单、加权两种形式。现分述于下。

一、综合指数

1. 简单综合指数

上节按公式 $\dfrac{\sum P_1}{\sum P_0}$ 计算出的80.9%,即为一简单综合指数。这一方法计算简单,资料容易取得,但计算结果有三点不足:其一,各种产品的使用价值、计量单位不同,其价格不能直接相加;其二,反映产品价格的综合变动,不仅要考虑每一种产品价格变动,而且还应考虑每一种产品的产量多寡(产量多的产品,其价格变动对所有产品价格的综合变动的影响就大);其三,各产品的价格会随其计量单位不同而变化数值大小(譬如,表7-1中,甲产品的计量单位若由吨改为千克,则2005年、2006年价格将由800元、600元变为0.80元、0.60元),直接影响 $\sum P_1$ 及 $\sum P_0$ 的数值(将由704,870变为104.6,70.8),而导致总指数数值大小的随意性。

选择合适的权数,以加权形式计算综合指数,可以消除上述简单综合指数的三点不足。

2. 加权综合指数

由简单综合指数的计算公式可知加权综合指数的计算公式应为 $\dfrac{\sum P_1 W}{\sum P_0 W}$。式中权数 W 的选取可有主观法和客观法两种方法。所谓主观法,就是依据计算者对各产品重要程度的主观判定,赋大小不等的数值于各产品的价格作为权数。所谓客观法,就是依据某代表时期各产品的实物量指标(产量、销售量)的客观数值大小,作为各产品价格的权数。

为求得指数数值的合理和精确,宜采用客观法选取权数。并且,以产量作为权数,还能使原本不可直接加总的各产品价格,过渡为可以直接加总的各产品产值。故又将作权数的产量称为同度量因素。若以 Q 表示各产品的产量,则加权综合指数的计算公式为 $\dfrac{\sum P_1 Q}{\sum P_0 Q}$。

如果改以 P 表示各产品的单位成本,那么 $\dfrac{\sum P_1 Q}{\sum P_0 Q}$ 则改称产品成本指数的计算公式。产品价格指数、产品成本指数等,统称质量指标指数。

与此对应,产品产量指数、商品销售量指数等,统称数量指标指数。同理,数量指标指数的加权综合指数计算公式应为 $\dfrac{\sum Q_1 P}{\sum Q_0 P}$。

一般地说,加权综合指数中两个相乘的因素(P 与 Q),其中一个在分子、分母中代表报告期、基期两种不同水平的因素称为指数化因素,如质量指标指数中的 P;另一个因素称为权数或同度量因素,如质量指标指数中的 Q。为使同度量因素不干扰指数化因素变动水平的单纯测定,则它们必须使分子、分母保持相同的代表时期。但究竟保持于或统一于、固定于哪一代表时期,历来就有不同看法。

(1) 基期权数。1864 年德国统计学家拉斯贝尔(E. Laspeyres)提出基期权数主张,即同度量因素固定于基期,故下两式皆称拉斯贝尔公式,简称拉氏公式:

$$\frac{\sum P_1 Q_0}{\sum P_0 Q_0}$$

$$\frac{\sum Q_1 P_0}{\sum Q_0 P_0} \tag{7-1}$$

(2) 报告期权数。1874 年德国统计学家派许(H. Paasche)提出报告期权数主张,即同度量因素固定于报告期,故下两式皆称派许公式,又称派氏公式:

$$\frac{\sum P_1 Q_1}{\sum P_0 Q_1} \tag{7-2}$$

$$\frac{\sum Q_1 P_1}{\sum Q_0 P_1}$$

(3) 平均权数。英国经济学家马歇尔(A. Marshall)和艾奇沃斯(Y. Edgeworth)分别主张,以基期权数和报告期权数的简单算术平均数,作为同度量因素,故下两式皆称马歇尔-艾奇沃斯公式,简称马艾公式:

$$\frac{\sum P_1 \left(\dfrac{Q_0 + Q_1}{2}\right)}{\sum P_0 \left(\dfrac{Q_0 + Q_1}{2}\right)} = \frac{\sum P_1 (Q_0 + Q_1)}{\sum P_0 (Q_0 + Q_1)}$$

$$\frac{\sum Q_1 \left(\dfrac{P_0 + P_1}{2}\right)}{\sum Q_0 \left(\dfrac{P_0 + P_1}{2}\right)} = \frac{\sum Q_1 (P_0 + P_1)}{\sum Q_0 (P_0 + P_1)}$$

(4) 固定权数。英国经济学家杨格(A. Young)主张以正常年份或典型年份充当同度量因素的代表时期,在计算一段较长时期(譬如 5 年、10 年)的各期(各年)的综合指数中,总是将同度量因素固定在选定的正常年份的水平上,此称固定权数。固定权数加权综合指数的计算公式,可称为杨格公式。杨格公式为

$$\frac{\sum P_1 Q_n}{\sum P_0 Q_n}$$

$$\frac{\sum Q_1 P_n}{\sum Q_0 P_n}$$

上式 Q_n, P_n 分别表示正常年份的数量指标(如产量、销售量),质量指标(如产品出厂价格、商品销售价格)。

(5)"交叉"权数。美国统计学家费暄(I. Fisher)于1927年系统总结了加权综合指数的多种计算公式,提出了评价其优劣的三条统计标准,即时间互换测验、因子互换测验和循环测验等三项测验。费暄认为,拉氏公式与派氏公式产生的权数偏误(权偏误),方向相反而数值约略相等。若对这两式加以几何平均,可使偏误相互抵消。于是,费暄提出下列指数计算公式

$$\sqrt{\frac{\sum P_1 Q_0}{\sum P_0 Q_0} \times \frac{\sum P_1 Q_1}{\sum P_0 Q_1}}$$

$$\sqrt{\frac{\sum Q_1 P_0}{\sum Q_0 P_0} \times \frac{\sum Q_1 P_1}{\sum Q_0 P_1}}$$

费暄公式符合时间互换测验和因子互换测验,他自称自己的公式为"理想公式"。

(6)变换权数。前苏联学者强调指数的经济意义,并且考虑建立指数体系、进行因素分析的需要,提出指数的同度量因素代表时期的选择必须服从计算、分析任务的要求,对不同性质的指数可作不同的规定。具体是:质量指标指数,选用派氏公式,即同度量因素(指数权数)固定在报告期;数量指标指数,选用拉氏公式,即同度量因素固定在基期。我国学者一般也持这种变换权数的主张。以派氏公式计算质量指标加权综合指数,以拉氏公式计算数量指标加权综合指数,是我国计算总指数的一种习惯做法。

现以表7-2为例,按变换权数主张,计算产品价格总指数、产品产量总指数如下。

表7-2 某厂产品的出厂价格和产量

产品	单位	出厂价格/元		产量		$P_0 Q_0$	$P_1 Q_1$	$P_0 Q_1$
		2005年 (P_0)	2006年 (P_1)	2005年 (Q_0)	2006年 (Q_1)			
甲	吨	800	600	1 000	1 100	800 000	660 000	880 000
乙	件	50	80	5 000	4 000	250 000	320 000	200 000
丙	箱	20	24	200	160	4 000	3 840	3 200
∑	—	—	—	—	—	1 054 000	983 840	1 083 200

$$\overline{K}_P = \frac{\sum P_1 Q_1}{\sum P_0 Q_1} = \frac{983\ 840}{1\ 083\ 200} = 90.8\%$$

$$\overline{K}_Q = \frac{\sum Q_1 P_0}{\sum Q_0 P_0} = \frac{1\ 083\ 200}{1\ 054\ 000} = 102.8\%$$

计算结果表明,三种产品的出厂价格平均下降9.2%,三种产品的产量平均上升2.8%。

上两式的分子、分母之差,具有实际意义,它们分别表示:由于价格水平的下降,减少产值99 360元(983 840 − 1 083 200 = −99 360);由于产量水平的上升,增加产值29 200元(1 083 200 − 1 054 000 = 29 200)。

二、平均数指数

1. 简单平均数指数

上节按公式 $\dfrac{\sum K}{N}$ 计算出的 118.3%，即为一简单平均数指数。所谓平均数指数，实质上就是以个体指数的平均数作为总指数。以个体指数的平均数作为总指数的平均方法，常采用算术平均、几何平均和调和平均公式计算。因此，上节的 118.3%，可以称为算术平均数指数。其几何平均数指数和调和平均数指数分别为

$$\sqrt[3]{0.75 \times 1.60 \times 1.20} = 112.9\%$$

$$\dfrac{3}{\dfrac{1}{0.75} + \dfrac{1}{1.60} + \dfrac{1}{1.20}} = 107.5\%$$

这里，再次验证了算术平均数大于几何平均数，几何平均数又大于调和平均数。所以，有学者认为，简单算术平均数指数和简单调和平均数指数分别存在上型偏误和下型偏误（合称型偏误），简单几何平均数指数没有型偏误。

简单平均数指数，没有考虑各种产品价格比的不同重要程度，而是同等看待各种产品价格的变动，实际上隐含了不合理的加权。

2. 加权平均数指数

由简单平均数指数的计算公式，可知加权平均数指数的计算公式应为 $\dfrac{\sum KW}{\sum W}$，$\sum\sqrt[W]{\prod K^W}$ 或 $\dfrac{\prod W}{\sum \dfrac{1}{K}W}$ 式等。式中权数的选取方法，与加权综合指数类似，亦有主观法和客观法两种方法。所不同的是，客观法中的权数应为某代表时期各产品的价值量指标（产值、销售额），而不是实物量指标，以反映数量对比的客观联系。

假定已有表 7-2 的有关数据，我们仅知如表 7-3 所示的资料，该如何计算三种产品的产量总指数？

表 7-3　某厂产品产量及其变动

产品	产量个体指数/% $K_Q = Q_1/Q_0$	基期产值/千元 $P_0 Q_0$
甲	110	800
乙	80	250
丙	80	4

依照前述计算数量指标指数一般选用拉氏公式的准则，则三种产品产量总指数应以式 7-1 计算，即

$$\dfrac{\sum Q_1 P_0}{\sum Q_0 P_0} \quad \text{或} \quad \dfrac{\sum P_1 Q_0}{\sum P_0 Q_0}$$

根据表 7-3 可知其分母（$P_0 Q_0$），但不知其分子。由于

$$\dfrac{Q_1}{Q_0} \times P_0 Q_0 = P_0 Q_1$$

因此

$$\overline{K}_Q = \frac{\sum Q_1 P_0}{\sum Q_0 P_0} = \frac{\sum \frac{Q_1}{Q_0} P_0 Q_0}{\sum P_0 Q_0} = \frac{\sum K_Q P_0 Q_0}{\sum P_0 Q_0} = \frac{\sum K_Q W}{W}$$

$$= \frac{\sum K_Q P_0 Q_0}{\sum P_0 Q_0} = \frac{1.1 \times 800 + 0.8 \times 250 + 0.8 \times 4}{800 + 250 + 4}$$

$$= \frac{1\ 083.2}{1054} = 102.8\%$$

计算结果与表 7-2 相同。表 7-2 以加权综合指数公式计算得，本例以加权平均数指数公式 $\frac{\sum K_Q P_0 Q_0}{\sum P_0 Q_0}$ 计算得。本例产量总指数可以称为以基期价值量指标为权数的加权算术平均数指数。

再假定已有表 7-2 的有关数据，我们仅知如表 7-4 所示的资料，又该如何计算三种产品的价格总指数？

表 7-4 某厂产品价格及其变动

产品	价格个体指数/% $K_P = P_1/P_0$	报告期产值/千元 $P_1 Q_1$
甲	75	660.00
乙	160	320.00
丙	120	3.84

依照前述计算质量指标指数一般选用派氏公式的准则，则三种产品价格总指数应以式 7-2 计算，即 $\frac{\sum P_1 Q_1}{\sum P_0 Q_1}$。但根据表 7-4 仅知其分子($P_1 Q_1$)，未知其分母。而由于

$$\frac{P_1}{P_0} \times P_1 Q_1 \neq P_0 Q_1$$

$$\frac{P_0}{P_1} \times P_1 Q_1 = P_0 Q_1$$

$$\frac{\sum P_1 Q_1}{\sum P_0 Q_1} = \frac{\sum P_1 Q_1}{\sum \frac{P_0}{P_1} P_1 Q_1} = \frac{\sum P_1 Q_1}{\sum \frac{1}{K_P} P_1 Q_1} = \frac{\sum W}{\sum \frac{1}{K_P} W}$$

$$= \frac{\sum P_1 Q_1}{\sum \frac{1}{K_P} P_1 Q_1} = \frac{660 + 320 + 3.84}{\frac{1}{0.75} \times 660 + \frac{1}{1.6} \times 320 + \frac{1}{1.2} \times 3.84}$$

$$= \frac{983.84}{1\ 083.2} = 90.8\%$$

计算结果也与前例相同。本例价格总指数可以称为以报告期价值量指标为权数的加权调和平均数指数。

根据表 7-3 和表 7-4 资料计得的产量、价格总指数，从所使用的计算公式看，既是平均数指数，也是综合指数。一般认为，它们实质上是综合指数，形式上是平均数指数。或以一句话概括，它们是综合指数的变形。

从上述的有关公式还可以发现,仅当选择了基期或报告期价值量指标作为权数时,平均数指数的公式才与综合指数的公式保持一致。如果权数作了其他选择,则平均数指数将不再与综合指数保持相同。平均数指数作为计算总指数的一种独立方法的独立意义之一,就在于它的权数可作多种选择。平均数指数不同于综合指数的独立意义还表现为:平均数指数既可根据全面调查资料也可根据非全面调查资料计算,而综合指数需要全面资料;平均数指数,尤其是由非全面资料计算的平均数指数,一般仅作相对数分析,不作绝对数分析,而综合指数既可进行相对数分析,又可进行绝对数分析;平均数指数的权数可以为绝对数(譬如基期或报告期价值量指标),也可以为相对数(譬如某一结构相对数指标),综合指数的权数一般仅用绝对数(譬如基期或报告期实物量指标)。

下面以工业品出厂价格指数(PPI)的编制为例,介绍平均数指数方法如何计算总指数。为简便起见,仅举表 7-5 所示的化学工业的算例。

(1) 选择代表产品。工业产品繁多,因此,编制工业产品出厂价格指数,都是以代表产品的价格变动来反映全部产品的价格变化趋势。

代表产品目录规定得是否妥当,对价格指数能否正确反映工业品价格变化的实际情况影响较大。如果代表产品过少,会使价格指数准确度下降,代表产品过多又会增加工作量。多数国家选用几百种工业产品编制工业品出厂价格指数。

(2) 确定代表产品的权数。由于每种产品在工业经济中作用的大小不同,其价格变动对全部工业产品价格指数的影响也有所不同。为合理反映价格变化的平均趋势,工业产品出厂价格指数应是各种产品价格变动的加权平均数。因此,要确定代表产品的恰当权数。

工业品出厂价格指数的权数,在实际工作中常按工业产品的销售额计算。计算办法是根据工业行业分类情况,一般分为四个层次:第一层次,计算代表行业大类的权数,即代表行业大类的销售额占总销售额的比重;第二层次,计算代表行业中类的权数,即行业中类的销售额占行业大类销售额的比重,然后再乘以代表行业大类权数,得到代表行业中类权数;第三层次,计算代表行业小类或产品集团的权数,即代表行业小类或产品集团的销售额占行业中类销售额的比重,然后再乘以代表行业中类的权数,得到代表行业小类或产品集团的权数;第四层次,计算代表产品的权数,即代表产品的销售额占代表行业小类或产品集团销售额的比重,然后再乘以代表行业小类或产品集团的权数,得到代表产品的权数。各层次的权数均以千分数表示。

表 7-5 中,第一层次的权数有

冶金工业 $\dfrac{572.98}{6\,378.93}=89.82‰$

电力工业 $\dfrac{261.09}{6\,378.93}=40.93‰$

化学工业 $\dfrac{781.6}{6\,378.93}=122.53‰$

表 7-5 化学工业产品出厂价格指数计算表

代表行业和产品	销售额/亿元	代表行业大类		代表行业中类			代表产品				
		权数/‰	$\overline{K}$/%	比重/‰	权数/‰	$\overline{K}$/%	$\overline{P}_0$/元	$\overline{P}_1$/元	K/%	比重/‰	权数/‰
甲	1	2	3	4	5	6	7	8	9	10	11
总计	6 378.93	1 000									
一、冶金工业	572.98	89.82									
二、电力工业	261.09	40.93									
…	…	…									

续表

代表行业和产品	销售额/亿元	代表行业大类		代表行业中类			代表产品				
		权数/%	$\overline{K}$/%	比重/‰	权数/‰	$\overline{K}$/%	$\overline{P}_0$/元	$\overline{P}_1$/元	K/%	比重/‰	权数/‰
五、化学工业	781.6	122.53	100.15								
(代表行业合计	(774.62			1 000	123.53						
其中:基本化学原料	94.12			121.5	14.89						
代表产品合计)	61.5)					108.9			108.9	1 000	14.89
硫酸	11.0						140	170	121.4	178.86	2.66
浓硝酸	2.0						400	150	112.5	32.52	0.48
…	…						…	…	…	…	…
纯碱	3.76						240	320	133.3	61.14	0.91
烧碱	8.89								103.1	144.55	2.15
固体≥96%							450	450	100.0		
固体≥99%							470	490	104.3		
液体≥30%							380	400	105.3		
液体≥45%							390	400	102.6		
氢氧化钾	1.49						2 600	3 000	115.4	24.23	0.36
…	…						…	…	…	…	…
硫黄	2.02						400	460	115.0	32.85	0.49
化学肥料工业	148.92			192.2	23.55						
(代表类产品合计)	(119.6)					94.36			94.36	1 000	23.55
氮肥	113.6								94.5	949.83	22.37
硫酸铵	1.2						185	150	81.1	10.03	0.24
硝酸铵	5.8						220	200	90.9	48.49	1.14
氯化铵	4.0						210	199.5	95.0	33.44	0.79
尿素	26.8						350	332.5	95.0	224.08	5.28
碳酸氢铵	75.8						260	190	95.0	633.78	14.93
磷肥	5.0						100	90	90.0	41.81	0.98
钾肥	1.0						120	120	100.0	8.36	0.2
化学农药工业	19.54			25.2	3.09	95.0					
有机化学工业	161.17			208.1	25.5	99.2					
化学药品工业	83.28			107.5	13.17	95.1					
日用化学工业	48.51			62.6	7.67	106.1					
橡胶加工工业	112.6			145.4	17.82	100.0					
塑料加工工业	106.48			137.5	16.84	104.3					

第二层次的权数有

基本化学原料工业 $\frac{94.12}{774.62} \times 122.53‰ = 14.89‰$

化学肥料工业 $\frac{148.92}{774.62} \times 122.53‰ = 23.55‰$

第三层次的权数有

氮肥 $\frac{113.6}{119.6} \times 23.55‰ = 22.37‰$

第四层次的权数有

硫酸铵 $\frac{1.2}{113.6} \times 22.37‰ = 0.24‰$

硝酸铵 $\frac{5.8}{113.6} \times 22.37‰ = 1.14‰$

尿素 $\frac{26.8}{113.6} \times 22.37‰ = 5.28‰$

(3) 计算价格指数。确定了各层次的权数后,就可以分代表产品、代表行业小类、代表行业中类、代表行业大类和全部工业等五个步骤,分别计算价格指数。

代表产品价格指数的计算有两种情况:其一,没有分列代表规格品的代表产品,如表 7-5 中的尿素。其个体价格指数可直接将报告期、基期的平均价格对比求得,例如尿素的个体价格指数为

$$K_P = \frac{332.5}{350} = 95\%$$

其二,分列有多种规格品的代表产品,如表 7-5 中的烧碱,其个体价格指数的计算要分两步:第一步,先计算规格品的个体价格指数;第二步,以简单算术平均法,计算规格品个体价格指数的平均数,作为该代表产品的个体价格指数。例如表 7-5 中,烧碱的四种规格品的个体指数分别为

固体≥96% $\frac{450}{450} = 100\%$

固体≥99% $\frac{490}{470} = 104.3\%$

液体≥30% $\frac{400}{380} = 105.3\%$

液体≥45% $\frac{400}{390} = 102.6\%$

而烧碱的个体价格指数为

$$K_P = \frac{1 + 1.043 + 1.053 + 1.026}{4} = 103.1\%$$

各行业的价格指数,均以加权算术平均数指数公式

$$\overline{K}_P = \frac{\sum K_R W}{\sum W}$$

进行计算。首先,计算代表行业小类或产品集团的价格指数。例如,氮肥类产品的价格指数为

$$\overline{K}_P = \frac{81.1 \times 0.024 + 90.9 \times 0.114 + 95 \times 0.079 + 95 \times 0.528 + 95 \times 1.493}{2.237}$$

$$= \frac{211.8}{2.237} = 94.7\%$$

其次,计算代表行业中类、代表行业大类的价格指数。例如,化学肥料(中类)、化学工业(大类)的价格指数分别为

化学肥料
$$\overline{K}_P = \frac{94.5 \times 2.237 + 90 \times 0.098 + 100 \times 0.02}{2.355}$$

$$= \frac{222.2}{2.355} = 94.36\%$$

化学工业
$$\overline{K}_P = \frac{108.9 \times 1.489 + 94.36 \times 2.355 + \cdots + 104.3 \times 1.684}{1.489 + 2.355 + \cdots + 1.684}$$

$$= \frac{1\,227.15}{12.253} = 100.15\%$$

最后,计算全部工业生产领域的工业品出厂价格指数。方法同上。

知识链接 13:股票价格指数

股票作为金融商品,也有价格。广义的股票价格包括票面价格、发行价格、账面价格、清算价格、内在价格、市场价格等;狭义的股票价格,即通常所说的市场价格,也称股票行市。股票价格指数是根据精心选择的那些具有代表性和敏感性强的样本股票某时点平均市场价格计算的动态相对数,用以反映某一股市股票价格总的变动趋势。股票价格指数的单位习惯上用"点"表示,即以基期为100(或1 000),每上升或下降1个单位称为1点。股票价格指数计算的方法很多,但一般以发行量为权数进行加权综合。其公式为:

$$I = \sum p_{1i}q_i / \sum p_{0i}q_i$$

式中,I,p_{1i}、p_{0i},q_i 分别表示股票价格指数,报告期、基期样本股的平均价格,第 i 种股票的报告期发行量(也有采用基期的)。

股票价格指数是反映证券市场行情变化的重要指标,不仅是广大证券投资者进行投资决策分析的依据,而且也被视为一个国家或地区宏观经济态势的"晴雨表"。世界各国、各地的股票市场都有自己的股票价格指数。

道·琼斯股票价格指数(Dow Jones Indexes)是世界上历史最为悠久的股票价格指数,它的全称为股票价格平均数(Dow Jones Average)。它是在1884年由道·琼斯公司的创始人查理斯·道开始编制的。最初的道·琼斯股票价格指数是根据11种具有代表性的铁路公司的股票,采用算术平均法进行计算编制而成,发表在查理斯·道自己编辑出版的《每日通讯》上。其计算公式为:股票价格平均数=入选股票的价格之和/入选股票的数量。

自1897年起,道·琼斯股票价格平均指数开始分成工业与运输业两大类,其中工业股票价格平均指数包括12种股票,运输业平均指数则包括20种股票,并且开始在道·琼斯公司出版的《华尔街日报》上公布。在1929年,道·琼斯股票价格平均指数又增加了公用事业类股票,使其所包含的股票达到65种,并一直延续至今。

现在的道·琼斯股票价格平均指数是以1928年10月1日为基期,因为这一天收盘时的道·琼斯股票价格平均数恰好约为100美元,所以就将其定为基准日。而以后股票价格同基期相比计算出的百分数,就成为各期的股票价格指数,所以现在的股票价格指数普遍用点来做单位,而股票价格指数每一点的涨跌就是相对于基准日的涨跌百分数。

第三节 指数分析

一、指数分析的依据

在社会经济中,许多现象的总量是多个因素结合的结果,通常表现为数量指标因素和质量指标因素的连乘积。例如,

$$总产值 = 产品产量 \times 产品价格$$
$$销售额 = 销售量 \times 销售价格$$

照理,经济现象总量的变动,也表现为数量指标因素的变动和质量指标因素的变动的连乘积。例如,

$$总产值指数 = 产品产量指数 \times 产品价格指数$$
$$销售额指数 = 销售量指数 \times 销售价格指数$$

若上式成立,则称为指数体系。所谓指数体系,就是指经济上有联系、数量上有关系的多个指数所形成的一个整体。显然,个体指数条件下,如上式的指数体系是成立的,即

$$\frac{P_1 Q_1}{P_0 Q_0} = \frac{Q_1}{Q_0} \times \frac{P_1}{P_0}$$

总指数条件下,若按上节"变换权数"主张计算综合指数(总指数),可有下列指数体系:

$$\frac{\sum P_1 Q_1}{\sum P_0 Q_0} = \frac{\sum P_0 Q_1}{\sum P_0 Q_0} \times \frac{\sum P_1 Q_1}{\sum P_0 Q_1}$$

指数体系中各指数之间的数量关系,不仅如上式所示的反映在相对数之间,表现为乘积关系;而且还如下式所示的反映在绝对数之间,表现为总和关系:

$$\sum P_1 Q_1 - \sum P_0 Q_0 = \left(\sum P_0 Q_1 - \sum P_0 Q_0 \right) + \left(\sum P_1 Q_1 - \sum P_0 Q_1 \right)$$

建立了指数体系,就可以对经济现象总量的变动(或现象总变动)进行因素分析,即分析各因素的变动对现象总变动的影响程度和影响绝对额。本节所言指数分析,即运用指数体系进行的因素分析。因此,指数体系是指数分析(因素分析)的依据。

二、指数分析的内容

如前所述,指数分析的主要内容即因素分析。按被分析指标的种类不同,因素分析包括总量指标因素分析和平均指标因素分析;按分析指标所包含的因素多少不同,因素分析包括两因素分析和多因素(三个因素、三个以上因素)分析。

运用指数体系,既可以进行因素分析,还可以进行指数推算。例如,某企业今年与去年比,产量增长 10%,产值增长 15%,问价格上涨多少?根据指数体系,应有:

$$价格指数 = \frac{产值指数}{产量指数} = \frac{1 + 15\%}{1 + 10\%} = 104.55\%$$

即,价格上涨了 4.55%。

三、指数分析的步骤

首先,根据被研究现象各因素之间的客观联系、相互关系和所处地位,确定各因素的排列顺序,

建立指数体系。例如,产值变动的两因素分析时,排列顺序和建立体系为

$$产值＝产量×价格$$
$$产值指数＝产量指数×价格指数$$

或

$$产值＝价格×产量$$
$$产值指数＝价格指数×产量指数$$

又如,产值变动的三因素分析时,排列顺序和建立体系一般应为

$$产值＝员工人数×人均产量×价格$$
$$产值指数＝员工人数指数×人均产量指数×价格指数$$

而不取

$$产值＝员工人数×价格×人均产量$$
$$产值＝价格×人均产量×员工人数$$

的排序及体系。

也就是说,多因素分析时的因素排序,应努力遵循两个原则:其一,量的因素在前,质的因素在后;其二,相邻因素之乘积具有经济意义。

其次,计算被分析指标的总变动程度和绝对额。以前述产值指数体系为例,即计算

$$\sum P_1 Q_1 / \sum P_0 Q_0$$
$$\sum P_1 Q_1 - \sum P_0 Q_0$$

再次,计算各因素变动对被分析指标总变动的影响程度和绝对额。就上例而言,即分别计算

$$\sum P_0 Q_1 / \sum P_0 Q_0, \sum P_0 Q_1 - \sum P_0 Q_0$$
$$\sum P_1 Q_1 / \sum P_0 Q_1, \sum P_1 Q_1 - \sum P_0 Q_1$$

这一步骤的要点是:分析某个因素对总变动的影响时,必须假定其他因素不变。

最后,根据指数体系,从相对数和绝对数两方面,对各因素作综合分析:总变动程度等于各因素变动程度之乘积,总变动绝对额等于各因素变动绝对额之总和。对上例,即

$$\frac{\sum P_1 Q_1}{\sum P_0 Q_0} = \frac{\sum P_0 Q_1}{\sum P_0 Q_0} \times \frac{\sum P_1 Q_1}{\sum P_0 Q_1}$$

$$\sum P_1 Q_1 - \sum P_0 Q_0 = (\sum P_0 Q_1 - \sum P_0 Q_0) + (\sum P_1 Q_1 - \sum P_0 Q_1)$$

四、指数分析的算例

1. 总量指标两因素分析

以表 7-2 为例,总量指标两因素分析的方法和步骤如下:

(1) 建立指数体系。由于

$$产值＝产量×价格$$

所以

$$产值指数＝产量指数×价格指数$$

(2) 计算产值总变动程度和绝对额

$$产值指数 = \frac{\sum P_1 Q_1}{\sum P_0 Q_0} = \frac{983\ 840}{1\ 054\ 000} = 93.34\%$$

$$产值变动绝对额 = \sum P_1 Q_1 - \sum P_0 Q_0 = 983\ 840 - 1\ 054\ 000$$
$$= -70\ 160(元)$$

计算结果表明，产值报告期比基期降低了 6.66%，减少了 70 160 元。

(3) 计算产量、价格变动对产值变动的影响程度和绝对额

$$产量指数 = \frac{\sum P_0 Q_1}{\sum P_0 Q_0} = \frac{1\ 083\ 200}{1\ 054\ 000} = 102.8\%$$

产量变动对产值变动影响的绝对额
$$= \sum P_0 Q_1 - \sum P_0 Q_0 = 1\ 083\ 200 - 1\ 054\ 000$$
$$= 29\ 200(元)$$

计算结果表明，由于产品产量增长了 2.8%，使产值增加了 29 200 元。

$$价格指数 = \frac{\sum P_1 Q_1}{\sum P_0 Q_1} = \frac{983\ 840}{1\ 083\ 200} = 90.8\%$$

价格变动对产值变动影响的绝对额
$$= \sum P_1 Q_1 - \sum P_0 Q_1 = 983\ 840 - 10\ 832\ 000$$
$$= -99\ 360(元)$$

计算结果表明，由于产品价格降低了 9.2%，使产值减少了 99 360 元。

(4) 综合分析。从相对数和绝对数两方面，对产量和价格因素作综合分析。

相对数体系　　　　　　　93.34% = 102.8% × 90.8%

绝对数体系　　　　　　　-70 160 = 29 200 + (-99 360)

综合分析表明，产值降低了 6.66%，是由于产量增长 2.8% 和价格降低 9.2% 共同作用的结果；产值减少了 70 160 元，是由于产量增长使产值增加 29 200 元和价格降低使产值减少 99 360 元综合影响的结果。

2. 总量指标多因素分析

总量指标多因素分析是总量指标两因素分析的直接延伸，其分析方法与步骤基本类似两因素分析。所不同的是，两因素分析其因素如何排序没有严格限定；多因素分析的因素排序，要努力遵循前述两个原则。现以表 7-6 某产品的原材料消耗资料为例，说明总量指标多因素分析指数体系如下：

表 7-6　产品原材料消耗

原材料种类	计量单位	基期				报告期			
		产品产量/kg	原材料单耗量	原材料价格/元	原材料支出额/元	产品产量/kg	原材料单耗量	原材料价格/元	原材料支出额/元
甲	ml	500	3	0.5	750	600	2.5	0.7	1 050
乙	kg	500	0.2	1.2	120	600	0.15	1.1	99

由于
$$原材料支出额 = 产品产量 \times 原材料单耗量 \times 原材料价格$$
因而
$$原材料支出额指数 = 产品产量指数 \times 原材料单耗量指数 \times 原材料价格指数$$
若以 A、B、C 分别代表产量、单耗、价格,则有

$$\frac{\sum A_1 B_1 C_1}{\sum A_0 B_0 C_0} = \frac{\sum A_1 B_0 C_0}{\sum A_0 B_0 C_0} \times \frac{\sum A_1 B_1 C_0}{\sum A_1 B_0 C_0} \times \frac{\sum A_1 B_1 C_1}{\sum A_1 B_1 C_0}$$

为计算分析方便,对表 7-6 资料按指数体系的要求进行有关计算,并将计算结果列于表 7-7。

表 7-7 因素分析计算表

原材料种类	原材料支出额/元			
	$A_0 B_0 C_0$	$\sum A_1 B_0 C_0$	$A_1 B_1 C_0$	$A_1 B_1 C_1$
甲	750	900	750	1 050
乙	120	144	108	99
合计	870	1 044	858	1 149

总变动程度和绝对额

$$原材料支出额指数 = \frac{\sum A_1 B_1 C_1}{\sum A_0 B_0 C_0} = \frac{1\ 149}{870} = 132.1\%$$

$$原材料变动绝对额 = \sum A_1 B_1 C_1 - \sum A_0 B_0 C_0 = 1\ 149 - 870 = 279(元)$$

产量变动对原材料支出额变动的影响程度和绝对额

$$产量指数 = \frac{\sum A_1 B_0 C_0}{\sum A_0 B_0 C_0} = 1\ 044 \div 870 = 120\%$$

产量变动对原材料支出额变动影响的绝对额
$$= \sum A_1 B_0 C_0 - \sum A_0 B_0 C_0 = 1\ 044 - 870 = 174(元)$$

单耗变动对原材料支出额变动的影响程度和绝对额

$$单耗指数 = \frac{\sum A_1 B_1 C_0}{\sum A_1 B_0 C_0} = \frac{858}{1\ 044} = 82.2\%$$

单耗变动对原材料支出额变动影响的绝对额
$$= \sum A_1 B_1 C_0 - \sum A_1 B_0 C_0 = 858 - 1\ 044 = -186(元)$$

价格变动对原材料支出额变动的影响程度和绝对额

$$价格指数 = \frac{\sum A_1 B_1 C_1}{\sum A_1 B_1 C_0} = \frac{1\ 149}{858} = 133.9\%$$

价格变动对原材料支出额变动影响的绝对额
$$= \sum A_1 B_1 C_1 - \sum A_1 B_1 C_0 = 1\,149 - 858 = 291(元)$$

综合以上分析,得
$$132.1\% = 120\% \times 82.2\% \times 133.9\%$$
$$279 = 174 + (-186) + 291$$

上两式表明,原材料支出额上升32.1%,是由于产品产量上升20%、原材料单耗下降17.8%和原材料价格上升33.9%共同作用的结果;原材料支出额多付279元,是由于产品产量上升使原材料支出额多付174元、原材料单耗下降使原材料支出额少付186元和原材料价格上升使原材料支出额多付291元综合影响的结果。

3. 平均指标两因素分析

平均指标两因素分析是总量指标两因素分析的进一步扩展,其分析方法与步骤也基本类似总量指标因素分析。所不同的是,总量指标因素分析的指数体系,直接可由指标体系给出;平均指标因素分析的指数体系,则是根据指标变动的影响因素的定性分析,不经过建立指标体系而直接给出指数体系。现以表7-8某厂生产工人劳动生产率变动资料为例,说明平均指标两因素分析如下。

表7-8 某厂生产工人劳动生产率

工人组别	工人数		劳动生产率/(件/人)		假定 $\dfrac{\sum x_0 f_1}{\sum f_1}$
	基期	报告期	基期	报告期	
	f_0	f_1	x_0	x_1	
老工人	700	660	80.0	86.0	80.0
新工人	300	740	50.0	55.0	50.0
合计	1 000	1 400	71.0	69.6	64.1

从上表可知,老工人劳动生产率提高了7.5%(86÷80=107.5%),新工人劳动生产率提高了10%(55÷50=110%),但全体生产工人的劳动生产率却降低了1.97%(69.6÷71=98.03%)。这里的矛盾说明了:分组条件下,总平均指标(全体生产工人的总劳动生产率)的变动,不仅受各组平均指标(新、老工人的组劳动生产率)变动的影响,还受各组单位数(新、老工人数)占总体单位数(全体生产工人数)比重变动的影响。就本例而言,正是由于高劳动生产率的老工人人数比重的下降幅度、低劳动生产率的新工人人数比重的上升幅度都超过了他们各自劳动生产率的提高幅度,从而使得全体生产工人的总劳动生产率有所降低。

运用指数方法,可对总劳动生产率的变动及其影响因素变动的影响程度和绝对额,进行定量分析。首先,根据以上分析,建立如下指数体系:

总劳动生产率指数=组劳动生产率影响指数×工人数比重影响指数

若用第四章的有关符号表达此体系,则有

$$\dfrac{\dfrac{\sum X_1 f_1}{\sum f_1}}{\dfrac{\sum X_0 f_0}{\sum f_0}} = \dfrac{\dfrac{\sum X_1 f_1}{\sum f_1}}{\dfrac{\sum X_0 f_1}{\sum f_1}} \times \dfrac{\dfrac{\sum X_0 f_1}{\sum f_1}}{\dfrac{\sum X_0 f_0}{\sum f_0}}$$

此体系的等式左端表示总变动程度;右端表示两个因素对总变动的影响程度,一是水平因素(组劳动生产率),一是结构因素(工人数比重)。按前述因素分析的要点,分析水平因素对总变动的影响时,必须假定结构因素不变(一般固定在报告期);分析结构因素影响时,必须假定水平因素不变(一般固定在基期)。依据指数体系,代入表7-8的数据,计算总劳动生产率的总变动程度和绝对额,计算水平、结构因素变动的影响程度和绝对额如下:

总劳动生产率指数

$$\frac{\sum X_1 f_1}{\sum f_1} \div \frac{\sum X_0 f_0}{\sum f_0} = 69.6 \div 71 = 98.03\%$$

总劳动生产率变动绝对额

$$\frac{\sum X_1 f_1}{\sum f_1} - \frac{\sum X_0 f_0}{\sum f_0} = 69.6 - 71 = -1.4(件／人)$$

组劳动生产率指数

$$\frac{\sum X_1 f_1}{\sum f_1} \div \frac{\sum X_0 f_1}{\sum f_1} = 69.6 \div 64.1 = 108.6\%$$

组劳动生产率变动对总劳动生产率变动影响的绝对额

$$\frac{\sum X_1 f_1}{\sum f_1} - \frac{\sum X_0 f_1}{\sum f_1} = 69.6 - 64.1 = 5.5(件／人)$$

工人数比重指数

$$\frac{\sum X_0 f_1}{\sum f_1} \div \frac{\sum X_0 f_0}{\sum f_0} = 64.1 \div 71 = 90.3\%$$

工人数比重变动对总劳动生产率变动影响的绝对额

$$\frac{\sum X_0 f_1}{\sum f_1} - \frac{\sum X_0 f_0}{\sum f_0} = 64.1 - 71 = -6.9(件／人)$$

最后,综合分析,得

$$98.03\% = 108.6\% \times 90.3\%$$
$$-1.4 = 5.5 + (-6.9)$$

分析表明,报告期生产工人总劳动生产率比基期下降了1.97%,平均每人减少产量1.4件。其中,因各组工人的劳动生产率提高8.6%,使每人平均增加产量5.5件;因各组工人数比重变动影响总劳动生产率下降9.7%,使每人平均减少产量6.9件。

以上劳动生产率的因素分析方法,同样适用于平均工资、单位成本等平均指标的两因素分析。一般地,将反映总变动的指数、反映水平变动影响的指数和反映结构变动影响的指数,分别称为可变构成指数、固定构成指数和结构影响指数。

可变构成指数＝固定构成指数×结构影响指数

知识链接 14:工业经济效益综合指数

　　工业经济效益综合指数是综合衡量工业经济效益总体水平的一种特殊相对数,是反映工业经济运行质量的综合指标,它可以用来考核和评价各地区、各行业乃至各企业工业经济效益的实际水平和发展变化趋势,反映整个工业经济运行质量和效益状况的全貌。计算方法是将以下七项工业经济效益指标报告期实际数值分别除以该项指标的全国标准值并乘以各自权数,加总后除以总权数求得。计算公式为:

　　工业经济效益综合指数(%)
$$=\sum(某项经济效益指标报告期数值/该项指标全国标准值\times 权数)\div 总权数$$

七项指标是:

(1) 总资产贡献率。该指标反映企业全部资产的获利能力,是企业管理水平和经营业绩的集中体现,是评价和考核企业盈利能力的核心指标。

$$总资产贡献率(\%)=(利润总额+税金总额+利息支出)/平均资产总额\times 100\%$$

其中:税金总额为产品销售税金及附加与应交增值税之和,平均资产总额为期初和期末之和的算术平均值。

(2) 资本保值增值率。该指标反映企业净资产的变动状况,是企业发展能力的集中体现。

$$资本保值增值率(\%)=期末所有者权益(净资产)/期初所有者权益(净资产)\times 100\%$$

(3) 资产负债率。该指标既反映企业经营风险的大小,又反映企业利用债权人提供的资金从事经营活动的能力。

$$资产负债率(\%)=期末负债总额/期末资产总额\times 100\%$$

(4) 流动资产周转率。指一定时期内流动资产完成的周转次数,反映工业企业投入的流动资金周转速度。

$$流动资产周转率(次)=销售收入/流动资产平均余额$$

其中:流动资产平均余额为期初和期末流动资产之和的算术平均值。

(5) 成本费用利润率。反映工业生产成本及费用投入的经济效益,同时也反映企业降低成本的经济效益。

$$成本费用利润率(\%)=利润总额/成本费用总额\times 100\%$$

其中:成本费用总额为产品销售成本、销售费用、管理费用、财务费用之和。

(6) 全员劳动生产率。该指标反映企业的生产效率和劳动投入的经济效益。

$$全员劳动生产率(元/人)=工业增加值/全部职工平均人数$$

工业增加值为消除价格因素与标准值可比的工业增加值。

(7) 产品销售率。该指标反映工业产品生产已实现销售的程度,是分析工业产销衔接情况,研究工业产品满足社会需求程度的指标。

$$产品销售率(\%)=工业销售产值/工业总产值\times 100\%$$

　　工业经济效益综合指数计算公式中的权数,是根据上述七项指标在综合经济效益中的重要程度,由专家调查法确定;公式中的标准值,考虑了我国近期工业经济指标的实际水平及一般标准确定。七项指标的权数和标准值如下:

指标名称	指标权数	标准值
总资产贡献率	20	10.70%
资本保值增值率	16	120%
资产负债率	12	60%
流动资产周转率	15	1.52次
成本费用利润率	14	3.71%
全员劳动生产率	10	16 500元/人
产品销售率	13	96%

据江苏省统计局年度统计公报,全省工业经济效益综合指数,2009年为224.0,2010年为241.0,2011年为268.6。

第四节 指数数列

一、指数数列的种类

对同一指数进行长时期对比研究,就形成了指数数列。指数数列就是把不同时期同一指数的多个数值,按照时期先后顺序加以排列所形成的一种数列。可见,指数数列也是一种时间数列,其特点在于数列中所排列的指标数值是指数数值,而不是一般的综合指标的数值。

按第一节所述指数的分类,可以相应派生出个体指数数列与总指数数列、数量指标指数数列与质量指标指数数列、综合指数数列与平均数指数数列等许多种指数数列。从观察现象长时期的发展变化方向及程度或分析现象在各个不同时期的逐期变动状况的统计研究需要,常把指数数列依采用基期的不同,划分为环比指数数列和定基指数数列两种。

1. 环比指数数列

就综合指数方法计算的数量指标指数和质量指标指数而言,环比指数数列表现为

$$\frac{\sum P_0 Q_1}{\sum P_0 Q_0}, \frac{\sum P_1 Q_2}{\sum P_1 Q_1}, \frac{\sum P_2 Q_3}{\sum P_2 Q_2} \cdots (\text{基期权数})$$

$$\frac{\sum P_1 Q_1}{\sum P_0 Q_0}, \frac{\sum P_2 Q_2}{\sum P_1 Q_1}, \frac{\sum P_3 Q_3}{\sum P_2 Q_2} \cdots (\text{报告期权数})$$

$$\frac{\sum P_n Q_1}{\sum P_n Q_0}, \frac{\sum P_n Q_2}{\sum P_n Q_1}, \frac{\sum P_n Q_3}{\sum P_n Q_2} \cdots (\text{固定权数})$$

上述基期权数指数数列的分母项($\sum P_i Q_i$)、固定权数指数数列的分母项($\sum P_n Q_i$),其在我国工业统计中的实际意义是:它们分别表示以现行价格、不变价格计算的工业总产值。

2. 定基指数数列

就综合指数方法计算的数量指标指数和质量指标指数而言,定基指数数列表现为

$$\frac{\sum P_0 Q_1}{\sum P_0 Q_0}, \frac{\sum P_0 Q_2}{\sum P_0 Q_0}, \frac{\sum P_0 Q_3}{\sum P_0 Q_0} \cdots (\text{基期权数})$$

$$\frac{\sum P_1 Q_1}{\sum P_0 Q_1}, \frac{\sum P_2 Q_2}{\sum P_0 Q_2}, \frac{\sum P_3 Q_3}{\sum P_0 Q_3} \cdots (\text{报告期权数})$$

$$\frac{\sum P_1 Q_n}{\sum P_0 Q_n}, \frac{\sum P_2 Q_n}{\sum P_0 Q_n}, \frac{\sum P_3 Q_n}{\sum P_0 Q_n} \cdots (\text{固定权数})$$

综合以上六个指数数列，我们把数列中权数变化的指数称为可变权数指数，如按报告期权数计算的指数；数列中权数保持不变的指数称为不变权数指数，如按固定权数计算的指数。

个体指数数列条件下，必存在环比指数的连乘积等于定基指数的数量关系；总指数数列条件下，只有不变权数指数之间才存在如此连乘关系。正因为此，前述工业产品出厂价格指数计算中的权数，一般就用某一时期的产品销售额比重作权数，各个时期的价格指数都采用这个权数。所以，我国工业产品出厂价格指数可称为固定权数(或不变权数)加权算术平均指数。

二、指数数列的变换

运用不变权数的环比指数与不变权数的定基指数之间的连乘关系，对有关指数作换算、转移、编接和连锁等变换，可以进行现象动态变化的观察、测定和动态比较的计算、分析。

1. 换算

计算不同时期的工业总产值，采用同一时期或同一时点的工业产品出厂价格，此谓按不变价格(或固定价格)计算总产值。按不变价格计算总产值，主要是用以消除不同时期价格变动的影响，以保证计算工业发展速度 $\left(\frac{\sum P_n Q_{i+1}}{\sum P_n Q_i}\right)$ 时的可比性。所以，不变价格又称可比价格。

工业产品不变价格并不是长期不变的。随着生产的发展和市场的变化，各种产品的价格水平和价比关系会发生较大变化。为使产品的不变价格更接近当时价格的实际水平，经过一段时期就需要重新编制新的不变价格。新中国成立以来，我国先后编制并实施过 1952 年、1957 年、1970 年、1980 年和 1990 年五种不变价格。它们分别采用于 1952 年至 1957 年、1957 年至 1971 年、1971 年至 1981 年、1981 年至 1991 年和 1991 年至现在。2001 年始，启用新的不变价格，即 2000 年不变价格。由于不同时期使用不同的不变价格，因而在进行跨两个不变价格时期的总产值对比研究时，必须首先实行价格换算，以消除价格变动的影响。

例如，某厂 2005 年总产值按 2000 年不变价格计算为 9 540 万元，1996 年总产值按 1990 年不变价格计算为 5 000 万元。两年总产值对比所计算的产量指数

$$9\,540/5\,000 = 190.8\%$$

不仅反映了产量增长，而且包含着不变价格变动的影响。为消除价格变动的影响，须以一定方法将按 1990 年不变价格计算的 1996 年总产值，换算成按 2000 年不变价格计算的 1996 年总产值；或将按 2000 年不变价格计算的 2005 年总产值，换算成按 1990 年不变价格计算的 2005 年总产值。

$$\sum P_{90} Q_{96} \times \frac{\sum P_{00} Q_{96}}{\sum P_{90} Q_{96}} = \sum P_{00} Q_{96}$$

由于实际统计中，只在交替年(开始使用新的不变价格的年份，如 1991 年、2001 年)按新旧两种不变价格计算两个总产值，所以，一般以 $\frac{\sum P_{00} Q_{01}}{\sum P_{90} Q_{01}}$ 代替上式中 $\frac{\sum P_{00} Q_{96}}{\sum P_{90} Q_{96}}$，进行两种不变价格的换算。假定 2001 年总产值按 1990 年、2000 年不变价格计算分别为 7 500 万元、7 950 元，则 $\frac{\sum P_{00} Q_{01}}{\sum P_{90} Q_{01}}$

$$= \frac{7\ 950}{7\ 500} = 1.06$$

从而

$$\frac{9\ 540}{5\ 000 \times 1.06} = 180\%$$

此180%表明，2005年比1996年产量实际增长80%。

同理

$$\frac{9\ 540 \div 1.06}{5\ 000} = 180\%$$

上述两种计算表示：1980年不变价格的总产值乘以1.06，就换算成了2000年不变价格的总产值；2000年不变价格的总产值除以1.06，就换算成了1990年不变价格的总产值。因此，一般将 $\frac{\sum P_{00}Q_{01}}{\sum P_{90}Q_{01}}$，$\frac{\sum P_{90}Q_{91}}{\sum P_{80}Q_{91}}$ 等价格指数，称为价格换算系数。

2. 转移

一个指数数列有时为了便于做近期的比较，或者和其他指数数列作平行比较，需要转移指数的基期，因为不同基期的指数数列之间是不可比的。转移指数的基期非常简单，只需各期指数之间的比率保持不变即可。例如，下列指数数列是以1950年为基期的，现在要把基期转移到1985年，只需用1985年的指数174.1去除原数列各指数，就得到1985年为基期的新指数数列。同理，我们可以把基期转移到1990年。详见表7-9所示。

表7-9 全国零售物价总指数

基期	1985年	1986年	1987年	1988年	1989年	1990年
1950=100	174.1	194.5	198.0	234.6	276.4	282.2
1985=100	100.0	106.0	113.7	134.8	158.8	162.1
1990=100	61.7	65.4	70.2	83.1	98.0	100.0

3. 编接

一个指数数列，往往因为情况的变化而更改指数的部分内容，如新旧商品的更替或权数调整等，因而需要编制一个新的指数数列，这就有一个与旧数列相衔接的问题。又如，一个指数数列开始年代有限，有时需要追溯到编前年代；而同时又有一个旧的指数数列，内容与本数列相近，可供作大致的历史性比较。在这类情况下，如果两个指数数列有重叠年份的数字，就可以进行编接。编接的依据是假定其他各年新指数与旧指数之间的比率与重叠年份两指数之间比率完全相同。以新旧两指数数列为例（如表7-10）。

表7-10 指数数列编接示例

年份	原指数 (1980=100)	新指数 (1985=100)	编接后指数 (1980=100)	编接后指数 (1985=100)
1980	100.0	y_5	100.0	83.3
1981	102.5	y_4	102.5	85.4
1982	106.7	y_3	106.7	88.9
1983	112.5	y_2	112.5	93.8

续表

年份	原指数 (1980＝100)	新指数 (1985＝100)	编接后指数 (1980＝100)	编接后指数 (1985＝100)
1984	118.6	y_1	118.6	98.8
1985	120.0	100.0	120.0	100.0
1986	x_1	105.0	126.0	105.0
1987	x_2	108.7	130.4	108.7
1988	x_3	115.3	138.4	115.3
1989	x_4	120.0	144.0	120.0
1990	x_5	122.9	147.5	122.9

从表 7-10 中可以看出，两指数数列在 1985 年都有指数数值，那么我们可以以此为依据，把两指数数列衔接起来。编接既可以是后向的，即求 y 值；也可以是前向的，即求 x 值。编接的指数是按重叠数值的比例推算的。现在我们求出 x 和 y 值。

$$\frac{1.20}{1.0}=\frac{x_1}{1.05} \quad x_1=1.26$$

用同样的方法求得

$$x_2=1.304$$
$$x_3=1.384$$
$$x_4=1.44$$
$$x_5=1.475$$

$$\frac{1.20}{1.00}=\frac{1.186}{y_1} \quad y_1=0.988$$

用同样的方法求得

$$y_2=0.938$$
$$y_3=0.889$$
$$y_4=0.854$$
$$y_5=0.833$$

如果两个指数数列的重叠数值有两对或两对以上时，且不同年份的数值比率都相同，则任何年的重叠数值都可以作为编接的依据；如果比率大致接近或相差不太大，为了避免挑选任何一年可能导致的偏差，一般按重叠指数的综合比率进行编接。这个综合比率可以是两数列重叠指数之和的比率；也可以是重叠指数各年比率的几何平均数。

假如表 7-10 的原数列与新数列有 1985—1987 年三年的重叠指数如下：

年份	原指数(1980＝100)	新指数(1985＝100)
1985	120.0	100.0
1986	123.5	105.0
1987	128.9	108.7

这三年重叠数值的综合比率可以是 $(1.20+1.235+1.289)\div(1+1.05+1.087)=3.724\div 3.137=1.187$。也可以采用这三个年份比率的几何平均数。

$$\sqrt[3]{\frac{120.0}{100}\times\frac{123.5}{105.0}\times\frac{128.9}{108.7}}=\sqrt[3]{1.6737}=1.187$$

以综合比率 1.187 后向编接新数列(1985;100),即以 1.187 除 1980—1984 各年的原指数,得新指数为 84.2, 86.4, 89.9, 94.8, 99.9。1985 年及以后的指数数值不必变动。

4. 连锁

利用定基指数与环比指数之间的数量关系,可以进行两种指数的换算。通过环比指数换算定基指数,一般称为指数的连锁。

例如,我国 1985 年至 1990 年的国家财政收入的环比指数分别为:124.3, 108.9, 104.8, 110.9, 112.2, 112.4。根据环比指数的连乘积为定基指数的关系,可以计算出这段时期国家财政收入的定基指数(1985 年为 100)为:100.0, 108.9, 114.13, 126.57, 142.01, 159.62。

英文选读 7　Index Number and Indicator

Index number

In its most general definition, an index number is a value representing the relative variation of a variable between two determined periods (or situations).

The **simple index numbers** should be distinguished from the **composite index numbers.**

● **Simple index numbers** describe the relative change of a single **variable.**

● **Composite index numbers** allow one to describe with a single number the comparison of the set of **values** that several **variables** take in a certain situation with respect to the set of values of the same variables in a reference situation.

The reference situation defines the basis of the index number. We can say, for example, that for reference year (basis year) 1980, a certain index number has a value of 120 in 1982.

The **Laspeyres index** is a **composite index number** of price constructed by the weighted sum method. This index number represents the ratio of the sum of prices in the actual period n to the price sum in the reference period, these sums being weighted by the respective quantities of the reference period. Therefore the index number measures the relative price change of the goods, the respective quantities being considered unchanged.

The Laspeyres index differs from the **Paasche index** on the choice of the weights: in the Paasche index, the weighting is done by the sold quantities of the current period Q_n, whereas in the Laspeyres index, it is done by the quantities sold in the reference period Q_0.

The **Fisher index** is a **composite index number** which allows us to study the increase in the cost of living (inflation). It is the **geometric mean** of the Laspeyres index and the Paasche index.

Indicator

An indicator is a statistic (**official statistic**) whose objective is to give an indication about the state, behavior, and changing nature during some period of an economic or political phenomenon. An indicator must inform about the variations in the values as well as changes in the nature of the observed phenomena and must serve to instruct the decision makers.

At its most accurate, an indicator reflects the social or economic process and suggests the changes that should be made. It is an alarm signal that attracts attention and and serves as a call to action (pilotage). Many indicators are generally necessary for providing a global reflection of given phenomena and of the politics that one wishes to evaluate. A set of indicators provides information about the same subject and is called a system of indicators.

Not all statistics are indicators; indicators must:

1) Be quantifiable, which, strictly speaking, does not mean measurable.

2) Be unidimensional (avoid overlap with other indicators).

3) Cover the set of priority objectives.
4) Directly evaluate the performance of a policy.
5) Show ways to improve.
6) Refer to major aspects of the system and be changeable with changes in the political system.
7) Be verifiable.
8) Be relatable to each other.
9) Be as economic as possible.
10) Be readily available.
11) Be easily understood by the general public.
12) Be recognizable by everybody as valid and reliable.

Economic indicators include gross domestic product (GDP), national revenue, consumer price index, producer price index, unemployment rate, total employment, long-term and short term interest rates, exports and imports of produced goods, and balance of payments.

习 题

一、单选题

1. 按照指数的性质不同,指数可分为 ( )
   (1) 个体指数和总指数　　　　　　(2) 简单指数和加权指数
   (3) 数量指标指数和质量指标指数　　(4) 动态指数和静态指数

2. 在指数的概念中 ( )
   (1) 简单指数是指个体指数,加权指数是指总指数
   (2) 简单指数是指总指数,加权指数是指个体指数
   (3) 简单指数和加权指数都是指个体指数
   (4) 简单指数和加权指数都是指总指数

3. 根据指数研究的范围不同,可以把它分为 ( )
   (1) 个体指数和总指数　　　　　　(2) 简单指数和加权指数
   (3) 综合指数和平均数指数　　　　(4) 动态指数和静态指数

4. 设 p 表示商品的价格,q 表示商品的销售量,$\dfrac{\sum p_1 q_1}{\sum p_0 q_1}$ 说明了 ( )
   (1) 在基期销售量条件下,价格综合变动的程度
   (2) 在报告期销售量条件下,价格综合变动的程度
   (3) 在基期价格水平下,销售量综合变动的程度
   (4) 在报告期价格水平下,销售量综合变动的程度

5. 按照个体价格指数和报告期销售额计算的价格指数是 ( )
   (1) 综合指数　　　　　　　　　　(2) 平均数指数
   (3) 加权算术平均数指数　　　　　(4) 加权调和平均数指数

6. 作为综合指数变形使用的平均数指数,下列哪项可以作为加权算术平均数指数的权数 ( )
   (1) $p_0 q_0$　　　　(2) $p_1 q_1$　　　　(3) $p_0 q_1$　　　　(4) $p_1 q_0$

7. 用加权平均法求总指数时,所需资料 ( )
   (1) 必须是全面资料

(2) 必须是非全面资料
(3) 既可以是全面资料,也可以是非全面资料
(4) 个体指数可以用全面调查资料,权数一定用非全面资料
8. 根据指数所采用的基期不同,指数可分为 （   ）
   (1) 数量指标指数和质量指标指数　　(2) 拉氏指数和派氏指数
   (3) 环比指数和定基指数　　(4) 时间指数、空间指数和计划完成指数
9. 综合指数一般是 （   ）
   (1) 简单指数　　(2) 加权指数　　(3) 静态指数　　(4) 平均指数
10. 平均数指数中的平均方法通常是 （   ）
    (1) 简单调和平均方法　　(2) 简单算术平均方法
    (3) 加权调和平均方法　　(4) 加权算术平均方法
11. 在由三个指数所组成的指数体系中,两个因素指数的同度量因素通常 （   ）
    (1) 都固定在基期　　(2) 都固定在报告期
    (3) 一个固定在基期,一个固定在报告期　　(4) 采用基期和报告期的平均
12. 某商店在价格不变的条件下,报告期销售量比基期增加10%,那么报告期商品销售额比基期增加 （   ）
    (1) 1%　　(2) 5%　　(3) 10%　　(4) 3%
13. 在物价上涨后,同样多的人民币少购买商品3%,则物价指数为 （   ）
    (1) 97%　　(2) 103.09%　　(3) 3%　　(4) 109.13%
14. 某种产品报告期与基期比较产量增长26%,单位成本下降32%,则生产费用支出总额为基期的 （   ）
    (1) 166.32%　　(2) 85.68%　　(3) 185%　　(4) 54%
15. 若销售量增加,销售额持平,则物价指数 （   ）
    (1) 降低　　(2) 增长　　(3) 不变　　(4) 趋势无法确定

二、多选题

1. 下列属于指数范畴的指标有 （   ）
   (1) 动态相对数　　(2) 离散系数
   (3) 计划完成相对数　　(4) 季节比率
   (5) 比较相对指标
2. 报告期数值和基期数值之比可称为 （   ）
   (1) 动态相对指标　　(2) 发展速度
   (3) 增长速度　　(4) 统计指数
   (5) 比例相对数
3. 下列属于质量指标指数的有 （   ）
   (1) 价格总指数　　(2) 个体价格指数
   (3) 销售量总指数　　(4) 销售总额指数
   (5) 平均指标指数
4. 指数按选择基期的不同可分为 （   ）
   (1) 静态指数　　(2) 动态指数　　(3) 定基指数　　(4) 综合指数
   (5) 环比指数
5. 统计指数按其反映的时态状况不同,可分为 （   ）
   (1) 综合指数　　(2) 平均指数　　(3) 简单指数　　(4) 动态指数
   (5) 静态指数

6. 综合指数的特点是 (　　)
   (1) 由两个总量指标对比形成
   (2) 固定一个或一个以上因素,仅观察其中一个因素的变动
   (3) 分子或分母中有一项假定指标
   (4) 编制时可按范围逐步扩大
   (5) 编制时需要全面资料
7. 如果用综合指数的形式编制工业产品产量总指数,下列哪些项目可以作为同度量因素 (　　)
   (1) 报告期价格　　(2) 基期价格　　(3) 报告期单位成本　　(4) 基期单位成本
   (5) 工人劳动生产率
8. 派氏的综合指数公式是 (　　)
   (1) $\dfrac{\sum q_1 p_1}{\sum q_0 p_1}$　　(2) $\dfrac{\sum q_1 p_0}{\sum q_0 p_0}$　　(3) $\dfrac{\sum p_1 q_1}{\sum p_0 q_1}$　　(4) $\dfrac{\sum p_1 q_0}{\sum p_0 q_0}$
   (5) $\dfrac{\sum q_1 p_1}{\sum q_0 p_0}$
9. 设 p 为价格, q 为销售量,则总指数 $\dfrac{\sum p_0 q_1}{\sum p_0 q_0}$ 的意义是 (　　)
   (1) 综合反映多种商品的销售量的变动程度
   (2) 综合反映商品价格和销售量的变动程度
   (3) 综合反映商品销售额的变动程度
   (4) 反映商品销售量变动对销售额变动的影响程度
   (5) 综合反映多种商品价格的变动程度
10. 如果用 p 表示商品价格, q 表示商品销售量,则公式 $\sum p_1 q_1 - \sum p_0 q_1$ 的意义是 (　　)
    (1) 综合反映价格变动和销售量变动的绝对额
    (2) 综合反映销售额变动的绝对额
    (3) 综合反映多种商品价格变动而增减的销售额
    (4) 综合反映由于价格变动而使消费者增减的货币支出额
    (5) 综合反映多种商品销售量变动的绝对额

三、问答题

1. 什么是指数?指数或指数方法的基本作用有哪些?
2. 指数有哪些种类?
3. 什么叫同度量因素?它在指数计算中有何作用?
4. 同度量因素所属时期的确立方法有哪些?
5. 综合指数与平均数指数各有什么特点?
6. 什么是指数体系?有何作用?如何利用指数体系进行指数分析?
7. 平均指标变动的因素分析应编制哪几种平均指标指数?它们之间的关系如何?
8. 对多因素现象的变动影响分析,在方法上要注意哪些问题?
9. 简要说明我国零售物价指数的编制方法。
10. 在长时期工业产量指数数列中,包括用不同时期不变价格计算的产量资料,即存在不变价格的影响时,要怎样进行调整换算?

四、计算题

1. 某企业生产甲、乙两种产品，基期和报告期的产量、单位成本及出厂价格资料如下表所示。

产品	产量/件		单位成本/元		出厂价格/元	
	基期	报告期	基期	报告期	基期	报告期
甲	2 000	2 200	0.5	0.8	10.0	10.0
乙	5 000	5 500	6.0	5.8	6.2	6.0

试计算：(1) 以单位成本为同度量因素的产量总指数；(2) 以出厂价格为同度量因素的产量总指数；(3) 单位成本总指数；(4) 出厂价格总指数。

2. 某商场三种商品销售额及价格变动资料如下：

商品名称	商品销售额/万元		价格变动率%
	基期	报告期	
甲	50	65	+2
乙	20	20	−5
丙	100	120	0

试计算三种商品的价格总指数和销售量总指数。

3. 某厂生产三种产品的有关资料如下表所示。

产品名称	生产费用/万元		2006年比2005年产量增加%
	2005年	2006年	
甲	20	24	25
乙	45	48.5	40
丙	35	48	40

试计算三种产品的生产费用总指数及产量总指数；由于产量增长而增加的生产费用；并利用指数体系，推算单位成本总指数。

4. 某商店销售额增长2.9%，价格下降2%，问销售量指数为多少？

5. 某市居民在报告期以相同数量的货币购买的商品量比基期减少6%，试说明该市零售物价的变动程度。

6. 某地区2010年社会消费品零售额为12 000亿元，2015年增加至15 600亿元。这五年消费品零售价格提高了8%，问消费品零售量指数是多少？

7. 某公司所属三个企业生产同一种产品，每件成本及产量资料如下表。

企业	每件成本/元		产量/件	
	基期	报告期	基期	报告期
A	2.5	2.4	15	15
B	2.4	2.4	10	10
C	2.2	2.1	10	25

试分别计算三个工厂的基期和报告期总平均成本,进一步计算平均成本指数,并分析由于平均成本下降所节约的金额;在平均成本的总变动中,分析各工厂成本水平变动以及各工厂产量结构变动的影响程度和影响绝对额。

8. 根据下表所列资料,试以加权算术平均数指数方法计算某市粮食物价指数、副食品物价指数、食品类物价指数和全部零售商品物价指数:

类别和项目	权数	指数或类指数/%
一、食品类	61	
（一）粮食	25	
1. 细粮	98	100.0
2. 粗粮	2	100.0
（二）副食品	48	
1. 食用植物油及油料	6	106.1
2. 含盐	2	100.0
3. 鲜菜	17	96.7
4. 干菜	4	11.7
5. 肉禽蛋	38	122.7
6. 水产品	21	140.2
7. 调味品	5	98.2
8. 食糖	7	100.0
（三）烟酒类	13	102.3
（四）其他食品	14	108.1
二、衣着类	21	99.9
三、日用品类	10	100.7
四、文化娱乐用品类	3	98.0
五、医药类	3	100.2
六、燃料类	2	100.0

9. 某企业基期和报告期三种产品销售、利税资料如下表所示。试分析利税额的变动受销售量、价格和利税率变动的影响程度和影响绝对额。

产品	计量单位	基期			报告期		
		销售量	价格/元	利税率/%	销售量	价格/元	利税率/%
甲	台	3 000	100	10	2 000	95	10.0
乙	件	2 000	200	30	2 000	200	30.0
丙	台	1 000	300	50	1 800	250	36.1

10. 某工厂 1998—2002 年三种产品产量和不变价格资料如下表所示。

产品	2000 年不变价格/(元/件)	产量/万件				
		1998 年	1999 年	2000 年	2001 年	2002 年
甲	1.5	240	250	300	320	320
乙	0.8	500	550	500	480	520
丙	0.5	800	900	1 000	980	1 200

试计算该厂各年产量总指数：以 1998 年为基期的定基指数和逐年环比指数。

第八章 抽样分布

> 你不必吃完整头牛，才知道肉是老的。
>
> ——谚语

统计研究中的抽样方法，作为一种搜集统计资料的非全面调查方法，一般称为抽样调查；作为一种由部分（样本）估计全体（总体）的归纳推断方法，一般称为抽样估计或抽样推断。抽样推断包括参数估计和假设检验两项主要内容，它们构成推断统计学的主体和核心。抽样方法的基础是抽样分布，即样本与总体的关系。

第一节 抽样概述

一、抽样推断的概念

抽样推断是按照随机原则，从总体中抽取一部分单位进行调查，并依据所获得数据对总体的某一数量特征做出具有一定可靠程度的估计或推断的一种方法。为了深入讨论和理解抽样推断过程，首先必须了解并掌握抽样推断的几个基本概念。

1. 总体，样本

如第一章所述，总体是所要认识的研究对象的全体，它是具有某种共同性质或特征的许多单位的集合体。总体的单位数通常用 N 来表示，N 总是很大的数。对于一个总体来说，若被研究的标志是品质标志，则将这个总体称为属性总体；若被研究的标志是数量标志，则将这个总体称为变量总体。

样本是总体的一部分，它是从总体中随机抽取出来、代表总体的那部分单位的集合体。样本的单位数称为样本容量，通常用 n 表示，相对 N 来说，n 是很小的数，它可以是 N 的几十分之一、几百分之一或几万分之一。一般来说，样本单位数等于或大于 30，称为大样本；小于 30，称为小样本。社会经济现象的抽样推断多取大样本。

对于一定的问题，总体是唯一的，但样本是不唯一的。由于样本是随机地从总体中抽取的，所以从一个总体可能抽出若干个不同的样本。从总体中可能抽出的所有样本数目，称为样本可能数目（或样本配合可能数目）。这一数目的大小和样本容量有关，也和抽样方法有关。抽样方法有重复抽样和不重复抽样两种。

2. 重复抽样，不重复抽样

从单位数为 N 的总体中随机抽取一个容量为 n 的样本，如果每次抽出一个单位，将它的测试、观察结果登记下来后，又重新放回总体，继续参加下一次的抽选，这样的抽样方法称为重复抽样。重复抽样所得的样本是由 n 次相互独立的连续试验所组成的。在重复抽样中，每个单位中选或不中选的概率在每一次抽选中完全一样。这完全符合随机原则。

从单位数为 N 的总体中随机抽取一个容量为 n 的样本,如果每次抽选一个单位登记以后不再放回总体,参加下一次的抽选,这样的抽样方法称为不重复抽样。不重复抽样下,连续 n 次抽选的结果不是相互独立的,前一次的抽选会影响后一次的抽选,每抽一次总体单位数就少一个,因而每个单位中选的概率在每一次的抽选中不是完全相等的。但它并没有违背随机原则,因为每次抽样时,总体中现有的每个单位仍然有同等的机会被抽中。被抽入样本的各个单位实现的概率不完全相同,表明不重复抽样的随机原则有了一定条件的限制,是一种有限制的随机原则。

若从总体 N 个单位中,随机重复抽取 n 个单位构成样本,则样本可能数目为 N^n 个;随机不重复抽取 n 个单位构成样本,则样本可能数目为 $N(N-1)(N-2)\cdots(N-n+1)$ 个。

由上可知,在相同样本容量的条件下,不重复抽样的样本可能数目比重复抽样要少。因此,在实际工作中,一般多采用不重复抽样,但有些调查如公交车辆乘客情况调查、商场顾客流量情况调查则宜用重复抽样。

3. 总体参数,样本统计量

总体参数是根据总体各个单位的标志值或标志特征计算的、反映总体的某种数量特征的综合指标。由于总体是唯一的,所以总体参数是一确定的数值。对不同性质的总体,需要研究不同的总体参数。

对于变量总体,由于各单位的标志可以用数值来表示,所以可以计算总体平均数(以 μ 表示)、总体标准差(以 σ 表示)和总体方差(以 σ^2 表示)如下,它们分别表示总体分布的特征——集中趋势和离中趋势。

设总体变量 X 的数值为:$X_1, X_2, \cdots, X_N$,则

$$\mu = \frac{X_1 + X_2 + \cdots + X_N}{N} = \frac{\sum X}{N}$$

$$\sigma^2 = \frac{\sum (X - \overline{X})^2}{N}$$

对于属性总体,由于各单位的标志不能用数值来表示,只能用一定的术语加以描述,所以仅计算比重结构指标,称为总体比率(也称成数)P。它说明总体中具有某种标志的单位数在总体中所占的比重。变量总体也可以计算成数,即总体单位数在所规定的某变量值以上或以下的比重,视同具有或不具有某种属性的单位数比重。

设总体单位中,有 N_1 个单位具有某种属性,N_0 个单位不具有某种属性,$N_0 + N_1 = N$,P 为总体中具有某种属性的单位数所占的比重,Q 为不具有某种属性的单位数所占的比重,则总体比率为

$$P = \frac{N_1}{N}$$

$$Q = \frac{N_0}{N} = \frac{N - N_1}{N} = 1 - P$$

由于具有某种属性与不具有某种属性是一对交替标志值,因此为了研究需要,我们将具有某种属性的单位,用"1"表示其标志值;对于不具有某种属性的单位,则用"0"表示其标志值,则可以得到如表 8-1 所列的变量数列。

表 8-1 交替标志变量数列

标志值(X)	单位数(f)
1	N_1
0	N_0
合计	N

$$\mu = 1 \times \frac{N_1}{N} + 0 \times \frac{N_0}{N} = \frac{N_1}{N} = P$$

$$\sigma^2 = \frac{\sum (X-\overline{X})^2}{N} = \frac{(1-P)^2 N_1 + (0-P)^2 N_0}{N}$$

$$= \frac{Q^2 N_1 + P^2 N_0}{N} = Q^2 \frac{N_1}{N} + P^2 \frac{N_0}{N} = Q^2 P + P^2 Q = PQ(Q+P)$$

$$= PQ = P(1-P)$$

$$\sigma = \sqrt{PQ}$$

计算结果表明：
(1) 交替标志值的平均数就是比率 P；
(2) 交替标志值的标准差就是比率 P 与比率 Q 的几何平均数。

样本统计量是由样本各单位标志值或标志特征计算的、反映样本的某种数量特征的综合指标。它的数值随着样本的不同而变化，因此它是一个随机变量。和总体参数相对应，样本统计量有样本平均数($\overline{x}$)、样本标准差(s)、样本方差(s^2)和样本成数(p)等。样本统计量既能表示样本本身的分布状况和特征，也能在一定程度上反映总体的分布状况和特征。

根据以上定义及符号，可以归纳如表8-2所示的结果。

表8-2中样本方差和标准差的分母使用($n-1$)，是为了保证它能作为总体方差和标准差的无偏估计量。何为无偏估计量，下一章说明。这里仅顺便指出，总体参数的估计量与总体参数的估计值是两个不同的概念：估计量指的是总体参数的估计公式，即样本统计量的计算公式(关于样本数据的某种函数式)，它在抽样之前就已明确定义；估计值指的是总体参数的估计数值，即样本统计量的具体数值，它是在抽样之后由抽样结果决定的。所谓抽样推断，简言之，就是依据样本统计量的随机变化规律，由一次抽样所得到的样本统计量的数值，对总体参数做出估计。

表8-2　总体参数与样本统计量

	总 体	样 本
单位数	N	n
平均数	$\mu = \frac{\sum X}{N}$	$\overline{x} = \frac{\sum x}{n}$
比率	$P = \frac{N_1}{N}$	$p = \frac{n_1}{n}$
方差	$\sigma^2 = \frac{\sum (X-\mu)^2}{N}$	$s^2 = \frac{\sum (x-\overline{x})^2}{n-1}$
标准差	$\sigma = \sqrt{\frac{\sum (X-\mu)^2}{N}}$	$s = \sqrt{\frac{\sum (x-\overline{x})^2}{n-1}}$
交替标志的方差	$\sigma^2 = P(1-P)$	$s^2 = p(1-p)$
交替标志的标准差	$\sigma = \sqrt{P(1-P)}$	$s = \sqrt{p(1-p)}$

二、抽样推断的特点

1. 随机抽取样本单位

所谓随机，就是指在抽样时，每个单位有同等被抽中的机会。它排除了任何主观意识的干扰，哪个单位被选中,哪个单位不被选中,完全是偶然事件。这样保证每个单位有同等的机会被选取,因而就有较大可能性使得所选取的样本与总体具有相似的分布结构,从而使得样本具有较大的代表性。

只有遵守随机原则,才可能根据样本分布规律,计算抽样误差,再用抽样误差去推断总体参数。所以,随机原则是抽样推断的前提。

2. 目的在于推断总体

统计研究的目的是要认识现象总体的数量特征,但并不是所有的社会经济现象都可以进行全面调查来达到这种认识的。在许多情况下,我们只能对总体的部分单位组织调查,而在认识上又必须对总体的数量特征做出估计或判断。这种统计研究上只掌握部分单位数据却又要认识总体的矛盾,在现实中是大量存在的。例如要了解某一品种棉花纤维长度,我们不可能对每根纤维都进行检测;又如要了解某种种子的发芽率,也不可能对所有的种子都进行催芽试验等。如果方法上不能解决这个问题,那么统计的认识活动就大大受到限制。抽样推断就提供了解决这个矛盾的方法,它科学地论证了样本统计量和相应的总体参数之间存在着内在联系,而且两者误差的分布也是有规律可循的。这就有效地提供了用实际调查所得到的部分信息,来推断总体数量特征的方法,大大提高了统计分析的认识能力。

3. 事先把握抽样误差

抽样推断毕竟是以部分资料推断总体,其结论与实际会存在一定的误差。但它与其他统计估算不同,其误差范围可以事先通过有关资料加以计算,并且能够采取各种组织措施来控制这个误差,保证抽样推断的结果达到工作实践所需要的精确度和可靠程度。所以,抽样调查可根据事先给定的误差允许范围进行设计,从而抽样推断就是一种具有一定可靠程度的估计和判断。

三、抽样推断的作用

抽样推断具有经济性(节省调查费用)和时效性(节约调查时间)等多方面的优越性,因而在经济统计中应用广泛。

1. 运用抽样方法来了解某些客观现象不宜或不能进行全面调查的总体情况

(1) 调查本身是破坏性的。产品的质量检测往往是对产品使用寿命极限的测试,得到测试结果后,产品也就报废。例如,灯泡、电视机使用寿命的检测,种子发芽率的检测,炮弹射程的检测等。这种情况下,只能用抽样的方法进行检测,否则就会为了鉴定产品质量而破坏所有的产品。

(2) 有些现象的总体过大,单位过于分散,进行全面调查实际上是不可行的。所谓总体过大,一是指总体单位无限多;另一是指从理论上说总体单位数目是有限的,但在统计调查操作上是不能具体划定或逐一进行的。前者如新材料的适用性检验,后者如了解水库的鱼苗数量、森林的木材蓄积量、居民家庭的生活开支等。

(3) 对资料及时性要求很强的现象进行调查。如产品验收检查、商品社会需求量调查,都是及时性要求很强的,只有采用抽样调查才能满足需要。

2. 运用抽样方法可以对全面调查的结果加以补充或订正

全面调查不论是一次性普查,还是经常性统计报表制度,由于涉及面广、工作量大、调查人员多,不免较多地发生登记性和计算性误差。在全面调查后,随机抽取一部分单位重新再调查一次,将这些单位两次调查的资料进行对照、比较,计算其差错大小,并以此为依据对全面调查的资料加以修正,这样就可以进一步提高全面调查资料的准确性。

另外,由于抽样调查范围小,可以根据需要增加一些调查项目,以便进行某项更深入的研究,以补充全面调查的不足。例如,我国曾在1982年人口普查的基础上,为了研究计划生育政策的贯彻执行情况,再抽千分之一的育龄妇女进行生育率抽样调查。这也是抽样调查和全面调查结合运用的有效形式。

3. 抽样方法可以对总体的某种假设进行检验,判断真伪,决定取舍

对新教学法、新工艺新技术、原料新配方、新医疗方法的使用等是否有明显的效果,可以对未知的或不完全知道的总体做出一些假设,然后利用抽样的方法,根据实验资料对所做的假设进行检验,作出判断,并在行动上做出抉择,这就是抽样法在决策上的运用。

第二节 抽样设计

在进行抽样调查时必须根据所研究总体的特征和调查的目的要求,对抽取样本的程序和工作,做出周密的设计和安排,此称为抽样组织方式或抽样方案的设计。选择抽样方式或设计抽样方案,必须遵循两项基本原则:

(1) 随机原则。保证总体的各个单位相互独立,并使任何一个单位被抽中的机会均等。

(2) 效果原则。在一定的调查费用条件下,选用抽样误差最小的方案;或在给定精确度的要求下,选用调查费用最省的方案。

常用的抽样组织方式有简单随机抽样、分类抽样、等距抽样和整群抽样。

一、简单随机抽样

简单随机抽样又称纯随机抽样,也即在对总体未作任何处理的情况下,按随机原则直接从总体 N 个单位中抽取 n 个单位作为样本,保证总体中每个单位在抽选时都有相等的被抽中机会。

这种方法的优点是使用起来简便易行,适用于总体单位数不是太多的均匀总体。所谓均匀总体,指具有某种特征的单位均匀地分布于总体的各个部分,使总体的各部分都是相同分布的。如果总体范围很大,或很不均匀,就得改用其他更为适宜的组织形式。

采用简单随机抽样,需首先确定总体范围,并对总体的每个单位进行编号,以形成抽样框;然后采用抽签的方式或采用随机数字表(如表 8-3 所示)来抽选必要的单位数。下面举例说明,如何使用随机数字表,从总体抽选样本。

表 8-3 随机数字表(部分)

03	47	43	73	86	36	96	47	36	61	46	99	69	81	62
97	74	24	67	62	42	81	14	57	20	42	53	32	37	32
16	76	02	27	66	56	50	26	71	07	32	90	79	78	53
12	56	85	99	26	96	96	68	27	31	05	03	72	93	15
55	59	56	35	64	38	54	82	46	22	31	62	43	09	90
16	22	77	94	39	49	54	43	54	82	17	37	93	23	78
84	42	17	53	31	57	24	55	06	88	77	04	74	47	67
63	01	63	78	59	16	95	55	67	19	98	10	50	71	75
33	21	12	34	29	78	64	56	07	82	52	42	07	44	28
57	60	86	32	44	09	47	27	96	54	49	17	46	09	62
18	18	07	92	46	44	17	16	58	09	79	83	86	19	62
26	62	38	97	75	84	16	07	44	99	83	11	46	32	24
23	42	40	54	74	82	97	77	77	81	07	45	32	14	08
62	36	28	19	95	50	92	26	11	97	00	56	76	31	38
37	85	94	35	12	83	39	50	08	30	42	34	07	96	88

假如,某企业要调查消费者对甲产品的需求量,欲从 95 户居民家庭中抽选 10 户居民作为样本。具体步骤如下:

第一步:设计抽样框。将全部 95 户居民家庭编号,每一户家庭一个编号,即 01~95。每户居民家庭号码为两位数。

第二步:在随机数字表中,随机确定抽样的起点和抽样的顺序。假定从第 1 行,第 6 列开始抽,抽样顺序从左往右抽。横的数列称为"行",纵的数列称为"列"。因此此处第 6 列为数字 3(此处的"列"不是指表格的"列",而是指每个数字为一"列",也就是每个表格有 2 列)。

第三步:依次抽出号码,由此产生 10 个样本单位号码为:37、38、63、69、64、73、66、14、69、16。编号为这些号码的居民家庭被抽中。在 69、16 之间含有 96、98 两个编号,它们均超出抽样框,故舍去。

以上 10 户中,编号 69 的居民家庭两次出现在样本里。这属于重复抽样。如果本例要求是不重复抽样,做法如下:从 16 继续往后抽,接下来是 29,没有重复,可以入选。这样最终的 10 个样本单位号码就应是:37、38、63、69、64、73、66、14、16、29。

如果调查总体改为 800 户居民,样本数仍为 10 户,抽样起点为第 3 行、第 1 列,抽样顺序为从上往下抽。这 10 户样本居民号码将产生如下:首先,对调查总体 800 户居民编号,从 001~800。每户居民家庭号码为三位数。其次,抽样起点应为"167",从上往下抽,依次产生的 10 户样本单位编号分别是:167、125、555、162、630、332、576、181、266、234。此处也舍去了 844 编号。

二、分类抽样

也称类型抽样或分层抽样。它的特点是先对总体各单位按某一主要标志加以分组,然后再分别从各组中按随机原则抽选一定单位构成样本。

分类抽样实际上是分组法和抽样原理的结合。通过分组,可以把总体中标志值比较接近的单位归为一组,使各组内部各单位之间差异程度缩小,从而减少抽样误差,提高样本的代表性。特别是当总体各单位标志值差异悬殊时,通过划分类型,可以缩小各类型组内的方差。另外,在各类型组内,都有一定的单位选入样本,可以取得较好的抽样效果,能用较少的抽样单位数获得较精确的推断结果。

分类抽样是按有关的主要标志将总体分组,各组的单位数一般是不相同的,所以在各组抽选的样本单位数多少也不一样。每个类型组应该抽取多少样本单位,是进行抽样前必须考虑的问题。通常有三种分配办法。

(1)等数分配。在各类型组中分配同等单位数,即

$$n_1 = n_2 = \cdots = n_k$$

如果各个类型的单位数相等或差异不大,用这种方法分配样本单位数较为合理,且计算简便。但在实践中这种情况并不多见。

(2)等比例分配。通常各类型组的单位数 N_i 是不等的,有时相差很大,若采用等数分配原则,将产生不合理的抽样偏差。较妥善的方法则是采用等比例分配原则,即按照总体单位数在各组之间的比例,分配各组的抽样单位数,使

$$\frac{n_1}{N_1} = \frac{n_2}{N_2} = \frac{n_3}{N_3} = \cdots = \frac{n_k}{N_k} = \frac{n}{N}$$

$$n_i = \frac{n}{N} N_i$$

这种分配方法一般讲比较合理,不会产生人为的抽样偏差,抽样误差的计算也比较方便,在实际工作中被普遍采用。

(3)最优分配。总体单位划分类型后,各类型组不仅所含的单位数不同,而且各组内变异程度

也不同。如果将各类型组单位数和变异程度结合考虑，使

$$\frac{n_i}{n} = \frac{N_i \sigma_i}{\sum N_i \sigma_i}$$

从而求得各类型组的分配抽样单位数为

$$n_i = n \times \frac{N_i \sigma_i}{\sum N_i \sigma_i}$$

如此分配抽样单位数，能使求得的抽样误差最小，所以称为最优分配原则。应用最优分配原则，在确定分配抽样单位数以前，就需知道各类型组的总体标准差。除有历史资料估计外，是难以做到的。所以这个分配原则，在实际工作中亦少采用。

三、等距抽样

等距抽样又称机械抽样或系统抽样。它是在抽样之前将总体各单位按照一定的标志顺序排列，根据总体单位数和样本单位数计算出抽选间隔或抽样距离，然后按照这一间隔或距离抽选样本单位。

在有 N 个单位的总体中抽取一个容量为 n 的样本，等距抽样的做法是：先对总体各单位按一定的标志顺序从 $1 \sim N$ 相继编号，并计算抽样距离 $K = N/n$；然后在 $1 \sim K$ 中抽一随机数 $r(0 < r \leqslant K)$，作为样本的第 1 个单位；接着再抽取编号为 $r+K$、$r+2K$、$r+3K$……的第 2 个、第 3 个、第 4 个……样本单位，直至抽中编号为 $r+(n-1)K$ 的第 n 个单位为止。例如，从 3 000 名学生总体中抽取 100 名学生的样本，此时抽样距离为 3 000/100=30。假若从编号 1～30 的 30 名学生中随机抽出编号为 10 的学生，成为第 1 个样本单位；则后续编号为 31～60、61～90、91～120……的各 30 名学生中编号为 40(10+30)、70(10+2×30)、100(10+3×30)……的学生相应被抽中成为样本的第 2、第 3、第 4 个单位；直至抽中最后一个编号为 2 980(10+99×30)的学生，作为样本的第 100 个单位。

将总体各单位顺序排列的标志，可以是有关标志或无关标志。因此，等距抽样分成按有关标志排队的等距抽样和按无关标志排队的等距抽样。

(1) 按无关标志排队的等距抽样。将总体进行顺序排队时，如果所采用的标志与被调查的内容无关，则称为按无关标志排队。如调查学生的身高情况时，将学生按姓氏笔画排队；调查居民收入时，按户口册排列等都是按无关标志排队。按无关标志排队的等距抽样的抽样误差的计算可以由简单随机抽样误差公式来近似代替。

(2) 按有关标志排队的等距抽样。将总体进行顺序排列时，如果所采用的标志与被调查内容有关，则称为按有关标志排队。如调查居民的收入状况时，将全体居民按收入水平从高到低排队；农作物产量调查中按预计产量由高到低排列等，都是按有关标志排队。按有关标志排队的等距抽样可以看成是将总体分成相等的几个组，每个组抽取一个样本单位的分类抽样，并且是按比例分类抽样。由于每组只抽选一个单位，因而也就没有重复抽样。

等距抽样的优点是：抽样方式简单，容易实施。例如进行农产量抽样调查时，常应用按有关标志排队等距的方式。所以这种方式在实际工作中常被采用。由于等距抽样能使抽出的样本较均匀地分布在总体中，因此调查的精确度高于简单随机抽样。但需注意的是，等距抽样的第一个样本单位位置确定后，其余样本单位的位置也就确定了。因此，要避免由抽样间隔和现象本身的周期性节奏相重合而引起的系统性影响。例如，农产量调查，农作物的抽样间隔不宜和垄的长度相等；工业产品质量检查，产品抽取时间不能和上下班的时间相一致，以防发生系统性的偏差。

四、整群抽样

整群抽样就是将总体各单位按一定的标志或要求，分成若干群，使得每群内均含多个总体单位，

然后以群为单位从中随机抽取一部分群,对被抽中的群进行全面调查。这种抽样方式又称成批抽样。整群抽样也常按地理区域划分群,这时又称区域抽样。

整群抽样的优点是抽选的单位比较集中,调查较为方便,可以节省人力、物力和财力,尤其是当总体中包括的单位数很多、缺乏可靠的登记资料,直接对这些单位进行抽样调查将有很大的困难时。例如,如果要对某大城市居民耐用消费品支出进行调查,在不可能得到全市所有居民户的资料的情况下,将城市分成若干个小区,然后按照简单随机抽样方式抽取一些小区作为样本,对小区内的每一居民户进行调查。

进行整群抽样时,可以按随机抽样方式进行抽选,也可以按等距抽样方式抽选。抽样的可靠程度取决于采用的抽样方法及抽选的单位数。由于对被选中的群是对所包括的单位进行全面调查,不会产生抽样误差的问题,所以,整群抽样抽样误差的大小取决于群间方差的大小和抽样群数的多少,而群内方差是不会影响整群抽样抽样误差的。

知识链接 15:非概率抽样

简单随机抽样、分类抽样、等距抽样和整群抽样等,皆为概率抽样。在抽样的实践中,人们还常常使用非概率抽样。

非概率抽样,又称为不等概率抽样或非随机抽样,就是调查者根据自己的方便或主观判断抽取样本的方法。它不是严格按随机抽样原则来抽取样本,因而无法确定抽样误差,无法正确地说明样本的统计值在多大程度上适合于总体。虽然根据样本调查的结果也可在一定程度上说明总体的性质、特征,但不能从数量上推断总体。

非概率抽样依抽样特点可分为方便抽样、定额抽样、立意抽样、滚雪球抽样和空间抽样。

最常见的方便抽样是偶遇抽样,即研究者将在某一时间和环境中所遇到的每一总体单位均作为样本成员。"街头拦人法"就是一种偶遇抽样。

定额抽样也称配额抽样,是将总体依某种标准分类(层);然后按照各类样本数与该类总体数成比例的原则主观抽取样本。定额抽样与分类(概率)抽样很接近,最大的不同是分类(概率)抽样的各类样本是随机抽取的,而定额抽样的各类样本是非随机的。

立意抽样又称判断抽样,研究人员从总体中选择那些被判断为最能代表总体的单位作样本的抽样方法。当研究者对自己的研究领域十分熟悉,对研究总体比较了解时采用这种抽样方法,可获代表性较高的样本。

滚雪球抽样是以若干个具有所需特征的人为最初的调查对象,然后依靠他们提供认识的合格的调查对象,再由这些人提供第三批调查对象……以此类推,样本如同滚雪球般由小变大。

空间抽样是一种对非静止的、暂时性的空间相邻的群体的抽样方式。例如,游行与集会没有确定的总体,参加者从一地到另一地,一些人离去又有一些人进来,但这些事件是在一定范围内进行的。对这样的总体在同一时间内抽样十分重要,以便样本组成不会经历时间上的太大变化。具体做法是:若干调查员间隔均匀的距离,从某一方向开始,访问离他最近的人,然后每隔一定步数抽取一人为调查对象。

第三节 抽样分布

一、样本平均数的抽样分布

在抽样中,由于样本是随机抽取的,对每一个特定的样本,样本统计量都有一个相应的数值。可见统计量是一个随机变量,其取值随抽样结果的不同而不同。如果从容量为 N 的有限总体中随机

抽出容量为 n 的所有可能样本；计算出每个样本的统计量数值；再将这些来自不同样本的不同统计量观察值加以分组排列，把对应于每个观察值的相对出现的频数排成另一列；此时这些全部可能的样本统计量形成了一个概率分布，这个分布即抽样分布。

1. 一个样本

例如，某公司聘用的10位销售人员构成一个总体，该10位销售人员分别在公司工作了1,2,…,10年。为估计他们已在公司工作的平均年数，现采用重复抽样方法，抽取样本容量 n 为2的样本，可得到如表8-4和表8-5所示的100个可能样本及样本平均数的抽样分布。

该抽样分布的平均值为5.5。每个样本都有它的平均值，虽然所有的个别样本的平均值一般不会与总体平均值相同，但它们却接近总体平均值。由图8-1知 $\bar{x}$ 的数值在5.5处出现得最频繁。由此，可归纳样本平均数的抽样分布规律为：

表8-4 总体容量为10和样本容量为2的所有100个可能样本

第二次抽取	第一次抽取									
	1	2	3	4	5	6	7	8	9	10
1	1,1 (1)	1,2 (1.5)	1,3 (2)	1,4 (2.5)	1,5 (3)	1,6 (3.5)	1,7 (4)	1,8 (4.5)	1,9 (5)	1,10 (5.5)
2	2,1 (1.5)	2,2 (2)	2,3 (2.5)	2,4 (3)	2,5 (3.5)	2,6 (4)	2,7 (4.5)	2,8 (5)	2,9 (5.5)	2,10 (6)
3	3,1 (2)	3,2 (2.5)	3,3 (3)	3,4 (3.5)	3,5 (4)	3,6 (4.5)	3,7 (5)	3,8 (5.5)	3,9 (6)	3,10 (6.5)
4	4,1 (2.5)	4,2 (3)	4,3 (3.5)	4,4 (4)	4,5 (4.5)	4,6 (5)	4,7 (5.5)	4,8 (6)	4,9 (6.5)	4,10 (7)
5	5,1 (3)	5,2 (3.5)	5,3 (4)	5,4 (4.5)	5,5 (5)	5,6 (5.5)	5,7 (6)	5,8 (6.5)	5,9 (7)	5,10 (7.5)
6	6,1 (3.5)	6,2 (4)	6,3 (4.5)	6,4 (5)	6,5 (5.5)	6,6 (6)	6,7 (6.5)	6,8 (7)	6,9 (7.5)	6,10 (8)
7	7,1 (4)	7,2 (4.5)	7,3 (5)	7,4 (5.5)	7,5 (6)	7,6 (6.5)	7,7 (7)	7,8 (7.5)	7,9 (8)	7,10 (8.5)
8	8,1 (4.5)	8,2 (5)	8,3 (5.5)	8,4 (6)	8,5 (6.5)	8,6 (7)	8,7 (7.5)	8,8 (8)	8,9 (8.5)	8,10 (9)
9	9,1 (5)	9,2 (5.5)	9,3 (6)	9,4 (6.5)	9,5 (7)	9,6 (7.5)	9,7 (8)	9,8 (8.5)	9,9 (9)	9,10 (9.5)
10	10,1 (5.5)	10,2 (6)	10,3 (6.5)	10,4 (7)	10,5 (7.5)	10,6 (8)	10,7 (8.5)	10,8 (9)	10,9 (9.5)	10,10 (10)

表8-5 由表8-4中的样本算出的 $\bar{x}$ 的抽样分布

$\bar{x}$	频数	相对频数/%
1	1	1.00
1.5	2	2.00
2	3	3.00
2.5	4	4.00

续表

$\bar{x}$	频数	相对频数/%
3	5	5.00
3.5	6	6.00
4	7	7.00
4.5	8	8.00
5	9	9.00
5.5	10	10.00
6	9	9.00
6.5	8	8.00
7	7	7.00
7.5	6	6.00
8	5	5.00
8.5	4	4.00
9	3	3.00
9.5	2	2.00
10	1	1.00
合　计	100	100.00

(1) 当被抽样总体服从正态分布时。此时,样本平均数 $\bar{x}$ 的抽样分布具有下列性质:

① 样本平均数 $\bar{x}$ 的分布仍然是正态分布(见图8-1);

② 样本平均数的平均数等于总体平均数,上例为:

样本平均数的平均数

$$\mu_{\bar{x}} = \frac{\sum \bar{x}_i}{N^n} = \frac{550}{100} = 5.5$$

总体平均数

$$\mu = \frac{\sum X}{N} = \frac{1+2+3+4+\cdots+10}{10} = 5.5$$

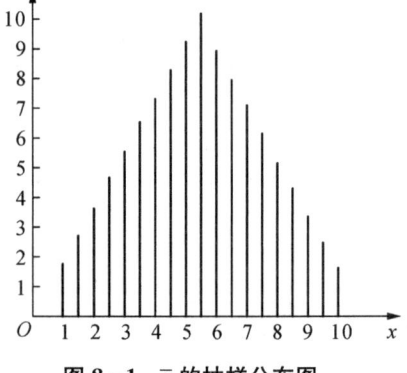

图8-1　$\bar{x}$ 的抽样分布图

③ 样本平均数的方差等于总体方差除以样本容量,上例为:

样本平均数的方差

$$\sigma_{\bar{x}}^2 = \frac{\sum (\bar{x}_i - \mu_{\bar{x}})^2}{N^n}$$

$$= \frac{(1-5.5)^2 + (1.5-5.5)^2 + \cdots + (10-5.5)^2}{100}$$

$$= \frac{412.5}{100} = 4.125$$

总体方差

$$\sigma^2 = \frac{\sum (X_i - \mu)^2}{N} = 8.25$$

$$\frac{总体方差}{样本容量} = \frac{8.25}{2} = 4.125$$

(2) 当被抽样总体服从非正态分布时。此时,可依据中心极限定理来分析。中心极限定理是统计学中一个十分重要的定理,它奠定了抽样的理论基础,并把正态分布广泛应用于抽样推断。其内容为:给出一个具有任意函数形式的总体,其平均值 μ 和方差 σ^2 有限。在对该总体进行抽样时,随着样本容量 n 增大,由这些样本算出的样本均数 $\bar{x}$ 的抽样分布将近似服从平均数为 μ 和方差为 σ^2/n 的正态分布。所以,若统计量 $z = \dfrac{\bar{x} - \mu}{\sigma/\sqrt{n}}$,则 z 近似标准正态分布。

中心极限定理说明了不仅从正态分布的总体中抽取样本时,样本平均数这一统计量服从正态分布,即使是从非正态的总体进行抽样,只要样本容量 n 足够大,样本平均数也趋向正态分布。

样本容量需多大,才能使抽样分布逼近于正态分布?这主要以考虑统计量能近似正态分布为原则,因此还取决于总体分布情况。总体偏离正态分布越远,所需的样本容量就越大。一般情况下,习惯上以 $n \geqslant 30$ 为样本容量足够大。$n \geqslant 30$ 的样本,也称大样本。

(3) 有限总体修正系数。前述"样本平均数的方差等于总体方差除以样本容量"公式,即

$$\sigma_{\bar{x}}^2 = \frac{\sigma^2}{n} \qquad \sigma_{\bar{x}} = \frac{\sigma}{\sqrt{n}}$$

它只适用于从无限总体重复或不重复简单随机抽样、从有限总体重复简单随机抽样的样本。而在实际工作中,经常对有限总体采用不重复抽样。对有限总体的不重复抽样,其样本平均数的平均数仍等于总体平均数,而标准差 $\sigma_{\bar{x}}$ 则为:

$$\sigma_{\bar{x}} = \frac{\sigma}{\sqrt{n}} \sqrt{\frac{N-n}{N-1}}$$

$\dfrac{\sigma}{\sqrt{n}} \sqrt{\dfrac{N-n}{N-1}}$ 与 $\dfrac{\sigma}{\sqrt{n}}$ 相比,多了一个 $\sqrt{\dfrac{N-n}{N-1}}$。$\sqrt{\dfrac{N-n}{N-1}}$ 称为有限总体修正系数。当 N 很大时,根号里分母的 N 可以不用减 1,直接写成 $\sqrt{\dfrac{N-n}{N}}$ 或 $\sqrt{1-\dfrac{n}{N}}$;当抽样比例 $\left(\dfrac{n}{N}\right)$ 很小时,可忽略 $\sqrt{1-\dfrac{n}{N}}$ 不计。当样本容量少于总体容量的 5% 时,大多数从事实际工作的统计工作者都忽略有限总体修正系数。

2. 两个样本

在某些情况下,需要对来自两个不同总体的平均数进行比较。例如,比较两种生产工艺的产品质量、两种管理方法下的工作效率等。为了通过样本数据对两个总体平均数之差做出推断,就需知道两个样本的样本平均数之差 $(\bar{x}_1 - \bar{x}_2)$ 的抽样分布的性质。

假定甲、乙两家工厂生产同一种电子元件产品。欲了解它们的产品之间究竟有多大的差别,通常需从两厂生产的产品中各自抽取一个样本,计算出它们的平均数 $\bar{x}_1$、$\bar{x}_2$,以样本平均数之差 $(\bar{x}_1 - \bar{x}_2)$ 推断总体平均数之差 $(\mu_1 - \mu_2)$。由于随机抽样的原因,$\bar{x}_1$ 和 $\bar{x}_2$ 都是随机变量,于是 $\bar{x}_1 - \bar{x}_2$ 也是一个随机变量,它同样构成一个抽样分布。

如果有两个正态总体,其平均数分别为 μ_1 和 μ_2,方差分别为 σ_1^2 和 σ_2^2;那么从这两个正态总体中抽取的容量分别为 n_1 和 n_2 的两个独立样本的平均数之差 $\bar{x}_1 - \bar{x}_2$,也一定服从正态分布,且

(1) 样本平均数之差的平均数 = 总体平均数之差 $(\mu_1 - \mu_2)$;

(2) 样本平均数之差的标准差 $= \sqrt{\dfrac{\sigma_1^2}{n_1} + \dfrac{\sigma_2^2}{n_2}}$。

所谓两个样本独立,是指一个样本中各单位的抽取对另一个样本中各单位的抽取没有影响。如

果是从两个非正态总体中抽取两个独立的样本,此时只需保证抽取足够大的样本容量($n \geq 30$);根据中心极限定理,样本平均数之差的抽样分布也会逼近正态分布,其平均数仍为 $\mu_1 - \mu_2$,其标准差仍为 $\sqrt{\dfrac{\sigma_1^2}{n_1} + \dfrac{\sigma_2^2}{n_2}}$。

二、样本比率的抽样分布

1. 一个样本

从一个计数变量的总体(前称属性总体)中抽取固定容量的样本,计算其具有某种特征单位数所占的比率,其所有可能的样本比率所形成的分布,构成样本比率的抽样分布。例如,在某批容量为 N 的产品总体中,其全部容量可分为具有某种属性(如合格品)的产品的个数 N_1、不具有某种属性(如不合格品)的产品的个数 N_0。显然 $N_0 + N_1 = N$,在总体中合格品数(N_1)占总体单位数(N)的比率,就是总体比率 $\left(\dfrac{N_1}{N}\right)$,即总体参数,可用 P 表示。若从中抽取容量为 n 的一个样本,得到合格品数为 n_1,合格品的比率为 $\dfrac{n_1}{n}$,称为样本比率,即样本统计量,可用 p 表示。由于每次从中抽取容量为 n 的一个样本,其中合格品的比率随着抽取到的样本的不同而变化,因此样本比率 p 是一个随机变量,构成一个抽样分布。

事实上,样本比率的抽样分布与二项分布有着密切的联系。当总体服从二项分布时,它的所有单位可以分成两类,每一类具有一个特定的属性或特征。如前面所说的合格品和不合格品。习惯上,往往是只指定其中一个属性或特征,具备这一属性或特征的单位称"成功"的单位,不具备这一属性或特征的单位称为"失败"的单位。在二项分布总体中,成功单位数与总体全部单位数之比称总体比率,记作 P。从二项分布总体中抽样,样本成功单位数与样本容量之比称为样本比率,记作 p。可以证明,当样本容量较大($n \geq 30$)、P 远离 0 或 1 和 nP 或 $n(1-P)$ 大于 5 时,样本比率的抽样分布将近似地服从正态分布,且

(1) 样本比率的平均数 = 总体比率(P);

(2) 样本比率的方差(σ_p^2) = $\dfrac{PQ}{n} = \dfrac{P(1-P)}{n}$。

如果从有限总体中采用不重复抽样时,并且抽样比重较大时,即 $\dfrac{n}{N} > 0.05$ 时,样本比率 p 的抽样分布的方差就要作修正,其公式为:

$$\sigma_p^2 = \dfrac{PQ}{n} \times \dfrac{N-n}{N-1} = \dfrac{P(1-P)}{n} \times \dfrac{N-n}{N-1}$$

2. 两个样本

在某些情形下,研究人员希望对来自两个不同总体的比率进行比较,因而需借助于两个样本数据进行推断,以便确定观察到样本比率之差等于某一指定值的概率。对两个样本比率之差的抽样分布可描述如下:

如果有两个总体,它们中具有某种特征的单位数所占的比率分别为 P_1 和 P_2,现从这两个总体中分别抽出容量为 n_1 和 n_2 的两个独立随机样本,其样本比率分别为 p_1 和 p_2,当 n_1 和 n_2 很大时,两个样本比率之差 $p_1 - p_2$ 的抽样分布近似正态分布,且其平均值和方差分别为:

(1) 样本比率之差的平均数 = $P_1 - P_2$;

(2) 样本比率之差的方差 = $\dfrac{P_1(1-P_1)}{n_1} + \dfrac{P_2(1-P_2)}{n_2}$。

若欲回答与两个样本比率之差的有关概率问题,可利用下列公式把 $p_1 - p_2$ 的值变换为服从标

准正态分布的变量 z 的值:

$$z=\frac{(p_1-p_2)-(P_1-P_2)}{\sqrt{\dfrac{P_1(1-P_1)}{n_1}+\dfrac{P_2(1-P_2)}{n_2}}}\sim N(0,1)$$

三、t 分布、χ^2 分布和 F 分布

以上所讨论的样本平均数和样本比率的抽样分布,一般都要求总体服从正态分布且总体方差已知,此时不要求样本容量的大小。如果总体不服从正态分布,则要求样本容量足够大,按照中心极限定理来进行推断。然而在实际工作中,抽取足够多的样本容量进行调查意味着人力、物力和财力的增加,尤其对一些具有破坏性的试验来说也不宜抽取太多的样本容量。也就是说,对大样本进行观察受到某些条件的限制。因此,有必要研究小样本的抽样分布问题。这里主要讨论 t 分布、χ^2 分布和 F 分布。

1. t 分布

关于 t 分布的早期理论工作,是英国统计学家戈塞特(W. S. Gosset)在 1990 年进行的。因他经常用笔名"student"发表文章,用 t 表示样本平均数经标准化后的新随机变量,故称 t 分布。t 分布是小样本分布,小样本一般是指 $n<30$。t 分布适用于当总体标准差 σ 未知时用样本标准差 s 代替总体标准差 σ,由样本平均数推断总体平均数以及两个小样本之间差异的显著性检验等。

(1) t 分布的性质。如前所述,从平均值为 μ、方差为 σ^2 的正态总体中抽取容量为 n 的一个样本,其样本平均数 $\bar{x}$ 服从平均值为 μ、方差为 $\dfrac{\sigma^2}{n}$ 的正态分布,因此,$\dfrac{\bar{x}-\mu}{\sigma/\sqrt{n}}\sim N(0,1)$。但是总体方差 σ^2 往往是未知的,从而只能用 s^2 来代替,如果 n 很大,那么,s^2 就是 σ^2 的一个较好的估计量,$\dfrac{\bar{x}-\mu}{s/\sqrt{n}}$ 仍然是一个近似的标准正态分布。如果 n 较小,s^2 常常与 σ^2 差异较大,因此统计量 $t=\dfrac{\bar{x}-\mu}{s/\sqrt{n}}$ 就不再是一个标准正态分布,而服从 t 分布了。那么,t 分布的状况究竟如何呢? 下面是 t 分布所具有的性质:

① t 分布是对称分布,且其均值为 0(这一点与标准正态分布完全相同)。

② 当样本容量 n 较小时,t 分布的方差大于 1;当 $n \geqslant 30$ 时,t 分布的方差就趋近于 1,t 分布也就渐近于标准正态分布,这时可用标准正态分布来代替 t 分布。

可见样本容量的大小是 t 分布和标准正态分布相区别的重要条件之一。当样本容量足够大,用 s^2 来代替 σ^2 就具有较好的可靠性。

③ t 分布是一个分布族,对于不同的样本容量都对应着不同的分布,且其均值都为 0。

④ 与标准正态分布相比,t 分布的中心部分较低,两个尾部较高。

⑤ 变量 t 的取值范围在 $-\infty$ 与 $+\infty$ 之间。

t 分布与标准正态分布的比较如图 8-2 所示。

(2) 自由度。由图 8-2 可知,不同的样本容量有不同的 t 分布。若用统计术语,则可表述为:对每一个可能的自由度,都有一个不同的 t 分布。这里,自由度是指可以自由选择的数值的个数,例如,假设有 4 个数,它们的和是 20。此时,3 个数可以自由取值,比如取 3、5、10,但第四个数值就不能自由地取值,而必须是 2,这样才能满足 4 个数之和为 20 的要求。因此,总和为 20 就是一个限制条件,在这一条件下,可以自由取值的变量数是 4-1=3。可同样推理,在样本容量为 10 的一个样本中,可

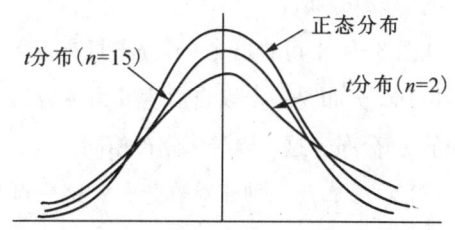

图 8-2 正态分布与两个样本容量不同的 t 分布

以有9个自由度,也就是说,如果样本容量 n,自由度就是 $n-1$。当我们选择一个 t 分布去估计一个总体平均数时,就要用到自由度。例如,如果用一个样本容量 $n=15$ 的样本估计总体平均数,那就要用 14 个自由度,以便选择适当的 t 分布。

(3) t 分布表的使用。本书附表2给出了 t 分布全部的常用数。在使用该表时,必须同时具备置信度和自由度两个条件。置信度表示被估计的总体参数落入置信区间的概率。然而,t 分布表给出的是 α 值,即表示所估计的总体参数不落入置信区间的概率,或落入置信区间以外的可能性。α 的数值是由 100% 减去给定的置信度后得到的。如果在 90% 的置信度下作出一个估计,那么就要查 t 分布表中的 $\alpha=0.10$ 那一栏(100%-90%=0.10)。如果要找出与 95%、98%、99% 置信度相应的 t 值,就必须分别在 α 值为 0.05、0.02、0.01 的各栏中查找。另外,还必须指定自由度。例如,我们希望在 90% 的置信度下,对容量为 14 的样本做出一个估计。那么,就要从 $\alpha=0.10$ 那一栏下,找到自由度为 13($n-1=14-1=13$)那一行相交的数字,这个数字为 1.771。数值 1.771 表明,如果从平均数两侧分别加减 1.771 个标准差,那么,在这 2 个界限之内曲线下的面积是 90%,而在面积之外是 10%。图 8-3 便是对这一问题的说明。

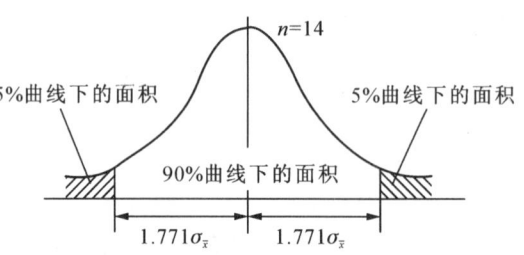

图 8-3 置信度为 90%、自由度为 13 的 t 分布

2. χ^2 分布

χ^2 (卡方) 分布由阿贝 (Abbe) 于 1863 年首先给出,后由是海尔墨特 (Hermert) 和皮尔逊 (K. Pearson) 分别于 1875 年和 1890 年导出。它主要适用于对拟合优度检验和独立性检验,以及对总体方差的估计和检验等。

χ^2 分布是一种抽样分布。当我们对正态随机变量 X 随机地重复抽取 n 个数值,将每一个 x 值变换成标准正态变量,并对这 n 个新的变量分别取平方再求和之后,就得到一个服从 χ^2 分布的变量,即

$$\sum \chi^2 = \frac{(x_1-\mu)^2}{\sigma^2} + \frac{(x_2-\mu)^2}{\sigma^2} + \cdots + \frac{(x_n-\mu)^2}{\sigma^2} = \sum_{i=1}^{n} \frac{(x_i-\mu)^2}{\sigma^2}$$

如同 t 值一样,变量

$$\chi^2 = \sum_{i=1}^{n} \frac{(x_i-\mu)^2}{\sigma^2}$$

不服从正态分布,它有自己的分布,即 χ^2 分布。χ^2 分布的自由度为 n。图 8-4 给出了若干个不同自由度的 $\chi^2(n)$ 分布。

从图 8-4 中可看出 $\chi^2(n)$ 分布具有以下几个特点:

(1) χ^2 分布是一个以自由度 n 为参数的分布族,自由度 n 决定了分布的形状,对于不同的 n,有不同的 χ^2 分布。这一点与 t 分布相同。

(2) χ^2 分布是一种非对称分布。这一点与 t 分布和标准正态分布不同。但是,χ^2 分布的这种非对称分布一般为正偏分布。当自由度 n 达到相当大时,χ^2 分布就接近于正态分布。

(3) χ^2 分布的变量值始终为正。

可以证明 χ^2 分布的平均值为 n,方差为 $2n$。

本书附表3给出了 χ^2 分布表。在表体中给出的是与表的左端列中所列出的各具体自由度数相

对应的 χ^2 值。该值所切断的 χ^2 分布的右端尾部所包括的面积的比例,列在表的上端横行中。这样的尾部如图 8-5 所示,它度量了 $P(\chi^2 > \chi_\alpha^2)$。对于 $n=9$,$\chi_{0.05}^2 = 16.92$,$P(\chi^2 > 16.92) = 0.05$。也就是说,对于 9 个自由度,得到的检验统计量 χ^2 的值大于或等于 16.92 的概率为 5%。若对于 $n=9$,根据关于总体的某些假设,对于某样本我们得到一个 $\chi^2 = 12$ 的值,我们可以从 χ^2 分布表中确定 $P(\chi^2 > 12)$ 位于 0.30 和 0.20 之间,因此,可认为在每 100 个事例中,仅仅由于偶然性就会有 20 到 30 个事例出现大于或等于 12 的 χ^2 值。

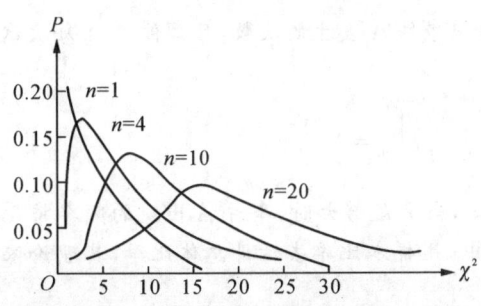

图 8-4　与几种自由度相对应的 χ^2 分布　　图 8-5　χ^2 分布右端尾部所包括的面积

3. F 分布

F 分布是 1924 年英国统计学家费希尔 (R. A. Fisher) 提出,并以其姓氏的第一个字母命名的。F 分布定义为两个独立的 χ^2 分布被各自的自由度除以后的比率这一统计量的分布,F 分布的用途很广,可用于方差分析、协方差分析和回归分析等。

F 分布与 χ^2 分布一样,也是一种非对称分布。它有两个自由度,即 $n_1 - 1$ 和 $n_2 - 1$,相应的分布记作 $F(n_1 - 1, n_2 - 1)$,$n_1 - 1$ 通常称为分子自由度,$n_2 - 1$ 通常称为分母自由度。图 8-6 是与若干组不同自由度相对应的 F 分布。

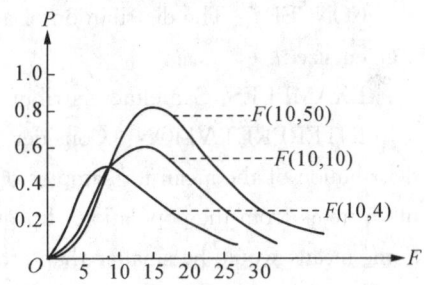

图 8-6　不同自由度对应的 F 分布

本书附表 4 给出了 F 分布表。查表时,常常要用到 F 分布的一条重要性质:

$$F_{1-\frac{\alpha}{2}}(n_1 - 1, n_2 - 1) = \frac{1}{F_{\frac{\alpha}{2}}(n_2 - 1, n_1 - 1)}$$

因为 F 分布表中不含 $1 - \frac{\alpha}{2}$ 对应的 $F_{1-\frac{\alpha}{2}}$ 的值,所以先取与 $\frac{\alpha}{2}$ 对应的 $F_{\frac{\alpha}{2}}$ 值,然后取倒数得 $F_{1-\frac{\alpha}{2}}$。

知识链接 16:大数定律

大数定律与中心极限定理共同构成抽样推断的数学理论基础。

大数定律是指在随机试验中,每次出现的结果不同,但是大量重复试验出现的结果的平均值却几乎总是接近于某个确定的值。其原因是,在大量的观察试验中,个别的、偶然的因素影响而产生的差异将会相互抵消,从而使现象的必然规律性显现出来。例如,观察个别或少数家庭的婴儿出生情况,发现有的生男,有的生女,没有一定的规律性;但通过大量的观察就会发现,男婴和女婴占婴儿总数的比重均会趋于 50%。

大数定律有若干个表现形式。这里仅介绍其中常用的两个重要定律:

(1) 切贝雪夫大数定律。设 $x_1, x_2 \cdots$ 是一列两两相互独立的随机变量,服从同一分布,且存在有限的数学期望 a 和方差 σ^2,则对任意小的正数 ε,有:

$$\lim_{n\to\infty} P\left(\left|\frac{\sum x_i}{n} - a < \varepsilon\right|\right) = 1$$

该定律的含义是：当 n 很大，服从同一分布的随机变量 $x_1, x_2, \cdots, x_n$ 的算术平均数 $\frac{\sum x_i}{n}$ 将依概率接近于这些随机变量的数学期望。将该定律应用于抽样调查，就会有如下结论：随着样本容量 n 的增加，样本平均数将接近于总体平均数。从而为统计推断中依据样本平均数估计总体平均数提供了理论依据。

（2）贝努里大数定律。设 μ_n 是 n 次独立试验中事件 A 发生的次数，且事件 A 在每次试验中发生的概率为 P，则对任意正数 ε，有：

$$\lim_{n\to\infty} P\left(\left|\frac{u_n}{n} - p < \varepsilon\right|\right) = 1$$

该定律是切贝雪夫大数定律的特例，其含义是，当 n 足够大时，事件 A 出现的频率将几乎接近于其发生的概率，即频率的稳定性。在抽样调查中，用样本比率去估计总体比率，其理论依据即在于此。

英文选读 8 Sampling Distributions and the Central Limit Theorem

Sampling Distribution

CONCEPT: The distribution of a sample statistic, such as the mean, for all possible samples of a given size n.

EXAMPLES: Sampling distribution of the mean, sampling distribution of the proportion.

INTERPRETATION: Consider a population that includes 1,000 items. The sampling distribution of the mean for samples of 15 items consists of the mean of every single different sample of 15 items from the population. Imagine the distribution of all the means that could possibly occur: Some means would be smaller than others, some would be larger than others, and many would have similar values.

Calculating the means for all the samples would be an involved and timeconsuming task. Fortunately, you do not have to develop specific sampling distributions yourself because statisticians have extensively studied sampling distributions for many different statistics, including the widely used sampling distribution for the mean and the sampling distribution for the proportion. These well-known sampling distributions are used extensively,

The Central Limit Theorem.

This theorem states that: Regardless of the shape of the distribution of the individual values in the population, as the sample size *gets large enough*, the sampling distribution of the mean can be approximated by a normal distribution.

As a general rule, statisticians have found that for many population distributions, a sample size of at least 30 is "large enough." However, you can apply the central limit theorem for smaller sample sizes if the distribution is known to be approximately bell shaped. In the uncommon case in which the distribution is extremely skewed or has more than one mode, sample sizes larger than 30 might be needed in order to apply the theorem.

The following are conclusions about the sampling distribution of the mean:

● For most population distributions, regardless of shape, the sampling distribution of the mean is approximately normally distributed if samples of at least 30 observations are selected.

- If the population distribution is fairly symmetrical, the sampling distribution of the mean is approximately normally distributed if samples of at least 15 observations are selected.
- If the population is normally distributed, the sampling distribution of the mean is normally distributed regardless of the sample size.

习　题

一、单选题

1. 抽样调查的目的在于　　　　　　　　　　　　　　　　　　　　　　　　　　（　　）
   - (1) 了解总体的基本情况
   - (2) 用样本指标推断总体指标
   - (3) 对样本进行全面调查
   - (4) 了解样本的基本情况

2. 抽样调查所特有的误差是　　　　　　　　　　　　　　　　　　　　　　　　（　　）
   - (1) 由于样本的随机性而产生的误差
   - (2) 登记误差
   - (3) 系统性误差
   - (4) (1)(2)(3)都错

3. 抽样调查和重点调查的主要区别是　　　　　　　　　　　　　　　　　　　　（　　）
   - (1) 选取调查单位的方式不同
   - (2) 调查的目的不同
   - (3) 调查的单位不同
   - (4) 两种调查没有本质区别

4. 当可靠度大于 0.682 7 时，抽样极限误差　　　　　　　　　　　　　　　　　（　　）
   - (1) 大于抽样平均误差
   - (2) 小于平均误差
   - (3) 等于抽样平均误差
   - (4) 与抽样平均误差的大小关系依样本容量而定

5. 有一批灯泡共 1 000 箱，每箱 200 个，现随机抽取 20 箱并检查这些箱中全部灯泡，此种检验属于　　　　　　　　　　　　　　　　　　　　　　　　　　　　　　　　　　　（　　）
   - (1) 纯随机抽样　　(2) 类型抽样　　(3) 整群抽样　　(4) 等距抽样

二、多选题

1. 用于推断总体指标的样本指标有　　　　　　　　　　　　　　　　　　　　　（　　）
   - (1) 样本平均数　　(2) 样本成数　　(3) 样本容量　　(4) 样本方差
   - (5) 样本标准差

2. 抽样推断的特点有　　　　　　　　　　　　　　　　　　　　　　　　　　　（　　）
   - (1) 按随意原则抽取样本
   - (2) 按随机原则抽取样本
   - (3) 由样本数据推断总体数据
   - (4) 缺乏一定的科学性和可靠性
   - (5) 可以事先计算和控制抽样误差

3. 抽样的组织方式有　　　　　　　　　　　　　　　　　　　　　　　　　　　（　　）
   - (1) 纯随机抽样
   - (2) 等距抽样
   - (3) 重复或不重复抽样
   - (4) 类型或分类抽样
   - (5) 整群抽样

4. 以下说法正确的有　　　　　　　　　　　　　　　　　　　　　　　　　　　（　　）
   - (1) 所有可能样本指标的平均数等于总体指标
   - (2) 总体指标与样本指标都是随机变量
   - (3) 总体指标是确定值，样本指标是随机变量
   - (4) 样本指标是确定值，总体指标的随机变量

(5) 样本指标的期望值等于总体指标

5. 从总体的 1 000 个单位中,随机抽 40 个单位进行调查,以下说法正确的有 （　　）
(1) 样本单位数为 40 个
(2) 样本容量为 40
(3) 样本个数为 40 个
(4) 样本单位数 1 000 个
(5) 一个样本有 40 个单位

三、问答题

1. 什么是抽样推断？它有哪些基本的特点？
2. 什么是总体和样本？总体参数和样本统计量？抽样标准误差和抽样极限误差？
3. 什么是重复抽样和不重复抽样？不同的抽样方法怎样影响着抽样推断的结果？
4. 什么是抽样分布？
5. 样本平均数、样本比率分布的性质各是什么？
6. 中心极限定理的基本内容是什么？
7. 大数定律是什么意思？
8. 什么是 t 分布,它的适用场合是什么？
9. 什么是 χ^2 分布,它的适用场合是什么？
10. 什么是 F 分布,它的适用场合是什么？

四、计算题

1. 某类铜制产品的重量,经过多次衡量,取得有差异的一系列数据,这些数据近似地服从正态分布,设平均值为 2 800 千克,方差为 9 000 千克。现假定从该总体中抽出容量为 10 的随机样本。问这个样本的平均重量小于或等于 2 750 千克的概率为多大？

2. 从某地区统计中得知,该地区郊区平均每一家庭年收入为 3 160 元,标准差为 800 元。从郊区抽取 50 个家庭为一随机样本,平均每年家庭收入为以下数字的概率是多少：(1) 多于 3 000 元；(2) 少于 3 000 元；(3) 在 3 200 元到 3 300 元之间。

3. 甲、乙 2 个工厂生产某种型号的西装,甲厂平均日产量为 160 件,且服从正态分布,标准差为 21 件；乙厂平均日产量为 130 件,也服从正态分布,标准差为 26 件。现从甲、乙 2 厂各随机抽取 6 天计算平均日产量,问出现甲厂比乙厂的平均日产量低的概率有多大？

4. 假定我们已知办公室人员所填写的表格中有 5% 至少包括一处笔误码。如果我们检查一个由 475 份表格组成的简单随机样本,其中至少含一处笔误的表格所占的比例在 3% 和 7.5% 之间的概率有多大？

5. 某调查研究机构经调查后所示的统计资料表明,A 类企业 5 年内用于研究市场情况的市场调查预算增加了 18%,而 B 类企业只增加了 10%。现在要问：(1) 如果从每类企业中各抽选 90 个企业组成 2 个独立随机样本,样本比率之差的抽样分布的平均值和标准差有多大？(2) 样本比率之差 $(p_A - p_B)$ 位于 0.06 和 0.11 之间的概率有多大？(3) 如果从每一类企业中各观察一个容量为 90 的简单随机样本,将观察到这一差值小于或等于 0.03 的概率有多大？

第九章 参数估计

> 数学定律不能百分之百确实地用在现实生活里;能百分之百确实地用数学定律描述的,就不是现实生活。
>
> 爱因斯坦

参数是反映总体分布特征的某一数量指标。欲掌握确切的总体参数,常常需要耗费大量人力、物力、财力和时间,对总体各单位进行全面调查。这样既不经济,在很多情况下也难以实现。此外,总体参数会随总体本身所处环境的变更、随时间的推移而发生变化。在实际统计分析时,通常依据前述的抽样分布的原理,对总体参数进行抽样估计。

第一节 参数估计概述

一、参数估计方式

根据样本统计量估计总体参数,有点估计和区间估计两种方式。

理解点估计,需明确估计量和估计值的概念。正如上一章所述,对总体参数(θ)进行估计的相应的样本统计量($\hat{\theta}$)称为估计量,例如样本平均数是总体平均数的估计量、样本比率是总体比率的估计量、样本方差是总体方差的估计量。举例来说,若是抽选100个学生组成一个样本,这100个学生的平均身高,即样本平均数$\bar{x}$就是一个估计量。而估计值是统计量中的一个具体数值。本例中,实际测得这100个学生平均身高为1.68米,这1.68米就是一个估计值。因此,估计值也就是估计量的具体观察值。

点估计是根据样本数据计算的一个估计值。例如,要估计一批产品的平均使用寿命,可以从总体中抽取一个样本并计算这个样本数值来估计这一批产品的平均寿命。假如计算出的平均寿命是10 000小时,用这个数值估计这一批产品的平均寿命,就是点估计。

点估计的优点在于它能够明确地估计总体参数,但一般该值不会等于总体参数的真值。它与真值的误差、估计可靠性怎样,我们无法知道。而区间估计则可弥补这种不足之处。

区间估计是通过样本来估计总体参数可能位于的区间。例如,某批产品的平均使用寿命为10 000小时,这是对该批产品平均寿命参数的点估计值,仅靠这样一个点估计值往往是不够的。这是由于该批产品的使用寿命若近似地服从正态公布,那么,将会有一半产品的使用寿命数达不到总体平均数的标准。因此,必须提出该产品使用寿命的上限和下限,即给出一个可以控制的范围,从而使这一范围能够承担起必要的风险。如果我们说,该产品的平均使用寿命在9 500~10 500小时之间,这就是它的区间估计值。

一般地,在点估计中,我们用某个统计量作为总体参数的估计量;在区间估计中,我们就要寻找两个统计量$\hat{\theta}_1(x_1,x_2,\cdots,x_n)$和$\hat{\theta}_2(x_1,x_2,\cdots,x_n)$分别来估计总体参数$\theta$的下限和上限,使总体参

数 θ 包括在随机区间 $[\hat{\theta}_1, \hat{\theta}_2]$ 内。θ 包含在区间 $[\hat{\theta}_1, \hat{\theta}_2]$ 内的概率称为置信水平(置信度),它表明估计的可靠程度,记为 $1-\alpha (0<\alpha<1)$。而随机区间 $[\hat{\theta}_1, \hat{\theta}_2]$,则被称作参数 θ 的置信水平为 $1-\alpha$ 的置信区间;区间的边界称为置信限,$\hat{\theta}_1$ 为置信下限,$\hat{\theta}_2$ 为置信上限。

置信区间表达了区间估计的精确度,置信水平表达了区间估计的可靠性。在进行区间估计时,必须同时考虑置信水平与置信区间两个方面,即置信水平定得越高(即估计的可靠性越高),则置信区间相应也越宽(即估计的精确度越低)。所以,可靠性与精确性要结合具体问题、具体要求来全面考虑。

二、参数估计标准

对总体参数作估计时,总是希望估计是合理的或优良的。根据同一套样本数据,用不同的方法来估计同一个总体参数,可能会得到不同的估计量,要从中选取"好"的估计量,就需要有评价估计量优良性的标准,直观上,我们当然希望估计量的值接近于被估计参数为好,但估计量的值是依据样本值计算的,对一个点估计量,对应这一组样本值的点估计值可能接近被估参数的真值;对应另一组样本值的点估计值可能远离被估参数的真值。点估计量作为样本的函数是随机变量,其优良性应从其概率特征而不是一个或几个点估计值来考虑的,所谓点估计的优良性是对点估计量而不是点估计值的评价。在点估计中,究竟哪一个估计量更好一些呢?这需要从三方面考虑:有无系统偏差;当样本容量增大时是否越来越精确;波动性的大小。这些就是估计量的无偏性、一致性和有效性。

1. 无偏性

如果样本统计量的期望值等于该统计量所估计的总体参数,则这个估计量叫作无偏估计量。这是一个好的估计量的一个重要条件。用样本平均数作为总体平均数的点估计时,就符合这一要求。无偏性也就是没有系统的偏差,它是从平均意义上讲的,即如果这种估计方法重复进行,则从估计量所获得的平均数等于总体参数。显然,如果说一个估计量是无偏的,并不是保证用于单独一次估计中没有随机性误差,只是没有系统性的偏差而已。若以 θ 代表被估计的总体参数,$\hat{\theta}$ 代表 θ 的无偏估计量,则用数学式表示为:$E(\hat{\theta})=\theta$。

2. 一致性

当样本容量 n 增大时,如果估计量越来越接近总体参数的真值时,就称这个估计量为一致估计量。若以 θ 代表被估计的总体参数,$\hat{\theta}$ 代表 θ 的一致估计量,则用数学式表示为:$\lim_{n\to\infty} P(|\hat{\theta}-\theta|<\varepsilon)=1 (\varepsilon>0)$。估计量的一致性是从极限意义上讲的,它适用于大样本的情况。如果一个估计量是一致估计量,那么,采用大样本就更加可靠。当然,在样本容量 n 增大时,估计量的一致性会增强,但调查所需的人力、物力也相应增加。

3. 有效性

有效性的概念是指估计量的离散程度。如果两个估计量都是无偏的,其中方差较小的(对给定的样本容量而言)就可认为相对来说是更有效的。严格地说,如果 $\hat{\theta}_1$ 和 $\hat{\theta}_2$ 是 θ 的 2 个无偏估计量,它们的相对有效性按下述比率决定:

$$\frac{\sigma^2_{\hat{\theta}_2}}{\sigma^2_{\hat{\theta}_1}}$$

其中 $\sigma^2_{\hat{\theta}_1}$ 是较小的方差。

举例来说,从一个平均数为 μ、方差为 σ^2 的正态分布总体中抽出一个简单随机样本,其样本容量为 n。假定要了解作为总体均值 μ 的估计量的样本均值 $\bar{x}$ 和样本中位数 m_d 哪一个更有效。这 2 个估计量都是无偏的。这里,样本均值 $\bar{x}$ 的方差是 $\sigma_{\bar{x}}^2 = \sigma^2/n$。可以证明,样本中位数 m_d 的方差近似地为 $\sigma_{m_d}^2 = 1.57\sigma^2/n$。因此,$\bar{x}$ 对 m_d 的相对有效性为

$$\frac{\sigma_{m_d}^2}{\sigma_{\bar{x}}^2} = \frac{1.57\sigma^2/n}{\sigma^2/n} = 1.57$$

我们可以根据样本容量来说明这一结果。如果用样本中位数而不用样本均值作为正态分布总体均值 μ 的估计量,那么,为了获得与样本均值提供的同样精度,样本容量就需要增大 57%。换言之,样本中位数所需的样本容量是样本均值的 157%。

数理统计已证明,样本平均数为总体平均数、样本比率为总体比率的无偏的、一致的和有效的估计。

第二节 总体平均数的区间估计

一、一个总体

1. 样本取自总体方差已知的正态分布总体

区间估计的方法是以抽样分布的理论为基础的。这里讨论总体平均数的区间估计,其适合的分布就是平均数的抽样分布。我们已经知道,如果总体服从正态分布 $N(\mu, \sigma^2)$,那么 $\bar{x}$ 的抽样分布仍是正态分布,分布的平均数 $\bar{x} = \mu$,标准差 $\sigma_{\bar{x}} = \sigma/\sqrt{n}$。经过变换,变量 $z = (\bar{x} - \mu)/\sigma_{\bar{x}}$ 则服从标准正态分布。这里,不论 μ 取什么值,在 $\bar{x}$ 的全部数值中,有 95.45% 处在平均值 μ 的 2 个标准差的范围内,即以 μ 为中心,以 $\mu - 2\sigma_{\bar{x}}$ 和 $\mu - 2\sigma_{\bar{x}}$ 为边界的区间大约包含了全部 $\bar{x}$ 值的 95.45%。用公式表示为

$$P\left(-2 \leqslant \frac{\bar{x} - \mu}{\sigma/\sqrt{n}} \leqslant 2\right) = 0.9545$$

$$P(\mu - 2\sigma/\sqrt{n} \leqslant \bar{x} \leqslant \mu + 2\sigma/\sqrt{n}) = 0.9545$$

其图形如图 9-1 所示。

然而在实际情形下,由于上述表达式中的 μ 是一个未知数,因此 $\mu \pm 2\sigma_{\bar{x}}$ 并不能提供什么信息。但如果将 μ 用其估计量 $\bar{x}$ 代替,情况就不同了。在 $\bar{x} \pm 2\sigma_{\bar{x}}$ 中,我们有一个 μ 的区间估计值,即

$$\bar{x} - 2\sigma_{\bar{x}} \leqslant \mu \leqslant \bar{x} + 2\sigma_{\bar{x}}$$

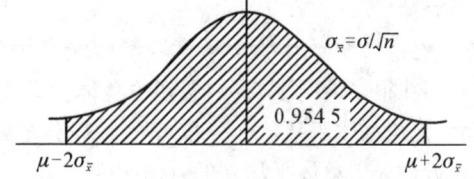

图 9-1 $\bar{x}$ 的抽样分布

上式表明总体平均数 μ 有 95.45% 的可能性位于样本平均数的正负 2 个标准差范围之内。同时,这一区间还有这样的一个性质,对 $\sigma_{\bar{x}}$ 前的系数作不同的变换,就可得到不同的置信度。

一般地说,若置信水平为 $1-\alpha$,由于

$$P(|\bar{x} - \mu| < z_{\frac{\alpha}{2}} \cdot \sigma_{\bar{x}}) = 1 - \alpha$$

因此

$$P\left(\bar{x} - z_{\frac{\alpha}{2}} \frac{\sigma}{\sqrt{n}} \leqslant \mu \leqslant \bar{x} + z_{\frac{\alpha}{2}} \frac{\sigma}{\sqrt{n}}\right) = 1 - \alpha$$

当抽到某一具体样本平均数的估计值 $\bar{x}$ 时,若规定置信水平为 $1-\alpha$,则双边区间估计的公式为

$$\bar{x} \pm z_{\frac{\alpha}{2}} \sigma_{\bar{x}}$$

我们可对上式作如下的解释：如从正态分布总体取出一个容量为 n 的简单随机样本，并构造区间 $\bar{x} \pm z_{\frac{\alpha}{2}} \frac{\sigma}{\sqrt{n}}$，那么我们可以有 $100(1-\alpha)\%$ 的把握说这个区间包含总体平均数 μ。$z_{\frac{\alpha}{2}}$ 值称为概率度，与给定的置信水平有关，可以通过查正态分布表得到。

至此，可将总体平均数区间估计的步骤归纳如下：

(1) 确定置信水平，即可靠性或把握程度。一般来说对于估计要求比较精确的话，置信程度也要求高些，在社会经济现象中通常用 95% 就可以了。

(2) 根据置信度并利用标准正态分布表确定 z 值。

(3) 抽取一个容量为 n 的样本。

(4) 算出样本平均数 $\bar{x}$ 和标准差 $\sigma_{\bar{x}}$。在重复抽样时，样本平均数的标准差为 $\sigma_{\bar{x}} = \frac{\sigma}{\sqrt{n}}$，有限总体不重复抽样时，$\sigma_{\bar{x}} = \frac{\sigma}{\sqrt{n}} \cdot \sqrt{\frac{N-n}{N-1}}$。

(5) 构造置信区间 $\bar{x} \pm z_{\frac{\alpha}{2}} \sigma_{\bar{x}}$。

例如，某制造厂质量管理部门的负责人希望估计移交给接收部门的 5 500 包原材料的平均重量。一个由 250 包原材料组成的随机样本所给出的平均数 $\bar{x} = 65$ 千克。总体标准差 $\sigma = 15$ 千克。试构造总体未知的平均数 μ 的置信区间，假定 95% 的置信区间已能令人满意，并假定总体为正态分布。

本题中，已知总体服从正态分布，所以样本平均数也服从正态分布。已知 $\bar{x} = 65$、$\sigma = 15$，查标准正态分布表(本书附表1)，与置信水平 95% 相对应的 z 值为：

$$z_{\frac{\alpha}{2}} = z_{\frac{0.05}{2}} = z_{0.025} = 1.96$$

所以总体平均数的置信区间为

$$\bar{x} \pm z_{\frac{\alpha}{2}} \sigma / \sqrt{n} = 65 \pm 1.96 \times \frac{15}{\sqrt{250}}$$
$$= 65 \pm 1.86$$

即在 63.14～66.86 千克之间。于是，我们有 95% 的把握说总体平均数 μ 介于 63.14 千克和 66.86 千克之间。

2. 样本取自总体方差已知的非正态分布总体

在很多情况下，我们遇到的总体为非正态分布，但中心极限定理告诉我们，当样本容量 n 足够大，无论总体服从什么分布，$\bar{x}$ 的抽样分布将近似服从正态分布。因此，我们仍可以用 $\bar{x} \pm z_{\frac{\alpha}{2}} \sigma_{\bar{x}}$ 公式来近似求出总体平均 μ 的置信区间。

例如，某职业介绍所的职员从申请某一职业的 1 000 名申请者中采用不重复抽样方式随机抽取了 200 名申请者，借此来估计 1 000 名申请者考试的平均成绩。已知由 200 名申请者构成的样本平均分 $\bar{x} = 78$ 分，由以往经验已知总体方差为 90，但该职员不知总体服从何种分布，试求 μ 的 90% 的置信区间。

根据中心极限定理，由于本题的样本容量足够大($n = 200$)，因此，可看作总体近似服从正态分布。又因为是有限总体的不重复抽样，所以在计算标准差时需乘以有限总体修正系数，即

$$\sigma_{\bar{x}} = \frac{\sigma}{\sqrt{n}} \sqrt{\frac{N-n}{N-1}} = \frac{\sqrt{90}}{\sqrt{200}} \times \sqrt{\frac{1\,000 - 200}{1\,000 - 1}} = 0.60$$

当要求可靠程度为 90% 时，查表得 $z_{\frac{\alpha}{2}} = 1.645$，所以

$$P(78-1.645\times0.60\leqslant\mu\leqslant78+1.645\times0.60)=0.90$$
$$P(77\leqslant\mu\leqslant79)=0.90$$

从而我们可以有90%的把握说,总体平均值处在77~79分之间。

此题中,我们在计算标准差时,乘上了有限总体修正系数 $\sqrt{\frac{N-n}{N-1}}$,这是因为样本容量200已超过了总体容量1 000的5%。

3. 总体方差未知的小样本

上述构造总体平均数置信区间的方法,只有在总体方差已知时才能应用。而总体平均数未知而总体方差已知的情况是不多见的,一般情况是两者均未知。若 σ 未知时 $\sigma_{\bar{x}}$ 就不能计算出来,从而也就不能构造 $\bar{x}\pm z_{\frac{\alpha}{2}}\sigma_{\bar{x}}$ 的置信区间。这时,我们可以计算样本标准差 s,并用它来估计 σ,从而 $\sigma_{\bar{x}}$ 的估计值就变成 $s_{\bar{x}}$,即

$$s_{\bar{x}}=\frac{s}{\sqrt{n}}$$

由于用 $s_{\bar{x}}$ 来代替 $\sigma_{\bar{x}}$,因此公式中的 z 就不合适了,因为 z 来自关系

$$z=\frac{\bar{x}-\mu_{\bar{x}}}{\sigma_{\bar{x}}}=\frac{\bar{x}-\mu_{\bar{x}}}{\sigma/\sqrt{n}}$$

上式服从正态分布。现在由于 σ 未知,只能用 $s_{\bar{x}}$ 代替 $\sigma_{\bar{x}}$,于是新的变量为

$$t=\frac{\bar{x}-\mu_{\bar{x}}}{s_{\bar{x}}}=\frac{\bar{x}-\mu_{\bar{x}}}{s/\sqrt{n}}$$

这时 t 已不是标准化的正态随机变量,它服从的是 t 分布。t 分布的自由度为 $n-1$。在小样本情况下,我们可借用 t 分布来估计总体平均数。不过,用小样本进行估计时必须注意它的应用条件:其一,小样本估计的理论依据是总体应视为正态分布,但在现实中这一点很难做到,因此至少要求总体近似服从正态分布。其二,由于每次抽取的观察值 x_i 是独立的,而且 $x_i\sim N(\mu,\sigma^2)$,因此从理论上讲,在抽取样本时应采取随机重复抽样方式。但实际工作中若 N 很大而 n 较小时,则 n/N 非常小,因此抽取 n 个单位时对独立性的影响不大。其三,t 分布也可用于大样本,当 $n>30$ 时,t 分布接近正态分布。

例如,为了估计1分钟1次广告的平均费用,抽出了15个电视台的随机样本。样本的平均值 $\bar{x}=2\,000$ 元,其标准差 $s=1\,000$ 元。假定所有被抽样的这类电视台近似服从正态分布,试构造总体平均值为95%的置信区间。

本题,总体近似服从正态分布,但方差未知,$\bar{x}=2\,000,s=1\,000,n=15$。为了求概率度,查自由度 $n-1=14$ 的 t 分布表,与置信水平95%相应的 t 值为

$$t_{\frac{\alpha}{2}}(n-1)=t_{0.025}(14)=2.14$$

由于本题可认为是一个较大的总体,所以不必采用总体修正系数

$$s_{\bar{x}}=s/\sqrt{n}=1\,000/\sqrt{15}=258.20$$

故置信区间为

$$\bar{x}\pm t_{\frac{\alpha}{2}}s_{\bar{x}}$$
$$2\,000\pm2.14\times258.2,即(1\,447.5,2\,552.5)$$

显然我们有95%的把握说明,总体平均数处在1 447.5~2 552.5元之间。

4. 总体方差未知的大样本

当 σ 未知但样本容量 $n>30$,即大样本时,可用正态分布来构造总体平均数的置信区间。而且,根据中心极限定理,从非正态总体中抽样时,只要能够抽取大样本,那么,样本平均数的抽样分布近似服从正态分布。此时,也可以用 $\bar{x} \pm z_{\frac{\alpha}{2}} \sigma_{\bar{x}}$ 来构造置信区间,只是由于 σ 未知,要用 $\bar{x} \pm z s_{\bar{x}}$ 来构造置信区间。

例如,某百货店通过 100 位顾客的随机样本研究购买额。均值和标准差分别为 24.75 元和 5.50 元,试构造总体均值的 90% 的置信区间。

尽管不知道本题的总体服从何种分布,也不知道总体的标准差,但是由于其 $n=100>30$,即大样本,故可认为样本平均数的分布服从正态分布;同时,由于 $n>30$,使得样本标准差 s 成了总体标准差 σ 的很好的估计值,从而可用 $\bar{x} \pm z_{\frac{\alpha}{2}} s_{\bar{x}}$ 来构造其置信区间。本题中,已知 $s = \sqrt{\dfrac{\sum(x-\bar{x})^2}{n-1}} = 5.5$,因而

$$s_{\bar{x}} = \frac{s}{\sqrt{n}} = \frac{5.5}{\sqrt{100}} = 0.55$$

$$z_{\frac{\alpha}{2}} = z_{\frac{0.10}{2}} = z_{0.05} = 1.64$$

$$\bar{x} \pm z_{\frac{\alpha}{2}} s_{\bar{x}} = 24.75 \pm 1.64 \times 0.55$$
$$= 24.75 \pm 0.90 \quad 即 (23.85, 25.65)$$

因此,我们有 90% 的把握说总体平均数落在 23.85 元和 25.65 元之间。

二、两个总体

1. 两个方差已知的正态总体

我们经常需要对来自两个不同总体的平均数进行比较。两个总体平均数之差为 $\mu_1 - \mu_2$。如果我们无法直接得到这种差值数据时,就只能用样本数据对其做出估计。上一章中讨论了关于两个样本平均数之差的抽样分布问题:当两个总体均服从正态分布,$\bar{x}_1 - \bar{x}_2$ 也服从正态分布;不管被抽样的两个总体是否服从正态分布,只要被抽出的两个随机样本相互独立,而且样本容量足够大,那么,根据中心极限定理,样本平均数之差的抽样分布就逼近正态分布,其标准差为

$$\sigma_{\bar{x}_1 - \bar{x}_2} = \sqrt{\frac{\sigma_1^2}{n_1} + \frac{\sigma_2^2}{n_2}}$$

根据这一结论,计算 $\mu_1 - \mu_2$ 的置信水平为 $1-\alpha$ 的置信区间,可用下式:

$$(\bar{x}_1 - \bar{x}_2) \pm z_{\frac{\alpha}{2}} \sqrt{\frac{\sigma_1^2}{n_1} + \frac{\sigma_2^2}{n_2}}$$

例如,某银行负责人想知道存户存入两家银行的钱数,他从每一家银行各抽选了一个由 25 个存户组成的随机样本。样本平均数为:银行 A,$\bar{x}_A = 450$ 元;银行 B,$\bar{x}_B = 325$ 元。两个总体均服从方差分别为 $\sigma_A^2 = 750$ 和 $\sigma_B^2 = 850$ 的正态分布。试构造 $\mu_A - \mu_B$ 的 95% 的置信区间。

由于两个总体均服从正态分布,因此 $\bar{x}_A - \bar{x}_B$ 也服从正态分布,从而计算总体均值之差的置信区间可用

$$(\bar{x}_A - \bar{x}_B) \pm z_{\frac{\alpha}{2}} \sqrt{\frac{\sigma_A^2}{n_A} + \frac{\sigma_B^2}{n_B}}$$

已知 $\sigma_A^2=750, \sigma_B^2=850, \bar{x}_A=450, \bar{x}_B=325, z_{\frac{\alpha}{2}}=z_{0.05}=1.96$，所以95%的置信区间为

$$\left[(450-325)-1.96\times\sqrt{\frac{750}{25}+\frac{850}{25}}, (450-325)+1.96\times\sqrt{\frac{750}{25}+\frac{850}{25}}\right]$$

即(109.32,140.68)，这就意味着有95%的把握认为总体均值之差在109.32~140.68元之间。

2. 两个方差未知但相等的正态总体

如果两个总体均服从正态分布，总体方差未知但已知它们相等，并从这两个总体中各抽选一个独立随机样本，则可用 t 分布来构造出 $\mu_1-\mu_2$ 的置信区间。

当两个总体方差相等时，首先要求出它们的共同方差 σ^2 的一个估计值 s_p^2，因为两个样本方差都有理由作为共同方差 σ^2 的估计值。通常我们计算它们的加权平均数，权数就是它们的自由度，即

$$s_p^2=\frac{(n_1-1)s_1^2+(n_2-1)s_2^2}{n_1+n_2-2}$$

这时估计量 $\bar{x}_1-\bar{x}_2$ 标准差为

$$\sqrt{\frac{s_p^2}{n_1}+\frac{s_p^2}{n_2}}=s_p\sqrt{\frac{1}{n_1}+\frac{1}{n_2}}$$

可以证明：

$$t=\frac{(\bar{x}_1-\bar{x}_2)-(\mu_1-\mu_2)}{s_p\sqrt{\frac{1}{n_1}+\frac{1}{n_2}}}$$

服从自由度 n_1+n_2-2 的 t 分布。可以用 t 分布的 t 值作为 $\mu_1-\mu_2$ 的置信区间的概率度。

对以上结果可归纳如下：

如果两个总体服从正态分布，它们的方差未知但相等，则当我们从这两个总体抽选出两个独立随机样本时，$\mu_1-\mu_2$ 的 $100(1-\alpha)$% 置信区间为

$$(\bar{x}_1-\bar{x}_2)\pm t_{\frac{\alpha}{2}} s_p\sqrt{\frac{1}{n_1}+\frac{1}{n_2}}$$

或

$$(\bar{x}_1-\bar{x}_2)\pm t_{\frac{\alpha}{2}}\sqrt{\frac{(n_1-1)s_1^2+(n_2-1)s_2^2}{n_1+n_2-2}}\cdot\sqrt{\frac{1}{n_1}+\frac{1}{n_2}}$$

例如，某工厂中有两台生产金属棒的机器。一个随机样本由机器 A 生产的11根金属棒组成，另一个随机样本由机器 B 生产的21根金属棒组成。两个样本分别给出两台机器所生产金属棒的长度数据：$\bar{x}_A=6.10$ 英寸，$\bar{x}_B=5.95$ 英寸；$s_A^2=0.018, s_B^2=0.020$。假定两个总体近似服从正态分布，且总体方差相等，试构造 $\mu_A-\mu_B$ 的 95%的置信区间。

根据总体方差相等的假设，可以算出共同方差 σ^2 的一个估计值 s_p^2：

$$s_p^2=\frac{(n_A-1)s_A^2+(n_B-1)s_B^2}{n_A+n_B-2}=\frac{(11-1)\times0.018+(21-1)\times0.020}{11+21-2}=0.019$$

$\mu_A-\mu_B$ 的置信区间为

$$(\bar{x}_A-\bar{x}_B)\pm t_{\frac{\alpha}{2}} s_p\sqrt{\frac{1}{n_A}+\frac{1}{n_B}}$$

自由度 $11+21-2=30$，可靠性为95%，$t_{\frac{\alpha}{2}}=2.042$，代入上式得

$$(6.10-5.95)\pm 2.042\times\sqrt{0.019}\times\sqrt{\frac{1}{11}+\frac{1}{21}}=0.15\pm 0.10$$

所以两台机器所生产金属的平均长度差别在 0.05~0.25 英寸之间，这种估计的可靠性为 95%。

3. 两个方差未知且不等的正态总体

当两个总体方差不等时，即使两个总体均服从正态分布，我们在构造两个平均数之差的置信区间时，也不能用前面提到的 t 分布。这是因为当两个总体方差不等时，统计量

$$t'=\frac{(\overline{x}_1-\overline{x}_2)-(\mu_1-\mu_2)}{\sqrt{\frac{s_1^2}{n_1}+\frac{s_2^2}{n_2}}}$$

不服从自由度为 n_1+n_2-2 的 t 分布。解决这一问题的办法是采用自由度的某种修正值。现给出狄克逊(Dixon)和马赛(Massey)于1969年提出的一种方法，用来修正 t 分布的自由度。其公式如下：

$$df'=\frac{\left(\frac{s_1^2}{n_1}+\frac{s_2^2}{n_2}\right)^2}{\frac{(s_1^2/n_1)^2}{n_1}+\frac{(s_2^2/n_2)^2}{n_2}}$$

可以认为，统计量 t' 近似服从于自由度为 df' 的 t 分布。根据自由度 df' 查 t 分布表可得置信区间为

$$(\overline{x}_1-\overline{x}_2)\pm t_{\frac{\alpha}{2}}\sqrt{\frac{s_1^2}{n_1}+\frac{s_2^2}{n_2}}$$

例如，假定上例中的两个总体方差不等，试构造 $\mu_A-\mu_B$ 的 95% 的置信区间。此时，其自由度 df' 为

$$df'=\frac{\left(\frac{0.018}{11}+\frac{0.020}{21}\right)^2}{\frac{(0.018/11)^2}{11}+\frac{(0.020/21)^2}{21}}\approx 23$$

由上式计算出来的自由度往往不是整数，可用四舍五入后的整数查表求得置信区间。本例如查 95% 可靠性和自由度为 23 的 t 分布表，得 2.07，代入公式得

$$(6.10-5.95)\pm 2.07\times\sqrt{\frac{0.018}{11}+\frac{0.020}{21}}=0.15\pm 0.11$$

即 (0.04, 0.26)。

4. 两个方差未知的非正态总体

对于一般不服从正态分布的两个总体，我们往往依据中心极限定理采用大样本抽样方法。如果两个总体方差未知，就用 s_1 和 s_2 分别作为 σ_1 和 σ_2 的估计值，当 n_1 和 n_2 足够大时，$\mu_1-\mu_2$ 的置信水平为 $1-\alpha$ 的近似置信区间为

$$(\overline{x}_1-\overline{x}_2)\pm z_{\frac{\alpha}{2}}\sqrt{\frac{s_1^2}{n_1}+\frac{s_2^2}{n_2}}$$

例如，A、B 两所大学某学期期末数学考试采用同一试题。A 校认为该校学生数学考试成绩能比 B 校高出 10 分。为了证实这一说法。主管部门从两校各抽取一个随机样本并得到如下数据：$n_A=75$ 人，$n_B=80$ 人，$\overline{x}_A=78.6$ 分，$\overline{x}_B=73.8$ 分，$s_A=8.2$ 分，$s_B=7.4$ 分。试在 95% 的置信程度下确定两校平均分数之差的置信区间。

根据已知数据可算得

$$s_{\bar{x}_A - \bar{x}_B} = \sqrt{\frac{s_A^2}{n_A} + \frac{s_B^2}{n_B}} = \sqrt{\frac{8.2^2}{75} + \frac{7.4^2}{80}} = 1.26(分)$$

当置信程度为 95% 时，$z_{\frac{\alpha}{2}} = z_{0.025} = 1.96$，从而其置信区间为

$$(\bar{x}_A - \bar{x}_B) \pm z_{\frac{\alpha}{2}}\sqrt{\frac{s_A^2}{n_A} + \frac{s_B^2}{n_B}} = (78.6 - 73.8) \pm 1.96 \times 1.26$$
$$= 4.8 \pm 2.5$$

即 (2.3, 7.3)。

因此，我们有 95% 的把握说 A、B 两校数学考试成绩之差在 2.3～7.3 分之间。这一结果说明 A 校的平均成绩确实高于 B 校，但并未高出 10 分。

知识链接 17：最大似然法估计

利用样本的数字特征作为总体数字特征的估计，例如用样本平均数估计总体平均数，称为矩法估计；以出现的可能性最大的样本特征作为总体特征的估计，称为最大似然法估计。

例如，某位青年学生与一位年长猎人一起外出打猎，一只野兔从前方窜过，只听一声枪响，野兔应声倒下。你怎么推测这一发命中的子弹是谁打的？你可能会想，只发一枪便打中，由于猎人命中的概率一般大于这位学生命中的概率，于是你估计这一枪是猎人射中的。

再如，在一个袋中有许多白球和黑球，其数量比为 1：3 或 3：1。试通过抽样判断白球多还是黑球多。以最大似然法估计方法，判断如下：

有放回地抽取 3 个球。若取到 0 个或 1 个白球，认为袋中黑球多；若取到 2 个或 3 个白球，则认为袋中白球多。因为：

用 ξ 表示取到的白球个数

若白球占 1/4，则 ξ 的分布为   若白球占 3/4，则 ξ 的分布为

ξ	0	1	2	3		ξ	0	1	2	3
P	27/64	27/64	9/64	1/64		P	1/64	9/64	27/64	27/64

可见，当 $\xi = 0$ 或 1 时，判断白球占 1/4；当 $\xi = 2$ 或 3 时，判断白球占 3/4。亦即，选择使观察结果概率较大的参数。

第三节　总体比率的区间估计

一、一个总体

在实际工作中经常需要对总体比率做出估计。例如，管理者想知道本企业生产的产品合格率是多少，想了解对他们服务满意的顾客在全部顾客中所占的比率有多高等。第八章讨论过样本比率 p 的抽样分布，并指出当 nP 和 $n(1-P)$ 两者皆大于 5 时，p 的抽样分布近似服从平均数为 P、标准差为 $\sigma_{\bar{p}} = \sqrt{P(1-P)/n}$ 的正态分布。但在实际工作中，P 往往未知（它正是我们所要估计的总体比率）。因此，需要用样本比率 p 来代替 P。这样，我们就得到了标准差的估计值 $s_{\bar{p}} = \sqrt{p(1-p)/n}$。

所以，可将总体比率的区间估计表述为：如果 nP 和 $n(1-P)$ 两者皆大于 5，并且 n 相对总体容量来说很小，则 P 的近似 $100(1-\alpha)\%$ 的置信区间由下式给出

$$p \pm z_{\frac{\alpha}{2}}\sqrt{\frac{p(1-p)}{n}}$$

如果我们研究的总体是有限的,尤其是抽样比重较大时,即 $\frac{n}{N} > 0.05$ 时,就要采用有限总体修正系数,从而 P 的区间估计公式为

$$p \pm z_{\frac{\alpha}{2}} \sqrt{\frac{p(1-p)}{n}} \sqrt{\frac{N-n}{N-1}}$$

例如,某企业在一项关于寻找职工流动原因的研究中,研究者从该企业前职工的总体中随机抽取了 200 人组成一个样本。在对他们进行访问时,有 140 人说他们离开该企业的原因是因为他们得到的收入太低。试对由于这种原因而离开该企业的人员的真正比率构造 95% 的置信区间。

在这一问题中,我们想求的是对总体比率 P 的置信区间估计。我们可求得样本统计量 $p = 140/200 = 0.7$,这是样本比率。这里 $np = 200 \times 0.7 = 140 > 5$,且 $n(1-p) = 200 \times (1-0.7) = 60 > 5$,则 p 的抽样分布可用正态分布来逼近。其区间估计为

$$p \pm z_{\frac{\alpha}{2}} \sqrt{\frac{p(1-p)}{n}} = 0.70 \pm 1.96 \times \sqrt{\frac{0.70 \times (1-0.70)}{200}} = 0.70 \times 0.064$$

因此,在 95% 的可靠程度下,估计总体比率在 63.6% 和 76.4% 之间。

再例如,某一大公司的人事处长希望知道本公司内专业不对口的职员究竟占多大比率。他从 2 000 名具有大专以上学历的职员中随机抽取了一个由 150 人组成的样本进行研究,结果表明,其中有 45 人说他们从事的工作与所学专业不对口。试在 95.45% 的置信程度下构造出不对口人员所占真正比率的置信区间。

由于本例样本容量很大,$n = 150$,$p = 45/150 = 0.3$,np 和 $n(1-p)$ 都大于 5,故可用正态分布逼近。但又由于抽样比重 $\frac{n}{N} = \frac{150}{2\,000} = 0.075 > 0.05$,故需用有限总体修正系数计算 s_p,则

$$p \pm z_{\frac{\alpha}{2}} \sqrt{\frac{p(1-p)}{n}} \sqrt{\frac{N-n}{N-1}} = 0.30 \pm 2 \times \sqrt{\frac{0.3 \times (1-0.3)}{150}} \times \sqrt{\frac{2\,000-150}{2\,000-1}}$$
$$= 0.3 \pm 0.072$$

即 $(0.228, 0.372)$。

计算结果表明,我们有 95.45% 的把握说,该公司具有大专以上学历的人员中,有 22.8% ~ 37.2% 的人专业不对口。

二、两个总体

为了估计两个总体比率之差 $P_1 - P_2$,我们可从每一个总体中各抽一个随机样本,并利用两个样本比率之差 $p_1 - p_2$。这样就可以按通常的方式构造出一个区间的估计值。在第八章中曾介绍了当 n_1 和 n_2 两者都很大(大样本),而且总体比率不太接近 0 或 1 时,两个独立样本的 $p_1 - p_2$ 的抽样分布近似服从正态分布,其平均数为 $P_1 - P_2$,标准差为

$$\sigma_{p_1 - p_2} = \sqrt{\frac{P_1(1-P_1)}{n_1} + \frac{P_2(1-P_2)}{n_2}}$$

因为 P_1 和 P_2 皆属未知,所以标准差应通过下式来估计:

$$s_{p_1 - p_2} = \sqrt{\frac{p_1(1-p_1)}{n_1} + \frac{p_2(1-p_2)}{n_2}}$$

于是上述条件下 $P_1 - P_2$ 的 $100(1-\alpha)\%$ 的置信区间由下式给出:

$$(p_1 - p_2) \pm z_{\frac{\alpha}{2}} \sqrt{\frac{p_1(1-p_1)}{n_1} + \frac{p_2(1-p_2)}{n_2}}$$

例如,某企业下属 A、B 两个车间。为了降低废品率,该企业对车间 B 的工人首先进行业务培训。3 个月后,该企业负责人对两个车间的产品质量进行了检验。从车间 A 抽取了 200 件产品,从车间 B 抽取了 220 件产品。查得废品率 A 车间为 $p_A=15\%$,B 车间为 $p_B=3\%$。试在 95% 的把握程度下,构造两个废品率之差的置信区间。

本例
$$s_{p_A-p_B}=\sqrt{\frac{p_A(1-p_A)}{n_A}+\frac{p_B(1-p_B)}{n_B}}$$
$$=\sqrt{\frac{0.15\times(1-0.15)}{200}+\frac{0.03\times(1-0.03)}{220}}$$
$$=0.0277$$

当置信度为 95% 时,$z_{\frac{\alpha}{2}}=1.96$,从而其区间估计为
$$(p_A-p_B)\pm z_{\frac{\alpha}{2}}s_{p_A-p_B}=(0.15-0.03)\pm1.96\times0.0277$$

即 $(0.066,0.174)$。

根据这一结果,我们有 95% 的把握说,车间 A 和车间 B 的废品率之差为 6.6%~17.4%。这说明,车间 B 人员的业务培训收到了效果。

第四节 总体方差的区间估计

一、一个总体

在现实生产、生活中,我们时常还需对作为衡量变量偏离总体平均数尺度的方差进行估计。例如,一批电子元件的平均使用寿命虽然符合要求,但如果它们寿命差异很大(方差很大),那么这些产品的质量还是存在问题。

总体方差 σ^2 通常是未知的,必须通过样本对其做出估计。一般情况下,可根据统计量 $(n-1)s^2/\sigma^2$ 来求得 σ^2 的置信区间。数理统计已经证明,在正态分布总体下,统计量 $(n-1)s^2/\sigma^2$ 近似服从自由度为 $n-1$ 的 χ^2 分布,记作 $\chi^2(n-1)$。为了构造 σ^2 的 $100(1-\alpha)\%$ 置信区间,首先要求出 $(n-1)s^2/\sigma^2$ 的区间。我们可从附表 3 中选出两个 χ^2 值,使得较小值左边和较大值右边分布曲线下的面积都是 $\alpha/2$。若将这两个 χ^2 值分别记作 $\chi^2_{\frac{\alpha}{2}}$ 和 $\chi^2_{1-\frac{\alpha}{2}}$,则 $(n-1)s^2/\sigma^2$ 的 $100(1-\alpha)\%$ 的置信区间可表示为

$$\chi^2_{1-\frac{\alpha}{2}}<\frac{(n-1)s^2}{\sigma^2}<\chi^2_{\frac{\alpha}{2}}$$

通过不等式变换可得

$$\frac{(n-1)s^2}{\chi^2_{\frac{\alpha}{2}}}<\sigma^2<\frac{(n-1)s^2}{\chi^2_{1-\frac{\alpha}{2}}}$$

上式就是 σ^2 的 $100(1-\alpha)\%$ 置信区间。对上式的每一项开根号,就得出 σ 即总体标准差的 $100(1-\alpha)\%$ 置信区间

$$\sqrt{\frac{(n-1)s^2}{\chi^2_{\frac{\alpha}{2}}}}<\sigma<\sqrt{\frac{(n-1)s^2}{\chi^2_{1-\frac{\alpha}{2}}}}$$

例如,某厂管理人员需要知道完成某件工作所需的时间,为此他抽选了一个 31 个观察值组成的随机样本。如果从样本数据算出的方差为 0.3 小时,应如何构造 σ^2、σ 的 95% 的置信区间,构造置信区间时作了何种假定?

这里,已知:$s^2=0.3$,自由度$=n-1=31-1=30$,查自由度为 30 的 χ^2 分布表得:$\chi^2_{\frac{\alpha}{2}}(30)=\chi^2_{\frac{0.05}{2}}(30)=\chi^2_{0.025}(30)=46.949$,$\chi^2_{1-\frac{\alpha}{2}}(30)=\chi^2_{1-\frac{0.05}{2}}(30)=\chi^2_{0.975}(30)=16.791$。代入公式得

$$\frac{(31-1)\times 0.3}{46.949}<\sigma^2<\frac{(31-1)\times 0.3}{16.791}$$

$$0.1916<\sigma^2<0.5360$$

从而,我们有 95% 的把握说 σ^2 落在 0.1916～0.5360 之间的范围内,其总体标准差的置信区间为

$$0.4377<\sigma<0.7321$$

构造如上置信区间时,假定被抽样的总体服从或近似服从正态分布。

二、两个总体

在实际工作中还常常需要比较两个总体的方差。例如,在选择产品时,一般选择方差较小的产品,因为方差较小的产品的质量比较均匀。比较两个总体方差的大小,可以将两个方差相比,当两个方差相等时其比值为 1。但两个总体方差 σ_1^2 和 σ_2^2 都是未知的,所以需要借助两个样本方差的比较来推断。

若有两个正态总体,方差分别为 σ_1^2 和 σ_2^2,从两总体中独立地抽取容量分别为 n_1 和 n_2 的样本,构造统计量 $(s_1^2/\sigma_1^2)/(s_2^2/\sigma_2^2)$。可以证明统计量 $(s_1^2/\sigma_1^2)/(s_2^2/\sigma_2^2)$ 服从分子自由度为 n_1-1 以及分母自由度为 n_2-1 的 F 分布。从 F 分布表(附表 4)中查得 $F_{\frac{\alpha}{2}}$ 和 $F_{1-\frac{\alpha}{2}}$ 的值,于是得到 $(s_1^2/\sigma_1^2)/(s_2^2/\sigma_2^2)$ 的 $100(1-\alpha)\%$ 的置信区间

$$F_{1-\frac{\alpha}{2}}<\frac{s_1^2/\sigma_1^2}{s_2^2/\sigma_2^2}<F_{\frac{\alpha}{2}}$$

通过变换 σ_1^2/σ_2^2 的 $100(1-\alpha)\%$ 的置信区间为

$$\frac{s_1^2/s_2^2}{F_{\frac{\alpha}{2}}}<\frac{\sigma_1^2}{\sigma_2^2}<\frac{s_1^2/s_2^2}{F_{1-\frac{\alpha}{2}}}$$

一般情况下,我们将样本方差的较大者用作比值的分子,较小者作分母。

计算时应注意到 F 分布的一条重要性质,即

$$F_{1-\frac{\alpha}{2}}(n_1-1,n_2-1)=\frac{1}{F_{\frac{\alpha}{2}}(n_2-1,n_1-1)}$$

因为 F 分布表中不含与 $1-\frac{\alpha}{2}$ 对应的 $F_{1-\frac{\alpha}{2}}$ 的值,所以先取与 $\frac{\alpha}{2}$ 对应的 $F_{\frac{\alpha}{2}}$ 值,然后取倒数得 $F_{1-\frac{\alpha}{2}}$。

例如,为了比较用两种不同方法生产的某种产品的寿命,进行一项试验。试验中抽选了甲方法生产的 16 个产品组成一个随机样本,其方差为 1200 小时;又抽选乙方法生产的 21 个产品组成另一个随机样本,其方差为 800 小时。试以 95% 的可靠性估计 σ_1^2/σ_2^2 的置信区间。

由于 $s_1^2=1200;s_2^2=800,s_1^2>s_2^2$

$$F_{\frac{\alpha}{2}}(n_2-1,n_1-1)=F_{0.025}(15,20)=2.57$$
$$F_{1-\frac{\alpha}{2}}=\frac{1}{F_{0.025}(20,15)}=\frac{1}{2.76}=0.3623$$

从而本例的置信区间为

$$\frac{s_1^2/s_2^2}{F_{\frac{\alpha}{2}}}<\frac{\sigma_1^2}{\sigma_2^2}<\frac{s_1^2/s_2^2}{F_{1-\frac{\alpha}{2}}}$$

$$\frac{1\,200/800}{2.57} < \frac{\sigma_1^2}{\sigma_2^2} < \frac{1\,200/800}{0.362\,3}$$

$$\frac{1.5}{2.57} < \frac{\sigma_1^2}{\sigma_2^2} < \frac{1.5}{0.362\,3}$$

$$0.58 < \frac{\sigma_1^2}{\sigma_2^2} < 4.14$$

第五节 样本容量的确定

上一章论述抽样设计，主要介绍了抽样的基本原则和组织方式。在实际设计抽样方案中还有一个重要问题：应抽选多大的样本，或应如何确定样本容量？决定样本大小的影响因素主要有：

(1) 总体方差 σ^2 的大小。总体方差大，抽样误差大，则应多抽一些样本容量，反之，则可少抽一些。当然，当总体方差为 0 时，那么只需抽出其中一个就能代表总体。问题是实际工作中我们往往不知道总体方差，因而必须作试验性调查，或以过去的历史资料做参考。

(2) 可靠性程度的高低。要求可靠性越高，所必需的样本容量就越大。也就是说，为获得所需精度而指定的概率越大，所需要的样本容量就越大。

(3) 允许误差的范围。这主要由研究目的而定。若要求推断比较精确，允许误差范围应该小一些，随之抽取的样本单位数就要多一些。反之，若允许误差范围大一些，样本单位数就可以少一些。

一、估计总体平均数时样本容量的确定

在重复抽样的条件下，我们用 Δ 表示允许误差，用 σ 表示总体标准差，用 $1-\alpha$ 表示可靠性，用 $z_{\frac{\alpha}{2}}$ 表示相应的概率度，那么，允许误差的公式可表述如下：

$$\Delta_{\bar{x}} = z_{\frac{\alpha}{2}} \frac{\sigma}{\sqrt{n}}$$

对上式两端平方

$$(\Delta_{\bar{x}})^2 = \frac{z_{\frac{\alpha}{2}}^2 \sigma^2}{n}$$

移项

$$n(\Delta_{\bar{x}})^2 = z_{\frac{\alpha}{2}}^2 \sigma^2$$

$$n = \frac{z_{\frac{\alpha}{2}}^2 \sigma^2}{(\Delta_{\bar{x}})^2}$$

这就是在重复抽样条件下确定样本容量的计算公式。当我们采用不重复抽样时，就要采用有限总体修正系数。这时

$$\Delta_{\bar{x}} = z_{\frac{\alpha}{2}} \frac{\sigma}{\sqrt{n}} \sqrt{\frac{N-n}{N-1}}$$

对上式两端平方

$$(\Delta_{\bar{x}})^2 = z_{\frac{\alpha}{2}}^2 \frac{\sigma^2}{n} \frac{N-n}{N-1}$$

从而得

$$n = \frac{N z_{\frac{\alpha}{2}}^2 \sigma^2}{(N-1)(\Delta_{\bar{x}})^2 + z_{\frac{\alpha}{2}}^2 \sigma^2}$$

这就是不重复抽样条件下确定样本容量的计算公式。

例如，某批产品的平均重量 $\bar{x}=70$ 千克，总体标准差 $\sigma=5$ 千克。现准备对这批产品采用重复抽样方式进行简单随机抽样检验，要求可靠程度达到 95%，允许误差不超过 0.9 千克。试问需要抽多少样本容量？

此例 $\sigma=5, z_{\frac{\alpha}{2}}=1.96, \Delta_{\bar{x}}=0.9$，按重复抽样计算公式得

$$n=\frac{z_{\frac{\alpha}{2}}^2 \sigma^2}{(\Delta_{\bar{x}})^2}=\frac{1.96^2 \times 5^2}{0.9^2} \approx 118.6 = 119 （件）$$

即应抽取样本容量 119 件。

又例如，某企业进口某种原材料计 2 000 包，该企业管理人员决定采用不重复抽样方式从中抽出一个样本来推断这批货物每包的平均重量。以往统计资料表明，其总体方差 $\sigma^2=144$ 千克，如果要求置信程度为 95%，误差范围不超过 3 千克，那么该企业管理人员应该抽取一个多大容量的样本？

由于本例采用不重复抽样方式，因此要考虑有限总体修正系数。本例已知 $N=2\,000, \sigma^2=144$，$\Delta_{\bar{x}}=3, z_{\frac{\alpha}{2}}=1.96$，故

$$n=\frac{N z_{\frac{\alpha}{2}}^2 \sigma^2}{(N-1)(\Delta_{\bar{x}})^2 + z_{\frac{\alpha}{2}}^2 \sigma^2}=\frac{2\,000 \times 1.96^2 \times 144}{(2\,000-1) \times 3^2 + 1.96^2 \times 144} \approx 59.6 = 60 （包）$$

即应抽取一个容量为 60 包的样本。

在实际工作中，总体标准差可能是未知的，常需通过某种途径来估计 σ，主要有：当以前有过类似的抽样，并且总体变动又不太大时，可用以往的资料来估计总体标准差 σ；在正式抽样研究之前，先抽出一个实验样本，算出其标准差 s，并用它来代替 σ；当总体近似服从正态分布时，可根据全距来估计标准差 s。

二、估计总体比率时样本容量的确定

估计总体比率时，其样本容量的确定类似于估计总体平均数时样本容量的确定。在重复抽样时，由于

$$\Delta_p = z_{\frac{\alpha}{2}} \sqrt{\frac{P(1-P)}{n}}$$

所以

$$n=\frac{z_{\frac{\alpha}{2}}^2 P(1-P)}{\Delta_p^2}$$

在不重复抽样时，由于

$$\Delta_p = z_{\frac{\alpha}{2}} \sqrt{\frac{P(1-P)}{n}} \sqrt{\frac{N-n}{N-1}}$$

所以

$$n=\frac{N z_{\frac{\alpha}{2}}^2 P(1-P)}{(N-1)\Delta_p^2 + z_{\frac{\alpha}{2}}^2 P(1-P)}$$

上述两个公式的计算都需要知道总体比率 P，但一般情况下 P 是未知的。因此，要想确定其样本容量，必须首先寻找 P 的估计值，一般有以下几种方式：用以往的资料估计 P；在正式抽样之前，先抽一个实验样本，用此样本比率 $\bar{p}$ 来代替 P；当研究者对某一总体比率有很大把握时，可用它作为 P 的估计值；如果什么资料也没有，那么可以令 $P=0.5$（$P=0.5$ 时，$P(1-P)$ 达到最大值），从而所需

的样本也比较多,推断也就比较可靠。

例如,一家市场调查公司希望估计某地区有 25 英寸彩色电视机的家庭所占的比例。该公司希望对 P 的估计误差不超过 0.07,置信程度 95.45%,但没有可利用的 P 的估计值。试问应抽取多大容量的样本?

解:由于没有较好的 P 的估计值可以利用,因此只能取 $P=0.5$。将有关数据代入公式得

$$n = \frac{z_{\frac{\alpha}{2}}^2 P(1-P)}{\Delta_p^2} = \frac{2^2 \times 0.5 \times (1-0.5)}{0.07^2} = 204(\text{户})$$

即应抽取一个容量为 204 户的样本。

知识链接 18:抽样误差

笼统地说,抽样误差是指样本指标与所要估计的总体指标之间的离差。例如,样本平均数与总体平均数之差($\bar{x}-\overline{X}$),样本比率与总体比率之差($p-P$),就是抽样误差。

抽样误差既是一种随机性误差,也是一种代表性误差。说其是代表性误差,是因为利用总体的部分资料推算总体时,不论样本选取有多么公正,设计多么完善,总还是一部分单位而不是所有单位,产生误差是无法避免的。说其是随机性误差,是指按随机性原则抽样时,由于抽样的不同,会得到不同的抽样指标值,由此产生的误差值各不相同。抽样误差中的代表性误差是抽样调查本身所固有的、无法避免的误差,但随机性误差则可利用大数定律精确地计算并能够通过抽样设计程序加以控制。

从一个总体可能抽出多个可能的样本,因此样本指标(样本平均数、样本比率等)就有不同的数值,它们与总体指标(总体平均数、总体比率等)的离差(即抽样误差)也就不同。抽样平均误差就是反映抽样误差一般水平的指标,通常用样本平均数(或样本比率)的标准差来表示。即在重复抽样的条件下:

样本平均数的抽样平均误差为 $\dfrac{\sigma}{\sqrt{n}}$

样本比率的抽样平均误差为 $\sqrt{\dfrac{P(1-P)}{n}}$

而本章第五节所述"允许误差(Δ)",则被称为抽样极限误差,它表示在一定的把握程度(概率保证)下样本指标与总体指标之间的抽样误差不超过某一给定的最大可能范围。

抽样极限误差是单个样本值与总体指标值之间的绝对离差,而抽样平均误差则是所有可能样本值与总体指标值之间的平均离差。

英文选读 9 Confidence Interval Estimate

CONCEPT:An estimate of a population parameter stated as a range with a lower and upper limit with a specific degree of certainty.

INTERPRETATION:All that you need to know to develop a confidence interval estimate is the sample statistic used to estimate the population parameter and the sampling distribution for the sample statistic. This is always true regardless of the population parameter being estimated.

Because you are estimating an interval using one sample and not precisely determining a value, there is no way that you can be 100% certain that your interval correctly estimates the population parameter. However, by setting the level of certainty to a value below 100%, you can use the interval estimate to make plausible inferences about the population with a given degree of certainty.

There is a trade-off between the level of confidence and the width of the interval. For a given sample size, if you want more confidence that your interval will be correct, you will have a wider interval and therefore a less precise estimate.

Given this trade-off, what level of certainty should you use? As expressed as a percentage, the most common percentage used is 95%. If more confidence is needed, 99% is typically used; if less confidence is needed, 90% is typically used.

Because of this factor, the degree of certainty, or **confidence**, must always be stated when reporting an interval estimate. When you hear an "interval estimate with 95% confidence," or simply, a "95% confidence interval estimate," you can conclude that if all possible samples of the same size n were selected, 95% of them would include the population parameter somewhere within the interval and 5% would not.

The most common confidence interval estimate involves estimating the mean of a population. In virtually all cases, the population mean is estimated from sample data in which only the sample mean and sample standard deviation—and not the population standard deviation—are known. To overcome this complication, statisticians have developed the *t* **distribution**. The *t* distribution is the sampling distribution that allows you to develop a confidence interval estimate of the mean using the sample standard deviation.

The *t* distribution assumes that the variable being studied is normally distributed. In practice, however, as long as the sample size is large enough and the population is not very skewed, the *t* distribution can be used to estimate the population mean when the population standard deviation is unknown. You should be concerned about the validity of the confidence interval primarily when dealing with a small sample size and a skewed population distribution.

习 题

一、单选题

1. 当总体单位不很多且各单位间差异较小时宜采用 （ ）
   (1) 类型抽样　　　(2) 纯随机抽样　　　(3) 整群抽样　　　(4) 两阶段抽样

2. 在抽样推断中,抽样误差是 （ ）
   (1) 可以避免的　　　　　　　　　　(2) 可避免且可控制
   (3) 不可且无法控制　　　　　　　　(4) 不可避免但可控制

3. 在其他条件不变的情况下,抽样单位数越多,则 （ ）
   (1) 系统误差越大　(2) 系统误差越小　(3) 抽样误差越大　(4) 抽样误差越小

4. 假定 10 亿人口大国和 100 万人口小国的居民年龄变异程度相同,现在各自用重复抽样方法抽取本国的 1‰人口设计者,则抽样误差 （ ）
   (1) 两者相等　　　(2) 前者大于后者　(3) 前者小于后者　(4) 不能确定

5. 某地有 2 万亩稻田,根据上年资料得知其中平均亩产的标准差为 50 千克,若以 95.45%的概率保证平均亩产的误差不超过 10 千克,应抽选(　　)亩地作为样本进行抽样调查。
   (1) 100　　　　　(2) 250　　　　　(3) 500　　　　　(4) 1 000

二、多选题

1. 抽样估计中的抽样误差是 （ ）
   (1) 不可避免要发生的　　　　　　　(2) 抽样估计值与总体参数之差
   (3) 可以控制与计算其大小的　　　　(4) 可以通过改进调查方法予以消除

(5) 一种随机误差
　2. 影响抽样误差大小的因素有　　　　　　　　　　　　　　　　　　(　　)
　　(1) 样本容量的大小　　　　　　　(2) 被研究总体的标志变异程度
　　(3) 抽样方法的不同　　　　　　　(4) 抽样总体的标志变异程度
　　(5) 抽样组织形式的不同
　3. 一个优良的估计量应满足的标准是　　　　　　　　　　　　　　　(　　)
　　(1) 一致性　　　　(2) 准确性　　　　(3) 客观性　　　　(4) 无偏性
　　(5) 有效性
　4. 要提高抽样推断的精确度,可以采用的方法有　　　　　　　　　　(　　)
　　(1) 增加样本单位数　　　　　　　(2) 减少样本单位数
　　(3) 改善抽样方法　　　　　　　　(4) 改善抽样组织形式
　　(5) 缩小总体被研究标志的变异程度
　5. 样本平均误差是　　　　　　　　　　　　　　　　　　　　　　　(　　)
　　(1) 关于抽样指标的平均数　　　　(2) 关于抽样指标的平均差
　　(3) 关于抽样指标的标准差　　　　(4) 抽样指标与总体指标的平均误差程度
　　(5) 计算抽样极限误差的衡量尺度
　6. 要增大抽样推断的概率保证程度,可以　　　　　　　　　　　　　(　　)
　　(1) 缩小概率度　　　　　　　　　(2) 增大极限误差范围
　　(3) 缩小极限误差范围　　　　　　(4) 增加抽样单位数
　　(5) 增大概率度
　7. 其他条件不变时,抽样极限误差的大小与概率保证程度的关系是　　(　　)
　　(1) 极限误差范围越小,概率保证程度越大
　　(2) 成反比关系
　　(3) 极限误差范围越小,概率保证程度越小
　　(4) 成正比关系
　　(5) 极限误差范围越大,概率保证程度越小

三、问答题
　1. 什么是点估计和区间估计?
　2. 参数估计的优良标准是什么?
　3. 样本容量的大小由哪些因素决定?
　4. 怎样确定纯随机抽样方式下的必要抽样单位数?
　5. 参数估计中,准确性与可靠性有什么矛盾?
　6. 参数估计中,概率度与置信度是什么关系?
　7. 样本方差的分母是 n 还是 $n-1$?
　8. 估计总体平均数和估计总体方差时自由度有什么不同?

四、计算题
　1. 在纯随机重复抽样中,若抽样单位数增加了 0.5 倍、1 倍或 2 倍时,抽样标准误差是怎样变化的?若抽样单位数减少 20%、50%或 75%时,抽样标准误差又是怎样变化的?
　2. 进行纯随机重复抽样,为使抽样标准误差减少 25%、20%、5%,抽样单位数应如何改变?
　3. 某鱼塘共养鱼 10 万尾,从中用纯随机有放还抽样方式捕捞 100 尾,其中有鲤鱼 30 尾,试对该鱼塘中鲤鱼的数目进行点估计,并以 90%的置信概率做区间估计。
　4. 某工厂有 1 500 个工人,用简单随机重复抽样的方法抽出 50 个工人作为样本,调查其每周工资额(单位,元),资料如下表所示:

工资	124	134	140	150	160	180	200	260
人数	4	6	9	10	8	6	4	3

试计算样本平均数和抽样标准误差;并以95.45%的可靠性估计该厂工人的周平均工资和工资总额的区间。

5. 对某鞋厂的皮鞋进行抽样,已知过去进行的几次抽样调查所得的合格率为98%、97%、99%,要求抽样极限误差不超过2%,概率为95%的条件下,确定必要的抽样数目。

6. 用抽样方法确定某地区居民的每户平均收入,已知标准差为50元,要求以95%的把握程度保证抽样极限误差不超过10元,问需抽查多少户? 如果要求抽样极限误差不超过5元,需要抽查多少户?

7. 一个随机样本由甲社区400户家庭组成,其中有18%的家庭至少有一个学龄前儿童。另一个由乙社区600户家庭组成的随机样本中,有23%的家庭至少有一个学龄前儿童。试求两个总体比率之差置信度为95%的置信区间。

8. 在某国家机关中随机抽取16名公务员,了解到他们的月平均收入为2 000元、标准差为800元。试以95%的置信度,估计该机关公务员的月平均收入及标准差的置信区间。

第十章 假设检验

> 当我们不具备决定什么是真理的力量时,我们应遵从什么是最可能的,这是千真万确的真理。
>
> 笛卡儿

统计推断或抽样推断包括上一章所述参数估计和本章所述假设检验两大问题。参数估计侧重于用样本统计量估计总体的某一未知参数,譬如总体平均数、总体比率等;而假设检验则侧重于用样本资料验证总体是否具有某种性质或数量特征,或所做出的推断是在几个可选的行动方案中进行取舍。

第一节 假设检验的基本问题

一、什么是假设检验

假定一名被告正在受审于法庭,原告律师的主要工作就是证明被告有罪。若用假设检验的术语描述,此时他要建立两个假设:一假设被告无罪,记为 H_0(H_0 称为原假设或零假设);另一假设被告有罪,记作 H_1(H_1 称为备择假设或替代假设)。法庭要审查各种证据,以确定原告律师是否证实了这些证据与无罪这一基本假设 H_0 不一致。如果法官认为证据与 H_0 不一致,他们就拒绝该假设而接受其备择假设 H_1,即认为被告有罪。

原假设 H_0 是关于总体参数的表述,它是接受检验的假设;备择假设 H_1 是当原假设被否定时另一种可成立的假设。原假设和备择假设是相互对立的,在任何情况下只能有一个成立。如果接受 H_0 就必须拒绝 H_1;拒绝 H_0 就必须接受 H_1。假如要检验一批新进口的薄钢板是否符合平均厚度为 5 毫米的规定。那么就是假设这批货(总体)的平均厚度(μ)是 5 毫米。然后从这批货中按随机抽样的方法抽取样本并计算样本的平均厚度,以此来检验所做假设的正确性。这个需要被检验、被证实的原假设可记为 $H_0:\mu=5$ mm,即原假设为总体平均厚度等于 5 mm。其备择假设就是 $H_1:\mu\neq 5$ mm,即这批货平均厚度不等于 5 毫米。就对总体平均数的假设而言有三种情况:

(1) $H_0:\mu=\mu_0$;$H_1:\mu\neq\mu_0$;
(2) $H_0:\mu\geqslant\mu_0$;$H_1:\mu<\mu_0$;
(3) $H_0:\mu\leqslant\mu_0$;$H_1:\mu>\mu_0$。

由此可见,假设检验就是从对总体参数所做的一个假设开始,然后搜集样本数据,计算出样本统计量,进而运用这些数据测定假设的总体参数在多大程度上是可靠的,并做出接受还是拒绝该假设的判断。

二、弃真错误、取伪错误与显著性水平、检验功效

法庭的裁决对原假设 H_0 来说,存在四种可能情况:

(1) H_0 为真,被告确实无罪,法庭裁决也确认他无罪(接受 H_0),此时裁决正确;

(2) H_0 为真,被告确实无罪,但法庭裁决确认他有罪(拒绝 H_0),此时裁决错误;

(3) H_0 不真,被告确实有罪,法庭裁决也确认他有罪(拒绝 H_0),此时裁决正确;

(4) H_0 不真,被告确实有罪,但法庭裁决确认他无罪(接受 H_0),此时裁决错误。

统计上,将否定真实原假设的错误称为第Ⅰ类错误(弃真错误),上述第(2)种可能情况就属这类错误;另一种可能犯的错误是当原假设 H_0 非真时做出接受 H_0 的选择,这种错误称为第Ⅱ类错误(取伪错误),上述第(4)种可能情况就属于这类错误。表 10-1 给出了对原假设采取的行动与假设本身真伪的关系。

表 10-1 假设真伪与两类错误

对假设 H_0 采取行为的行动	自然状态	
	H_0 为真(无罪)	H_0 为伪(有罪)
接受 H_0	裁决正确	取伪错误
拒绝 H_0	弃真错误	裁决正确

假设检验中,犯第Ⅰ类错误的概率记为 α,α 又称为显著性水平;犯第Ⅱ类错误的概率记为 β。α 越大,就越有可能犯第Ⅰ类错误,即越有可能否定真实的原假设。β 越大,就越有可能犯第Ⅱ类错误,即越有可能接受非真的原假设。在一定样本容量下,减少 α 会引起 β 的增大,减少 β 会引起 α 的增大。如某企业打算购买一批较便宜的原材料,要是这批原材料的次品率达到 5% 以上,就拒绝购买。可建立假设为 H_0:次品率≤5%,H_1:次品率>5%。当假设检验的结果是拒绝购买,则就有可能犯第Ⅰ类错误,也就是说,该企业拒绝了一批合格且便宜的原材料,这就意味着可能出高价购买原材料,便会增加产品成本。反之,如果该企业接受了这批原材料,就有可能犯第Ⅱ类错误,也就是说,该企业购进了一批不合格的原材料,产品的次品率就要上升。所以,管理者需要比较犯哪一类错误造成的损失更大或更小。

实际工作中,一般事先规定允许犯第Ⅰ类错误的概率 α,常取 $\alpha=0.05$ 和 0.01,然后尽量减少犯第Ⅱ类错误的概率 β。若取 $\alpha=0.05$,其意义可用图 10-1 来说明。

由图 10-1 可知,曲线下所有面积的 95% 包含在假设的总体参数 μ 两侧各加减 $1.96\sigma_{\bar{x}}$ 的区间内。在 95% 的面积中样本统计量与假设的总体参数之间没有显著的差别。剩下的 5%,即两块阴影面积之和代表显著差别确实存在的面积部分。这就意味着如果样本统计量落

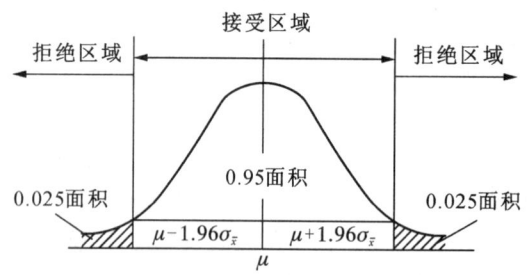

图 10-1 5%显著性水平假设检验的接受区域和拒绝区域

在 95% 的面积内,就接受原假设;如果样本统计量落在两侧各占 2.5% 的面积之内,我们就拒绝原假设。但这个拒绝也可能是错误的,其可能性最多不超过 5%。

在样本统计量确实落在接受的区域内、接受了原假设的时候,也不绝对证明原假设就是真实的,仍有犯第Ⅱ类错误的可能,即接受了不真实的假设。这时仅说明我们的抽样数据没有提供统计证据予以拒绝假设,因为假设能够被证明是真实的唯一途径是计算出总体的真实参数(往往不可能)。因此,与其说接受了原假设,不如说没有充分的统计证据去拒绝原假设。

有效的假设检验,首先要求犯第Ⅰ类错误的概率 α 不能太大;否则的话,就经常产生弃真错误。其次,在犯第一类错误概率得到控制的条件下,犯第Ⅱ类错误的概率也要尽可能地小;或者说,不取伪的概率 $1-\beta$ 应尽可能增大。$1-\beta$ 越大,意味着当原假设不真实时,检验判断出原假设不真实的概率越大,检验的判别能力就越好;$1-\beta$ 越小,意味着当原假设不真实时,检验结论判断出原假设不真

实的概率越小,检验的判别能力就越差。可见 $1-\beta$ 是反映统计检验判别能力大小的重要标志,所以称它为检验功效或检验力。

三、双侧检验和单侧检验

对总体参数的假设检验可分为两种类型:双侧检验和单侧检验。

1. 双侧检验

当 $H_0:\mu=\mu_0$,$H_1:\mu\neq\mu_0$ 时,就必须用双侧检验。双侧检验的目的是观察在规定的显著性水平下所抽取的样本统计量是否显著地高于或低于假设的总体参数。在规定了 α 之后,也就固定了接受区域和拒绝区域的分界线,换句话说,标准正态曲线下两个尾部面积各占 $\alpha/2$,这样就有了两个拒绝区域。如果样本统计量落在这两个区域内,就拒绝原假设。

例如,一个灯泡厂需要生产平均使用寿命 $\mu=1\,500$ 小时的灯泡,如果寿命比它短就会丧失竞争能力;如果寿命比它长,灯丝就要加粗,从而提高产品成本。为了观察生产工艺过程是否正常,从一批产品中抽取了一个样本,以检验 $H_0:\mu=1\,500$,灯泡厂不希望在 1 500 小时任何一边超越太多,因而合适的备择假设为 $H_0:\mu\neq 1\,500$。此时需用双侧检验。这就意味着如果样本中灯泡的平均使用寿命大于 1 500 小时太多或小于 1 500 小时太多,都拒绝原假设。双侧检验的示意图如图 10-2。

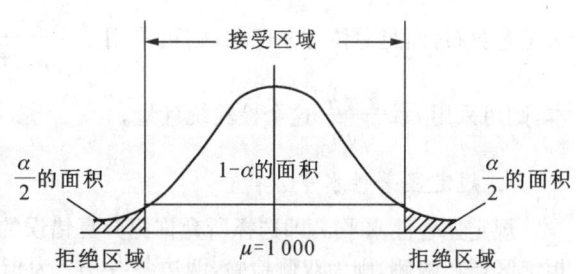

图 10-2 双侧检验的接受区域和拒绝区域

2. 单侧检验

单侧检验又可分为左侧检验和右侧检验两种,它们都只有一个拒绝区域。

(1) 左侧检验。例如,某大学从那家企业购买灯泡。假定购买的数量很大,该批货到达时,这个学校就抽取一个样本以便决定是否接受这批货。只有当该学校觉得灯泡平均寿命在 1 500 小时以下时,它才会拒绝这批货。如果灯泡平均使用寿命在 1 500 小时以上,该学校当然不会拒绝这批货。因此,这个学校的假设是:$H_0:\mu\geqslant 1\,500$ 小时,$H_1:\mu<1\,500$ 小时。只有当所抽取的灯泡的平均寿命低于 1 500 小时很多时,它才会拒绝 H_0。因为拒绝区域在样本平均数分布的左端,因此称这种单侧检验为左侧检验。左侧检验适用于担心样本统计量会显著地低于假设的总体参数的情况。一般而言,如果假设是:$H_0:\mu\geqslant\mu_0$,$H_1:\mu<\mu_0$,就使用左侧检验。左侧检验的示意图如图 10-3。

(2) 右侧检验。右侧检验适用于原假设 $H_0:\mu\leqslant\mu_0$、备择假设 $H_1:\mu>\mu_0$ 的情况。只要样本平均数显著地超过假设的总体参数,就拒绝原假设 H_0、接受备择假设 H_1。由于拒绝区域是在样本平均数分布的右端,所以称之为右侧检验。例如,某公司经理要求推销人员每日平均差旅费用保持在 200 元。做出这个规定后的一个月后,经理抽选了一个样本,以判断费用是否在规定的限额之内。他的原假设可为 $H_0:\mu\leqslant 200$,而备择假设应为 $H_1:\mu>200$。这就是右侧检验。只有当样本平均数显著地超过 200 元时,即落在右端的拒绝区域时,才拒绝原假设。右侧检验的示意图如图 10-4 所示。

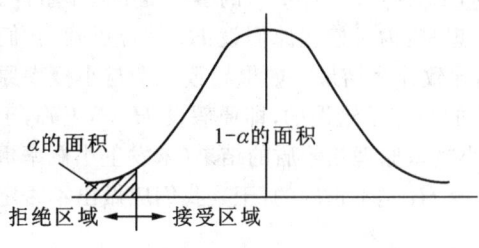

图 10-3 左侧检验的拒绝区域

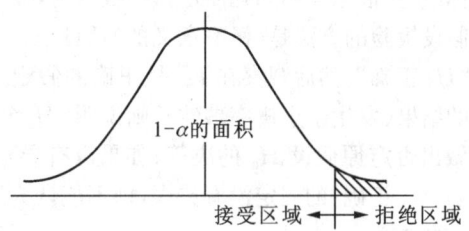

图 10-4 右侧检验的拒绝区域

四、假设检验的一般程序

1. 提出假设

根据研究问题的需要,提出恰当假设,包括原假设 H_0 和备择假设 H_1。原假设必须包括等号在内,而备择假设则在考虑问题的性质后从 $\neq$、$>$、$<$ 三者之中选其一。检验结论只有两种可能性:接受原假设、拒绝备择假设,这时可能会犯取伪错误;拒绝原假设、接受备择假设,这时可能会犯弃真错误。

2. 确定统计量及其分布

假设确立后,要决定接受还是拒绝,都是根据某一统计量出现的数值,从概率意义上来判断的。特定的统计量服从什么分布,由许多因素决定。例如,在总体平均数的假设检验中,如果总体近似服从正态分布,而且总体方差已知,则可采用 $z=\dfrac{\overline{x}-\mu}{\sigma/\sqrt{n}}$ 这个检验统计量;如果方差未知,而且是小样本,则可采用 $t=\dfrac{\overline{x}-\mu}{s/\sqrt{n}}$ 这个检验统计量。

3. 规定显著性水平 α

规定显著性水平 α,即选择所允许犯弃真错误的概率。α 确定后,拒绝区域也就随之而定。如果拒绝区域在两侧,则为双侧检验,两边各占 $\alpha/2$ 为拒绝区域的面积;如果拒绝区域在曲线一侧,则为单侧检验,左边或右边 α 的面积为拒绝区域的面积。α 到底取多大合适,取决于犯弃真错误和取伪错误后产生的后果及人们所需付出的代价。如果 α 值定得小,就要冒接受一个不真实的原假设的较大 β 概率的风险;反之,如果 α 值定得大,则要冒拒绝一个真实的原假设所带来的风险。因此必须根据问题的性质选择一个合适的 α。

4. 查找临界值

在确定了显著水平 α 以后,根据统计量的分布,就可以查找接受区域和拒绝区域的临界值。例如,在总体平均数假设检验中,当 $\alpha=0.05$ 时,双侧检验标准正态分布 Z 的 $\dfrac{\alpha}{2}$ 的临界值为 ± 1.96。若统计量数值大于 1.96 或小于 -1.96 就拒绝 H_0;反之,就接受 H_0。

5. 做出决策

如果统计量的数值落在拒绝区域内(包括临界值),就说明原假设与样本描述的情况有显著差异,应该拒绝原假设。如果落在接受区域内,说明样本和原假设描述的情况的差异是不显著的,应该接受原假设。

五、假设检验的基本原理

假设检验的原理是小概率原理。小概率原理是指概率很小的事件(小概率事件),在一次试验中不是绝对不会发生,但是几乎不可能发生。事件的概率小到什么程度才算小概率事件,没有一个绝对的标准,要根据具体问题而定。一般认为,概率等于或小于 0.05、0.01 的事件是小概率事件。

假设检验的方法是(概率意义的)反证法。其思想是:为了检验原假设 H_0 是否正确,我们首先假定"H_0 正确",然后观察在 H_0 是正确的假定下能导致什么结果。如果导致一个与小概率原理相矛盾的结果(发生了小概率事件),则说明"H_0 正确"的假定是错误的,即原假设 H_0 不正确,于是我们应做出否定原假设 H_0 的决策;如果没有导致与小概率原理相矛盾的结果(未发生小概率事件),则说明"H_0 正确"的假定没有错误,即不能认为原假设 H_0 是不正确的,于是我们应做出不否定原假设 H_0 的决策。

例如,有一个厂商声称其产品的合格率高达 99%,那么从 100 件产品中随机抽取 1 件,经检验它恰好是次品的可能性就很小,因为抽中次品的概率仅为1%,是一个小概率事件。但如果在一次抽取中抽到了次品,那么我们就有理由怀疑该厂商的声称,认为合格率高达99%是不真实的,就可以做出厂商的声称是假的推断。当然,我们也可能推断错了(犯了第Ⅰ类错误),即产品的合格率确实是99%,100件产品中确实仅有1件次品,而在这次抽取中恰好被抽到了。本例中犯第Ⅰ类错误的概率是1%,也就是说我们在冒1%的风险做出厂商宣称是假的这样一个推断。由此也可以看出,这里的1%正是前面所说的显著性水平。所以,假设检验也称显著性检验。

知识链接 19:路边苦李

我国古代魏晋时期有一神童,名叫王戎。一天,王戎与村里的孩子跑到村外去玩。大家边走边说笑,不知不觉已经来到了离村子很远的地方了。有个孩子说:"我现在又累又渴,秋天果子多,若能碰到野果子就好了。"经这孩子一提醒,大家都感到累了、渴了、饿了。于是,他们放慢了脚步,将目光集中在道路两旁的各种树上。只有王戎一个人发愁地说:"这里不可能会有好吃的果子的,我们还是回去吧。"不过,孩子们根本不理会王戎的话,他们还是不停地向前走着。忽然,他们发现前面不远的路边,长着一棵李子树,树上长满了鲜润的李子,诱人极了。

孩子们等不及地跑到李子树下,争着爬上树去。只有王戎,在后面慢慢走着,来到李子树前,他既不捡掉在地上的李子,也不爬上树去摘。"上来嘛,你傻站着干什么嘛?"孩子们在树上兴奋地招呼他。王戎摇摇头说:"我不上了,这树上的李子全是苦的。"

此时,只见树上和地上的孩子都大口吃着李子。"哇!"大家不约而同地吐了出来。"真的,真的太苦了!王戎,你吃过吗,你怎么知道这些李子是苦的?"孩子们连声问道。王戎不慌不忙地说:"你们想想看,这棵李子树就长在路旁,每天来来往往的行人很多。如果树上结的李子不是苦的,那不是早就该被人摘光了吗?"孩子们听了王戎的话,信服地点点头,沮丧地扔掉和吐掉了手里和嘴里的李子。

这个故事中,王戎推理论证的思想方法就是反证法。王戎从假设"李子是甜的能吃"出发,由"树在路边"推出"李子早就被过路人摘完了",与"树上还有许多李子"的事实矛盾。矛盾产生的根源就在于原假设"李子是甜的能吃"是错的,从而得出"李子不是甜的,是苦的",即"路边苦李"的结论。

第二节　总体平均数的假设检验

一、一个总体

1. 总体方差已知的正态总体

例如某公司出口一种蔬菜罐头,标准规格是每罐净重 250 克,根据以往经验,标准差是 3 克。现在该公司从新近生产的一批供出口用的这种罐头中抽取了 100 罐检验,其平均净重是 251 克。假定罐头重量服从正态分布,按规定显著性水平 $\alpha=0.05$,试判断这批罐头是否合乎出口标准(净重确为 250 克)?

(1) 提出假设。根据本例的性质,必须考虑到买卖双方的合理经济利益:当净重远远超过 250 克时,公司生产成本增加,卖方吃亏;当净重远远低于 250 克时,买方如果接受了这批罐头就会吃亏。此罐头不宜偏重或偏轻,从而假设应为

$$H_0: \mu=250 \text{ 克}, H_1: \mu \neq 250 \text{ 克}$$

(2) 建立统计量并确定其分布。由于罐头重量服从正态分布,即 $X \sim N(250, 3^2)$,因此

$$\bar{x} \sim N\left(250, \frac{3^2}{100}\right)$$

$$z = \frac{\bar{x} - \mu}{\sigma/\sqrt{n}} \sim N(0,1)$$

(3) 确定显著水平 $\alpha = 0.05$。此例为双侧检验。
(4) 根据显著水平找出统计量分布的临界值，$\pm z_{\frac{\alpha}{2}} = \pm 1.96$。
(5) 计算观察结果，进行决策

$$z = \frac{\bar{x} - \mu}{\sigma/\sqrt{n}} = \frac{251 - 250}{3/\sqrt{100}} = 3.33$$

只要 $z \geqslant z_{\frac{\alpha}{2}}$ 或 $z \leqslant -z_{\frac{\alpha}{2}}$，就否定原假设。由于标准正态分布是对称分布，若 $|z| \geqslant z_{\frac{\alpha}{2}}$，则否定原假设 H_0。由于 $z = 3.33$，远远大于临界值 $z_{\frac{\alpha}{2}} = 1.96$，故否定原假设 H_0，接受 H_1，即认为罐头的净重偏高。在本例中，如果假定 $\bar{x} = 249$ 克，则 $z = -3.33$，小于临界值 -1.96，也拒绝原假设 H_0。因此，双侧检验的要求就是要同时注意估计值偏高或偏低的倾向。

双侧检验与区间估计有一定的联系，我们可以通过求 μ 的 $100(1-\alpha)\%$ 的置信区间来检验该假设。如果求出的区间包含 μ，就不否定原假设 H_0，否则就否定 H_0。如上例 μ 的 95% 的置信区间为

$$\bar{x} \pm 1.96\sigma/\sqrt{n} \quad 即 (250.421, 251.588)$$

由于 $\mu = 250$ 未包含在该区间内，所以否定 H_0，结果与上述的结论一致。

又如，一家食品加工厂的质量管理部门规定，某种包装食品每包净重不得少于 20 千克。经验表明，重量近似服从标准差为 1.5 千克的正态分布。假定从一个由 50 包食品构成的随机样本中得到的平均重量为 19.5 千克，问有无充分证据说明这些包装食品的平均重量减少了？

如果把保持或增加平均重量设为原假设，那么只要否定原假设，就能说明样本数据提供了充分证据说明平均重量减少了。因此

$$H_0: \mu \geqslant 20 \text{ 千克}, H_1: \mu < 20 \text{ 千克}$$

由于重量近似服从正态分布，故统计量 $z = \frac{\bar{x} - \mu}{\sigma/\sqrt{n}}$ 在原假设成立时服从标准正态分布。

令 $\alpha = 0.05$，由于这是单侧检验，拒绝区域在左尾，所以 $z_\alpha = -1.645$，当 $z < z_\alpha = -1.645$ 时就拒绝 H_0。计算 z 值

$$z = \frac{\bar{x} - \mu}{\sigma/\sqrt{n}} = \frac{19.5 - 20}{1.5/\sqrt{30}} = -1.826$$

本例 $z < z_\alpha = 1.645$，故拒绝 H_0 而接受 H_1，即检验结果充分说明这些包装食品的平均重量减少了。

再如，设某地区小麦一般生产水平为亩产 120 千克，其标准差 σ 为 9 千克，其产量服从正态分布。现用一种化肥进行试验。从 31 个小区取样结果，其平均产量为 130 千克，试问这种化肥是否使小麦增产？

本例样本平均值为 130 千克，可能是总体平均产量提高了，也可能是从平均产量不超过 120 千克的总体中抽出的样本平均数偏高所致。现用假设检验方法来判断，若把小麦减产作为原假设的话，只要否定原假设，就可以说明小麦增产。因此：

$$H_0: \mu \leqslant 120 \text{ 千克}, H_1: \mu > 120 \text{ 千克}$$

由于产量服从正态分布，样本容量足够大，且总体方差已知，故统计量 $z = \frac{\bar{x} - \mu}{\sigma/\sqrt{n}}$ 在原假设成立时服从标准正态分布。

此例也是单侧检验，但拒绝区域在右尾。在显著性水平 α 下，尾部的面积为 α，临界值为 z_α。若 $z \geq z_\alpha$，就可否定原假设 H_0。令此例的 $\alpha=0.05$，$z_\alpha=1.645$，若 $z \geq z_\alpha=1.645$，就拒绝 H_0。

$$z = \frac{\overline{x}-\mu}{\sigma/\sqrt{n}} = \frac{130-120}{9/\sqrt{31}} = 6.186$$

这里 $z=6.186>z_\alpha=1.645$，故拒绝 H_0 而接受 H_1，即认为这种化肥能使小麦增产。

2. 总体方差未知、$n<30$ 的正态总体

在总体方差未知的条件下，欲对总体平均数进行假设检验，统计量 $z=\frac{\overline{x}-\mu}{\sigma/\sqrt{n}}$ 就不适用了。此时要用样本标准差 s 来估计总体标准差 σ，这样就得到了在总体服从正态分布，但方差未知，抽取的样本为小样本条件下的适当的检验统计量

$$t = \frac{\overline{x}-\mu}{s/\sqrt{n}}$$

这个统计量服从自由度为 $n-1$ 的 t 分布。

例如，某企业向社会公开招聘大批员工。在文化考核结束后，经理问人事部门情况怎么样？回答说："很好，估计平均成绩可达 90 分。"经理随机地从试卷中抽出 20 份，发现平均成绩为 83 分，标准差为 12 分。如果经理想在 0.01 的显著水平下检验人事部门所做的推测的准确性，应该怎样处理？

因为经理所关心的是真实的平均成绩与假设的 90 分是否有区别，所以应该使用双侧检验，建立假设如下：

$$H_0: \mu=90 \text{ 分}, H_1: \mu \neq 90 \text{ 分}$$

已知：$\mu=90, n=20, \overline{x}=83, s=12$，得

$$t = \frac{\overline{x}-\mu}{s/\sqrt{n}} = \frac{83-90}{12/\sqrt{20}} = -2.609$$

在 $\alpha=0.01$ 时，$-t_{\frac{\alpha}{2}}(19)=-2.86, t>-t_{\frac{\alpha}{2}}=-2.86$，故接受原假设，即招工考试的总体平均成绩是 90 分。

又如，某汽车轮胎厂声称该厂生产的汽车轮胎平均行驶的里程大于 25 000 千米。现对一个由 15 个轮胎组成的随机样本作了试验，得到了平均值 $\overline{x}=27\,000$ 千米和标准差 $s=5\,000$ 千米，假定轮胎的行驶里程数近似服从正态分布，能否从这些数据中得出该厂的产品同该厂所说的标准相符合的结论（$\alpha=0.05$）？

由于问的是能否得出真正的平均值 μ 大于 25 000 的结论，这一结果的陈述应放在备择假设中，于是适当的假设为

$$H_0: \mu \leq 25\,000, H_1: \mu > 25\,000$$

已知：$\mu=25\,000, \overline{x}=27\,000, n=15, s=5\,000, \alpha=0.05$ 得

$$t = \frac{\overline{x}-\mu}{s/\sqrt{n}} = \frac{27\,000-25\,000}{5\,000/\sqrt{15}} = 1.55$$

本检验为单侧检验，拒绝区域在分布的右尾。$t_\alpha(n-1)=t_{0.05}(14)=1.76$。由于 $t<t_\alpha$，所以不能否定 H_0。由于原假设未被否定，说明这些数据并不支持"轮胎的真正平均行驶里程大于该厂所声称的里程"这样的结论。

3. 非正态总体

对非正态总体的总体平均数的假设检验，和区间估计的方法一样，需要大容量样本。一般情况

下,当样本容量 $n \geq 30$ 时,利用中心极限定理,把

$$z = \frac{\bar{x} - \mu}{\sigma/\sqrt{n}}$$

作为检验统计量。如果总体标准差未知,可用样本标准差来作为它的估计值,即

$$z = \frac{\bar{x} - \mu}{s/\sqrt{n}}$$

例如,某房地产经纪人宣称某邻近地区房屋的平均价值低于 480 000 元。从 40 间房屋组成的一个随机样本得出的平均价值为 450 000 元,标准差为 120 000 元。在 0.05 的置信水平下,这些数据是否支持这位经纪人的说法?

本例可建立假设

$$H_0: \mu \geq 480\ 000\ 元, H_1: \mu < 480\ 000\ 元$$

如果 σ 已知,则检验统计量为 $z = \frac{\bar{x} - \mu}{\sigma/\sqrt{n}}$。当 σ 未知时,可用 s 代替 σ,由于样本容量足够大($n = 40$),由中心极限定理知道 $\bar{x}$ 的抽样分布至少近似服从正态分布。因此,本例可用的检验统计量及其数值为

$$z = \frac{\bar{x} - \mu}{s/\sqrt{n}} = \frac{450\ 000 - 480\ 000}{120\ 000/\sqrt{40}} = -1.581$$

本例是左侧检验,$\alpha = 0.05$,$-z_\alpha = -1.645$,由于 $z > -z_\alpha$,即 $-1.581 > -1.645$,故不能否定 H_0,即这些数据不能支持该经纪人的说法。

二、两个总体

1. 总体方差已知的正态总体

对总体方差已知的正态总体,若进行两个总体的平均数的大小或之差的双侧检验,有

$$H_0: \mu_1 = \mu_2, H_1: \mu_1 \neq \mu_2$$

若进行单侧检验,有

$$H_0: \mu_1 \leq \mu_2, H_1: \mu_1 > \mu_2$$

或

$$H_0: \mu_1 \geq \mu_2, H_1: \mu_1 < \mu_2$$

检验统计量为

$$z = \frac{(\bar{x}_1 - \bar{x}_2) - (\mu_1 - \mu_2)}{\sqrt{\frac{\sigma_1^2}{n_1} + \frac{\sigma_2^2}{n_2}}}$$

统计量 z 服从标准正态分布。

例如,现有 A、B 两种方法可用于制造一种以抗拉强度为重要特征的产品,经验表明,这两种方法生产出来的产品的抗拉强度都近似服从正态分布。方法 A 产品的标准差 $\sigma_1 = 6$ 千克,方法 B 产品的标准差 $\sigma_2 = 8$ 千克。从方法 A、B 生产的产品各抽取样本容量为 12、16 的样本,得到样本均值为 40 千克、34 千克。管理部门想知道这两种方法生产的产品的平均抗拉强度是否相同?(设 $\alpha = 0.05$)

本例可建立假设

$$H_0: \mu_1 - \mu_2 = 0, H_1: \mu_1 - \mu_2 \neq 0$$

由于这两种方法生产出来的抗拉强度都近似服从正态分布,故其检验统计量

$$z = \frac{(\bar{x}_1 - \bar{x}_2) - 0}{\sqrt{\frac{\sigma_1^2}{n_1} + \frac{\sigma_2^2}{n_2}}}$$

服从标准正态分布。

已知:$\bar{x}_1 = 40, \bar{x}_2 = 34, \sigma_1 = 6, \sigma_2 = 8, n_1 = 12, n_2 = 16, \alpha = 0.05$,得

$$z = \frac{(40 - 34) - 0}{\sqrt{\frac{36}{12} + \frac{64}{16}}} = 2.27$$

这是双侧检验,在 $\alpha = 0.05$ 时,$\pm z_{\frac{\alpha}{2}} = \pm 1.96$。此例 $z = 2.27$,大于 1.96,故否定原假设,即认为两种方法生产的产品的平均抗拉强度不同。

2. 方差未知但相等的正态总体

当两个总体方差虽然未知但相等时,对两个正态分布总体平均数之差的检验统计量可取

$$t = \frac{(\bar{x}_1 - \bar{x}_2) - (\mu_1 - \mu_2)}{\sqrt{\frac{s_p^2}{n_1} + \frac{s_p^2}{n_2}}}$$

其中,

$$s_p^2 = \frac{(n_1 - 1)s_1^2 + (n_2 - 1)s_2^2}{n_1 + n_2 - 2}$$

是两个总体公共方差的估计值。

例如,某地区高考负责人想知道能不能说某年来自南方中学考生的平均成绩比来自北方中学考生的平均成绩高。已知总体服从正态分布且方差大致相同,由抽样获得如下资料:南方中学考生,$n_1 = 17, \bar{x} = 545, s_1 = 50$;北方中学考生:$n_2 = 15, \bar{x} = 495, s_2 = 55$。

本例可建立假设

$$H_0: \mu_1 - \mu_2 \leqslant 0, H_1: \mu_1 - \mu_2 > 0$$

在两个总体都服从正态分布且方差相等的情况下,适当的检验统计量为

$$t = \frac{(\bar{x}_1 - \bar{x}_2) - 0}{\sqrt{\frac{s_p^2}{n_1} + \frac{s_p^2}{n_2}}}$$

这个统计量服从 $n_1 + n_2 - 2$ 的 t 分布。

$$s_p^2 = \frac{(17 - 1) \times 50^2 + (15 - 1) \times 55^2}{17 + 15 - 2} = 2\,745$$

$$t = \frac{(545 - 495) - 0}{\sqrt{\frac{2\,745}{17} + \frac{2\,745}{15}}} = 2.69$$

本题为右侧检验。$t_\alpha(n_1 + n_2 - 2) = t_{0.05}(30) = 1.70$,由于 $t > t_\alpha$,即 $2.69 > 1.70$,故拒绝 H_0 而接受 H_1,即某地区高考负责人能说某年来自南方中学考生的平均成绩比来自北方中学考生的平均成绩高。

3. 方差未知的非正态总体

当样本取自非正态分布总体时,只要样本容量 n_1 和 n_2 足够大,两个样本平均数之差的抽样分布将近似服从正态分布。如果总体方差 σ_1^2 和 σ_2^2 未知,就用 s_1^2 和 s_2^2 分别作为 σ_1^2 和 σ_2^2 的估计值。其适宜的检验统计量为

$$z=\frac{(\overline{x}_1-\overline{x}_2)-(\mu_1-\mu_2)}{\sqrt{\dfrac{s_1^2}{n_1}+\dfrac{s_2^2}{n_2}}}$$

例如,一个随机样本由居民区 A 的 100 个家庭组成,另一个随机样本由居民区 B 的 150 个家庭组成。这两个样本所给出的关于在目前住房中居住了多长时间的信息如下:$\overline{x}_A=33$ 个月,$s_A^2=900$;$\overline{x}_B=49$ 个月,$s_B^2=1\,050$。这些数据是否提供了充分证据,说明 A 区家庭在目前住房中居住的时间平均来说比 B 区家庭短($\alpha=0.05$)?

本例可建立假设

$$H_0:\mu_A\geqslant\mu_B,H_1:\mu_A<\mu_B$$

由于本题的样本容量足够大($n_A=100,n_B=150$),$\overline{x}_A-\overline{x}_B$ 近似服从正态分布。由于 σ_A^2 和 σ_B^2 未知,所以采用

$$z=\frac{(\overline{x}_A-\overline{x}_B)-0}{\sqrt{\dfrac{s_A^2}{n_A}+\dfrac{s_B^2}{n_B}}}$$

这个统计量近似服从标准正态分布。

此题属于左侧检验,如果 $z\leqslant-z_\alpha$,就否定原假设 H_0。

$$z=\frac{33-49}{\sqrt{\dfrac{900}{100}+\dfrac{1\,050}{150}}}=-4.0$$

本题取 $\alpha=0.05$,$-z_\alpha=-z_{0.05}=-1.645$,由于 $-4.0<-1.645$,故否定 H_0 而接受 H_1,即说明 A 区家庭在目前住房中居住的时间平均来说比 B 区家庭短。

4. 总体方差未知且不等、小样本

当两个正态总体的方差未知且不等时,

$$t'=\frac{(\overline{x}_1-\overline{x}_2)-(\mu_1-\mu_2)}{\sqrt{\dfrac{s_1^2}{n_1}+\dfrac{s_2^2}{n_2}}}$$

并不服从自由度 n_1+n_2-2 的 t 分布,而近似服从修正自由度 df' 的 t 分布,其中 df' 可由下式计算:

$$df'=\frac{\left(\dfrac{s_1^2}{n_1}+\dfrac{s_2^2}{n_2}\right)^2}{\dfrac{(s_1^2/n_1)^2}{n_1}+\dfrac{(s_2^2/n_2)^2}{n_2}}$$

这样,就可以利用上式求得 t 分布的自由度。通过查 t 分布表找到临界值并对 H_0 进行检验。

例如,某纺织厂可以从两个地区购买原纱。这两个地区的原纱从各方面来看都不相上下,但抗断强度除外。如果有理由认为 A 地区的产品(价格较低)其抗断强度不低于 B 地区的产品的话,该厂将购买 A 地区的产品。现从 A、B 两地区的库存品中各抽出一个随机样本,得到下列结果:$n_A=$

10,$\bar{x}_A=94$,$s_A^2=14$;$n_B=12$,$\bar{x}_B=98$,$s_B^2=9$。假定抗断强度近似服从正态分布。假定两个总体方差不等,根据 $\alpha=0.05$ 水平下的适当假设检验,你是否建议该纺织厂厂长购买价格便宜的原纱(A 地区的原纱)?

本例可建立假设

$$H_0:\mu_A-\mu_B\geqslant 0, H_1:\mu_A-\mu_B<0$$

由于两个总体方差不等,因此没有理由把 s_A^2 和 s_B^2 联系起来。这时的检验统计量应取

$$t'=\frac{(\bar{x}_A-\bar{x}_B)-(\mu_A-\mu_B)}{\sqrt{\frac{s_A^2}{n_A}+\frac{s_B^2}{n_B}}}$$

t' 的具体值为

$$t'=\frac{(94-98)-0}{\sqrt{\frac{14}{10}+\frac{9}{12}}}=-2.73$$

计算修正自由度 df',

$$df'=\frac{\left(\frac{s_A^2}{n_A}+\frac{s_B^2}{n_B}\right)^2}{\frac{(s_A^2/n_A)^2}{n_A}+\frac{(s_B^2/n_B)^2}{n_B}}=\frac{\left(\frac{14}{10}+\frac{9}{12}\right)^2}{\frac{(14/10)^2}{10}+\frac{(9/12)^2}{12}}=19.03\approx 19$$

本题为左侧检验,当 $\alpha=0.05$ 时,$-t_{0.05}(19)=-1.73$。由于 $t'<-t_\alpha$,即 $-2.73<-1.73$,故否定 H_0 而接受 H_1,即不能建议该纺织厂厂长购买价格便宜的 A 地区的原纱。

第三节 总体比率的假设检验

一、一个总体

如前所述,当 n 很大,nP 和 $n(1-P)$ 两者都大于 5 时,二项分布可以用正态分布来逼近。在 $n/N\leqslant 0.05$ 情形下,关于一个总体的总体比率假设的检验统计量为

$$z=\frac{p-P}{\sqrt{\frac{P(1-P)}{n}}}$$

其中 P 是假设的比率,$Q=1-P$,而 p 则是样本比率,这个检验统计量近似服从标准正态分布。如果 n 相对于 N 较大时,就要用有限总体修正系数 $\sqrt{\frac{N-n}{N-1}}$ 进行修正。

当然,也有人用 p 代替 P,即

$$z=\frac{p-P}{\sqrt{\frac{p(1-p)}{n}}}$$

这两种方法提供的统计量的值是近似相等的。

例如,某企业的产品畅销于国内市场。据以往调查,购买该产品的顾客有 50% 是 40 岁以上的

男子。该企业负责人关心这个比例是否发生了变化(不论增加还是减少)。于是,该企业委托了一家咨询机构进行调查,这家咨询机构从众多的购买者中随机抽选了 400 名进行调查,结果有 210 名为 40 岁以上的男子。该厂负责人希望在显著性水平 $\alpha=0.05$ 下检验"50%的顾客是 40 岁以上的男子"这个假设。

由本例题意可知,这是双侧检验,故建立假设

$$H_0: P=50\%, H_1: P\neq 50\%$$

由于样本容量 $n=400>30$,且 $nP=400\times 50\%=200$,$n(1-P)=200$,皆大于 5,所以可以使用正态分布进行检验。$p=210/400=0.525$。其检验统计量的数值为

$$z=\frac{p-P}{\sqrt{\frac{P(1-P)}{n}}}=\frac{0.525-0.5}{\sqrt{\frac{0.5(1-0.5)}{400}}}=1$$

$\alpha=0.05$,$\pm z_{\frac{\alpha}{2}}=\pm 1.96$。本例 $z<z_{\frac{\alpha}{2}}$,即 $1<1.96$,故接受 H_0,从而该厂负责人可得到如下结论:购买这种产品的顾客中 40 岁以上的男子所占比例与假设的比率 50% 没有显著的差异。

又如,一位关心环境保护的公共福利团体的发言人宣称:"在这个工业区域内,遵守政府制定的空气污染标准法则的工厂不到 60%"。但环境保护局的工程师却相信至少 60% 的工厂是遵守这个法则的。于是他从这个工业区域内抽出了 60 家工厂并发现 33 家是遵守空气污染标准法则的。环保局的同志想知道真正的比率是否少于 60%($\alpha=0.05$)?

环保局只是想知道真正的比率是否少于 60%,故本例是一个左侧检验。由于 n 大于 30,而且 nP 和 $n(1-P)$ 都超过 5,我们可以用正态分布逼近。已知 $p=33/60=0.55$,$n=60$。

现建立假设

$$H_0: P\geqslant 60\%, H_1: P<60\%$$

$$z=\frac{p-P}{\sqrt{\frac{P(1-P)}{n}}}=\frac{0.55-0.60}{\sqrt{\frac{0.60\times(1-0.60)}{60}}}=-0.791$$

$\alpha=0.05$,$-z_\alpha=-z_{0.05}=-1.645$,$z>-z_\alpha$,即 $-0.791>-1.645$,故接受原假设 H_0,即必须接受遵守法则的工厂真正比率不少于 60% 的原假设。尽管观察的样本比率低于 60%,实际上它没有显著地低于 60%。

再如,某会计部门负责人发现开出去的发票中有大量笔误,而且相信在这些开出去的发票中,至少包含一个错误的发票占 20% 以上。在一个由 400 张发票构成的随机样本中,发现至少包含一个错误的发票有 100 张。这些数据是否支持这位负责人的看法($\alpha=0.05$)?

可建立假设

$$H_0: P\leqslant 0.20, H_1: P>0.20$$

由于样本容量 $n=100$,足够大,且 nP 和 $n(1-P)$ 皆大于 5,故可用正态分布近似。$p=100/400=0.25$。其检验统计量的数值为

$$z=\frac{p-P}{\sqrt{\frac{P(1-P)}{n}}}=\frac{0.25-0.20}{\sqrt{\frac{0.20\times(1-0.20)}{400}}}=2.5$$

由于这是右侧检验,$\alpha=0.05$,$z_\alpha=z_{0.05}=1.645$,$z>z_\alpha$,即 $2.5>1.645$,故拒绝原假设 H_0 而接受 H_1,即这些数据支持了这位负责人的看法。

二、两个总体

1. 检验两个总体比率之差为 0

检验两个总体比率之差是否为 0,也即检验两个总体比率是否相等。这时,可建立如下假设

$$H_0: P_1 = P_2 (或 P_1 - P_2 = 0), H_1: P_1 \neq P_2 (或 P_1 - P_2 \neq 0)$$

其适当的检验统计量是

$$z = \frac{(p_1 - p_2) - (P_1 - P_2)}{\sqrt{\frac{P_1(1-P_1)}{n_1} + \frac{P_2(1-P_2)}{n_2}}}$$

由于真正的总体比率 P_1 和 P_2 并不知道,我们必须对它们做出估计。最适当的估计值通常为样本比率。由于原假设 $P_1 - P_2 = 0$ 相当于假设两个总体比率相等,这就有理由将两个样本的结果联系起来,得出一个被设定为公共比率的联合估计值

$$\tilde{p} = \frac{x_1 + x_2}{n_1 + n_2}$$

其中,x_1 和 x_2 分别是在两个样本中具有某种特征单位的个数。因此,检验统计量就成为

$$z = \frac{(p_1 - p_2) - 0}{\sqrt{\frac{\tilde{p}(1-\tilde{p})}{n_1} + \frac{\tilde{p}(1-\tilde{p})}{n_2}}} = \frac{(p_1 - p_2)}{\sqrt{\tilde{p}(1-\tilde{p})\left(\frac{1}{n_1} + \frac{1}{n_2}\right)}}$$

根据经验,一般要求 $n\tilde{p} \geq 5$ 时才能用 z 统计量。

例如,甲、乙两公司属于同一行业,有人问这两个公司的工人是愿意得到特定增加的福利费,还是愿意得到特定增加的基本工资。在甲公司 150 名工人的简单随机样本中,有 75 人愿意增加基本工资;在乙公司 200 名工人的随机样本中,103 人愿意增加基本工资。在每个公司,样本容量占全部工人数的比率都不超过 5%。在 $\alpha = 0.01$ 的显著性水平下,可否判定这两个公司中愿意增加基本工资的工人所占的比率是不同的?

本例可建立假设

$$H_0: P_1 - P_2 = 0, H_1: P_1 - P_2 \neq 0$$

$$p_1 = \frac{75}{150} = 0.50, p_2 = \frac{103}{200} = 0.515$$

$$\tilde{p} = \frac{x_1 + x_2}{n_1 + n_2} = \frac{75 + 103}{150 + 200} = 0.509$$

检验统计量的值为

$$z = \frac{p_1 - p_2}{\sqrt{\tilde{p}(1-\tilde{p})\left(\frac{1}{n_1} + \frac{1}{n_2}\right)}} = \frac{0.50 - 0.515}{\sqrt{0.509 \times (1 - 0.509) \times \left(\frac{1}{150} + \frac{1}{200}\right)}} = -0.278$$

$\alpha = 0.01, -z_{\frac{\alpha}{2}} = -2.58$。因为 $z > -z_{\frac{\alpha}{2}}$,即 $-0.278 > -2.58$,所以接受 H_0 而拒绝 H_1,即可以断定这两个公司愿意增加基本工资的工人比率是相同的。

2. 检验两个总体比率之差不为 0、为一常数

本检验的假设即

$$H_0: P_1 - P_2 = d_0 (d_0 \neq 0), H_1: P_1 - P_2 \neq d_0 (d_0 \neq 0)$$

检验统计量为

$$z=\frac{(p_1-p_2)-d_0}{\sqrt{\dfrac{p_1(1-p_1)}{n_1}+\dfrac{p_2(1-p_2)}{n_2}}}$$

例如,质量检验员认为该厂 A 车间的产品一级品率高于 B 车间产品一级品比率 5%,现从 A 车间和 B 车间分别抽取两个独立随机样本,得到如下数据:$n_A=150$,其中一级品数为 113;$n_B=160$,其中一级品数为 104。质量检验员的观点是否可取($\alpha=0.05$)?

本例可建立建设

$$H_0:P_A-P_B\leqslant 0.05, H_1:P_A-P_B>0.05$$

$$p_A=\frac{113}{150}=0.753, p_B=\frac{104}{160}=0.650$$

$$z=\frac{(p_A-p_B)-d_0}{\sqrt{\dfrac{p_A(1-p_A)}{n_A}+\dfrac{p_B(1-p_B)}{n_B}}}=\frac{(0.753-0.650)-0.05}{\sqrt{\dfrac{0.753\times(1-0.753)}{150}+\dfrac{0.650\times(1-0.650)}{160}}}=1.027$$

这是右侧检验。$\alpha=0.05, z_\alpha=z_{0.05}=1.645$,由于 $z<z_\alpha$,即 $1.027<10\,645$,故不能否定原假设 H_0,也即没有充分理由接受质量检验员的观点。

第四节 总体方差的假设检验

一、一个总体

方差的假设检验与平均数的假设检验的基本思想是一致的,它们之间的主要差别在于检验统计量不同。具体检验过程如下:

(1)建立假设。

$$H_0:\sigma^2=\sigma_0^2, H_1:\sigma^2\neq\sigma_0^2 \quad \text{(双侧检验)}$$

或

$$H_0:\sigma^2\leqslant\sigma_0^2, H_1:\sigma^2>\sigma_0^2 \quad \text{(右侧检验)}$$

或

$$H_0:\sigma^2\geqslant\sigma_0^2, H_1:\sigma^2<\sigma_0^2 \quad \text{(左侧检验)}$$

(2)构造适当的检验统计量。

$$\chi^2=(n-1)s^2/\sigma_0^2$$

其中 $s^2=\dfrac{\sum(x-\bar{x})^2}{n-1}$ 为 σ^2 的估计量,当原假设为真时,该检验统计量服从自由度为 $n-1$ 的 χ^2 分布。

(3)确定显著水平 α(α 一般取 0.01 或 0.05)。

(4)制定决策规则。

在双侧检验时,拒绝区域在分布的两侧,若 $\chi^2\geqslant\chi_{\frac{\alpha}{2}}^2(n-1)$ 或 $\chi^2\leqslant\chi_{1-\frac{\alpha}{2}}^2(n-1)$ 时,就拒绝原假设 H_0。反之若 $\chi_{1-\frac{\alpha}{2}}^2(n-1)<\chi^2<\chi_{\frac{\alpha}{2}}^2(n-1)$ 时,就接受原假设 H_0。其图形如图 10-5 所示。

若是单侧检验,拒绝区域分布在一侧,具体在左侧还是右侧,要根据备择假设 H_1 而定。若 $H_1:\sigma^2>\sigma_0^2$ 为右侧检验;若 $H:\sigma^2<\sigma_0^2$ 为左侧检验。

(5) 比较统计量的观察值和统计量分布的临界值,做出决断。

例如,由某个正态分布总体抽出一个容量为 21 的随机样本,样本方差为 10,试检验原假设 $\sigma^2=15$,备择假设 $\sigma^2 \neq 15$,令 $\alpha=0.05$。

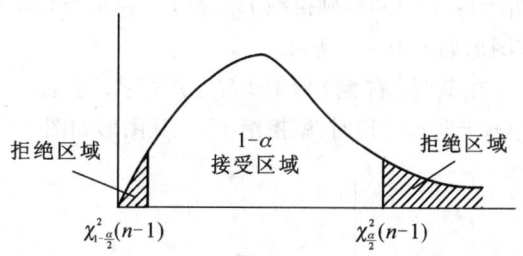

图 10-5 一个总体方差检验的接受区域和拒绝区域

本题可建立假设

$$H_0:\sigma^2=15, H_1:\sigma^2\neq 15$$

由于总体服从正态分布,其检验统计量为

$$\chi^2=\frac{(n-1)s^2}{\sigma_0^2}$$

其中 s^2 是样本方差,本题 $s^2=10$,σ_0^2 是假设的方差,本题 $\sigma_0^2=15$。这个统计量服从自由度为 $n-1$ 的 χ^2 分布。在显著水平 $\alpha=0.05$ 下,查自由度 $n-1=21-1=20$ 的 χ^2 分布。这是双侧检验,故其临界值为

$$\chi^2_{1-\frac{\alpha}{2}}(n-1)=\chi^2_{0.975}(20)=9.591$$
$$\chi^2_{\frac{\alpha}{2}}(n-1)=\chi^2_{0.025}(20)=34.170$$

其检验统计量的数值为

$$\chi^2=\frac{(n-1)s^2}{\sigma_0^2}=\frac{(21-1)\times 10}{15}=13.333$$

由于 $9.591<13.333<34.170$,故不能否定原假设 H_0。

又如,一家制造厂仅当原材料的抗拉强度的方差不超过 5 时方予接受。今从一批新到的原材料中抽出 25 个单位的随机样本,其方差为 7。如果原材料的抗拉强度近似服从正态分布,这些数据能否为制造厂拒绝这批原材料提供充分的根据($\alpha=0.05$)?

解:建立假设

$$H_0:\sigma^2\leqslant 5, H_1:\sigma^2>5$$
$$\chi^2=\frac{(n-1)s^2}{\sigma_0^2}=\frac{(25-1)\times 7}{5}=33.60$$

这是右侧检验,当 $\alpha=0.05$ 时,$\chi^2_\alpha(n-1)=\chi^2_{0.05}(24)=36.42$。由于 $\chi^2<\chi^2_\alpha$,即 $33.60<36.42$,所以接受 H_0,即这些数据不能为制造厂拒绝这批原材料提供充分的根据。

二、两个总体

设有两个正态总体,其方差分别为 σ_1^2 和 σ_2^2,其估计量为样本方差 s_1^2 和 s_2^2,s_1^2 和 s_2^2 的样本容量分别为 n_1 和 n_2。此时统计量 $(s_1^2/\sigma_1^2)/(s_2^2/\sigma_2^2)$ 服从分子自由度为 n_1-1、分子自由度为 n_2-1 的 F 分布。在原假设 $\sigma_1^2=\sigma_2^2$ 之下我们假定这一假设是真实的,此时 $(s_1^2/\sigma_1^2)/(s_2^2/\sigma_2^2)$ 中两个总体方差相消,得到 s_1^2/s_2^2,此式仍服从分子自由度为 n_1-1、分子自由度为 n_2-1 的 F 分布。于是用于检验 $H_0:\sigma_1^2=\sigma_2^2$ 的检验统计量为

$$F=\frac{s_1^2}{s_2^2}$$

在双侧检验($H_0:\sigma_1^2=\sigma_2^2, H_1:\sigma_1^2\neq\sigma_2^2$)情况下,拒绝域在两侧。若 $F\leqslant F_{1-\frac{\alpha}{2}}(n_1-1,n_2-1)$ 或 $F\geqslant F_{\frac{\alpha}{2}}$

(n_1-1, n_2-1)时,则拒绝 H_0;若 $F_{1-\frac{\alpha}{2}}(n_1-1, n_2-1) < F < F_{\frac{\alpha}{2}}(n_1-1, n_2-1)$时,则接受原假设 H_0。其图形如图 10-6 所示。

在单侧(右侧)检验($H_0: \sigma_1^2 \leqslant \sigma_2^2, H_1: \sigma_1^2 > \sigma_2^2$)时,则检验统计量仍为 $F = s_1^2/s_2^2$。当 $F \geqslant F_\alpha(n_1-1, n_2-1)$时,就拒绝 H_0。其图形如图 10-7 所示。

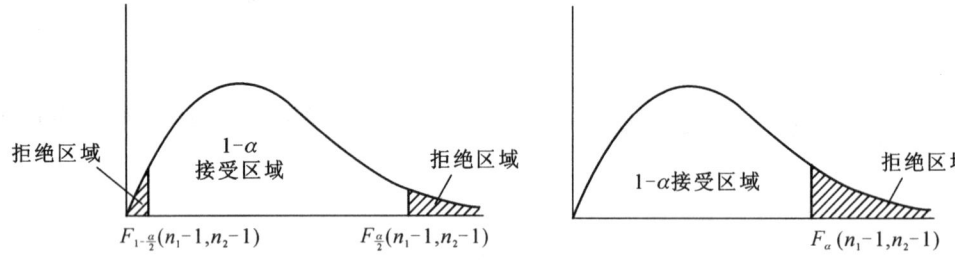

图 10-6 两个方差之比双侧检验的接受区域和拒绝区域

图 10-7 两个方差之比单侧(右侧)检验的接受区域和拒绝区域

在对两个方差进行比较时,为了方便,可以将较大的样本方差作为分子。这样样本方差之比将永远大于 1。另外,$F_{1-\frac{\alpha}{2}}(n_1-1, n_2-1) = \dfrac{1}{F_{\frac{\alpha}{2}}(n_2-1, n_1-1)}$。

例如,有两种能使从事紧张工作的职员解除精神紧张的药物。在一项旨在比较这两种药物效果的研究中,医疗小组使两个小组的职员分别服用这两种药,三个月后搜集了关于这两组受试验者紧张水平的数据,由样本数据得出方差 $s_1^2 = 4\,624, s_2^2 = 2\,916$,每个小组均有 8 名受试验者。在 0.05 显著水平下,这些数据是否提供了充分证据,支持关于样本所代表的两个总体的紧张水平的方差有差别的看法?

本例可建立假设

$$(H_0: \sigma_1^2 = \sigma_2^2, H_1: \sigma_1^2 \neq \sigma_2^2)$$

$$F = \frac{s_1^2}{s_2^2} = \frac{4\,624}{2\,916} = 1.586$$

当 $\alpha = 0.05$ 时,$F_{\frac{\alpha}{2}}(7,7) = 4.99$,$F_{1-\frac{\alpha}{2}}(7,7) = \dfrac{1}{4.99} = 0.20$。由于 $F_{1-\frac{\alpha}{2}}(7,7) < F < F_{\frac{\alpha}{2}}(7,7)$,即 $0.20 < 1.586 < 4.99$,落入接受区域,所以接受 H_0,说明总体方差无显著差别。

知识链接 20:p-值法

1. p-值

本章第二节开头有一例,判断一批罐头是否合乎出口标准(净重确为 250 克)。本例中,在 H_0 成立的条件下,依据抽样结果,计算统计量(Z)的值为 3.33;而 $Z \geqslant 3.33$ 的概率为 0.000 43(1 − 0.999 57)。若再考虑本例为双侧检验,应设想还会出现与此抽样结果相同性质的另一抽样结果,即抽出了样本平均数为 249 的样本。此时,Z 值为 −3.33;而 $Z \leqslant -3.33$ 的概率仍为 0.000 43。所以,本例中,在原假设为真的前提下,抽出样本平均数等于或大于 250、等于或小于 249 的样本的概率为 0.000 86(2 × 0.000 43)。此概率就是 p-值。

p-值是一种概率,一种在原假设为真的前提下出现观察样本以及更极端情况的概率。p-值表示对原假设的支持程度,可用作决定是否应该拒绝原假设的一种方法。

2. p-值法

本章第二节至第四节的假设检验所用方法,可称临界值法,即先计算统计量的数值,再将它与临界值作比较,以决定拒绝还是接受原假设。而所谓 p-值法,就是先计算 p-值,再将它与显著性水平

α 作比较,以决定拒绝还是接受原假设。p-值的决策准则(判断原则)是:如果 p-值小于给定的显著性水平 α,则拒绝原假设;否则,接受原假设。或者,更直观来说就是:如果 p-值很小,拒绝原假设,p-值很大,接受原假设。

上例中,p-值为 0.000 86,小于给定的显著性水平 0.05。于是,拒绝或不接受原假设。

3. p-值的计算

一般地,用 X 表示检验的统计量,当原假设为真时,可由样本数据计算出该统计量的值 C,根据检验统计量 X 的具体分布,可求出 P 值。具体地说:

(1) 左侧检验时,p-值为检验统计量 X 小于 C 的概率:p-值$=P\{X<C\}$。例如,第二节中检验包装食品平均重量的一例,检验统计量 X 为 Z,C 为 -1.826,p-值$=P\{Z<-1.826\}=0.034\,0$。此时,p-值小于给定的显著性水平 0.05。于是,拒绝或不接受原假设。

(2) 右侧检验时,p-值为检验统计量 X 大于 C 的概率:p-值$=P\{X>C\}$。例如,第三节中会计部门负责人发现发票错误的一例,检验统计量 X 为 Z,C 为 2.5,p-值$=P\{Z>2.5\}=0.006\,2$。此时,p-值小于给定的显著性水平 0.05。于是,拒绝或不接受原假设。

(3) 双侧检验时,p-值为检验统计量 X 落在 C 为端点的尾部区域内的概率的 2 倍:p-值$=2P\{X>C\}$(当 C 位于分布曲线的右端时)或 p-值$=2P\{X<C\}$(当 C 位于分布曲线的左端时)。若 X 服从正态分布和 t 分布,其分布曲线是关于纵轴对称的,故其 p-值$=P\{|X|>C\}$。

4. p-值法的优势

p-值法与临界值法处理问题的角度不同。p-值法的核心是计算出现样本值或更极端值的概率,而临界值法则着重于比较检验统计量的数值与临界值的大小。p-值法比临界值法具有以下优势。

(1) p-值法使用方便。在统计推断中,统计分析软件会自动给出 p-值(参见本章第五节),从而可以很方便地得出是否拒绝原假设的结论。

(2) p-值法的结论更加准确。p-值本质上是在拒绝原假设时犯弃真错误的概率。因此,p-值也被称为拒绝原假设的最小显著性水平或观察到的显著性水平。事实上,p-值法检验,对于任何大于等于 p-值的显著性水平 α,均可以拒绝原假设。在临界值法中,若拒绝了原假设,则只知道犯弃真错误的概率不超过 α,但确切的犯弃真错误概率并不知道。所以,p-值法的结论更加准确。

第五节 Excel 在统计推断中的应用

一、概率计算

例如,某班期末数学考试成绩服从均值为 80,标准差为 8 的正态分布,任抽取一学生的成绩,则其成绩在 70 到 90 之间的概率为多少?

1. 用 NORMDIST() 函数计算

因为 $P(70<X<90)=P(X<90)-P(X<70)$,所以,在任一空单元格内输入公式"=NORMDIST(90,80,8,TRUE)−NORMDIST(70,80,8,TRUE)"。其中,NORMDIST 函数的中间两个参数分别表示均值 80 和标准差 8,参数 TRUE 表示函数返回的是累积概率。回车则返回概率为"0.788 7"。

2. 用 NORMSDIST() 函数计算

经过标准化后,$P(70<X<90)=P(-1.25<Z<1.25)=P(Z<1.25)-P(Z<-1.25)$。

因此,在任一空单元格内输入如下公式"=NORMSDIST(1.25)−NORMSDIST(−1.25)"。回

车同样返回概率为"0.788 7"。

又如,求 t 值为1.56,自由度为20的 t 分布的双尾分布概率和单尾分布概率。

在任两个单元格内分别输入公式"=TDIST(1.56,20,2)"和"=TDIST(1.56,20,1)",回车则得到双尾概率"0.134 4"和单尾概率"0.067 2"。其中,TDIST函数中的参数"2"或"1"用来指明函数返回的是双尾还是单尾分布概率。

又如,求自由度为5和11,数值为3.20的 F 分布的累积分布概率是多少?

在任一单元格内输入如下公式"=FDIST(3.20,5,11)",回车返回概率"0.05"。

再如,求随机变量为20,自由度为11的卡方分布概率。

在任一单元格内输入公式"=CHIDIST(20,11)",回车返回概率"0.045 34"。

此外,其他一些分布(如超几何分布、二项分布等)的概率计算,与以上分布计算类似,只是所应用的函数不同而已。

二、区间估计

1. 一个总体平均数的区间估计

(1) 重复抽样且总体方差已知。例如,有一正态总体,其方差已知为81,随机重复抽取一个容量为36的样本,测得样本平均数为60,试计算总体平均数的95%的置信区间。

在任一单元格输入如下公式"=CONFIDENCE(0.05,9,36)",函数中各参数分别指明显著性水平、总体标准差和样本容量,该公式相当于计算: $Z_{\alpha/2} \times (\sigma/\sqrt{n})$,回车得到2.94,则置信区间为"60—2.94,60+2.94"。

(2) 重复抽样且总体方差未知。例如,麦当劳餐馆在7星期内抽查49位顾客的消费额(元)如下,求在概率90%的保证下,顾客平均消费额的置信区间。

15 24 38 26 30 42 18 30 25 26 34 44 20 35 24 26 34 48 18 28
46 19 30 36 42 24 32 45 36 21 47 26 28 31 42 45 36 24 28 27 32
36 47 53 22 24 32 46 26

具体步骤如下:

① 构造工作表。首先在各个单元格输入以下的内容。其中,A2:A50单元格为样本数据——消费额,B2:B12单元格为计算过程中要用到的样本统计量、置信水平、中间变量及最终结果的名称,C2:C12单元格为相对应的计算公式。置信水平由用户直接输入,如图10-8所示。

	A	B	C
1	消费额	总体平均数的区间估计	公式及结果
2	15	样本容量	=COUNT(消费额)
3	24	样本均值	=AVERAGE(消费额)
4	38	样本标准差	=STDEV(消费额)
5	26	置信水平	0.9
6	30	显著性水平	=1-置信水平
7	42	抽样标准差	=样本标准差/SQRT(样本容量)
8	18	自由度	=样本容量-1
9	30	t值	=TINV(显著性水平,自由度)
10	25	置信区间半径	=t值*抽样标准差
11	26	置信区间上限	=样本均值-置信区间半径
12	34	置信区间下限	=样本均值+置信区间半径

图10-8 构造工作表

② 定义变量名。先定义样本数据的变量名。选定A1:A50单元格,执行菜单命令"插入"→"名称"→"指定",用鼠标点击"首行"选项,然后点击"确定"按钮。再将B2:B12单元格的名称定义为C2:C12单元格各个公式计算结果的变量名。选定B2:C12单元格,执行菜单命令"插入"→"名

称"→"指定",用鼠标点击"最左列"选项,然后点击"确定"按钮。即可得到图10-9所示的结果。

	A	B	C
1	消费额	总体平均数的区间估计	公式及结果
2	15	样本容量	49.00
3	24	样本均值	32.00
4	38	样本标准差	9.45
5	26	置信水平	0.90
6	30	显著性水平	0.10
7	42	抽样标准差	1.35
8	18	自由度	48.00
9	30	t值	1.68
10	25	置信区间半径	2.26
11	26	置信区间上限	29.74
12	34	置信区间下限	34.26
13	44		

图 10-9 计算结果

需要说明两点:第一,构造以上的工作表是为了让读者清楚具体的计算步骤,在实际应用中,可将一些中间步骤整合在一起,仅用一个公式就可以计算出置信区间半径。定义消费额的变量名后,在任一空单元格输入如下公式即可:"ABS(TINV(显著性水平,自由度))*STDEV(消费额)/SQRT(COUNT(消费额))"。该公式即相当于计算:$t_{\frac{\alpha}{2}} \times (S/\sqrt{n})$。第二,总体方差未知用样本标准差代替,样本统计量服从t分布,当自由度很大时,t分布和正态分布非常接近,所以本例也可用正态分布近似计算置信区间半径。

(3) 不重复抽样总体方差已知或未知。总体平均数的区间估计和前述两种情况基本类似,仅是在计算抽样标准差时应乘以有限总体修正系数$\sqrt{\frac{N-n}{N-1}}$。下例同。

2. 一个总体比率的区间估计

例如,美国某公众调查机构想了解美国民众对某项政府措施的态度,调查了1 000位美国人,结果发现5成人表示支持,4成人表示反对,1成人既不支持也不反对。利用Excel计算支持比例的95%置信区间。

在任一单元格输入如下公式"=NORMSINV(1-0.05/2)*SQRT(0.5*(1-0.5)/1000)",该公式相当于计算:$z_{\frac{\alpha}{2}} \times \sqrt{\frac{p(1-p)}{n}}$,回车返回得到置信区间半径为"0.030 9",则置信区间为"50%-3%,50%+3%"。

3. 两个总体平均数之差的区间估计

(1) 两总体方差已知(或大样本总体方差未知)。例如,某超市主管想知道商品在货架上的放置位置对商品的销售量的影响,他将同一种商品放在货架的上边和下边,各设100组试验,一个星期之后,放在上面的商品的销售量平均值为200,放在下面的商品的销售量平均值为175。根据以前的销售经验,各总体方差分别为25和36。试用Excel计算放在上面的销售量和下面的销售量平均数的差值的95%的置信区间。

具体步骤如下:

① 构造工作表。首先在各个单元格输入以下的内容。其中,A2:A14单元格为计算过程中要用到的总体和样本有关数据、置信水平、中间变量及最终结果的名称,B2:B14单元格为相对应的数据和计算公式。置信水平由用户直接输入,如图10-10所示。

	A	B	C
1	标志	公式及结果	
2	样本1容量	100	
3	样本2容量	100	
4	样本1平均数	200	
5	样本2平均数	175	
6	样本平均数差值	=样本1平均数-样本2平均数	
7	总体1方差	25	
8	总体2方差	36	
9	置信水平	0.95	
10	显著性水平	=1-置信水平	
11	Z值	=NORMSINV(1-显著性水平/2)	
12	置信区间半径（放回）	=Z值*SQRT(总体1方差/样本1容量+总体2方差/样本2容量)	
13	置信区间下限（放回）	=样本平均数差值-置信区间半径	
14	置信区间上限（放回）	=样本平均数差值+置信区间半径	
15			

图 10-10 构造工作表

② 定义变量名。同上例相同步骤，即可得到图 10-11 所示的结果。

需要说明两点：两总体方差未知但均为大样本时，只需以样本的方差代替对应总体方差即可；在不重复情况下，计算置信区间半径需考虑有限总体修正系数，即

$$z_{\frac{\alpha}{2}}\sqrt{\frac{\sigma_1^2}{n_1}\left(\frac{N_1-n_1}{N_1-1}\right)+\frac{\sigma_2^2}{n_2}\left(\frac{N_2-n_2}{N_2-1}\right)}。$$

（2）小样本总体方差未知但相等。具体步骤类似上例，区别如下：

① 计算公共方差代替各总体的方差。公共方差

$$S_p^2=\frac{(n_1-1)s_1^2+(n_2-1)s_2^2}{n_1+n_2-1};$$

② 计算自由度为 n_1+n_2-2 的 t 分布值代替 Z 值，即 A11 单元格输入"t 值"，B11 单元格输入"=TINV(显著性水平，样本1容量+样本2容量-2)"。

	A	B
1	标志	公式及结果
2	样本1容量	100.00
3	样本2容量	100.00
4	样本1平均数	200.00
5	样本2平均数	175
6	样本平均数差值	25.00
7	总体1方差	25
8	总体2方差	36.00
9	置信水平	0.95
10	显著性水平	0.05
11	Z值	1.96
12	置信区间半径（放回）	1.53
13	置信区间下限（放回）	22.74
14	置信区间上限（放回）	27.26
15		

图 10-11 计算结果

（3）小样本总体方差未知且不等。具体步骤也类似上例，区别如下：

① 以各样本方差代替各总体方差；

② 计算 t 分布值代替 Z 值，自由度为 $V=\dfrac{(s_1^2/n_1+s_2^2/n_2)^2}{(s_1^2/n_1)^2/(n_1-1)+(s_2^2/n_2)^2/(n_2-1)}$。即 A11 单元格输入"$t$ 值"，B11 单元格输入"=TINV(显著性水平，V)"。

4. 两个总体比率之差的区间估计

例如，研究者调查了 500 名市民，了解市民对新实施的市政工程的态度，其中有 250 名男性，250 名女性。结果发现有 200 名男性支持，180 名女性支持。求男女总体支持比例差的 95% 的置信区间。

具体步骤同上例，区别仅在于用各样本比率（0.8 和 0.72）替代各样本平均数，用样本比率的差值代替样本平均数差值，用各样本比率的方差（0.16 和 0.201 6）代替各总体方差。

5. 一个总体方差的区间估计

例如，某食用油经销商买入一批桶装食用油，他想知道食用油重量的方差。随机抽样 50 桶，测得样本方差为 50 克，试计算总体方差的 95% 置信区间。

首先计算置信区间下限，在任一单元格输入如下公式："=(50-1)*50/CHIINV(0.05/2,49)"；再计算置信区间上限，在另一单元格输入如下公式："=(50-1)*50/CHIINV(1-0.05/2,49)"；回车则分别得到"34.9"和"77.6"，即总体方差的置信区间为"34.9~77.6"。

6. 两个总体方差比的区间估计

例如,某钢铁生产厂家引进技术,为了比较新旧技术引进对钢铁产量的影响,抽取 30 个工作日,比较采用新旧技术生产的钢铁产量。经过统计采用新技术的样本方差为 200,旧技术的样本方差为 400。试计算两个总体方差比的 95% 置信区间。

首先计算置信区间下限,在任一单元格输入如下公式:"=200/(FINV(0.05/2,29,29)*400)";再计算置信区间上限,在另一单元格输入如下公式:"=200/(FINV(1−0.05/2,29,29)*400)";回车则分别得到"0.238"和"1.050",即两总体方差比的置信区间为"0.238~1.050"。

三、假设检验

1. 一个总体平均数的假设检验

(1) 总体为正态分布且方差已知的 Z 检验。例如,某食用油生产厂家宣称他们生产的食用油每桶平均 15 千克,为验证其是否属实,随机抽取 16 桶,测得平均重量为 14.781 25 千克。已知总体方差为 0.5 千克,在显著性水平 0.05 之下,检验"食用油每桶平均 15 千克"是否属实。

$$H_0: \mu=15 \qquad H_1: \mu \neq 15$$

① 用 NORMSINV() 函数。

计算 Z 检验统计量,在任一单元格输入公式"=(14.781 25−15)/SQRT(0.5/16)",回车得到"−1.237 44";确定显著性水平 0.05 下的临界值,在另一单元格输入公式"=NORMSINV(0.025)",回车得到"−1.959 9";比较,因 Z 统计量未超过临界值,故接受原假设,认为"食用油每桶平均 15 千克"属实。

② 用 NORMSDIST() 函数。

在任一单元格输入公式"= NORMSDIST((14.781 25−15)/SQRT(0.5/16))*2",回车得到概率 P 值为"0.215 925";因 P 值小于显著性水平,故接受原假设,认为"食用油每桶平均 15 千克"属实。

另外,若总体是非正态分布,但样本是大样本,对总体平均数的检验也适用以上方法。

(2) 总体为正态分布且 $n<30$,但方差未知的 t 检验。例如,某化妆镜生产厂家对客户声称每一个包装箱中至少有 100 个化妆镜,客户随机抽取 20 箱样品,检查其个数,测得平均个数为 99.8,样本标准差 1.935 8。在显著性水平 0.02 之下,能否认为"每一个包装箱中多于 100 个化妆镜"。

$$H_0: \mu \leq 100 \qquad H_1: \mu >100$$

计算 t 检验统计量,在任一单元格键入公式:"=(99.8−100)/(1.935 8 * SQRT(20))",回车得到"−0.462";确定显著性水平 0.02 下的临界值,在另一单元格输入公式"=TINV(0.04,19)",得临界值 2.205,这里概论值用 0.04,而不是 0.02,是因为 Excel 系统内定是双边,双边 0.04,单边则为 0.02;因 t 值小于临界值,故接受原假设,认为"每一个包装箱中不多于 100 个化妆镜"。

2. 一个总体比率的 Z 检验 ($n>30$, nP 和 $n(1-P)$ 均大于 5)

例如,某企业的产品畅销于国内市场。据以往调查,购买该产品的顾客有 50% 是 30 岁以上的男子。该企业负责人关心这个比例是否发生了变化,于是委托一家咨询机构进行调查,随机抽选了 400 名进行调查,结果有 210 名为 30 岁以上男子。该厂负责人希望在显著性水平 0.05 下检验"50% 的顾客是 30 岁以上的男子"这个假设。

$$H_0: P=50\% \qquad H_1: P \neq 50\%$$

计算 Z 检验统计量,在任一单元格输入公式"=(210/400−0.5)/SQTR(0.5*(1−0.5)/400)",回车得到"1";确定显著性水平 0.05 下的临界值,在另一单元格输入公式"=NORMSINV(0.975)",回车得到"1.959 9";比较,因 Z 统计量未超过临界值,故接受原假设,认为"50%的顾客是30岁以上的男子"假设成立。

3. 两个总体平均数之差的假设检验

(1) 两个正态总体且方差已知的 Z 检验。根据掌握资料的不同,有以下两类情况:

① 掌握详细数据资料。

例如,为了了解采用新工艺对某产品生产的生产效率的影响,分别抽取10天采用新工艺和12天采用普遍工艺生产的产品数量作为样本,具体数据如图 10-12。已知总体方差分别为64和100,试以显著性水平0.05之下检验两种工艺下生产效率是否发生了改变。

$$H_0: \mu_1 = \mu_2 \qquad H_1: \mu_1 \neq \mu_2$$

具体步骤如下:

构建工作表,输入数据及有关标志,如图 10-13。

执行菜单命令"数据分析"→"Z 检验—双样本平均差检验",调出图 10-12 对话框,其主要选项含义如下。

变量1的区域:在此输入第一个样本数据区域的单元格引用;

变量2的区域:在此输入第二个样本数据区域的单元格引用;

假设平均差:在此输入待检验的两总体平均数的差值;

标志:如果输入的变量区域包含标志项,请选中"标志"选框;反之不选;

$\alpha(A)$:输入显著性水平。

单击"确定"按钮,得到如图 10-13 检验结果。

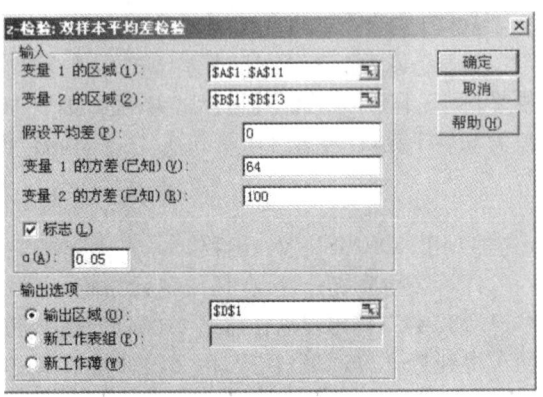

图 10-12 双样本平均差检验

	A	B	C	D	E	F
1	新工艺(个)	普通工艺(个)		z-检验: 双样本均值分析		
2	1000	998				
3	996	950			新工艺(个)	普通工艺(个)
4	980	945		平均	1013.7	968.5
5	986	940		已知协方差	64	100
6	970	933		观测值	10	12
7	1100	1000		假设平均差	0	
8	1120	998		z	11.77573	
9	998	990		P(Z<=z) 单尾	0	
10	997	978		z 单尾临界	1.644854	
11	990	950		P(Z<=z) 双尾	0	
12		950		z 双尾临界	1.959964	
13		990				

图 10-13 计算结果

② 掌握综合的数据。

例如,有两种方法可用于制造2种以抗拉强度为重要特征的产品,经验表明,用这两种方法生产出来的产品的抗拉强度都近似服从正态分布。方法1的标准差为6千克,方法2的标准差为8千克。现从方法1生产的产品中抽取容量为12的一个样本,得到样本均值为40千克。从方法2生产的产品中抽取样本容量为16的一个样本,得到样本均值为34千克。管理部门想知道第1种方法生产出来的产品的平均抗拉强度是否大于第2种方法生产的产品(显著性水平0.05)?

$$H_0: \mu_1 \leqslant \mu_2 \qquad H_1: \mu_1 > \mu_2$$

首先计算 Z 检验统计量,在任一单元格输入公式"=(40-34)/SQRT(36/12+64/16)",回车得到"2.27";再确定临界值,在另一单元格输入公式"=NORMSINV(0.95)",回车得到"1.645";因 Z 值大于临界值,所以拒绝原假设,可以认为第 1 种方法生产的产品抗拉强度大于第 2 种方法生产的产品。

(2) 两个正态总体,其方差未知但相等的 t 检验。掌握详细数据资料时,调用"t 检验-双样本等方差检验"对话框如图 10-14。掌握综合数据时可利用 TINV() 函数。

(3) 两个正态总体,其方差未知且不相等的 t 检验。掌握详细数据资料时,调用"t 检验-双样本异方差检验"对话框如图 10-15。掌握综合数据时可利用 TINV() 函数。

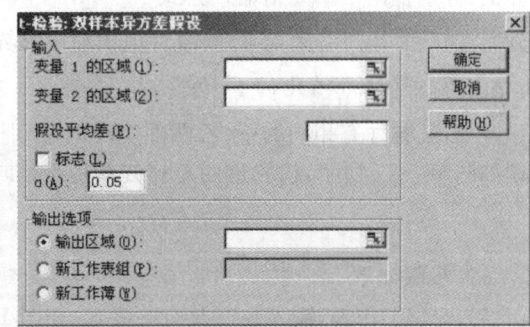

图 10-14 双样本等方差假设　　　图 10-15 双样本异方差假设

4. 两个总体比例之差的 Z 检验

例如,甲、乙公司属于同一行业,有人问这两个公司的工人是愿意得到特定增加的福利费,还是愿意得到特定增加的基本工资。在甲公司 150 名工人的简单随机样本中,有 75 人愿意增加基本工资;在乙公司 200 名工人的随机样本中,103 人愿意增加基本工资。在每个公司,样本容量占全部工人数的比率都不超过 5%。试在 0.01 的显著性水平下,判定这两个公司中愿意增加基本工资的工人所占的比率是否相同。

$$H_0: P_1 = P_2 \qquad H_1: P_1 \neq P_2$$

根据题意适当的检验统计量为

$$Z = \frac{(p_1 - p_2)}{\sqrt{\frac{P_1(1-P_1)}{n_1} + \frac{P_2(1-P_2)}{n_2}}}$$

由于真正的总体比率 P_1 和 P_2 并不知道,我们必须对它们做出估计。最适当的估计值通常为样本比率。由于原假设 $P_1 = P_2$,这就有理由将 2 个样本的结果联系起来,得出一个被设定为公共比率的联合估计值 $\tilde{p}$。

$$\tilde{p} = \frac{x_1 + x_2}{n_1 + n_2}$$

其中,x_1 和 x_2 分别是 2 个样本中具有某种特征单位的个数。因此,检验统计量就成为

$$Z = \frac{(p_1 - p_2)}{\sqrt{\frac{\tilde{p}(1-\tilde{p})}{n_1} + \frac{\tilde{p}(1-\tilde{p})}{n_2}}} = \frac{(p_1 - p_2)}{\sqrt{\tilde{p}(1-\tilde{p})\left(\frac{1}{n_1} + \frac{1}{n_2}\right)}}$$

计算公共比率,在任一单元格输入公式"=(75+103)/(150+200)",得出"0.509";计算 Z 检验统计

量值,在任一单元格输入公式:"=(75/150-103/200)/SQRT(0.509*(1-0.509)*(1/150+1/200))",回车得到"-0.278";计算临界值,再在另一单元格输入公式:"=NORMSINV(0.005)",得到"-2.58";因 Z 值未超过临界值,所以接受原假设,认为两公司愿意增加基本工资的工人比率是相同的。

5. 单个正态总体方差的 χ^2 检验

例如,设某产品的某项指标服从正态分布。今抽取一个容量为 7 的样本,测得样本方差为 122.619,试检验总体方差是否等于 64。

$$H_0: \chi^2=64 \qquad H_1: \chi^2 \neq 64$$

计算 χ^2 检验统计值,在任一单元格输入公式"=(7-1)*122.619/64",回车得到"11.5";计算临界值,分别在两个单元格输入公式"=CHIINV(0.975,6)"和"=CHIINV(0.025,6)",回车后分别得到"1.24"和"14.4";因 χ^2 检验统计值未超出临界值,所以接受原假设,认为总体方差等于 64。

6. 两个总体方差比的 F 检验

例如,某餐厅有相同的甲、乙两部洗碗机,分别抽取 10 个工作日,记录它们每分钟洗碗的数量,数据如图 10-17 所示,检验这两总体方差是否相同。

$$H_0: \sigma_1^2=\sigma_2^2 \qquad H_1: \sigma_1^2 \neq \sigma_2^2$$

具体步骤如下:

(1) 构建工作表,输入数据及有关标志,如图 10-17 所示;

(2) 执行菜单命令"数据分析"→"F—检验双样本方差检验",调出相应对话框,如图 10-16 所示;

(3) 点击"确定"按钮,得到如图 10-17 检验结果。

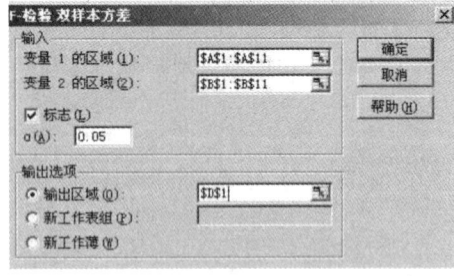

图 10-16 双样本方差   图 10-17 双样本方差计算结果

英文选读 10　Decision-Making Risks

In hypothesis testing, you always face the possibility that either you will wrongly reject the null hypothesis or wrongly not reject the null hypothesis. These possibilities are called type I and type II errors, respectively.

Type I Error

CONCEPT: The error that occurs if the null hypothesis H_0 is rejected when it is true and should not be rejected.

INTERPRETATION: The risk, or probability, of a type I error occurring is identified by the Greek lowercase alpha, α. Alpha is also known as the level of significance of the statistical test. Traditionally, you control the probability of a type I error by deciding the risk level α you are willing to tolerate of rejecting the null hypothesis when it is true. Because you specify the level of significance before performing the hypothesis test, the risk of committing a type I error, α, is directly under your control. The most common α values are 0.01, 0.05, and 0.10, and researchers traditionally select α value of 0.05 or smaller.

When you specify the value for α, you determine the rejection region, and using the appropriate sampling distribution, the critical value or values that divide the rejection and nonrejection regions are determined.

Type II Error

CONCEPT: The error that occurs if the null hypothesis H_0 is not rejected when it is false and should be rejected.

INTERPRETATION: The risk, or probability, of a type II error occurring is identified by the Greek lowercase beta, β. The probability of a type II error depends on the size of the difference between the value of the population parameter stated in the null hypothesis and the actual population value. Unlike the type I error, the type II error is not directly established by you. Because large differences are easier to find, as the difference between the value of the population parameter stated in the null hypothesis and its corresponding population parameter increases, the probability of a type II error decreases. Therefore, if the difference between the value of the population parameter stated in the null hypothesis and the corresponding parameter is small, the probability of a type II error will be large.

The arithmetic complement of beta, $1-\beta$, is known as the power of the test and represents the probability of rejecting the null hypothesis when it is false and should be rejected.

Risk Trade-Off

The probabilities of the two types of errors have an inverse relationship. When you decrease α, you always increase β and when you decrease β, you always increase α.

One way in which you can lower β without affecting the value of α is to increase the size of the sample. Larger sample sizes generally permit you to detect even very small differences between the hypothesized and actual values of the population parameter. For a given level of α, increasing the sample size will decrease β and therefore increase the power of the test to detect that the null hypothesis H_0 is false.

In establishing a value for α, you need to consider the negative consequences of a type I error. If these consequences are substantial, you can set $\alpha = 0.01$ instead of 0.05 and tolerate the greater β that results. If the negative consequences of a type II error most concern you, you can select a larger value for α (for example, 0.05 rather than 0.01) and benefit from the lower β that you will have.

习 题

一、单选题

1. 假设检验是检验_____的假设是否成立。 （ ）
   (1) 样本指标　　　(2) 总体指标　　　(3) 样本容量　　　(4) 总体单位数
2. 第二类错误是指总体的 （ ）
   (1) 真实状况
   (2) 真实状况检验为非真实状况
   (3) 非真实状况
   (4) 非真实状况检验为真实状况
3. 假设检验中的临界区域是 （ ）
   (1) 接受域　　　(2) 拒绝域　　　(3) 置信区域　　　(4) 检验域
4. 在显著性水平 α 下,经过检验而原假设 H_0 没有被拒绝, （ ）
   (1) 原假设 H_0 一定是正确的　　　(2) 备择假设 H_1 一定是错误的

(3) H_0 是正确的可能性为 $1-\alpha$　　　　(4) 原假设 H_0 可能是正确的

5. 经过显著性检验,原假设 H_0 被拒绝了,则　　　　　　　　　　　　　　　　　(　)
   (1) 原假设 H_0 一定是错误的　　　　(2) 备择假设 H_1 一定是正确的
   (3) H_0 是正确的可能性为 α　　　　(4) 原假设 H_0 可能是正确的

6. 在假设检验中,一般情况下,(　　)错误。
   (1) 只犯第一类　　　　　　　　　　　(2) 只犯第二类
   (3) 不犯第一类也不犯第二类　　　　(4) 既可能犯第一类也可能犯第二类

7. 下列说法正确的是　　　　　　　　　　　　　　　　　　　　　　　　　　　　(　)
   (1) 若备择假设是正确的,做出的决策是拒绝备择假设,则犯了弃真错误
   (2) 若备择假设是错误的,做出的决策是接受备择假设,则犯了存伪错误
   (3) 若原假设是正确的,但做出的决策是接受备择假设,则犯了弃真错误
   (4) 若原假设是错误的,但做出的决策是接受备择假设,则犯了存伪错误

8. 假设检验时,若增大样本容量,则犯两类错误的可能性　　　　　　　　　　　(　)
   (1) 都增大　　　　　　　　　　　　　(2) 都缩小
   (3) 都不变　　　　　　　　　　　　　(4) 一个增大,一个缩小

9. 若总体为非正态分布则在(　　)情况下,也可选用 z 统计量对总体指标进行检验。
   (1) 样本容量大于或等于 30　　　　　(2) 样本容量小于 30
   (3) 任意的样本容量　　　　　　　　　(4) 总体单位数很大

10. 在假设检验中,显著性水平 α 表示　　　　　　　　　　　　　　　　　　　(　)
    (1) $P\{接受 H_0/H_0 假\}=\alpha$　　　　(2) $P\{拒绝 H_0/H_0 真\}=\alpha$
    (3) $P\{接受 H_0/H_0 真\}=\alpha$　　　　(4) $P\{拒绝 H_0/H_0 假\}=\alpha$

11. 在一项假设中,显著性水平 $\alpha=0.05$,下面表述正确的是　　　　　　　　　(　)
    (1) 接受 H_0 的可靠性为 95%　　　　(2) 接受 H_1 的可靠性为 95%
    (3) H_0 为假时被接受的概率为 5%　　(4) H_1 为真时被接受的概率为 5%

12. 下列结论中,不正确的是　　　　　　　　　　　　　　　　　　　　　　　　(　)
    (1) 假设检验的依据是小概率原理
    (2) 若 $P\{拒绝 H_0/H_0 真\}=\alpha$,则 α 为犯第一类错误的概率
    (3) α 小则 β 也小
    (4) 尽量增大样本容量 n,可以减小 α 和 β

二、多选题

1. 根据样本指标,分析总体的假设值是否成立的统计方法称为　　　　　　　　(　)
   (1) 抽样估计　　　(2) 假设检验　　　(3) 统计抽样　　　(4) 显著性检验
   (5) 概率估计

2. 对总体指标提出假设,通常有原假设和备择假设两种,其中备择假设又称为　(　)
   (1) 虚无假设　　　(2) 对立假设　　　(3) 零假设　　　　(4) 替代假设
   (5) 错误假设

3. 错误 I 的大小用犯错误 I 的概率来衡量,通常用(　　)表示。
   (1) α　　　　　　(2) β　　　　　　(3) 显著水平　　　(4) $F(t)$
   (5) $1-\alpha$

4. 在假设检验中,α 与 β 的关系是　　　　　　　　　　　　　　　　　　　(　)
   (1) 在其他条件不变的情况下,增大 α,必然会减少 β
   (2) α 和 β 不可能同时减少
   (3) 在其他条件不变的情况下,增大 α,必然会增大 β
   (4) 增加样本容量可以减少 α 和 β

(5) 增加样本容量可以减少 α，而增大 β

5. 在假设检验中，当做出拒绝原假设而接受备择假设的结论时，表示 （　　）
(1) 有充足的理由否定原假设　　　　(2) 原假设必定是错误的
(3) 犯错误的概率不大于 α　　　　(4) 犯错误的概率不大于 β
(5) 在 H_0 为真的假设下发生了小概率事件

6. 给显著性水平 α，检验假设 H_0 时，若我们接受 H_0，则是 （　　）
(1) H_0 必定为真　　　　(2) 不应该否定 H_0
(3) 小概率事件没有发生　　　　(4) 可能犯了 α 错误
(5) 可能犯了 β 错误

7. 若假设检验为左侧检验，检验所需的统计量为 t，t_0 是由样本资料计算的统计量的值，则
（　　）
(1) t 可能大于 t_0　　(2) t 可能小于 t_0　　(3) t 必定小于 t_0　　(4) t 为临界值
(5) t_0 为临界值

8. 某机场的塔台面临一个决策上的问题：如果荧幕上出现一个小的不规则点，并逐渐接近飞机时，工作人员必须作一判断：H_0：一切正常，那只是荧幕上受到一点干扰罢了；H_1：可能会发生碰撞意外。在这个问题中，
(1) 错误地发出警报属于第一类错误　　(2) 错误地发出警报属于第二类错误
(3) 错误地发出警报的概率为 α　　(4) 错误地发出警报的概率为 β
(5) α 不宜太小

三、问答题

1. 什么叫"小概率原理"？
2. 什么叫反证法？
3. 在统计假设检验中，如何决定什么样的陈述应放在原假设中，什么样的陈述应放在替代假设中？
4. 假设检验的两类可能错误是什么？
5. 建设检验的步骤是什么？
6. 如何区别单侧检验和双侧检验、左侧检验与右侧检验？
7. 假设检验与置信区间有何联系？
8. 如何把握犯两类错误的概率？

四、计算题

1. 某食品厂生产果酱。标准规格是每罐净重 250 克。根据以往经验，标准差是 3 克。现在该厂生产一批这种罐头，从中抽取 100 罐检验，其平均净重 251 克。按规定，显著性水平 $\alpha = 0.05$，问该批罐头是否合乎标准？

2. 某工厂对所生产的产品进行质量检验，规定：次品率不超过 0.01 方可出厂。现从一批产品中随机抽查 800 件，发现有次品 20 件，试在显著性水平 $\alpha = 0.05$ 下检验，这批产品能否出厂？

3. 两台机床加工同一零件，分别取 9 个和 16 个零件，测得其平均长度分别为 62 mm 和 59 mm。假定零件长度服从正态分布，两个总体的标准差分别为 5 mm 和 6 mm。根据这些数据，能否认为 $\mu_1 > \mu_2$（取 $\alpha = 0.05$）？

4. 有位教师认为男同学通过计算机二级水平考试的比率要高于女同学。为证实自己的看法，他分别随机抽取了 60 名男生和 40 名女生，发现已通过考试的人数分别为 35 人和 17 人。这些数据是否足以说明这位教师的看法正确（取 $\alpha = 0.01$）？

5. 某工厂安装了新的显像管生产流水线，现从中随机抽取 20 只产品进行测试，发现其使用寿命的标准差为 2 000 小时。若原产品的使用寿命的标准差为 2 500 小时，在 $\alpha = 0.05$ 条件下，能否认为显像管使用寿命的标准差已有显著改善？

第十一章 方差分析

> 科学法则并不是由权威的原理所引导的,也不会由信仰或中世纪哲学来辩明的;统计学是诉诸新知识的唯一法庭。
>
> 马哈拉诺比斯

在前两章中,我们介绍过两个总体平均数之差的估计和检验的问题。而实际的经济和管理问题中,常常需要比较多个总体,并分析它们之间差异的原因。此时若仍沿用两个总体的比较方法,不仅计算过程繁杂,而且推断精度不高(由于不能同时利用全部的抽样数据,推断的精确度、稳定性都不高)。如果采用方差分析来处理此类问题,就能取得较好效果。方差分析也是一种假设检验,它将全部样本观察值的差异进行分组、分解,通过比较某一因素下样本观察值可能存在的系统误差与随机误差的大小,据以推断各总体之间是否存在显著性差异。如果存在显著性差异,则说明该因素对总体的影响是显著的。

第一节 方差分析概述

首先通过一个实例,简要地说明什么是方差分析,方差分析具体解决什么问题。

某农业科学研究所对稻谷作物采用 5 种不同的施肥方法进行试验,每种方法取 4 块条件相同、面积均为 0.1 亩的地块。试验结果,稻谷产量如表 11-1 所示。

表 11-1 五种施肥方法下的不同产量(单位:千克)

试验次数	按加施化肥方法分组 A					总和
	A_1	A_2	A_3	A_4	A_5	
1	67	98	60	79	90	——
2	67	96	69	64	70	——
3	55	91	50	81	79	——
4	42	66	35	70	88	——
合计	231	351	214	294	327	1 417
平均数	57.75	87.75	53.50	73.50	81.75	70.85

试判断施肥方法不同对产量是否有显著的影响。

如果把每一种施肥方法下的稻谷作物产量看作一个总体,则上表中各列数据可看成来自五个不同总体的样本值。将各个总体的均值依次记为 $\mu_1, \mu_2, \mu_3, \mu_4, \mu_5$,按题意需检验假设

$$H_0: \mu_1 = \mu_2 = \cdots = \mu_5$$
$$H_1: \mu_1, \mu_2, \cdots, \mu_5 \text{ 不全相等}$$

解决以上问题,能否使用前一章假设检验中的两样本均值 t 检验,即两两分别检验两总体(例如,μ_1 和 μ_2,μ_1 和 μ_3,μ_1 和 μ_4,$\cdots$,μ_2 和 μ_3,$\cdots$)的均值是否相等呢?这样做在统计上是不妥的,因为

统计学的结论讲究概率性(做出假设检验的结论,存在着犯错误的可能)。在上例中,若进行两两样本均值 t 检验,需进行 10 次,对于某一次比较,其犯第一类错误的概率是 α,那么连续 10 次比较,其犯第一类错误的概率是多少?答案不是 α^{10},而是 $1-(1-\alpha)^{10}$。也就是说,如果显著性水平取 0.05,那么在连续 10 次 t 检验中,犯第一类错误的概率将上升 0.401 3!这是一个令人震惊的数字,就好像考试及格线原本是 60 分,现在被降到了 20 分,导致考试的权威性大打折扣一样。因此,多个均数比较时不宜采用 t 检验作两两比较。

方差分析(Analysis of Variance,简写为 ANOVA),则能有效、快速的解决以上问题,一次性检验出多个总体均值是否相同。可见,方差分析是假设检验的分支,是工农业生产和科学研究中分析数据的一种重要工具,常用于研究不同生产条件对试验结果有无显著影响的问题。

在方差分析中,我们将要考察的指标称为观察变量,影响观察变量的条件称为因素,又称因子,通常用 $A,B,C,\cdots$ 表示。因素可以分为两类:一类是人可以控制的因素,称为可控因素;一类是人很难控制的,称为随机因素。上例中,施肥方法就是一个可控因素,而测量误差、气象条件等则一般是难以控制的。若某因素 A 有 r 个不同状态,就称它有 r 个水平,用 $A_1,A_2,\cdots,A_r$ 表示。

方差分析就是要分析可控因素的不同水平是否对观察变量产生了显著影响。方差分析中,仅考虑一个因素的变动称为单因素方差分析;考虑两个或以上因素的变动则称为多因素方差分析。多因素方差分析中,若各因素之间相互独立,称为无交互作用;如果各因素间相互影响,则称为有交互作用,交互作用也是影响观察变量的一个因素,必须纳入方差分析。

本章就单因素方差分析和两因素方差分析进行系统的介绍。

第二节 单因素方差分析

单因素方差分析(One-way ANOVA),用来分析某一个可控因素的不同水平是否给观察变量造成显著差异和变动,或者说检验其各水平分组下的均值是否来自同一总体。如上例 11-1 中,假定其他条件完全相同,仅考虑施肥方法不同对作物产量有无显著影响。

一、单因素方差分析数据结构

为了分析的标准化,把上面的例子一般化,即:设检验因素 A 取 r 个水平,记作 $A_1,A_2,\cdots,A_r$。在 A_i 水平下作了 n 次重复试验(这里每个水平所做的试验重复次数可以不同)。A_i 水平下第 j 次试验结果的观测值为 $x_{ij}(i=1,2,\cdots,r;j=1,2,\cdots,n)$,$x_{ij}\sim N(\mu_i,\sigma_i^2)$,单因素 r 个水平数据结构表如表 11-2 所示。

表 11-2 单因素 r 个水平数据结构表

试验次数	因素水平				合计
	A_1	A_2	$\cdots$	A_r	
1	x_{11}	x_{21}	$\cdots$	x_{r1}	
2	x_{12}	x_{22}	$\cdots$	x_{r2}	—
$\vdots$	$\vdots$	$\vdots$	$\vdots$	$\vdots$	
j	X_{1j}	X_{2j}	$\cdots$	x_{rj}	—
$\vdots$	$\vdots$	$\vdots$	$\vdots$	$\vdots$	
n	x_{1n}	x_{2n}	$\cdots$	x_{rn}	
合计	$x_{1.}$	$x_{2.}$	$\cdots$	$x_{r.}$	$x_{..}$
均值	$\bar{x}_1$	$\bar{x}_2$	$\cdots$	$\bar{x}_r$	$\bar{x}$

其中，$x_{i.} = \sum_{j=1}^{n} x_{ij}, x_{..} = \sum_{i=1}^{r} \sum_{j=1}^{n} x_{ij}, \overline{x}_{i.} = \frac{x_{i.}}{n}, \overline{x} = \frac{\sum x}{nr}, (i=1,2,\cdots,r)$。

二、单因素方差分析的基本原理

表 11-1 的每一列的观测值都是完全相同条件下的试验结果，是来自同一个总体的样本值，故同一水平各观测值之间的差异应为随机因素导致的随机误差。如果因素 A 的各水平对观察变量没有影响，各列的观测值均来自同一个总体，那么，各列的平均值 $\overline{x}_{i.}$ 应基本相等，若有差异也是随机误差。反之，如果因素 A 不同水平对观察变量有影响，各列的观测值就是来自不同的总体，各列的平均值之间则会有显著的差异。此时的差异，不能再由随机误差完全解释，而有充分理由判断主要是因素 A 的不同水平导致的系统误差。

方差分析解决问题的思想就是：从所有观察值的总变异中，分离出系统误差和随机误差，并用数量表示。在一定意义下比较系统误差和随机误差，两者差别不大，说明因素水平的不同对试验结果影响不大；如果两者相差较大，且系统误差大得多，说明因素水平的不同对试验结果有显著影响。

在方差分析中，差异的大小以离差平方和来衡量。所有观察值的总变异程度用总离差平方和反映，记作 SST(Sum of Squares for Total)；这个总变异被分解为两项：一项是各组间的离差平方和，记作 SSA(Sum of Squares Among Group)，既包括了因素 A 的作用(如果这个作用存在的话)，也包括了随机误差；另一项为各组内的离差平方和，记作 SSE(Sum of Squares for Error)，完全是随机因素导致的随机误差。

$$SST = \sum_i \sum_j (x_{ij} - \overline{x})^2 = \sum_i \sum_j [(x_{ij} - \overline{x}_{i.}) + (\overline{x}_{i.} - \overline{x})]^2$$
$$= \sum_i \sum_j (x_{ij} - \overline{x}_{i.})^2 + \sum_i \sum_j (\overline{x}_{i.} - \overline{x})^2 + 2\sum_i \sum_j (x_{ij} - \overline{x}_{i.})(\overline{x}_{i.} - \overline{x})$$

上式中，交叉项之和为零，即

$$\sum_i \sum_j (x_{ij} - \overline{x}_{i.})(\overline{x}_{i.} - \overline{x}) = \sum_i (\overline{x}_{i.} - \overline{x}) \sum_j (x_{ij} - \overline{x}_{i.})$$
$$= \sum_i (\overline{x}_{i.} - \overline{x}) \times 0 = 0$$

进一步记

$$SSA = \sum_i \sum_j (x_{i.} - \overline{x})^2$$
$$SSE = \sum_i \sum_j (x_{ij} - \overline{x}_{i.})^2$$

因此，我们得到总离差平方和的分解式

$$SST = SSA + SSE$$

显然，上述离差的分解公式和理论上误差的来源分解之间存在着如下的对应关系：

总变差＝因素不同水平导致系统误差＋随机因素导致的随机误差
总离差平方和＝组间离差平方和＋组内离差平方和

三、检验统计量的设置和方差分析表

前面已指出，检验因素作用的显著性，实质上就是检验以下假设

$$H_0: \mu_1 = \mu_2 = \cdots = \mu_r$$
$$H_1: \mu_1, \mu_2, \cdots, \mu_r \text{ 不全相等}$$

原假设是否为真,关键是看 SSA 和 SSE 两者间的相对比较,即

$$F=\frac{SSA}{SSE}$$

但考虑到 SSA 与 SSE 的构造,其大小与参加求和的项数有关,显然项数越多 SSE 越大,比值不具有可比性。因此,在 F 检验统计量的分子、分母上都除以各自的自由度。SSA 是因素 A 在不同水平上的均值 $\bar{x}_{i\cdot}$ 变化而产生的离差平方和,由于 r 个均值并不是独立的,它们必须满足约束条件:$\sum_i(\bar{x}_{i\cdot}-\bar{x})=0$,因此失去一个自由度,它的自由度是 $r-1$。SSE 是由 x_{ij} 在各水平 A_i 上围绕其均值 $\bar{x}_{i\cdot}$ 波动产生的,它们必须满足约束条件:$\sum_j(\bar{x}_{ij}-\bar{x}_{i\cdot})=0$,一共有 r 个,失去 r 个自由度,所以 SSE 的自由度是 $nr-r$;SST 是 nr 个 x_{ij} 围绕 $\bar{x}$ 波动引起的,但这 nr 个变量必须满足一个约束条件:$\sum_i\sum_j(\bar{x}_{ij}-\bar{x})=0$,所以自由度只有 $nr-1$。SST,SSA 与 SSE 的自由度满足如下关系:

$$nr-1=(r-1)+(nr-r)$$

由此,改进后的检验统计量为

$$F=\frac{SSA/r-1}{SSE/nr-r}=\frac{MSA}{MSE}\sim F(r-1,nr-r)$$

这里,MSA 称为组间均方差(Mean Squares Among Group),MSE 称为组内均方差(Mean Squares for Error)。

显而易见,在 H_0 成立时,各列平均数之间没有系统误差,纯属随机误差,则 MSA 和 MSE 大致相等,F 值应接近于 1。如果原假设不成立,即各列平均数之间除随机误差外,还有系统误差,则 $MSA \geqslant MSE$,F 值也远大于 1,并且各组间的不一致程度越强,F 值越大,说明因素 A 的影响越显著。因此,检验的拒绝域在右侧。对于给定的显著性水平 α,查 F 分布表得临界值 $F_\alpha(r-1,nr-r)$,当 $F>F_\alpha$ 时,拒绝原假设,接受备择假设,认为所检验因素对观测变量有显著影响;当 $F<F_\alpha$ 时,接受原假设,认为没有证据说明所检验因素对观测变量有显著影响。

四、实例运用

现在我们去解决表 11-1 提出的问题。

1. 建立原假设和备择假设

$$H_0:\mu_1=\mu_2=\cdots=\mu_5$$
$$H_1:\mu_1,\mu_2,\cdots,\mu_5 \text{ 不全相等}$$

2. 计算组内离差平方和 SSE、组间离差平方和 SSA

首先,计算各组组内离差平方和,即

第一组:$(67-57.75)^2+(67-57.75)^2+(55-57.75)^2+(42-57.75)^2=426.75$
第二组:$(98-87.75)^2+(96-87.75)^2+(91-87.75)^2+(66-87.75)^2=656.75$

同理可得第三组、第四组、第五组的组内离差平方和分别为:637.00,189.00,252.75。

则 $SSE=426.75+656.75+637.00+189.00+252.75=2\ 162.25$

$SSA=4\times(57.75-70.85)^2+4\times(87.75-70.85)^2$
$\qquad+4\times(53.5-70.85)^2+4\times(73.5-70.85)^2+4\times(81.75-70.85)^2$
$\quad=3\ 536.30$

本例中,施肥方法有 5 种,即 $r=5$,SSA 的自由度为 $r-1=5-1=4$;每一种施肥方法下都进行

了4次试验,即$n=4$,SSE的自由度为$nr-r=4\times5-5=15$;SST的自由度为$nr-1=4\times5-1=19$。

3. 计算检验统计量

$$F=\frac{SSA/r-1}{SSE/nr-r}=\frac{MSA}{MSE}=\frac{3\ 536.30/4}{2\ 162.25/15}=6.13$$

4. 给出结论

查表,临界值$F_{0.01}(4,15)=4.89$,$F_{0.05}(4,15)=3.06$。

因为,$F>F_\alpha$,所以拒绝原假设,说明不同施肥方法对稻谷作物的产量有显著影响。

在实际应用中,大多统计软件如SPSS、SAS,以及EXECL常以方差分析表的形式给出有关计算结果。如表11-3所示。

表11-3 作物产量单因素方差分析表

差异来源	SS	df(自由度)	MS	F	F_α
组间	3 536.30	4	884.08	6.13	$F_{0.01}=4.89$
组内	2 162.25	15	144.15		$F_{0.05}=3.06$
总计	5 698.55	19			

五、单因素方差分析中的几个问题

使用单因素方差分析时,应注意以下几个问题:

第一,方差分析需满足的假设条件。方差分析实质上是对各总体均值相等假设进行检验,为了得到检验统计量的精确分布,要求满足的前提条件是:(1)样本是独立的随机样本(Independence sample)。举例来说,对于田间试验,两个区块中作物的产量差别应当仅仅与处理有关,而与两块地是否邻近无关;对于实验室研究,应当尽量避免由于试验者主观的系统误差而导致相关性。然而测量误差或者试验设计时的失误往往会导致独立性的要求得不到满足,此时原始资料存在着信息"重叠"的现象,方差分析的结果往往会受到相当大的影响。因此在试验设计阶段就应当保证随机化真正得到实施。(2)各样本均来自正态分布(Normality)。Box和Anderson等人的研究表明,正态性得不到满足时,方差分析的结论并不会受到太大的影响,也就是说,方差分析对于正态性的要求是稳健的。(3)总体方差具有齐性,即各总体方差相等(Homoscedascity)。在各组间样本含量相差不太大时,方差轻微不齐仅会对方差分析的结论有少许影响,一般而言,只要最大/最小方差之比小于3,分析结果都是稳定的。一般情况下,我们总认为以上的假定条件都是满足的或近似满足的。这一点对于多因素分析也有效。

第二,均衡性问题。在前面的数据结构中,因素各水平下的样本容量可以相等也可以不相等,分析过程和结果不受到影响。但各组在样本含量上的均衡性将会为分析计算提供极大的便利,也能在一定程度上弥补正态性或方差齐性得不到满足时对检验效能所产生的影响,这一点在多因素分析时体现得尤为明显。因此,在试验设计时就应当注意到均衡性的问题。

第三,方差分析将所有样本结合在一起,使数据数量增多,提高了分析结果的稳定性。但是,方差分析也存在不足之处。如假设检验结果拒绝了原假设,我们认为各总体的均值不全相等,至于哪个总体均值大,哪个总体均值小,方差分析本身不能回答,而需要进一步进行单因素水平间的多重比较(Multiple-Comparision),限于篇幅,本书不作介绍,有兴趣的读者可以参考其他资料。

知识链接21:列联表与χ^2检验

检验多个总体的均值是否相同或是否具有显著差异,通常使用方差分析(也称F检验)。而检验多个总体比率是否具有显著差异,则通常使用 χ^2 检验。

1. 问题的提出

为研究 A、B、C 三种教学方法的效果,现安排三个统计学专业的班级进行教学试验:统计学 1 班采用 A 教法,2 班采用 B 教法,3 班采用 C 教法。一学期后,测试综合成绩,得到三个班各等级人数(见下表,不包含表中括号数)。问三种教法的效果有无显著差异?

	优等	良等	中等	差等	(行)合计人数
统计学 1 班	9(6)	23(20)	10(15)	3(5)	45
统计学 2 班	8(7)	28(23)	10(17)	6(6)	52
统计学 3 班	3(7)	15(24)	29(18)	8(6)	55
(列)合计人数	20	66	49	17	152(总人数)

分析:欲比较三种教法的效果,可通过比较三个班级的等级率(优等率、良等率、中等率和差等率)。如果三个班级等级率相同,则说明三种教法的效果无显著差异,反之有差异。

问题归结到:推断三个班级(三种教法)各个等级率有无显著差异(或是否相同),即:三种教法的优等率 P_{11},P_{21},P_{31}、良等率 P_{12},P_{22},P_{32}、中等率 P_{13},P_{23},P_{33} 和差等率 P_{14},P_{24},P_{34} 是否相同。

若按本章第三节两个比率检验则非常麻烦,而且误差较大。此时,通常采用 χ^2 检验一次检验出多个总体比率之间有无显著差异。

形如上表的表称为 $R \times C$ 关联表,其中 R 为行数,C 为列数。因此,上表称为 3×4 关联表。这里,χ^2 检验也可以被视为:运用 $R \times C$ 关联表,检验行与列两因素是否独立。所以,也被称为行列独立性检验或 $R \times C$ 关联表检验。

2. χ^2 检验($R \times C$ 关联表检验)的思想和步骤

(1) 提出原假设 H_0。三种教法的各个等级率无显著差异,即各等级率相等或行列两因素相互独立。

(2) 构造检验统计量。由原假设三种教法优等率相等,则三种教法的样本优等率应相差不大,从而每个样本优等率应比较接近三种教法样本优等率的合并率(平均率)$\bar{p}$。所以,由合并优等率 $\bar{p}$ 推算出的三种教法的优等人数(理论数)应与原实际人数相近。经计算,得到三种教法的各等级人数的理论数(表示于上表各个括号数)。其中,表中第一列的 6、7、7,计算过程如下:

$$\text{三种教法的合并优等率(平均优等率)} = 20/152 = 0.131\,6$$
$$A \text{ 教法的样本优等人数的理论数} = 45 \times 0.131\,6 = 6$$
$$B \text{ 教法的样本优等人数的理论数} = 52 \times 0.131\,6 = 7$$
$$C \text{ 教法的样本优等人数的理论数} = 55 \times 0.131\,6 = 7$$

其他等级人数的理论数,同理计算。

在原假设 H_0 成立条件下,各理论数 T 与实际数 A 应当相近。可构造统计量

$$\chi^2 = \sum \frac{(A-T)^2}{T}$$

在 H_0 下,$\chi^2 \sim \chi^2(R-1)(c-1)$ 即 $\chi^2 \sim \chi^2(6)$

$$\chi^2 = \frac{(9-6)^2}{6} + \frac{(23-20)^2}{20} + \frac{(10-15)^2}{15} + \frac{(3-5)^2}{5} + \frac{(8-7)^2}{7} + \frac{(28-23)^2}{23}$$
$$+ \frac{(10-17)^2}{17} + \frac{(6-6)^2}{6} + \frac{(3-7)^2}{7} + \frac{(15-24)^2}{24} + \frac{(29-18)^2}{18} + \frac{(8-6)^2}{6} = 21.6$$

(3) 查 χ^2 分布表,若取 $\alpha=0.01$,$\chi^2(6)=16.812$;
(4) 结论:21.6 大于 16.812,否定原假设,即认为三种教法的各个等级率有显著差异。

第三节　双因素方差分析

在实际问题中,影响一个观测变量的因素很多,这些因素对所考虑的观测变量都有一定的影响。例如,某公司在分析商品销售量的影响因素时,不仅要考虑产品包装,还要考虑销售价格、新闻广告等其他因素。多个影响因素中主要因素是什么?各因素之间有无交互作用?这就是多因素方差分析解决的问题。多因素方差分析与单因素方差分析类似,关键是如何把总离差平方和进行分解。下面以两因素的方差分析为例,分有无交互作用两种情况进行介绍。

一、无交互作用的双因素方差分析

设 A 和 B 是可能对试验结果产生影响的两个因素,两因素相互独立,无交互作用。因素 A 有 a 个水平:$A_1,A_2,\cdots,A_a$,因素 B 有 b 个水平:$B_1,B_2,\cdots,B_b$,则因素 A 和 B 共有 $a\times b$ 个组合,在每一种组合条件下各做一次试验,其结果记为 $x_{ij}(i=1,2,\cdots,a;j=1,2,\cdots,b)$,得到数据结构如表 11-4 所示。

表 11-4　双因素无交互作用因素分析数据结构表

		因素 B						均值
		B_1	B_2	$\cdots$	B_j	$\cdots$	B_b	
因素 A	A_1	x_{11}	x_{12}	$\cdots$	x_{1j}	$\cdots$	x_{1b}	$\overline{x}_{1.}$
	A_2	x_{21}	x_{22}	$\cdots$	x_{2j}	$\cdots$	x_{2b}	$\overline{x}_{2.}$
	$\vdots$	$\vdots$	$\vdots$	$\cdots$	$\vdots$	$\cdots$	$\vdots$	$\vdots$
	A_i	x_{i1}	x_{i2}	$\cdots$	x_{ij}	$\cdots$	x_{ib}	$\overline{x}_{i.}$
	$\vdots$	$\vdots$	$\vdots$	$\cdots$	$\vdots$	$\cdots$	$\vdots$	$\vdots$
	A_a	x_{a1}	x_{a2}	$\cdots$	x_{aj}	$\cdots$	x_{ab}	$\overline{x}_{a.}$
均值		$\overline{x}_{.1}$	$\overline{x}_{.2}$	$\cdots$	$\overline{x}_{.j}$	$\cdots$	$\overline{x}_{.b}$	$\overline{x}$

其中

$$\overline{x}_{i.}=\frac{1}{b}\sum_{j=1}^{b}x_{ij} \quad (i=1,2,\cdots,a)$$

$$\overline{x}_{.j}=\frac{1}{a}\sum_{i=1}^{a}x_{ij} \quad (j=1,2,\cdots,b)$$

$$\overline{x}=\frac{1}{ab}\sum_{i=1}^{a}\sum_{j=1}^{b}x_{ij} \quad (i=1,2,\cdots,a;j=1,2,\cdots,b)$$

现要分析因素 A 和 B 对观测变量有无显著影响,就是要对以下两个假设做出检验:

$H_0:\overline{x}_{1.}=\overline{x}_{2.}=\cdots=\overline{x}_{a.}$　　（因素 A 对观测变量无显著影响）
$H_1:\overline{x}_{i.}$ 不全相等,$i=1,2,\cdots,a$　（因素 A 对观测变量有显著影响）
$H_0:\overline{x}_{.1}=\overline{x}_{.2}=\cdots=\overline{x}_{.b}$　　（因素 B 对观测变量无显著影响）
$H_1:\overline{x}_{.j}$ 不全相等,$j=1,2,\cdots,b$　（因素 B 对观测变量有显著影响）

同单因素方差分析的原理一样,将观测变量的总离差平方和加以分解,有

$$SST = SSA + SSB + SSE$$

其中

$$SST = \sum_{i=1}^{a}\sum_{j=1}^{b}(x_{ij}-\overline{x})^2$$

$$SSA = \sum_{i=1}^{a}\sum_{j=1}^{b}(\overline{x}_{i.}-\overline{x})^2 = b\sum_{i=1}^{a}(\overline{x}_{i.}-\overline{x})^2$$

$$SSB = \sum_{i=1}^{a}\sum_{j=1}^{b}(\overline{x}_{.j}-\overline{x})^2 = a\sum_{j=1}^{b}(\overline{x}_{.j}-\overline{x})^2$$

$$SSE = \sum_{i=1}^{a}\sum_{j=1}^{b}(x_{ij}-\overline{x}_{i.}-\overline{x}_{.j}+\overline{x})^2$$

SST 表示总的离差平方和；SSA 表示因素 A 水平变化引起的误差，称为因素 A 的离差平方和；SSB 表示因素 B 水平变化引起的误差，称为因素 B 的离差平方和；SSE 表示除了因素 A、B 以外的随机因素引起的误差，称随机误差的离差平方和。各离差平方和的自由度分别是：$ab-1, a-1, b-1, (a-1)(b-1)$。且有

$$ab-1 = (a-1) + (b-1) + (a-1)(b-1)$$

分别构造检验因素 A 和 B 影响是否显著的检验统计量：

$$F_A = \frac{SSA/(a-1)}{SSE/(a-1)(b-1)} = \frac{MSA}{MSE} \sim F[a-1,(a-1)(b-1)]$$

$$F_B = \frac{SSB/(b-1)}{SSE/(a-1)(b-1)} = \frac{MSB}{MSE} \sim F[b-1,(a-1)(b-1)]$$

这里，MSA 称因素 A 的均方差，MSB 称因素 B 的均方差，MSE 称随机因素均方差。

例如，将土质基本相同的一块耕地，等分成 5 个区块，每个区块又分成 3 个小区。现有 3 个品种的小麦，将这四种小麦随机地分种在每个区块的 3 个小区里。测得其收获量如下表 11-5：

表 11-5 四种小麦收获量（单位：千克）

		区块 B					均值
		一	二	三	四		
品种 A	甲	40	40	37	37	37	38.2
	乙	31	34	28	37	19	29.8
	丙	24.4	28	28	25	19	22
均值		33	34	30	31	26	30.8

试问不同区块和品种对小麦收获量有无显著影响。

根据题意，检验的假设有两个：

H_{0A}：不同品种对小麦收获量无显著影响；

H_{1A}：不同品种对小麦收获量有显著影响。

H_{0B}：不同区块对小麦收获量无显著影响；

H_{1B}：不同区块对小麦收获量有显著影响。

利用有关公式进行计算（具体步骤略），计算结果以方差分析表给出，见表 11-6 所示。

表 11-6 小麦产量双因素无交互作用方差分析表

差异来源	SS	df(自由度)	MS	F	F_a
行(A 因素)	483.6	2	241.8	13.21	$F_{0.05}=4.45896$
列(B 因素)	116.4	4	29.1	1.59	$F_{0.05}=3.837854$
误差	146.4	8	18.3		
总计	746.4	14			

从表 11-6 可知:$F_A=11.74>F_{0.05}=4.458968$,拒绝 H_{0A},接受 H_{1A},认为不同品种对小麦收获量有显著影响;$F_B=1.59<F_{0.05}=3.837854$,接受 H_{0B},说明不同区块对小麦收获量无显著影响。

二、有交互作用的双因素方差分析

在双因素方差分析中,若我们没有充足理由判定因素 A 和因素 B 是相互独立的,就必须考虑两因素之间的交互作用。因素间联合搭配对实验结果所起的作用称为交互作用,因素 A 和因素 B 的交互作用表示为 $A\times B$,为了考察交互作用的影响,需要对换每一对水平组合作 m 次重复试验,得到试验数据结构如表 11-7 所示。

表 11-7 双因素有交互作用方差分析数据结构

		因素 B						均值
		B_1	B_2	...	B_j		B_b	
因素 A	A_1	x_{111} x_{112} ⋮ x_{11m}	x_{121} x_{122} ⋮ x_{12m}	...	x_{1j1} x_{1j2} ⋮ x_{1jm}	...	x_{1b1} x_{1b2} ⋮ x_{1bm}	$\bar{x}_{1..}$
	A_2	x_{211} x_{212} ⋮ x_{21m}	x_{221} x_{222} ⋮ x_{22m}	...	x_{2j1} x_{2j2} ⋮ x_{2jm}	...	x_{2b1} x_{2b2} ⋮ x_{2bm}	$\bar{x}_{2..}$
	⋮	⋮	⋮	...	⋮	...	⋮	⋮
	A_i	x_{i11} x_{i12} ⋮ x_{i1m}	x_{i21} x_{i22} ⋮ x_{i2m}	...	x_{ij1} x_{ij2} ⋮ x_{ijm}	...	x_{ib1} x_{ib2} ⋮ x_{ibm}	$\bar{x}_{i..}$
	⋮	⋮	⋮	...	⋮	...	⋮	⋮
	A_a	x_{a11} x_{a12} ⋮ x_{a1m}	x_{a21} x_{a22} ⋮ x_{a2m}	...	x_{aj1} x_{aj2} ⋮ x_{ajm}	...	x_{ab1} x_{ab2} ⋮ x_{abm}	$\bar{x}_{a..}$
均值		$\bar{x}_{.1.}$	$\bar{x}_{.2.}$	...	$\bar{x}_{.j.}$	...	$\bar{x}_{.b.}$	$\bar{x}$

其中，x_{ijl} 表示在因素水平组合 (A_i, B_j) 下第 l 次试验的结果。在此组合下 m 次试验结果的平均值，记为 $\bar{x}_{ij.}$。

$$\bar{x}_{ij.} = \frac{1}{m} \sum_{l=1}^{m} x_{ijl}$$

另记

$$\bar{x}_{i..} = \frac{1}{bm} \sum_{j=1}^{b} \sum_{l=1}^{m} x_{ijl}$$

$$\bar{x}_{.j.} = \frac{1}{am} \sum_{i=1}^{a} \sum_{l=1}^{m} x_{ijl}$$

$$\bar{x} = \frac{1}{abm} \sum_{i=1}^{a} \sum_{j=1}^{b} \sum_{l=1}^{m} x_{ijl}$$

类似可将观测变量的总离差平方和分解，有

$$SST = SSA + SSB + SSAB + SSE$$

式中，

$$SST = \sum_{i=1}^{a} \sum_{j=1}^{b} \sum_{l=1}^{m} (x_{ijl} - \bar{x})^2$$

$$SSA = bm \sum_{i=1}^{a} (\bar{x}_{i..} - \bar{x})^2$$

$$SSB = am \sum_{j=1}^{b} (\bar{x}_{.j.} - \bar{x})^2$$

$$SSAB = m \sum_{i=1}^{a} \sum_{j=1}^{b} (\bar{x}_{ij.} - \bar{x}_{i..} - \bar{x}_{.j.} + \bar{x})^2$$

$$SSE = \sum_{i=1}^{a} \sum_{j=1}^{b} \sum_{l=1}^{m} (x_{ijl} - \bar{x}_{ij.})^2$$

与无交互作用的双因素方差分析分解相比，这里多出了一项 $SSAB$，它反映两个因素交互作用的结果。各离差平方和 SST、SSA、SSB、$SSAB$ 和 SSE 的自由度分别是：$abm-1, a-1, b-1, (a-1)(b-1), ab(m-1)$，且有如下关系：

$$abm-1 = (a-1) + (b-1) + (a-1)(b-1) + ab(m-1)$$

则检验因素 A 和 B 影响是否显著的检验统计量分别是

$$F_A = \frac{SSA/(a-1)}{SSE/[ab(m-1)]} = \frac{MSA}{MSE}$$

$$F_B = \frac{SSB/(b-1)}{SSE/[ab(m-1)]} = \frac{MSB}{MSE}$$

检验交互影响是否显著的检验统计量为

$$F_{AB} = \frac{SSAB/(a-1)(b-1)}{SSE/[ab(m-1)]} = \frac{MSAB}{MSE}$$

例如，考查合成纤维中对纤维弹性有影响的两个因素：收缩率 A 和总拉伸倍数 B。A 和 B 各取四个水平，所有水平组合都重复试验一次，结果如表 11-8 所示。

表 11-8　纤维弹性测试数据

		拉伸倍数 B/倍				均值
		460	520	580	640	
收缩率 A/%	0	71 73	72 73	75 73	77 75	73.625
	4	73 75	76 74	78 77	74 74	75.125
	8	76 73	79 77	74 75	74 73	75.125
	12	75 73	73 72	70 71	69 69	71.5
均值		73.625	74.5	74.125	73.125	73.843 75

问收缩率、总拉伸倍数及它们的交互作用对纤维弹性的影响是否显著？

根据题意,检验的假设有三个：

(1) H_{0A}:收缩率对纤维弹性无显著影响；

H_{1A}:收缩率对纤维弹性有显著影响。

(2) H_{0B}:拉伸倍数对纤维无显著影响；

H_{1B}:拉伸倍数对纤维弹性有显著影响。

(3) H_{0AB}:收缩率和拉伸倍数没有交互作用；

H_{1AB}:收缩率和拉伸倍数有交互作用,且对纤维弹性有显著影响。

利用有关公式进行计算(具体步骤略),计算结果以方差分析表给出,见表 11-9 所示。

表 11-9　纤维弹性有交互作用双因素方差分析表

差异来源	SS	df(自由度)	MS	F	F_α
行(A 因素)	70.590	3	23.5	17.5	$F_{0.05}(3,16)=3.24$
列(B 因素)	8.59	3	2.86	2.1	$F_{0.05}(3,16)=3.24$
交互作用(A×B)	79.53	9	8.84	6.6	$F_{0.05}(9,16)=2.54$
误差	21.5	16	1.34		
总计	180.21	21			

从表 11-8 可知：$F_A=17.5>F_{0.05}(3,16)=3.24$,拒绝 H_{0A},有充分证据说明收缩率对纤维弹性有显著影响；$F_B=2.1<F_{0.05}(3,16)=3.24$,接受 H_{0B},没有充分证据说明拉伸倍数对纤维弹性有显著影响；$F_{AB}=6.6>F_{0.05}(9,16)=2.54$,拒绝 H_{0AB},有充分证据说明收缩率和拉伸倍数有交互作用,且对纤维弹性有显著影响。

知识链接 22：" 差异具有显著性" 与" 具有显著差异"

知识链接 20(p-值法)所述 p 值,指的是比较的两者的差别是由机遇所致的可能性大小。p 值越小,越有理由认为对比事物间存在差异。例如,$p<0.05$,就是说结果显示的差别是由机遇所致的可能性不足 5%；或者说,别人在同样的条件下重复同样的研究,得出相反结论的可能性不足 5%。$p>0.05$ 称" 不显著"；$p\leqslant0.05$ 称" 显著",$p\leqslant0.01$ 称" 非常显著"。

由于常用" 显著" 来表示 p 值大小,所以 p 值最常见的误用是把统计学上的显著与实际中的显著差异相混淆,即混淆" 差异具有显著性" 和" 具有显著差异" 二者的意思。其实,前者指的是 $p\leqslant0.05$,即说明有充分的理由认为比较的两者来自同一总体的可能性不足5%,因而认为两者确实有差异,做出这个结论出错的可能性≤5%。而后者的意思是两者的差别确实很大。举例来说,4 和 40 的差别很大,因而可以说是"有显著差异",而 4 和 4.2 差别不大,但如果计算得到的 p 值≤0.05,则认为两者"差别有显著性",但是不能说"有显著差异"。

由于"有显著差异"和"差异具有显著性"容易混淆,因而有学者提出用"差异有统计意义"来代替"差异有显著性",用"差异无统计意义"和"差异有高度统计意义"来代替"差异不显著"和"差异有高度显著性"。

如果 $p>5\%$,是否我们就可以下结论说比较的两者没有差别呢? 不能。$p>5\%$ 只能说明没有充分的证据说明两者确有差别,但是也不能说两者没有差别或差别很小。在这两个极端之间还有一个过渡区间,即无论有差别还是没有差别或差别很小的证据都不足。要推断两者没有差别或差别很小,需要采用等效检验的统计推断方法。

第四节　Excel 在方差分析中的应用

一、单因素方差分析

可按如下步骤,对表 11-1 数据,进行单因素方差分析:
(1) 输入数据。如图 11-1 所示。
(2) 调出"方差分析:单因素方差分析"对话框,其主要选项含义如下。

输入区域:在此输入待分析数据区域的单元格引用。该引用必须由两个或两个以上按列或行组织的相邻数据区域组成。本例为"\$BS2:\$F\$6"。

分组方式:如果需要指出输入区域中的数据是按行还是按列排列,请单击"行"或"列"。本例分组方式为"列"。

标志位于第一行/列:如果输入区域的第一行中包含标志项,请选中"标志位于第一行"复选框;如果输入区域的第一列中包含标志项,请选中"标志位于第一列"复选框;如果输入区域没有标志项,则该复选框不被选中,Excel 将在输出表中生成适宜的数据标志。

$\alpha(A)$:在此输入计算 F 统计临界值的置信度。本例为 0.05。

本例对话框的填写如图 11-1 所示。

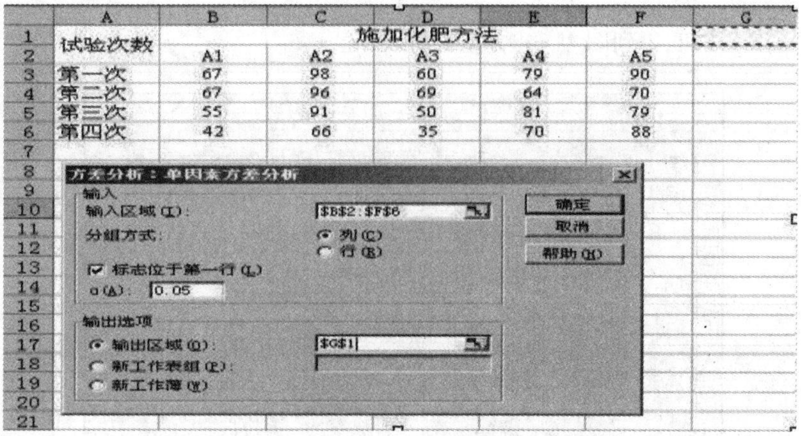

图 11-1　方差分析

(3) 单击“确定”按钮,得到如图 11-2 方差分析表。

方差分析:单因素方差分析

SUMMARY

组	观测数	求和	平均	方差
A1	4	231	57.75	142.25
A2	4	351	87.75	218.9167
A3	4	214	53.5	212.3333
A4	4	294	73.5	63
A5	4	327	81.75	84.25

方差分析

差异源	SS	df	MS	F	P-value	F crit
组间	3536.3	4	884.075	6.133021	0.003944	3.055568
组内	2162.25	15	144.15			
总计	5698.55	19				

图 11-2 方差分析表

二、无交互作用下的双因素方差分析

对表 11-5 数据,可按以下步骤,进行双因素分析:

(1) 输入数据。如图 11-3 所示。

(2) 调出“方差分析:无重复双因素分析”对话框,具体填写如图 11-3 所示。该工具对话框设置与单因素方差分析类似。需要注意的是,若对话框中“标志”复选框被选中,输入区域必须包括两个因素的水平标志所在的单元格区域,即输入区域为“\$A\$1:\$F\$4”;若“标志”复选框未被选中,则输入区域为“\$B\$2:\$F\$4”。

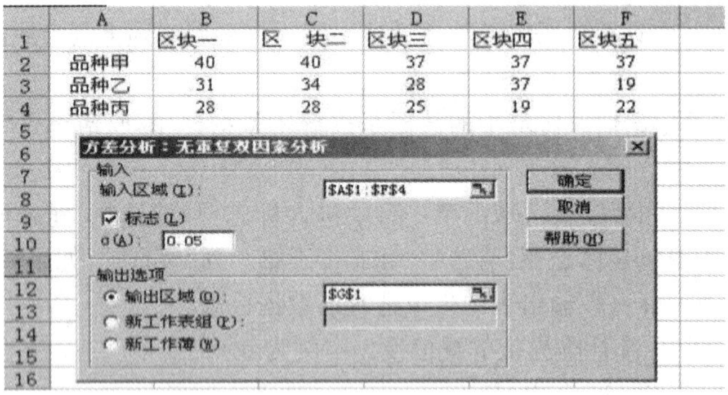

图 11-3 无重复双因素方差分析

(3) 单击“确定”按钮,得到图 11-4 方差分析表。

方差分析:无重复双因素分析

SUMMARY	计数	求和	平均	方差
品种甲	5	191	38.2	2.7
品种乙	5	149	29.8	47.7
品种丙	5	122	24.4	15.3
区块一	3	99	33	39
区块二	3	102	34	36
区块三	3	90	30	39
区块四	3	93	31	108
区块五	3	78	26	93

方差分析

差异源	SS	df	MS	F	P-value	F crit
行	483.6	2	241.8	13.21311	0.002916	4.458968
列	116.4	4	29.1	1.590164	0.266936	3.837854
误差	146.4	8	18.3			
总计	746.4	14				

图 11-4 无重复双因素分析表

三、有交互作用的双因素方差分析

表 11-8 数据的 Excel 统计分析步骤如下：

(1) 输入数据，如图 11-5 所示。其中，B2:B3 单元格存放的是"拉伸倍数 1"和"收缩率 1"因素水平共同作用下，进行 2 次试验所得的结果；C2:C3 单元格存放的是在"拉伸倍数 2"和"收缩率 1"因素水平共同作用下的 2 次试验结果；其余类推。

(2) 调出"方差分析：可重复双因素分析"对话框。该分析工具对话框与单因素方差分析对话框基本相同，只是多了一个"每一样本的行数"编辑框，这里应输入每一组合下试验的次数。需要注意两点：① 每个样本必须包含同样的行数（即试验次数）；② 在该分析工具对话框中去掉了"标志位于第一行"复选框，但输入区域必须包括因素水平标志所在的单元格区域，而不能只包括数据的单元格区域。本例中，其具体填写如图 11-6 所示。

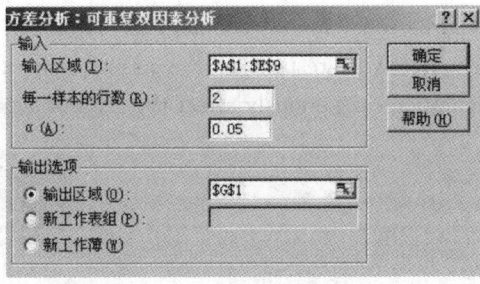

	A	B	C	D	E
1		拉伸倍数1	拉伸倍数2	拉伸倍数3	拉伸倍数4
2	收缩率1	71	72	75	77
3		73	73	73	75
4	收缩率2	73	76	78	74
5		75	74	77	74
6	收缩率3	76	79	74	74
7		73	77	75	73
8	收缩率4	75	73	70	69
9		73	72	71	69

图 11-5　输入数据　　　　　　　　图 11-6　可重复双因素分析

(3) 单击"确定"按钮，得到图 11-7 所示方差分析表。

方差分析						
差异源	SS	df	MS	F	P-value	F crit
样本	70.59375	3	23.53125	17.51163	2.62E-05	3.238867
列	8.59375	3	2.864583	2.131783	0.136299	3.238867
交互	79.53125	9	8.836806	6.576227	0.000591	2.537668
内部	21.5	16	1.34375			
总计	180.2188	31				

图 11-7　可重复双因素分析表

英文选读 11　One-Way ANOVA

CONCEPT: The hypothesis test that simultaneously compares the differences among the population means of more than two groups in a one-factor experiment.

INTERPRETATION: Unlike the t test, which compares differences in two means, the analysis of variance simultaneously compares the differences among the means of more than two groups. Although ANOVA is an acronym for ANalysis Of VAriance, the term is misleading, because the objective in the Analysis of Variance is to analyze differences among the group means, *not* the variances. The null and alternative hypotheses are

　　H_0: (All the population means are equal.)

　　H_1: (Not all the population means are equal.)

In ANOVA, the total variation in the values is subdivided into variation that is due to differences among the groups and variation that is due to variation within the groups (see the following figure). Within group variation is called **experimental error**, and the variation between the groups that represents variation due to the factor of interest is called the **treatment effect**.

ASSUMPTIONS: There are three major assumptions you must make to use the one-way ANOVA F test: randomness and independence, normality, and homogeneity of variance.

The first assumption, randomness and independence, always must be met, because the validity of your experiment depends on the random sampling or random assignment of items or subjects to groups. Departures from this assumption can seriously affect inferences from the analysis of variance.

The second assumption, normality, states that the values in each group are selected from normally distributed populations. The one-way ANOVA F test is not very sensitive to departures from this assumption of normality. As long as the distributions are not very skewed, the level of significance of the ANOVA F test is usually not greatly affected by lack of normality, particularly for large samples.

The third assumption, equality of variances, states that the variance within each population should be equal for all populations. Although the one-way ANOVA F test is relatively robust or insensitive with respect to the assumption of equal group variances, large departures from this assumption can seriously affect the level of significance and the power of the test.

习 题

一、单选题

1. 在下面的假定中,哪一个不属于方差分析中的假定? ( )
   (1) 每个总体都服从正态分布　　　　(2) 各总体的方差相等
   (3) 观测值是独立的　　　　　　　　(4) 各总体的方差等于0

2. 在方差分析中,数据的误差是用平方和来表示的,其中组间平方和反映的是 ( )
   (1) 一个样本观测值之间误差的大小　(2) 全部观测值误差的大小
   (3) 各个样本均值之间误差的大小　　(4) 各个样本方差之间误差的大小

3. 关于方差分析,下列说法正确的是 ( )
   (1) 方差分析的目的是分析各组总体方差是否相同
   (2) 方差分析的组间均方差仅仅衡量了随机误差的变异大小
   (3) 各组数据呈严重偏态时,也可以作方差分析
   (4) 方差分析的目的是分析各组总体的均值是否相同

4. 关于单因素方差分析中的 F 检验 ( )
   (1) 拒绝域在 F 分布曲线的右侧
   (2) F 统计量的样本观测值可能为负值
   (3) 拒绝域在 F 分布曲线的左侧和右侧
   (4) 以上表述都不对

5. 关于方差分析,以下说法哪一项更合理? ( )
   (1) 方差分析的目的是分析各组总体方差是否有显著差异
   (2) 方差分析的目的是分析各组总体标准差是否有显著差异
   (3) 方差分析的目的是分析各组总体均值是否有显著差异
   (4) 方差分析的目的是分析各组总体中位数是否有显著差异

6. 方差分析的主要目的是判断 ( )
   (1) 各总体是否存在方差
   (2) 各样本数据之间是否有显著差异

(3) 分类型自变量对数值型因变量的影响是否显著
(4) 分类型因变量对数值型自变量的影响是否显著

7. 下列关于单因素方差分析的叙述,不正确的是 （   ）
(1) 方差分析可以对若干平均值是否相等同时进行检验
(2) 进行方差分析要求各水平下的样本容量相同
(3) 总平方和能分解为组内平方和与组间平方和之和
(4) 进行方差分析时各水平下的样本容量可以不相同

8. 双因素方差分析有两种类型:一个是有交互作用的,一个是无交互作用的。区别的关键是看这对因子 （   ）
(1) 是否独立 (2) 是否都服从正态分布
(3) 是否因子的水平相同 (4) 是否有相同的自由度

9. 方差分析中的 F 统计量是决策的根据,一般说来 （   ）
(1) F 值越大,越有利于拒绝原假设接受备择假设
(2) F 值越大,越有利于接受原假设拒绝备择假设
(3) F 值越小,越有利于拒绝原假设接受备择假设
(4) F 值越小,越有利于接受原假设拒绝备择假设

10. 在方差分析中,组内平方和是指 （   ）
(1) 各水平下理论平均数之间的离差平方和
(2) 各水平的内部观察值与其相应平均数的离差平方和
(3) 由各水平效应不同所引起的离差平方和
(4) 试验条件变化所引起的离差平方的总和

二、多选题

1. 对方差分析的基本原理描述正确的有 （   ）
(1) 通过方差的比较,检验各因子水平下的均值是否相等
(2) 方差分析比较之前应消除自由度的影响
(3) 方差比较的统计量是 F 统计量
(4) 方差分析的实质是对总体均值的统计检验
(5) 方差分析的因子只能是定量的,不然就无法进行量化分析

2. 若采用方差分析法来推断某个因素对所考察的指标有无显著影响,该因素有 K 个水平,样本容量为 N,则下列表述中正确的有 （   ）
(1) 检验统计量＝组间平方和/组内平方和
(2) 检验统计量＝组间均方差/组内均方差
(3) 组间均方差＝组间平方和/$(K-1)$
(4) 组内均方差＝组内平方和/$(N-K)$
(5) 检验统计量的分布为 $F(K-1, N-K)$

3. 运用单因素方差分析法,则下列表述中正确的有 （   ）
(1) 组间方差显著大于组内方差时,该因素对所考察指标的影响显著
(2) 组内方差显著大于组间方差时,该因素对所考察指标的影响显著
(3) 拒绝原假设时,可推断各水平的效应完全没有相同的
(4) 拒绝原假设时,可推断各水平的效应是不完全相同的
(5) 各水平下的样本单位数可以相等也可以不等

4. 在单因素方差分析中,若检验统计量 $F=\dfrac{MSA}{MSE}$ 近似等于1,说明 （   ）
(1) 组间方差中不包含系统因素的影响 (2) 组内方差中不包含系统因素的影响

(3) 组间方差中包含系统因素的影响　　(4) 自变量对因变量没有显著影响
　　(5) 自变量对因变量有显著影响

三、问答题

1. 为什么说方差分析也是一种假设检验？
2. 什么叫因素，什么叫水平？
3. 方差分析的基本思想是什么？
4. 单因素方差分析有哪些基本假设条件？
5. 举例说明单因素方差分析、双因素无交互作用和双因素有交互作用方差分析的各离差平方和相对应的自由度各为多少？它们有何联系？

四、计算题

1. 某厂教育科随机选取 15 名工作效率相同的工人，分成 3 组，分别采用三种训练方法，经过一个月训练之后，测得三组工人每人每天的产量如下表：

训练方法	产量/件				
A	90	85	105	88	92
B	97	85	102	95	101
C	88	96	86	91	79

试问三种训练方法对工人的日产量是否有显著影响？（$\alpha=0.05$）

2. 为了对几个行业的服务质量进行评价，消费者协会在零售业、旅游业、航空公司、家电制造业分别抽取了不同的企业作为样本。每个行业各抽取 5 家企业，所抽取的这些企业在服务对象、服务内容、企业规模等方面基本上是相同的。然后统计最近一年中消费者对总共 20 家企业投诉的次数，结果如下：

行　业	投诉次数				
零售业	57	66	49	40	44
旅游业	68	39	29	45	56
航空公司	31	49	21	34	40
家电制造业	44	51	65	77	58

通常，受到投诉的次数越多，说明服务的质量越差。试进行方差分析，帮助消费者协会判断这几个行业之间的服务质量是否有显著差异（$\alpha=0.05$）？

3. 为了解 3 种饲料对猪的生产影响的差异，选择了 3 种不同品种的猪分别进行试验，测得 3 个月后的体重增长量如下表所示，试分析饲料品种和猪的品种对猪的生产是否有显著影响（$\alpha=0.05$）？

猪的品种(因素 B)	饲料品种(因素 A)		
	A_1	A_2	A_3
B_1	51	53	52
B_2	56	57	58
B_3	45	49	47

4. 为了分析光照因素 A 与噪音因素 B 对工人生产有无影响，光照效应与噪音效应有交互作用，在此两因素不同组合下各做 3 次试验，结果如下表所示，试分析光照因素 A、噪音因素 B 及两者的交

互作用对工人的产量是否有显著影响($\alpha=0.05$)?

产量/件		噪音 B		
		B_1	B_2	B_3
光照 A	A_1	15,15,17	19,19,16	16,18,21
	A_2	17,17,17	15,15,15	19,22,22
	A_3	15,17,16	18,17,16	18,18,18
	A_4	18,20,20	15,16,17	17,17,17

5. 某苹果汁厂家开发了一种新产品——浓缩苹果汁,一包该果汁与水混合可产生 1 升的普通苹果汁。营销经理如何宣传这种新产品?她可以通过强调产品的便利性、高品质或价格优势的广告来推销,还可以使用两种媒体:电视和报纸中的一种来刊登广告。为了决定采用何种广告策略,她分别在 6 个城市开展试验。

在城市 1,营销的重点是宣传浓缩果汁的便利性(例如很方便地就可以从商店搬回家,占用更少的冰箱空间等),广告采用电视形式;在城市 2,营销的重点依然是便利性,但广告采用报纸形式;在城市 3,营销的重点是大力宣传产品的质量(画面上"普通的"购买者正在讨论果汁的口味如何纯正),广告采用电视形式;在城市 4,营销的重点也是质量,但广告采用报纸形式;在城市 5 和 6 的营销重点都是产品的另一亮点——相对较低的成本,但城市 5 采用电视形式,而城市 6 采用报纸形式。

记录下每个城市 10 周中每周的销售情况,数据如下表所示:

城市 1	城市 2	城市 3	城市 4	城市 5	城市 6
491	464	677	689	575	803
712	559	627	650	614	584
558	759	590	704	706	525
447	557	632	652	484	498
479	528	683	576	478	812
624	670	760	836	650	565
546	534	690	628	583	708
444	657	548	798	536	546
582	557	579	497	579	616
672	474	644	841	795	587

取 $\alpha=0.05$,从这些数据来看:(1) 不同的营销策略对销售是否有显著差异?(2) 不同的广告媒体对销售是否有显著差异?(3) 不同营销策略与不同广告媒体之间是否有交互作用?

第十二章 相关分析

> 有其父必有其子
>
> ——中国谚语

经济现象与许多自然现象、社会现象一样,普遍存在着现象之间的相互联系或关系。销售额与利润额,施肥量与亩产量,广告费支出、营业网点数与商品销售额,它们之间无不存在着一定的互动联系或共变关系。相关分析,正是分析和研究这两个变量、两个以上变量之间的联系或关系的统计方法。广义的相关分析包括相关分析(狭义)和回归分析。

第一节 相关分析概述

一、相关关系

经济现象之间的关系,大体上可分两类:一类关系是严格确定的数量依存关系,即当某一现象的量取某个数值时,另一现象的量必然表现为一个确定的值。这类关系称为函数关系。例如,产值与产量或价格的关系,工资总额与平均工资或职工人数的关系等。另一类关系是不确定的数量依存关系,即当某一现象的量取某个数值时,另一现象的量并不必然表现为一个确定的值,而是表现为具有确定分布的随机变量,其平均数在大量观察下趋向于一个确定的值。这类关系称为相关关系。例如,劳动生产率与产品成本的关系,施肥量与亩产量的关系,商品销售额与流通费用率的关系等。

经济现象之间之所以有些只能表现为相关关系而非函数关系,是因为影响它的因素太多,影响方式太复杂。例如,在观察甲现象(譬如家庭收入)的量取某一个值时,乙现象(譬如家庭食物支出)的量不一定取一个确定的值。因为,乙除了受甲影响外,还要受丙、丁(譬如家庭结构、生活习惯)等多个因素的随机影响。但是,如果在甲取一定值时,对乙进行大量观察,则可发现乙的取值有确定形式的分布(这个分布正是丙、丁等多种因素随机影响的结果),并且乙的取值的平均数趋向一个确定的值(这个值正是甲因素影响的结果)。可见,相关关系的理解及进一步的分析,只有依赖统计方法。

就关系的性质而言,相关关系与函数关系是有根本区别的。但在分析的方法上,相关关系与函数关系并无严格界限。一方面,函数关系的统计意义就是一种完全相关的相关关系;另一方面,统计研究相关关系的基本手段或方法之一就是函数分析,即以某种函数关系式描述或揭示变量间相关关系的形态及特征。

二、相关关系的种类

经济现象间的相互关系复杂多样,表现出的相关关系也有不同的类型或形态。

按其包括变量多少的不同,分为单相关和复相关。两个变量之间的相关关系称为单相关,比如施肥量与亩产量的相关关系。三个或三个以上的变量之间的相关关系称为复相关,比如广告费支出、营业网点数与商品销售额的相关关系。单相关和复相关分别又称为二元相关和多元相关。复相关可以分解为单相关和偏相关(或称净相关)。本章主要阐述单相关。

按其相随变动形式的不同,分为直线相关和曲线相关。对两个相关变量,譬如 x 变量和 y 变量,进行实际观察,可以获得一系列成对的数据。以平面直角坐标系刻画这成对数据,就表现为坐标系中的一个一个散点。如果这些散点大致分布于一条直线的周围,则表明 x 值发生变动时,y 值相随发生大致均等的变动。这样的相关关系称直线相关。如果这些散点大致分布于一条曲线(如抛物线、双曲线、指数曲线等)周围,则表明 x 值发生变动时,y 值相随发生非均等的变动。这样的相关关系称曲线相关或非直线相关。

按其彼此变化方向的不同,分为正相关和负相关。在直线相关中,当 x 变量的数值增大时,y 变量的数值也随之增大,称为正相关;当 x 变量的数值增大时,y 变量的数值相应减小,称为负相关。例如,在一定数量界限内,施肥量与亩产量的相关关系为正相关,产品产量与单位成本的相关关系为负相关。

三、相关分析的任务

对经济现象之间相关关系的统计研究,主要解决两个方面的问题,或完成两个方面的任务:其一,测定相关关系的密切程度,一般称为相关分析;其二,揭示相关变量的变动规律,一般称为回归分析。

第二节 相关系数

一、相关系数的概念

相关系数是在直线相关条件下,用来测定两个变量之间相关关系密切程度的统计指标。它是由两个变量(x,y)的协方差、x 变量的标准差和 y 变量的标准差三个指标结合而生成的。其基本计算公式如下:

$$r = \frac{\sigma^2(x,y)}{\sigma_x \cdot \sigma_y}$$

式中,r、$\sigma^2(x,y)$、σ_x、σ_y 分别表示相关系数、x,y 两变量的协方差、x 变量的标准差、y 变量的标准差,其中

$$\sigma^2(x,y) = \frac{\sum(x-\bar{x})(y-\bar{y})}{n}$$

此相关系数之所以能测定出两个变量相关关系的密切程度,可作以下理解:

设有 n 对观察值(x_i, y_i),分别计算出它们的算术平均数

$$\bar{x} = \frac{\sum x}{n} \qquad \bar{y} = \frac{\sum y}{n}$$

通过点$(\bar{x}, \bar{y})$作两条平行于 x 轴、y 轴的直线,可将观察值的散点图划分为四个象限,如图 12-1 所示。

图 12-1 中,当 x 值增大,y 值也增大,说明 x 与 y 呈正相关,观察值散点落入Ⅰ、Ⅲ象限内,$(x-\bar{x})(y-\bar{y})$ 之积为正值。相反,当 x 值增大,y 值减小,说明 x 与 y 呈负相关,观察值散点落入Ⅱ、Ⅳ

象限内，$(x-\bar{x})(y-\bar{y})$ 之积为负值。根据各对观察值落入四个象限内的点，计算 $\sum(x-\bar{x})(y-\bar{y})$ 的正或负，就可以判定变量之间的相关方向（正相关或负相关）；计算 $\sum(x-\bar{x})(y-\bar{y})$ 的大或小，就可以判定变量之间的相关程度（密切相关或非密切相关）。

由于 $\sum(x-\bar{x})(y-\bar{y})$ 数值的大小还受到观察值项数(n)的多少、与变量自身数值水平及变异程度的高低的直接影响，为便于不同数据相关系数的比较，故将 $\sum(x-\bar{x})(y-\bar{y})$ 除以 n、σ_x、σ_y。

换一角度分析，相关系数即为两个变量离差乘积的平均数，更确切地说，是标准离差或离差系数乘积的平均数。

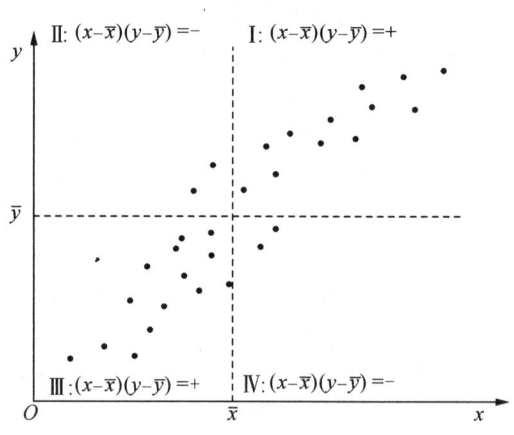

图 12 - 1 　相关系数的概念

$$r = \frac{\sigma^2(x,y)}{\sigma_x \cdot \sigma_y} = \frac{\sum(x-\bar{x})(y-\bar{y})}{n \cdot \sigma_x \cdot \sigma_y} = \frac{\sum\left(\frac{(x-\bar{x})}{\sigma_x}\right)\left(\frac{(y-\bar{y})}{\sigma_y}\right)}{n}$$

这种通过变量离差相乘来说明变量间相关关系密切程度的相关系数公式，称为积差法公式。积差法公式由皮尔逊(Pearson)提出，故相关系数又称皮尔逊系数。

二、相关系数的计算

运用积差法公式，对实际观察数据计算相关系数，计算过程及计算量较为繁杂。为简化计算，可从积差法公式导出便于计算的简捷式

$$\begin{aligned}\sum(x-\bar{x})(y-\bar{y}) &= \sum(xy - x\bar{y} - \bar{x}y + \bar{x}\bar{y}) \\ &= \sum xy - \bar{x}\sum y - \bar{y}\sum x + n\bar{x}\bar{y} \\ &= \sum xy - n\bar{x}\bar{y} - n\bar{x}\bar{y} + n\bar{x}\bar{y} \\ &= \sum xy - n\bar{x}\bar{y} = \sum xy - \frac{1}{n}\sum x \sum y\end{aligned}$$

$$n\sigma_x\sigma_y = \sqrt{\frac{\sum(x-\bar{x})^2}{n}}\sqrt{\frac{\sum(y-\bar{y})^2}{n}} = \frac{1}{n}\sqrt{\sum(x-\bar{x})^2}\sqrt{\sum(y-\bar{y})^2}$$

$$\sum(x-\bar{x})^2 = n\sigma_x^2 = n\left[\frac{\sum x^2}{n} - \left(\frac{\sum x}{n}\right)^2\right] = \sum x^2 - \frac{1}{n}\left(\sum x\right)^2$$

$$\sum(y-\bar{y})^2 = \sum y^2 - \frac{1}{n}\left(\sum y\right)^2$$

所以

$$r = \frac{\sigma^2(x,y)}{\sigma_x \cdot \sigma_y} = \frac{\sum(x-\bar{x})(y-\bar{y})}{\sqrt{\sum(x-\bar{x})^2}\sqrt{\sum(y-\bar{y})^2}}$$
$$=$$

$$\frac{\sum xy - \frac{1}{n}\sum x \sum y}{\sqrt{\sum x^2 - \frac{1}{n}(\sum x)^2}\sqrt{\sum y^2 - \frac{1}{n}(\sum y)^2}}$$

$$= \frac{n\sum xy - \sum x \sum y}{\sqrt{n\sum x^2 - (\sum x)^2}\sqrt{n\sum y^2 - (\sum y)^2}}$$

例如,根据观察、分析,某地居民收入和服装销售之间存在相关关系。试对表 12-1 所示的该地区的有关资料计算相关系数。

表 12-1　相关系数计算示例表

城镇序号	居民收入 x/亿元	服装销售额 y/万元	xy	x^2	y^2
1	32.2	25.0	805.00	1 036.81	625.00
2	38.0	41.0	1 558.00	1 444.00	1681.00
3	31.1	30.0	933.00	967.21	900.00
4	32.9	34.0	1 118.60	1 082.41	1 156.00
5	37.1	39.0	1 446.90	1 376.41	1 521.00
6	35.8	37.0	1 324.60	1 281.64	1 369.00
7	46.0	51.0	2 346.00	2 116.00	2 601.00
8	39.0	42.0	1 638.00	1 521.00	1 764.00
9	43.0	44.0	1 892.00	1 819.00	1 936.00
10	44.6	48.0	2 140.80	1 989.16	2 304.00
合计	379.70	391.00	15 202.90	14 663.67	15 857.00

$$r = \frac{n\sum xy - \sum x \sum y}{\sqrt{n\sum x^2 - (\sum x)^2}\sqrt{n\sum y^2 - (\sum y)^2}}$$

$$= \frac{10 \times 15\ 202.9 - 379.70 \times 391}{\sqrt{10 \times 14\ 663.67 - 379.70^2} \times \sqrt{10 \times 15\ 857 - 391^2}}$$

$$= 0.95$$

本例相关系数为 0.95,它表示居民收入与服装销售之间的相关关系是密切,还是不密切?这需要首先理解相关系数的取值范围及意义。

三、相关系数的解释

由图 12-1 观察值散点分布状况可知,当与变量完全不相关时,$\sum(x-\bar{x})(y-\bar{y}) = 0$,从而 $r=0$;当 x 与 y 呈完全直线相关时,$|\sigma_{xy}^2| = \sigma_x \sigma_y$,从而 $r = \pm 1$;当 x 与 y 不完全相关时,$|\sigma_{xy}^2| < \sigma_x \sigma_y$,从而 $-1 < r < 1$。即

$$0 \leqslant |r| \leqslant 1$$

r 在上述取值范围内的不同取值,说明 x 与 y 变量之间的不同相关方向及程度如下:

(1) $r=0$,x 与 y 无直线相关关系;

(2) $r=1$，x 与 y 完全正相关；
(3) $r=-1$，x 与 y 完全负相关；
(4) $0<r<1$，x 与 y 不完全正相关；
(5) $-1<r<0$，x 与 y 不完全负相关。

在 n 足够大（$n\geqslant30$）时，评价不完全相关，通常采用下列标准：
(1) $|r|<0.3$，微弱相关；
(2) $0.3<|r|<0.5$，低度相关；
(3) $0.5<|r|<0.8$，中度相关；
(4) $|r|>0.8$，高度相关。

特别需要注意，$|r|$ 值很小时，仅表明两变量之间没有直线相关关系，并不意味着它们之间没有其他类型的相关关系或函数关系。

表 12-1 例的相关系数为 0.95，表明该地区居民收入和服装销售额之间存在高度正相关关系。

四、相关系数的检验

一般地说，要计算总体的相关系数是有困难的，因为总体常常是未知数，通常是根据样本资料计算样本相关系数（r）。由同一总体产生的不同的可能样本，其相关系数数值也不同，这说明样本相关系数是个随机变量。所以，有必要讨论如何应用样本相关系数检验和估计总体相关系数。

总体相关系数（ρ）的检验有 t 检验和 Z 检验两种方法。

1. t 检验

假设样本来自一个正态总体，若其 $\rho=0$，则样本统计量

$$t=\frac{r-\rho}{\sigma(r)}=\frac{r-0}{\sigma(r)}=\frac{r}{\sigma(r)}$$

服从自由度（$n-2$）的分布，其中 $\sigma(r)$ 为样本相关系数的标准差，且

$$\sigma(r)=\sqrt{\frac{1-r^2}{n-2}} \qquad t=\frac{r}{\sigma(r)}=\frac{r\sqrt{n-2}}{\sqrt{1-r^2}}$$

例如，取显著性水平为 0.01，代入表 12-1 资料的样本相关系数 0.95，计算检验统计量为

$$t=\frac{0.95\times\sqrt{10-2}}{\sqrt{1-0.95^2}}=8.6053$$

由于 $t=8.6053>t_{\alpha/2}(n-2)=t_{0.01/2}(8)=3.3554$，所以拒绝 H_0（$\rho=0$，总体不存在直线相关关系），即总体存在直线相关关系。

可以证明，上述统计量 t 的平方 F，即

$$F=\frac{r^2(n-2)}{1-r^2}$$

服从自由度 $F(1,n-2)$ 的分布。因此，上述 t 检验也可改用检验 F。例如，据表 12-1 资料，得

$$F=t^2=8.6053^2=74.0512$$

因为 $F=74.0512>F_{\alpha}(1,n-2)=F_{0.01}(1,8)=11.259$，故拒绝 H_0。

2. Z 检验

当 $\rho\neq0$ 且 n 很小时，r 的分布呈偏态，与正态曲线相差较大。为使 r 分布接近正态分布，把 r 转换为 z，即

$$z_r = \ln\sqrt{\frac{1+r}{1-r}} = \frac{1}{2}\ln\left(\frac{1+r}{1-r}\right)$$

研究证明,不论 ρ 为何值,不论 n 的多少,z_r 逼近标准差为 $\sigma(z_r) = \frac{1}{\sqrt{n-3}}$ 的正态分布,而

$$z = \frac{z_r - z_\rho}{1/\sqrt{n-3}} = (z_r - z_\rho)\sqrt{n-3}$$

服从标准正态分布,其中

$$z_\rho = \frac{1}{2}\ln\left(\frac{1+\rho}{1-\rho}\right)$$

因此,可按 Z 检验法,检验总体相关系数是否等于某一特定数值(ρ_0),以前例说明如下:

已知 $\quad\quad\quad\quad\quad\quad\quad n=10, r=0.95$

假设 $\quad\quad\quad\quad\quad\quad\quad H_0: \rho = \rho_0 = 0.80, H_1: \rho \neq \rho_0$

因为
$$z_r = \frac{1}{2}\ln\left(\frac{1+r}{1-r}\right) = \frac{1}{2}\ln\frac{1+0.95}{1-0.95} = 1.831\,78$$
$$z_\rho = \frac{1}{2}\ln\left(\frac{1+\rho}{1-\rho}\right) = \frac{1}{2}\ln\frac{1+0.80}{1-0.80} = 1.098\,61$$
$$z = (1.831\,78 - 1.098\,61) \times \sqrt{10-3} = 1.939\,8$$
$$z = 1.939\,8 < z_{0.01/2} = 2.58$$

所以,接受 H_0。且

$$z = 1.939\,8 < z_{0.05/2} = 1.96$$

亦即,由 $\rho = 0.80$ 的总体抽出一个样本,其 r 值超过 ± 0.95 的概率大于 5%,不能认为显著。

五、相关系数的变形

前述直线相关系数,其适用的变量 x 与 y 的观察值皆为具体数值(基数)。在实际经济分析中,经常遇到表现为等级、秩次的变量值(序数)。例如,两个消费者对同一品种 10 个牌号的某商品进行质量评价,很难具体给出各牌号商品质量的评分,但较易排出它们的顺序或名次。诸如才智高低、色泽深浅、事态轻重,皆难定出数值之差而易明确等级之别。再者,两列基数资料的数列也可转换为序数资料的数列,譬如表 12-3 所示的资料转换。

按直线相关系数(皮尔逊系数)的计算、分析原理,测定、评价两列或多列序数数列之间变动规律的相关程度、一致程度,可称等级相关分析。等级相关分析,即计算等级相关系数。等级相关系数实为直线相关系数的变形,其主要形式有斯皮尔曼(Spearman)相关系数和肯德尔(Kendall)和谐系数两种。

1. 斯皮尔曼相关系数

斯皮尔曼相关系数(r_s)适用于测定两列等级变量的相关程度,其基本公式为

$$r_s = 1 - \frac{6\sum D^2}{n(n^2 - 1)}$$

式中,r_s、D、n 分别表示斯皮尔曼相关系数、两数列相对应之间的等级差、等级项数。

例如,某银行委派两位专家对 10 家申请贷款的企业进行偿还能力的调查,由专家给它们排序,排序结果如表 12-2 所示。两位专家的排序意见是否正相关?

表 12-2 两位专家对 10 家企业的排序意见

企业编号	专家评估分级 X	专家评估分级 Y	$D=X-Y$	D^2	XY	X^2	Y^2
1	3	5	−2	4	15	9	25
2	4	3	1	1	12	16	9
3	9	7	2	4	63	81	49
4	10	9	1	1	90	100	81
5	6	6	0	0	36	36	36
6	1	2	−1	1	2	1	4
7	7	8	−1	1	56	49	64
8	2	4	−2	4	8	4	16
9	5	1	4	16	5	25	1
10	8	10	−2	4	80	64	100
∑	55	55	—	36	367	385	385

将表 12-2 有关数据代入上式,得

$$r_s = 1 - \frac{6\sum D^2}{n(n^2-1)} = 1 - \frac{6 \times 36}{10 \times (10^2-1)} = 0.781\,8$$

斯皮尔曼相关系数基本的公式是由皮尔逊相关系数的公式,在 $\sum X = \sum Y$(上表中,55=55)、$\sum X^2 = \sum Y^2$(上表中,385=385)条件下,直接导引而来的。因此,它们的数值意义相同。表 12-2 的 r_s 为 0.781 8,表明两位专家的排序意见具有较高的正相关程度(两者的评估意见基本相同)。

斯皮尔曼相关系数,也可不以等级差($X-Y$),而以等级本身(XY),按下式计算

$$r_s = \frac{3}{n-1}\left[\frac{4\sum XY}{n(n+1)} - (n+1)\right]$$

若将表 12-2 资料代入,则有

$$r_s = \frac{3}{10-1} \times \left[\frac{4 \times 367}{10 \times (10+1)} - (10+1)\right] = 0.781\,8$$

计算结果同前。

计算斯皮尔曼相关系数,首先要确定等级(排序)。有时会遇到定性排序时并列名次的情形,此时应取原等级(名次)的平均数作为其序数。例如下表,得 5 分有两项,原名次为 3 和 4,取其平均为 3.5;得 2 分有三项,平均为 7(6、7、8 的平均)。

评分	10	7	5	5	3	2	2	2
名次	1	2	3.5	3.5	5	7	7	7

若出现相同等级,$\sum X = \sum Y$ 的条件仍可得到保证,但 $\sum X^2 = \sum Y^2$ 的条件则不能满足。$\sum X^2$、$\sum Y^2$ 随相同等级数目的逐渐增多会有规律地减少,其减少的规律为

$$C=\frac{t(t^2-1)}{12}, \quad \sum C=\sum\frac{t(t^2-1)}{12}$$

其中，C、t 分别表示差数值（几个相同等级出现的 $\sum X^2$、$\sum Y^2$ 与没有出现相同等级之差）、某一等级的相同数。从而，在出现相同等级情况下，计算斯皮尔曼相关系数的公式为

$$\frac{\sum A^2 + \sum B^2 + \sum C^2}{2\sqrt{\sum A^2 \cdot \sum B^2}}$$

式中

$$\sum A^2 = \frac{n(n^2-1)}{12} - \sum \frac{t(t^2-1)}{12}, \sum B^2 = \frac{n(n^2-1)}{12} - \sum \frac{t(t^2-1)}{12}$$

例如，某班 10 名学生数学、统计学考试成绩如表 12-3，试求斯皮尔曼相关系数。

$$\sum A^2 = \frac{10\times(10^2-1)}{12} - \left[\frac{2\times(2^2-1)}{12} + \frac{4\times(4^2-1)}{12}\right] = 77$$

$$\sum B^2 = \frac{10\times(10^2-1)}{12} - \left[\frac{2\times(2^2-1)}{12} + \frac{3\times(3^2-1)}{12} + \frac{2\times(2^2-1)}{12} + \frac{2\times(2^2-1)}{12}\right] = 79$$

$$r_s = \frac{77+79-47.5}{2\times\sqrt{77\times 79}} = 0.70$$

表 12-3 10 名学生考试成绩

学生代号	数学成绩	统计学成绩	成绩名次 X	成绩名次 Y	D	D^2	X^2	Y^2
1	80	70	1.5	5.5	−4	16	2.25	30.25
2	70	75	5.5	3	2.5	6.25	30.25	9.00
3	70	70	5.5	5.5	0	0	30.25	30.25
4	80	75	1.5	3	−1.5	2.25	2.25	9.00
5	65	60	8	9.5	−1.5	2.25	64.00	90.25
6	70	75	5.5	3	2.5	6.24	30.25	9.00
7	75	80	3	1	4	9.00	1.00
8	60	65	9	7.5	2.5	6.25	81.00	56.25
9	70	65	5.5	7.5	−2	4	30.25	56.25
10	55	60	10	9.5	0.5	0.25	100	90.25
$\sum$	—	—	55	55	—	47.5	397.50	381.50

2. 肯德尔和谐系数

肯德尔和谐系数（r_k）适用于测定多列等级变量的相关程度，其基本公式为

$$r_k = \frac{\sum(R_i - \overline{R})^2}{\frac{1}{12}k^2(n^3-n)}$$

式中，r_k、R_i、$\overline{R}$、k、n 分别表示肯德尔和谐系数、某等级数列的等级和、多列等级数列等级和的平均

数、等级变量数目或评价者数目、被评价对象数目。

肯德尔和谐系数基于这样一种思想：当 k 个评价者对多件事物进行等级评定时，如果他们的意见完全一致，则 n 个 $\sum$ 分别为 $k, 2k, 3k, \cdots, nk$。

$$\overline{R} = \frac{\sum R_i}{n} = \frac{k(n+1)}{2}$$

$$\sum (R_i - \overline{R})^2 = k^2 \left[\frac{n(n+1)(2n+1)}{6} - \frac{n(n+1)^2}{4} \right]$$

$$= \frac{1}{12} k^2 (n^3 - n)$$

此时的 r_k 为 1；如果他们的意见完全不一致，则 $\sum (R_i - \overline{R})^2 = 0$，此时的 r_k 为 0；如果他们的意见不完全一致，则 $\sum (R_i - \overline{R})^2 \neq 0$。因此，肯德尔和谐系数的取值范围为 $0 \leq r_k \leq 1$。一个不为 0 的 r_k 仅表明了相关程度，至于相关方向还需从实际资料中分析而定。

例如，6 位消费者对 5 种品牌的饮料评定名次，结果如表 12-4 所示。试分析他们的评价意见是否一致？

表 12-4 5 种饮料的评选名次

饮料品牌	消费者						等级和 R_i	R_i^2
	1	2	3	4	5	6		
A	3	3	3	3	3	3	18	324
B	5	5	4	5	5	5	29	841
C	2	2	1	1	2	2	10	100
D	4	4	5	4	4	4	25	625
E	1	1	2	2	1	1	8	64
$\sum$	—	—	—	—	—	—	90	1 954

本例

$$r_k = \frac{\sum (R_i - \overline{R})^2}{\frac{1}{12} k^2 (n^3 - n)} = \frac{\sum R_i^2 - \frac{(\sum R_i)^2}{n}}{\frac{1}{12} k^2 (n^3 - n)} = \frac{1\,954 - \frac{90^2}{5}}{\frac{1}{12} \times 6^2 \times (5^3 - 5)} = 0.93$$

计算结果表明，6 位消费者的评价意见接近完全一致。

和斯皮尔曼相关系数一样，当出现相同等级时，肯德尔和谐系数也需校正，其公式为

$$r_k = \frac{\sum (R_i - \overline{R})^2}{\frac{1}{12} k^2 (n^3 - n) - k \sum C}$$

式中

$$\sum C = \sum \frac{t^3 - t}{12}$$

例如，5 位消费者对 6 种牌号洗衣机的评价等级如表 12-5 所示。试测定他们评价意见的相关程度。

表 12 – 5 6 种洗衣机的评价等级

洗衣机牌号	消费者					R_i	R_i^2
	1	2	3	4	5		
A	4	5	3.5	5	4	21.5	462.25
B	1	1	1.5	2	1	6.5	42.25
C	2.5	2	1.5	2	2	10	100
D	6	5	5	4	5	25	625
E	2.5	3	3.5	2	3	14	196
	5	5	6	6	6	28	784
$\sum$	—	—	—	—	—	105	2 209.5

本例

$$\sum C = \frac{2^3-2}{12} + \frac{3^3-3}{12} + \frac{2^3-2}{12} + \frac{2^3-2}{12} + \frac{3^3-3}{12}$$

$$r_K = \frac{2\,209.5 - \frac{105^2}{6}}{\frac{1}{12} \times 5^2 \times (6^3-6) - 5 \times 5.5} = 0.91$$

计算结果表明,5 位消费者的评价意见高度正相关。

知识链接 23：复相关系数

复相关系数是反映一个变量(y)与一组(两个或两个以上,x_1、x_2、$\cdots$、x_K)其他变量之间相关程度的指标,它是包含所有变量在内的相关系数。复相关系数越大,表明变量之间的线性相关程度越密切。

从简单到复杂,复相关系数可以按三种方法计算：

(1) 先计算相关再求平均。例如,商品销售量(y)与商品价格(x_1)、居民收入(x_2)相关。可先分别计算 x_1 与 y 的相关系数 r_1(假设为 0.566 1)、x_2 与 y 的相关系数 r_2(假设为 0.761 1);再计算此两个相关系数的简单算术平均数(得到 0.663 6)。于是,复相关系数为 0.663 6。

(2) 先求平均再计算相关。例如上例,可先将每一 x_1、x_2 的值计算为每一 x' $\left(x' = \frac{x_1+x_2}{2}\right)$ 值,再对 y 与 x' 计算简单相关系数。此相关系数也可视为复相关系数。

(3) 先求回归再计算相关。为了测定一个变量 y 与其他多个变量 x_1、x_2、$\cdots$、x_K 之间的相关系数,可以考虑构造一个关于 x_1、x_2、$\cdots$、x_K 的线性组合,通过计算该线性组合与 y 之间的简单相关系数作为变量 y 与 x_1、x_2、$\cdots$、x_K 之间的复相关系数。具体计算过程如下(参见本章第三节)：

第一步,用 y 对 x_1、x_2、$\cdots$、x_K 作回归,得

$$\hat{y} = \hat{\beta}_0 + \hat{\beta}_1 x_1 + \cdots + \hat{\beta}_K x_k$$

第二步,计算 y 和 $\hat{y}$ 的简单相关系数,此简单相关系数即为 y 与 x_1、x_2、$\cdots$、x_K 之间的复相关系数。复相关系数的计算公式为

$$R = \frac{\sum(y-\bar{y})(\hat{y}-\bar{y})}{\sqrt{\sum(y-\bar{y})^2 \sum(\hat{y}-\bar{y})^2}}$$

第三节　回归方程

"回归"一词是1886年英国学者高尔顿(F. Galten)在研究遗传现象时提出的。他发现,虽然高个子的先代会有高个子的后代,但后代的增高并不与先代的增高等量。他称这一现象为"向平常高度的回归"。尔后,他的朋友皮尔逊等人搜集了上千个家庭成员的身高数据,分析出儿子的身高(y)和父亲的身高(x)大致可归结为如下关系:

$$\hat{y}=33.73+0.516x \text{ (英寸)}$$

经过他们和后人的继续研究发现,回归现象普遍存在于相关关系之中,故而"回归"一词也就沿用至今。

现今人们对"回归"的理解已远远超出高尔顿的原意,而把它视为以精确的数学公式定量刻画变量间相关关系、互动规律的一整套统计分析方法——回归分析。回归分析的主要内容是建立和运用回归方程。

一、回归方程的选配

儿子身高与父亲身高、服装销售与居民收入等之间的相关关系是什么样式、形态,两个相关变量的相随变动呈什么方向、比例?要对之作定量刻画,首先须选择合适的函数关系式拟合(配合)之。此类关系式,称回归模型或回归方程。回归分析的第一步,就是依据研究者的专业知识和经验,借助散点图等方法,对被研究问题的数据进行分析研究,为之选配恰当的回归模型或回归方程。

可供研究者选用的回归方程有直线回归方程、曲线回归方程和一元回归方程、多元回归方程等。其中,一元直线回归方程,又称简单线性回归方程,应用最为广泛,实际运用中,有些曲线回归方程,也可在作变通代换后,按直线回归方程进行分析。

例如,以图12-2所示的散点图(散布图)进行分析,对表12-1资料,选择一元直线回归方程较为合适,即

$$\hat{y}=\beta_0+\beta_1 x$$

式中,$\hat{y}$、β_0和β_1、x分别表示考虑与x变量的相关关系而以回归方程确定的y变量(因变量)的估计值、回归方程中两个待定参数、x变量(自变量)及其数值。

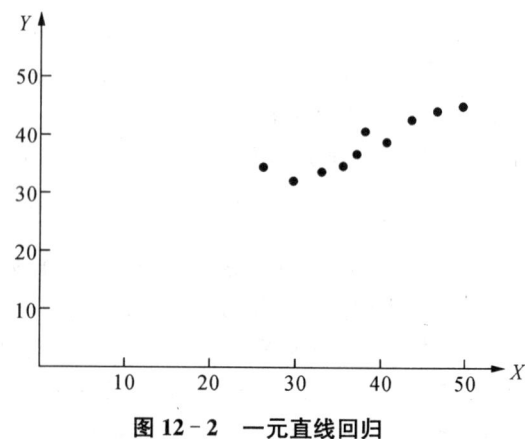

图12-2　一元直线回归

对表12-6和12-7的数据,应分别选配多元回归方程(本例为二元回归方程)和曲线方程(本例为双曲线方程),即

$$\hat{y}=\beta_0+\beta_1 x_1+\beta_2 x_2$$

$$\hat{y}=\beta_0+\beta_1 \frac{1}{x}$$

式中,β_1和β_2、x_1和x_2分别表示两个待定参数、两个自变量;其余符号同前。

表 12-6　家具销售额多元回归分析计算表

已知数据			中间结果					
本季度家具销售额 y/万元	上季度住宅建筑许可证颁发数 x_1/份	上季度结婚证颁发数 x_2/对	x_1^2	x_2^2	y^2	$x_1 x_2$	$x_1 y$	$x_2 y$
26	112	28	12 549	529	676	2 576	2 912	598
36	139	27	16 641	729	1 296	3 183	4 644	972
40	239	19	57 121	361	1 600	4 541	9 560	760
38	221	24	48 841	576	1 444	5 304	8 398	912
42	248	23	61 504	529	1 764	5 704	10 416	966
44	251	26	63 001	676	1 936	6 526	11 044	1 144
57	202	35	40 804	1 225	3 249	7 070	11 514	1 995
56	338	21	114 244	441	3 136	7 098	18 928	1 176
48	254	34	64 516	1 156	2 304	8 636	12 192	1 632
60	372	39	138 384	1 521	3 600	145 08	22 320	2 340
60	247	41	61 009	1 681	3 600	10 127	14 820	2 460
63	410	38	168 100	1 444	3 969	15 580	25 830	2 394
合计 570	3 023	350	846 709	10 868	28 574	91 153	132 878	17 349

表 12-7　商品销售额曲线回归分析计算表

商品零售额 x/万元	商品流通费水平 y/%	$x' = \dfrac{1}{x}$	$(x')^2$	yx'
9.5	6.0	0.105	0.011 03	0.63
11.5	4.6	0.087	0.007 56	0.40
13.5	4.0	0.074	0.005 49	0.30
15.5	3.2	0.065	0.004 16	0.21
17.5	2.8	0.057	0.003 27	0.16
19.5	2.5	0.051	0.002 63	0.13
21.5	2.4	0.047	0.002 16	0.11
23.5	2.3	0.043	0.001 81	0.10
25.5	2.2	0.039	0.001 54	0.09
27.5	2.1	0.036	0.001 32	0.08
合计 185	32.1	0.604	0.040 97	2.21

二、回归方程的估计

选配了回归模型（方程）之后，还需采用一定方法，将方程中的参数一一估计出来。只有既明确了方程形式,又确定了方程参数,才算真正建立起了一个回归方程。

估计回归方程参数的最佳方法,仍是最小二乘法。按第六章所述,估计直线回归方程 $\hat{y}=\beta_0+\beta_1 x$ 中 β_0、β_1 两个参数的标准方程为

$$\begin{cases} \sum y = n\beta_0 + \beta_1 \sum x \\ \sum xy = \beta_0 \sum x + \beta_1 \sum x^2 \end{cases}$$

亦即

$$\begin{cases} \beta_1 = \dfrac{n\sum xy - \sum x \sum y}{n\sum x^2 - (\sum x)^2} \\ \beta_0 = \bar{y} - \beta_1 \bar{x} \end{cases}$$

代入表 12-1 有关数据,得

$$\beta_1 = \frac{10 \times 15\,202.90 - 379.70 \times 391.00}{10 \times 14\,663.67 - 379.70^2} = 1.44$$

$$\beta_0 = 39.1 - 1.44 \times 37.97 = -15.58$$

从而

$$\hat{y} = -15.58 + 1.44x$$

同理,最小二乘法估计二元回归方程 $Y_C = a + b_1 x_1 + b_2 x_2$ 中 a、b_1 和 b_2 三个参数的标准方程为

$$\begin{cases} \sum y = n\beta_0 + \beta_1 \sum x_1 + \beta_2 \sum x_2 \\ \sum x_1 y = \beta_0 \sum x_1 + \beta_1 \sum x_1^2 + \beta_2 \sum x_1 x_2 \\ \sum x_2 y = \beta_0 \sum x_2 + \beta_1 \sum x_1 x_2 + \beta_2 \sum x_2^2 \end{cases}$$

代入表 12-6 有关数据,得

$$\begin{cases} 570 = 12\beta_0 + 3\,023\beta_1 + 350\beta_2 \\ 152\,578 = 3\,023\beta_0 + 846\,709\beta_1 + 91\,153\beta_2 \\ 17\,349 = 350\beta_0 + 91\,153\beta_1 + 10\,868\beta_2 \end{cases}$$

解此联立方程,有

$$\begin{cases} \beta_0 = 5.92 \\ \beta_1 = 0.08 \\ \beta_2 = 0.74 \end{cases}$$

从而

$$\hat{y} = 5.92 + 0.08x_1 + 0.74x_2$$

为了求得双曲线回归方程 $\hat{y} = \beta_0 + \beta_1 \dfrac{1}{x}$ 中 β_0 和 β_1 两个参数,可以先将此式化为直线方程。令 $\dfrac{1}{x} = x'$,则 $\hat{y} = \beta_0 + \beta_1 x'$;然后参照直线回归方程估计参数的方法,按以下标准方程,求解双曲线方程的参数:

$$\begin{cases} \sum y = n\beta_0 + \beta_1 \sum x' \\ \sum x'y = \beta_0 \sum x' + \beta_1 \sum (x')^2 \end{cases}$$

代入表 12-7 有关数据,有

$$\begin{cases} 32.1 = 10\beta_0 + 0.604\beta_1 \\ 2.21 = 0.604\beta_0 + 0.04097\beta_1 \end{cases}$$

从而

$$\begin{cases} \beta_0 = -0.4377 \\ \beta_1 = 60.4 \end{cases}$$

即

$$\hat{y} = -0.4377 + 60.4x'$$

$$\hat{y} = -0.4377 + 60.4\frac{1}{x}$$

如此采用变量代换方法将曲线方程化为直线方程的,还有

(1) 指数曲线 $\hat{y} = \beta_0 e^{\beta_1 x}$

$\ln y = \ln \beta_0 + \beta_1 x$

$y' = \beta_0' + \beta_1 x$ （令 $y' = \ln y, \beta_0' = \ln \beta_0, x' = \ln x$）

(2) 幂函数 $y = \dfrac{1}{\beta_0 + \beta_1 e^{-x}}$

$\dfrac{1}{y} = \beta_0 + \beta_1 e^{-x}$

$y' = \beta_0 + \beta_1 x'$ （令 $y' = \dfrac{1}{y}, x' = e^{-x}$）

(3) 抛物线 $y = \beta_0 + \beta_1 x + \beta_2 x^2$

$y = \beta_0 + \beta_1 x_1 + \beta_2 x_2$ （令 $x_1 = x, x_2 = x^2$）

三、回归方程的应用

完成了前两部分工作,可以说是完成了对变量间相关关系、回归现象及变动规律的"描写"工作。所谓回归方程的运用,这里是指运用以上两部分的结果,即已估计出参数的回归方程,对被研究现象或事物做出解释、估计、预测和控制。

1. 解释

直线方程 $\hat{y} = \beta_0 + \beta_1 x$ 中的参数 β_1,称为回归系数,它表示 x 变量变动一个单位时,y 变量平均变动 β_1 个单位。例如,皮尔逊所建立的方程 $\hat{y} = 33.73 + 0.516x$ 中,$\beta_1 = 0.516 \approx 0.5$。它意味着:如果父代身高超过本代平均身高 6 英寸,则其子代身高仅平均超过本代平均身高 3 英寸。这一回归系数,具体解释了高个子子代的平均高度要比父代的身高低,而矮个子子代的平均高度要比父代高,人类身高向种族平均高度靠拢的趋势。又如,前例直线方程 $\hat{y} = -15.58 + 1.44x$ 中,$\beta_1 = 1.44$,它表示居民收入每增加 1 亿元,服装销售额平均增加 1.44 万元。

而二元回归方程 $\hat{y} = 5.92 + 0.08x_1 + 0.74x_2$ 中的 $0.08(\beta_1)$ 和 $0.74(\beta_2)$,称为偏回归系数。它们分别解释着如下意思:当上季度结婚证颁发数保持不变时,上季度住宅建筑许可证颁发数每增发一份,本季度家具销售额平均增加 800 元;当上季度住宅建筑许可证颁发数保持不变时,上季度结婚证颁发数每增发一对,本季度家具销售额平均增加 7 400 元。

2. 估计

若欲知当居民收入达 45 亿元时,服装销售额约达多少万元,可作如下测算

$$\hat{y} = -15.58 + 1.44 \times 45 = 49.22(万元)$$

即服装销售额约为 49.22 万元。

如此利用回归方程揭示的变量间的具体数量关系,进行有关测算,$\hat{y}$ 称估计,或称估计值,也称平均值。因为当 x 取某值时(譬如 45),y 的取值实际上是随机的(譬如可能为 50,也可能为 48);$\hat{y}$ 正好被视为这些随机变量值的数学期望值(平均数)。简言之,就是 $\hat{y}=E(y|x)$。所以上例应表述为,当居民收入达 45 亿元时,服装销售额平均可达 49.22 万元。同理,对表 12-7 的数据,利用回归方程可以估计:当商品销售额达 27 万元时,商品流通费水平将平均为 1.80%,即

$$\hat{y}=-0.4377+60.4\times\frac{1}{27}=1.80$$

3. 预测

当商品销售额达 30 万元时,商品流通费水平又为多少?回答这个问题,仍可同上计算之,即

$$\hat{y}=-0.4377+60.4\times\frac{1}{30}=1.58$$

计算结果表明,此时的商品流通费水平平均为 1.58%。一般称此类测算为预测。

同样是利用回归方程进行有关测算,一称估计,一称预测,其区别就在于 x 变量的不同取值。x 的取值包含在建立回归时的取值范围以内(例如表 12-7,x 的取值范围为 9.5~27.5)的有关测算,通常称内插估计,x 的取值突破原资料的数值范围的测算,通常称外推预测。

统计预测的基本方法,一为回归预测,即运用回归方程进行预测;一为趋势预测,即运用趋势方程进行预测。趋势预测已在第六章述及。

4. 控制

估计与预测,皆为在给定 x 值条件下,运用回归方程测算 y 值。若是在给定或设定 y 值条件下,运用回归方程测算 x 值,常称控制。例如,某商业企业提出商品流通费水平不超过 2% 的控制目标,那么该企业应努力实现多少万元的商品销售额?运用回归方程,可作如下测算:

$$2=-0.4377+60.4\frac{1}{x}$$
$$x=24.78$$

测算结果表明,该企业若能完成不低于 24.78 万元的销售额,就可望实现商品流通费水平的控制目标(不超过 2%)。

此类控制问题并不完全适用所有问题的回归分析。当变量间的相互关系呈现双向关系时,譬如猪多粮多、粮多猪多,此时的回归分析既可进行预测分析,也可进行控制分析;当变量间的相互关系呈现单向关系时,譬如父母身高与子女身高,此时的回归分析一般仅作预测分析,不作控制分析。并且,此类控制问题的上述解法,从理论上说是不对的。正确的解法,于下一节介绍。

四、回归方程的评价

从理论上讲,不管原变量间客观上是否真有相关关系,也不管研究者所确定的函数式是否真是变量间关系的数学形式,以及研究者所选择的 x 变量(x 或 $x_1,x_2,x_3,\cdots$)是否遗漏、是否多余,按照前述选配方程、估计参数的步骤,回归方程是一定可以建立起来的。问题是,所建方程到底有用无用?如若有用,其使用价值的高低又将如何评价?研究并回答这两个问题,前者为回归方程的检验,检验方程的有效性;后者为回归方程的评价,评价方程的有效程度。从实用上讲,选配方程、估计参数之后,必须先经检验和评价,确认方程的有效性,方能运用方程以作估计与预测等分析。而且,建立方程与检验、评价往往是结合进行、往返计算,以建立一个既高效又实用的"最佳"方程。多元回归分析中的逐步回归法正是这一往返计算过程、建立"最佳"方程的具体化和程式化。

回归方程的有效性或显著性,一般是运用方差分析法加以检验的。研究证明,对于一元直线回归方程而言,其方差分析法的检验统计量为

$$F = \frac{r^2(n-2)}{1-r}$$

即为相关系数 r 的显著性检验时用的统计量。可见,一元直线回归问题,方差分析法和相关系数显著性检验法是一致的。其实,回归方程有效性的检验,本质上就是变量间相关关系显著性的检验。至于评价回归方程的有效程度、优劣程度,通常以可决系数和估计标准误差两指标测定之。

1. 可决系数

以一元直线回归方程为例,以最小二乘法建立的方程 $\hat{y} = \beta_0 + \beta_1 x$,由其标准方程可知 $\bar{y} = \beta_0 + \beta_1 \bar{x}$,即 $\hat{y} = \beta_0 + \beta_1 x$ 必经过点 $A(\bar{x}, \bar{y})$。任选不在回归线上的一点 $B(x,y)$,其对应的估计值为 $\hat{y}$,其点为 $C(x, \hat{y})$。可将 A, B, C 示意为图 12-3。

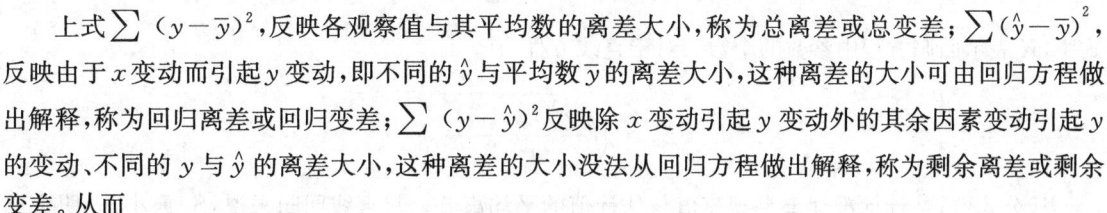

图 12-3 回归方程

由图 12-3 可见,观察值 y 与其平均数 $\bar{y}$ 的离差 $y - \bar{y}$ 可以分解为

$$y - \bar{y} = (y - \hat{y}) + (\hat{y} - \bar{y})$$

等式两边平方求和后,有

$$\sum (y-\bar{y})^2 = \sum [(y-\hat{y}) + \sum (\hat{y}-\bar{y})]^2$$
$$= \sum (y-\hat{y})^2 + \sum (\hat{y}-\bar{y})^2 + 2\sum (y-\hat{y})(\hat{y}-\bar{y})$$

可以证明,$\sum (y-\hat{y})(\hat{y}-\bar{y}) = 0$,故有

$$\sum (y-\bar{y})^2 = \sum (y-\hat{y})^2 + \sum (\hat{y}-\bar{y})^2$$

上式 $\sum (y-\bar{y})^2$,反映各观察值与其平均数的离差大小,称为总离差或总变差;$\sum (\hat{y}-\bar{y})^2$,反映由于 x 变动而引起 y 变动,即不同的 $\hat{y}$ 与平均数 $\bar{y}$ 的离差大小,这种离差的大小可由回归方程做出解释,称为回归离差或回归变差;$\sum (y-\hat{y})^2$ 反映除 x 变动引起 y 变动外的其余因素变动引起 y 的变动、不同的 y 与 $\hat{y}$ 的离差大小,这种离差的大小没法从回归方程做出解释,称为剩余离差或剩余变差。从而

总变差＝回归变差＋剩余变差

如果回归变差占总变差的比重越大,则可说明观察值距回归直线越近,以 $\hat{y}$ 作为实际值的估计值就越准确;也就说明 x 与 y 之间相关关系越密切,回归方程越有效。此比重称为可决系数,可以 R^2 表示之,即

$$R^2 = \frac{\sum (\hat{y}-\bar{y})^2}{\sum (y-\bar{y})^2}$$

或

$$R^2 = 1 - \frac{\sum (y-\hat{y})^2}{\sum (y-\bar{y})^2}$$

如果 x 与 y 完全相关,y 与 $\hat{y}$ 将完全一致,散点图将显示所有观察值都落在回归直线上,此时的剩余变差为 0,R^2 为 1;如果 x 与 y 完全无关,表明所有的变差都由 x 以外的因素而引起,回归直线不能解释任何变差,此时的回归变差为 0,R^2 也为 0。可见

$$0 \leqslant R^2 \leqslant 1$$

一般而言,R^2 取值越大,说明回归方程的有效性越高,拟合程度越高。

可将 R^2 的平方根称为相关指数。直线相关下,相关指数即相关系数。对于曲线相关,一般均以可决系数或相关指数,测定变量间的相关关系的密切程度。

对直线方程实际计算,可采用下列公式

$$R^2 = \frac{\beta_0 \sum y + \beta_1 \sum xy - n\overline{y}^2}{\sum y^2 - n\overline{y}^2}$$

例如,代入表 12-1 数据,有

可决系数 $\quad R^2 = \dfrac{-15.58 \times 391.0 + 1.44 \times 15\ 202.90 - 10 \times 39.10^2}{15\ 857 - 10 \times 39.10^2}$

相关指数 $\quad R = \pm \sqrt{R^2} = \pm \sqrt{0.900\ 5} = \pm 0.95$

根据表 12-1 资料的性质,取相关指数为 0.95。此与第二节按皮尔逊相关系数公式的简捷式计算结果一致。因此可以说,可决系数是相关系数的二次幂。

2. 估计标准误差

一方面,可决系数虽可说明由回归方程解释的变差有多少,以评价回归方程的有效性,但其最本质的功用仍为测定变量间相关关系的密切程度;另一方面,运用回归方程所计算的估计值或预测值($\hat{y}$),不免与实际值(y)存在着离差,此离差越大则反映选配的回归方程越不合适、越少有效性。估计标准误差(以 S_y 表示),正是评价回归方程有效程度、合适程度和准确程度的分析指标。其基本公式为

$$S_y = \sqrt{\frac{\sum (y - \hat{y})^2}{n - K}}$$

式中,K 表示回归方程中参数的个数。对于直线方程,有

$$S_y = \sqrt{\frac{\sum (y - \hat{y})^2}{n - 2}}$$

从公式看,估计标准误差是观察值与估计值的平均离差。就直线回归来说,S_y 愈小,表明观察值的散点愈靠拢回归直线,也就表明所选配的回归方程愈贴切、愈准确地揭示了与变量间的数量关系。同时,S_y 愈小,表明剩余变差 $\sum (y - \hat{y})^2$ 愈小、回归变差 $\sum (\hat{y} - \overline{y})^2$ 愈大,x 与 y 相关愈好。所以,估计标准误差既可以用来评价回归方程的优劣程度,也可以用来说明相关关系的密切程度。

在一般情况下,对于服从正态分布的变量,对每个确定的 $x = x_0$,则 y 的取值也服从正态分布,它的平均数就是当 $x = x_0$ 时回归方程的相应值 $y_0 = \beta_0 + \beta_1 x_0$,即 $\hat{y} = E(y|x_0)$,其标准差可以估计标准误差来估计。于是,根据正态分布的性质,对于某一 x 值(x_0),y 的取值是以 $\hat{y}(\beta_0 + \beta_1 x_0)$ 为中心而对称分布的。愈靠近 $\hat{y}$ 的地方出现的机会愈多,愈远离 $\hat{y}$ 的地方出现的机会愈少,而且与估计标准误差 S_y 之间有下述关系

落在 $\hat{y} \pm S_y$ 的区间内约占 68.27%;

落在 $\hat{y} \pm 2S_y$ 的区间内约占 95.45%;

落在 $\hat{y} \pm 3S_y$ 的区间内约占 99.73%。

由此,前述运用回归方程所做的估计可称点估计;将点估计加、减若干倍估计标准误差后再作估计,可称区间估计。若 S_y 愈小,则估计或预测就愈准确。

对于直线方程实际计算 S_y,可用下式

$$S_y = \sqrt{\frac{\sum y^2 - \beta_0 \sum y - \beta_1 \sum xy}{n-2}}$$

例如,代入表 12-1 数据,有

$$S_y = \sqrt{\frac{15\,857.00 - (-15.58) \times 391.00 - 1.44 \times 15\,202.90}{10-2}} = 2.66(万元)$$

如果前例居民收入、服装销售均为正态分布,则当居民收入达 45 亿元时,可以 95.45% 的把握估计服装销售额将为 43.90~54.54 万元,即

$$\hat{y} \pm 2S_y$$
$$49.22 \pm 2 \times 2.66$$

第四节 相关与回归

虽说广义的相关分析包含回归分析,或把回归分析视为相关分析的继续和发展;但从前两节的介绍中可以发现狭义的相关分析与回归分析研究并回答的问题是不同的,它们完成着不同的分析任务。在分别阐述了狭义相关分析和回归分析的基础上,本节以直线相关和直线回归为例,着重讨论相关(狭义)与回归的关系。

一、相关与回归的区别

相关分析以计算相关系数为中心,回归分析以建立回归方程为中心。

相关分析同等看待两个变量(x 与 y),回归分析不同等看待两个变量。具体说,相关分析不必区分 x 与 y 谁是自变量、谁是因变量,回归分析必须作此区分;相关分析将 x 与 y 皆视为随机变量,回归分析通常将 x 视为给定量、y 视为随机变量。

正是由于同等与不同等看待变量,对同一数据,仅可计算一个相关系数,而能建立两个回归方程。上节的回归方程,一般称为 y 依 x 回归方程,即以 x 作自变量、y 作因变量。对于存在双向关系的变量,根据分析的需要,还可建立 x 依 y 回归方程,即

$$\hat{x} = \alpha_0 + \alpha_1 y$$

式中,α_0、α_1 两个参数,按最小二乘法估计为

$$\alpha_1 = \frac{n\sum xy - \sum x \sum y}{n \sum y^2 - (\sum y)^2}$$
$$\alpha_0 = \bar{x} - \alpha_1 \bar{y}$$

前节"控制"问题的正确解法应是:以商品流通费水平(y)为自变量、以商品销售额(x)为因变量,重新建立一个 x 依 y 回归方程;估计方程参数;检验、评价方程;代入 $y=2\%$,估计 $\hat{x}$。

二、相关与回归的联系

相关与回归在实际分析中常常结合运用。在一般情况下,总是先以相关分析测定变量间的联系

程度,然后通过回归分析描述变量间的联系模式。在多元回归分析中,尤其需要通过相关分析筛选自变量,选其相关系数大者进入方程,以提高回归分析的简捷和高效。

相关与回归在实际计算中常常互通互用。一方面可以从回归求相关,即利用回归方程和估计标准误差计算相关系数;另一方面也可以从相关求回归,即利用相关系数求解回归方程。试列举有关公式如下:

$$r^2 = 1 - \frac{\sum(y-\hat{y})^2}{\sum(y-\bar{y})^2}$$

$$r = \sqrt{1 - \frac{\sum(y-\hat{y})^2}{\sum(y-\bar{y})^2}} = \sqrt{1 - \frac{S_y^2}{\sigma_y^2}} \quad (n\text{较大},n-2 \approx n)$$

$$\hat{y} = \beta_0 + \beta_1 x = (\bar{y} - \beta_1 \bar{x}) + \beta_1 x$$

因为
$$\beta_1 = \frac{n\sum xy - \sum x \sum y}{n\sum x^2 - (\sum x)^2} = \frac{\sigma^2(x,y)}{\sigma^2(x)}$$

所以
$$\hat{y} = \bar{y} - \frac{\sigma^2(x,y)}{\sigma_x^2}\bar{x} + \frac{\sigma^2(x,y)}{\sigma_x^2}x = \bar{y} + \frac{\sigma^2(x,y)}{\sigma_x^2}(x-\bar{x})$$

$$= \bar{y} + \frac{\sigma^2(x,y)}{\sigma_x \sigma_y} \cdot \frac{\sigma_y}{\sigma_x}(x-\bar{x}) = \bar{y} + r\frac{\sigma_y}{\sigma_x}(x-\bar{x})$$

$$= \bar{y} - r\frac{\sigma_y}{\sigma_x}\bar{x} + r\frac{\sigma_y}{\sigma_x}x$$

在结束本章时须特别强调,相关分析只是一种重要的研究工具、分析手段,在运用它为具体研究对象时,必须以有关的科学理论、专业知识为指导。变量间的相随变动或共同变动,彼此之间可能确实存在有因果关系或互为因果,也可能没有直接关系。例如,由于观察资料的偶然巧合,可能会出现诸如某地白酒消费量与自杀者人数同时增加、卷烟销售量与患肺病人数同时上升的数据。其实,它们之间并无直接关联。正如美国统计学家肯德尔(Kendall)和斯图尔特(Stuart)在其所著《高级统计理论》一书中所指出的:"一种统计关系,不论如何强有力,总不能成为因果关系,我们认为因果关系最终来自理论,而不是统计。"当然,相关分析有助于因果分析,它往往给人以启示,促使人们从理论上作进一步的探索和研究。

知识链接 24:相关性≠因果性

有研究人员说,常食海参使人变得更聪明!

为了研究海参和聪明之间的关系,研究人员通常是这样做的:首先在一定的人群中统计一下他们是否平时常吃海参,挑选出常吃海参的一组和不常吃海参的一组。然后进行智商测试,对总体结果进行统计,看看哪一组智商平均值更高,或者直接统计吃海参频率和智商之间的相关系数。如果常吃海参的一组平均智商得分更高,那么研究人员就会得出结论:常吃海参和智商高之间是呈正相关的关系的。

即便是假设常吃海参的组平均智商真的更高,并且调查对象人数真的多到了具有统计意义,研究人员的声明仍然有一个致命的逻辑缺陷:相关性并不代表因果性!这一点经常被人混淆,也经常被一些团体故意混淆以达到他们自己的目的。

两个变量 A 和 B 具有相关性,其原因是有很多种的,并非只有 $A \to B$ 或者 $B \to A$ 这样的因果关系。一个很常见的导致相关性的可能性是 A 和 B 都是由同样的原因造成的:$C \to A$ 并且 $C \to B$,那么 A 和 B 也会表现出明显的相关性,但并不能说 $A \to B$ 或者 $B \to A$。

比如有统计表明,游泳死亡人数越高,冰糕卖得越多,也就是游泳死亡人数和冰糕售出量之间呈正相关性,我们可以由此得出结论说吃冰糕就会增加游泳死亡风险吗?显然不可以!这两个事件显然都仅仅是夏天到了气温升高了所导致的,吃不吃冰糕与游泳死亡风险根本没有任何因果关系。

从这个例子可以明显看出,只依据统计数据是不足以得出因果性的。想要得出因果性,必须从理论上证明两个变量之间确实有因果性,并且要排除掉第三个隐含变量同时导致这两个变量的可能性。

回到海参的例子上来。海参和聪明之间的正相关性,有可能是因为经常吃到海参的家庭一般比较富裕,而富裕的家庭通常可以给孩子提供更好的教育资源,以使得孩子更聪明;也可能是有一个或者多个基因,同时起到了使人喜欢吃海参和提升智商两种作用。如果不排除这些其他可能性,说吃海参可以导致更聪明的说法就是不可信的,也无须为了提升智商常吃海参。

第五节　Excel 在相关与回归分析中的应用

一、一元线性相关与回归分析

可按以下步骤,对表 12-1 数据,(1)绘制服装销售额和居民收入的相关图;(2)计算服装销售额和居民收入的简单相关系数 r;(3)建立服装销售额和居民收入的一元线性回归方程,并进行统计检验。

1. 绘制相关图

(1)输入数据。如图 12-4 所示。

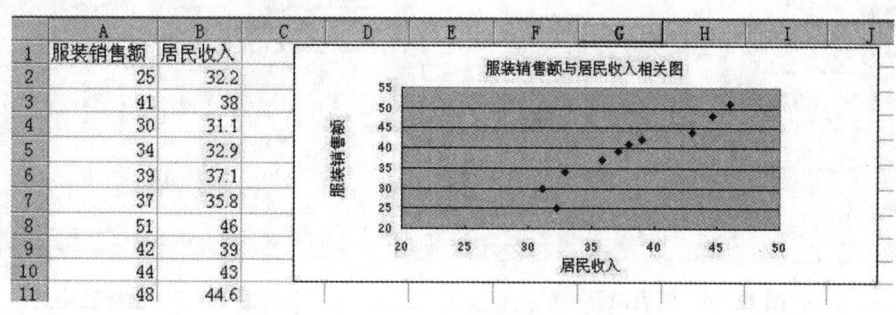

图 12-4　数据输入

(2)执行菜单命令"插入"→"图表",调出"图表向导-4 步骤之 1-图表类型"对话框。在对话框的"标准类型"页框的"图表类型"列表框中选择"xy 散点图",子图表类型选"散点图"。单击下一步。

(3)进入"图表向导-4 步骤之 2-图表源数据"对话框。

在对话框的"数据区域"页框的"数据区域"文本框中,输入变量数据所在区域的地址。选中"列"单选框,表示系列产生在列。

单击"系列"页框,显示出"系列"页框的内容。Excel 自动将排在前面一列的数据作为 x,排在后面的一列数据作为 y。这在本例中不符合要求,需将纵轴和横轴对调,修改其中 x 与 y 的数值区域如图 12-5 后,单击"下一步"。

(4)进入"图表向导-4 步骤之 3-图表选项"对话框。选择"标题",填写图表标题、x 轴坐标名称和 y 轴坐标名称如图 12-6 所示,单击"下一步"按钮。

(5)选择图表输出位置,单击"完成"按钮,即可得相关图。

(6)为使输出的相关图更直观、清楚,可进一步修改坐标轴格式。

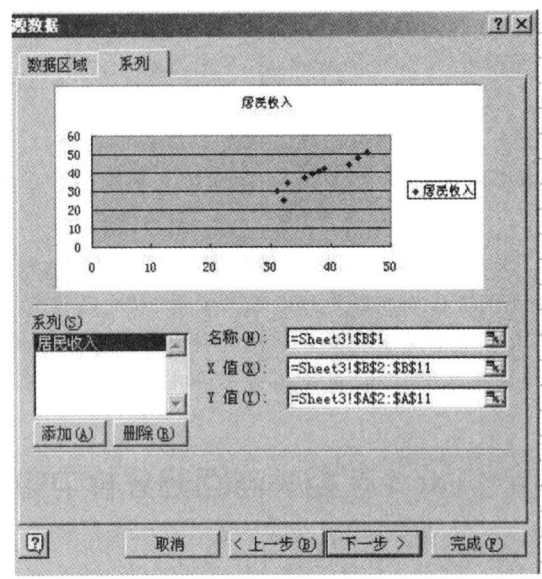

图 12-5 源数据

右击相关图的 x 轴,进入"坐标轴格式",改变有关刻度要求,如图 12-7,单击"确定"按钮。对 y 轴也做类似操作,最后得到结果如图 12-4 所示。

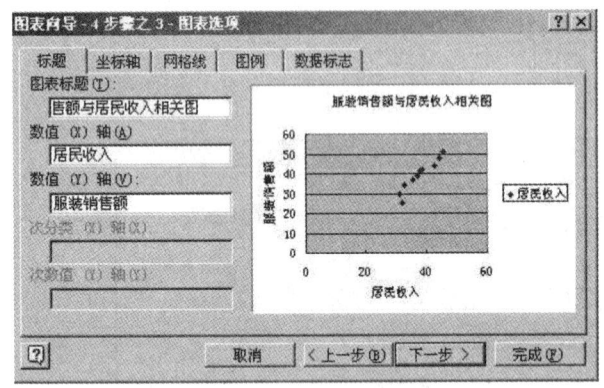

图 12-6 图表向导

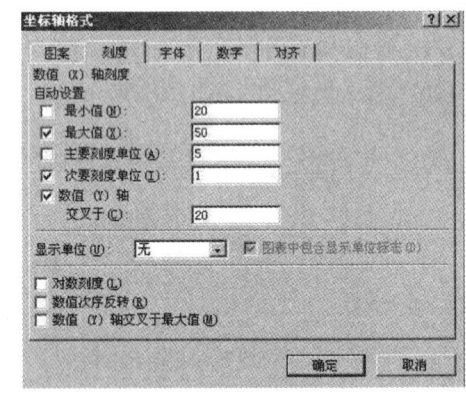

图 12-7 坐标轴格式

2. 计算相关系数

调出"相关系数"分析工具对话框,其填写如图 12-8 所示,单击"确定"按钮即可得到两变量的简单相关系数矩阵,如图 12-9 所示。

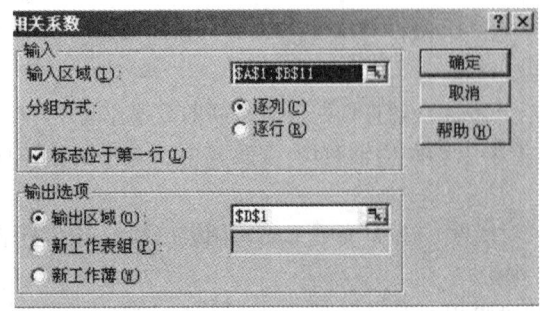

图 12-8 相关系数

D	E	F
	服装销售额	居民收入
服装销售额	1	
居民收入	0.952414072	1

图 12-9 计算结果

由上图可以看出,居民收入和服装销售额之间存在高度正相关,其简单相关系数高达 0.952 4。

3. 建立回归方程

(1) 调出"回归"分析对话框,其中主要选项的含义如下:

Y 值输入区域:在此输入因变量数据区域,该区域只能由单列数据组成。

X 值输入区域:在此输入自变量数据区域,该区域可由多列数据组成。Excel 将此区域中的自变量从左到右排列,自变量的个数最多可达 16 个。

标志:当输入的数值区域中包括变量名时,选择该复选项。

置信度:如果需要在汇总输出表中包含附加的置信度信息,则选中此复选框,然后输入所要使用的置信度,系统默认值为 95%。

常数为零:如果回归方程中不包含常数项,则选中此复选框。

残差:输出结果中若要求显示残差,则选中此复选框。

标准残差:输出结果中若要求显示标准残差,则选中此复选框。

残差图:如果需要生成一张图表,绘制各自变量及其残差,则选中此复选框。

线形拟合图:如需要为预测值和观察值生成一个图表,则选中复选框。

本例具体填写如图 12-10 所示。

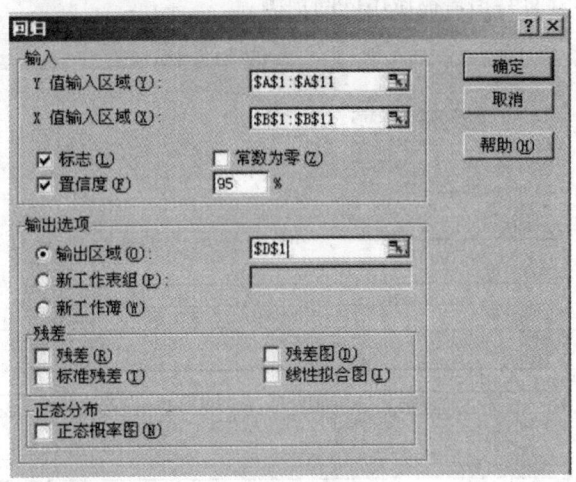

图 12-10 回归

(2) 单击"确定"按钮,输出如图 12-11 所示回归分析结果。

	D	E	F	G	H	I	J	K	L
	SUMMARY OUTPUT								
	回归统计								
	Multiple R	0.952414072							
	R Square	0.907092565							
	Adjusted R Square	0.895479135							
	标准误差	2.570385184							
	观测值	10							
	方差分析								
		df	SS	MS	F	Significance F			
	回归分析	1	516.045	516.045	78.10721	2.11775E-05			
	残差	8	52.85504	6.60688					
	总计	9	568.9						
		Coefficients	标准误差	t Stat	P-value	Lower 95%	Upper 95%	下限 95.0%	上限 95.0%
	Intercept	-15.84273374	6.269681	-2.52688	0.035427	-30.30065342	-1.38481	-30.3007	-1.38481
	居民收入	1.447003786	0.163728	8.837828	2.12E-05	1.069445097	1.824562	1.069445	1.824562

图 12-11 回归分析结果

输出结果包括以下三个部分：

第一部分“回归统计”反映整个回归方程的拟合情况，具体包括复相关系数 R，可决系数 R^2，调整后可决系数 $\overline{R}^2$，标准误差(即估计标准误差)s_y 和样本容量 n。

第二部分“方差分析”，即回归方差分析表(与通用的方差分析表结构相同)，具体有回归离差平方和 SSR、剩余离差平方和 SSE、总离差平方和 SST 和它们对应的自由度 df、均方差 SS，以及由此计算出的 F 统计量和 F 统计量的显著性水平。

第三部分是回归系数表，具体包括各回归系数的估计值及对应标准误差、t 检验统计量值及对应 p 值，以及一定置信水平下的各回归系数估计值的上下限。

若在前面选项中，要求输出残差、残差图和线性拟合图，则输出结果中还会增加所要求的内容。

二、多元线性相关与回归分析

为了研究某产品的销售额与两种促销手段(做广告、现场展示)间的关系，研究人员按随机原则选择了规模相似的 16 个销售点作为样本。样本数据见图 12－12。可按以下步骤：(1) 建立以销售额为因变量 y，广告费和现场展示费为自变量 x_1、x_2 的二元线性回归方程，并进行统计检验；(2) 计算两两简单相关系数和偏相关系数；(3) 假定某一销售点的广告费和现场展示费分别是 500 万元和 200 万元，试以置信度 95％对其销售额做出区间预测。

A	B	C	D	E	F	G	H	I	J	K	L
销售额Y	广告费X1	现场展示费X2	SUMMARY OUTPUT								
8.74	2	2									
10.53	2	3	回归统计								
10.99	2	4	Multiple R	0.99038765							
11.97	2	5	R Square	0.9808677							
12.74	3	2	Adjusted R Sq	0.97792427							
12.83	3	3	标准误差	0.53852228							
14.69	3	4	观测值	16							
15.3	3	5									
16.11	4	2	方差分析								
16.31	4	3		df	SS	MS	F	Significance F			
16.46	4	4	回归分析	2	193.283	96.6416	333.24	6.78402E-12			
17.65	4	5	残差	13	3.77008	0.29001					
19.65	5	2	总计	15	197.053						
18.86	5	3									
19.93	5	4		Coefficient	标准误差	t Stat	P-value	Lower 95%	Upper 95%	下限 95.0%	上限 95.0%
20.51	5	5	Intercept	2.145875	0.61105	3.51178	0.0038	0.825780318	3.46597	0.82578	3.46597
			广告费X1	3.02825	0.12042	25.148	2E-12	2.768104412	3.288396	2.768104	3.288396
			现场展示费X2	0.70275	0.12042	5.83596	6E-05	0.442604412	0.962896	0.442604	0.962896

图 12－12　多元回归分析结果

1. 二元线性回归分析

调用“回归”分析对话框，本例 y 值输入区域为“＄A＄1：＄A＄17”，x 值输入区域为“＄B＄1：＄C＄17”，其他选项同上例一元回归，单击“确定”按钮，输出如 12－12 所示回归分析结果。从输出结果可知，本例所拟合的样本回归方程为

$$\hat{y}=2.145\ 875+3.028\ 25x_1+0.702\ 75x_2$$

回归系数的数值与经济理论分析的结果相符，二个回归系数均通过 t 检验，调整后可决系数 R^2 达到 98％之多，方程拟合较好。

2. 计算简单相关系数矩阵与偏相关系数

(1) 计算简单相关系数。调出“相关系数”分析工具对话框，其填写如图 12－13 所示，单击“确定”按钮即可得到各变量间的简单相关系数矩阵，如图 12－14 所示。

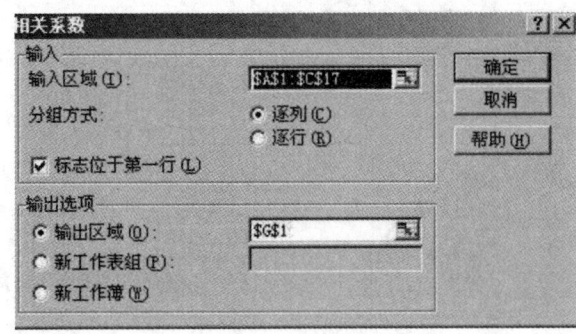

G	H	I	J
	销售额Y	广告费X1	现场展示费X2
销售额Y	1		
广告费X1	0.9648	1	
现场展示费X2	0.2239	0	1

图 12-13 相关系数　　　　　　　　图 12-14 计算结果

(2) 计算偏相关系数。在三个连续单元格分别输入公式"=(H3-H4*I4)/SQRT((1-H4*H4)*(1-I4*I4))""=(H4-H3*I4)/SQRT((1-H3*H3)*(1-I4*I4))""=(I4-H3*H4)/SQRT((1-H3*H3)*(1-H4*H4))",回车后得到数值"0.989 9""0.850 73"和"-0.842 12"。这三个数值分别是销售额 y 与广告费 x_1 的偏相关系数、销售额 y 和现场展示费 x_2 的偏相关系数以及广告费 x_1 和现场展示费 x_2 的偏相关系数。

将偏相关系数与前面对应的简单相关系数进行比较,可以看出,本例中销售额 y 和现场展示费 x_2 的简单相关系数与偏相关系数有较大差别,尤其是广告费 x_1 和现场展示费 x_2 的简单相关系数和偏相关系数不仅数值上相差很大,连符号也不相同。偏相关分析的结果更符合客观事物的内在联系。

3. 预测

本例需要利用多元线性回归模型区间预测的矩阵公式和 Excel 中的矩阵计算函数,具体步骤如下:

(1) 构造如图 12-15 所示的工作表。图中 A1:A17 为销售点编号,B2:D17 为矩阵 **X**,B19:D16 为矩阵 $\mathbf{X_f}$,即自变量的预测取值,F2:F4 存放的是 $\hat{\beta}_0$、$\hat{\beta}_1$ 和 $\hat{\beta}_2$ 的估计值(见图 12-15 输出结果),F5:F10 存放的是一些中间变量及最终计算结果。

(2) 为了便于书写公式,在此需对某些单元格区域定义名称。定义 E6:F8 的名称,选定 E6:F8,执行菜单命令"插入"→"名称"→"指定",在调出的对话框中,选中"最左列",单击"确定"按钮;定义 B2:D17 的名称,选定该区域,执行菜单命令"插入"→"名称"→"定义",调出"定义名称"对话框,输入名称"**X**",单击"确定"按钮即可;同样,将 B19:D19 定义为"$\mathbf{X_f}$",F2:F4 定义为"B"。

(3) 计算点预测值 Y_f。在 F6 中输入公式"=MMULT($\mathbf{X_f}$,B)"即可。

(4) 计算 t 临界值。在 F7 中输入公式"=TINV(1-0.95,16-2-1)"即可,其中 0.95 为置信度,16 为样本个数。

(5) 计算预测估计误差的估计值 Sef。

先计算"$X_f(X'X)^{-1}X_f'$"。在 F5 中输入公式:"=MMULT(MMULT(X_f,MINVERSE(MMULT(TRANSPOSE(X),X))),TRANSPOSE(X_f))",然后按"Ctrl+Shift+Enter"组合键即可,表示输入的是数组公式。

再计算 Sef,在 F8 中输入公式"=0.538 522 28*SQRT(1+F5)"即可,其中 0.538 522 28 是回归估计标准误差(见图 12-12 输出结果)。

(6) 计算置信区间上下限。在 F9,F10 中分别输入公式"=Y_f-t 临界值*Sef"和"=Y_f+t 临界值*Sef"。最终结果见图 12-15。

	A	B	C	D	E	F
1	销售点	广告费X1	现场展示费X2	区间预测		
2	1	1	2	2	B0	2.145875
3	2	1	2	3	B1	3.02825
4	3	1	2	4	B2	0.70275
5	4	1	2	5		0.2875
6	5	1	3	2	Yf	18.692625
7	6	1	3	3	t临界值	2.160368652
8	7	1	3	4	Sef	0.611050769
9	8	1	3	5	置信区间下限	17.37253007
10	9	1	4	2	置信区间上限	20.01271993
11	10	1	4	3		
12	11	1	4	4		
13	12	1	4	5		
14	13	1	5	2		
15	14	1	5	3		
16	15	1	5	4		
17	16	1	5	5		
18						
19	17	1	5	2		
20						

图 12-15　工作表

英文选读 12　Basics of Regression Analysis

In regression analysis, you develop a model that can be used to predict the values of a **dependent** or **response** variable based on the values of one or more **independent** or **explanatory** variables.

Simple Linear Regression

CONCEPT: The statistical method that uses a straight-line relationship to predict a numerical dependent variable Y from a single numerical independent variable X.

INTERPRETATION: Simple linear regression attempts to discover whether the values of the dependent Y (such as store sales) and the independent X variable (such as the size of the store), when graphed on a scatter plot, would suggest a straight-line relationship of the values.

Scatter plots only informally help you identify the relationship between the dependent variable Y and the independent variable X in a simple regression. To specify the numeric relationship between the variables, you need to develop an equation that best represents the relationship.

After you determine that a straight-line relationship exists between a dependent variable Y and the independent variable X, you need to determine which straight line to use to represent the relationship. Two values define any straight line: the Y intercept and the slope.

The Coefficient of Correlation

CONCEPT: The measure of the strength of the linear relationship between two variables, represented by the symbol r.

INTERPRETATION: The values of this coefficient vary from -1, which indicates perfect negative correlation, to $+1$, which indicates perfect positive correlation. The sign of the correlation coefficient r is the same as the sign of the slope in simple linear regression. If the slope is positive, r is positive. If the slope is negative, r is negative. The coefficient of correlation (r) is the square root of the coefficient of determination r^2.

In general, you must remember that just because two variables are strongly correlated, you cannot conclude that a cause-and-effect relationship exists between the variables.

The Multiple Regression Model

CONCEPT: The statistical method that extends the simple linear regression model of Equation by assuming a straight-line or linear relationship between each independent variable and the dependent variable.

INTERPRETATION: Simple linear regression, in which you use a single explanatory numerical variable to predict a numerical dependent variable. Multiple Regression, you will learn the fundamentals of multiple regression, in which several independent variables are used to predict a numerical dependent variable. Often you can make better predictions if you use more than one independent variable.

习　题

一、单选题

1. 现象之间相互依存关系的程度越高,则相关系数值　　　　　　　　　　　　　　　(　　)
   (1) 越接近于∞　　　　　　　　　　　(2) 越接近于-1
   (3) 越接近于1　　　　　　　　　　　(4) 越接近于-1或1

2. 已知变量 x 与 y 之间存在着负相关,指出下列回归方程中哪一个肯定是错误的　　(　　)
   (1) $\hat{y} = -10 - 0.8x$　　　　　　　(2) $\hat{y} = 100 - 1.5x$
   (3) $\hat{y} = -150 + 0.9x$　　　　　　(4) $\hat{y} = 25 - 0.7x$

3. 当所有观察值 y 都落在回归直线 $\hat{y} = a + bx$ 上,则 x 与 y 之间的相关系数　　(　　)
   (1) $r = 1$　　　(2) $-1 < r < 0$　　　(3) $r = 1$ 或 $r = -1$　　　(4) $0 < r < 1$

4. 相关系数 $r = 0$,说明两个变量之间　　　　　　　　　　　　　　　　　　　　　(　　)
   (1) 相关程度很低　　　　　　　　　　(2) 不存在任何相关关系
   (3) 完全负相关　　　　　　　　　　　(4) 不存在直线相关关系

5. 在回归方程 $\hat{y} = a + bx$ 中,回归系数 b 表示　　　　　　　　　　　　　　　(　　)
   (1) 当 $x = 0$ 时 y 的期望值　　　　　(2) x 变动一个单位时 y 的变动总额
   (3) y 变动一个单位时 x 的平均变动量　(4) x 变动一个单位时 y 的平均变动量

二、多选题

1. 下列现象中属于相关关系的有　　　　　　　　　　　　　　　　　　　　　　　　(　　)
   (1) 压力与压强　　　　　　　　　　　(2) 现代化水平与劳动生产率
   (3) 圆的半径与圆的面积　　　　　　　(4) 身高与体重
   (5) 机械化程度与农业人口

2. 销售额与流通费用率,在一定条件下存在相关关系,这种相关关系属于　　　　　　(　　)
   (1) 正相关　　　(2) 单相关　　　(3) 负相关　　　(4) 复相关
   (5) 完全相关

3. 在直线相关和回归分析中　　　　　　　　　　　　　　　　　　　　　　　　　　(　　)
   (1) 据同一资料,相关系数只能计算一个
   (2) 据同一资料,相关系数可以计算两个
   (3) 据同一资料,回归方程只能配合一个
   (4) 据同一资料,回归方程随自变量与因变量的确定不同,可能配合两个
   (5) 回归方程和相关系数均与自变量和因变量的确定无关

4. 确定直线回归方程必须满足的条件是　　　　　　　　　　　　　　　　　　　　　(　　)
   (1) 现象间确实存在数量上的相互依存关系
   (2) 相关系数 r 必须等于1

(3) 相关现象必须均属于随机现象
(4) 现象间存在着较密切的直线相关关系
(5) 相关数列的项数必须足够多

5. 在回归分析中,确定直线回归方程的两个变量必须是 (   )
(1) 一个自变量,一个因变量   (2) 均为随机变量
(3) 对等关系   (4) 一个是随机变量,一个是可控变量
(5) 不对等关系

三、问答题

1. 什么是相关关系？它与函数关系有什么不同？
2. 区别下列现象为相关关系或函数关系。
   (1) 物体体积随着温度升高而膨胀,随着压力加大而收缩。
   (2) 测量次数愈多,其平均长度愈接近实际长度。
   (3) 家庭收入愈多,其消费支出也有增长的趋势。
   (4) 秤砣的误差愈多,权衡的误差也愈大。
   (5) 物价愈上涨,商品的需求量愈小。
   (6) 文化程度愈高,人口的平均寿命也愈长。
   (7) 圆的半径愈长,圆周也愈长。
   (8) 农作物收获量和雨量、气温、施肥量有密切的关系。
3. 相关关系有哪些种类？它们各自的含义是什么？
4. 什么是相关系数？怎样利用相关系数来判断现象的相关关系？
5. 什么叫等级相关分析？等级相关系数的主要形式有哪些？
6. 总变差可以分割成哪两个部分？这种分割有什么意义？
7. 什么是可决系数？它与相关系数的关系如何？什么是估计标准误差？它与相关系数的关系如何？它在回归分析中起什么作用？
8. 试述回归分析和相关分析的区别和联系。

四、计算题

1. 已知生产同类产品的 10 个工业企业,工业生产性固定资产年平均价值和工业总产值资料如下表所示。

企业序号	工业生产性固定资产价值/万元	工业总产值/万元
1	318	524
2	910	1 019
3	200	638
4	409	815
5	415	913
6	502	928
7	314	605
8	1 210	1 516
9	1 022	1 219
10	1 225	1 624
合计	6 525	9 801

试计算相关系数;求出直线回归方程,并指出方程参数的经济意义;计算估计标准误差;估计生产性固定资产为1 100万元时总产值的可能值。

2. 从某市抽取18家百货商店进行调查,取得利润率(x)与商品流通费用率(y)之间回归分析的有关资料如下:

$$\sqrt{\sum(y-\bar{y})^2}=18 \quad \sqrt{\sum(x-\bar{x})^2}=15 \quad \sum(y-\hat{y})^2=169 \quad \sigma_{xy}^2=13$$

式中,y为因变量实际值;$\hat{y}$为因变量理论值;$\bar{y}$为因变量平均值。

试计算相关系数;计算估计标准误差。

3. 某市电子工业公司有15个所属企业,其中14个企业2011年的设备能力和劳动生产率统计数据如下,试建立直线回归方程,并作显著性检验(显著性水平$\alpha=0.05$);如果某一企业的年设备能量为5.8千瓦/小时,试预测其劳动生产率。

企业编号	设备能量/(千瓦/小时)	劳动生产率/(千元/人)
1	2.8	6.7
2	2.8	6.9
3	3	7.2
4	2.9	7.3
5	3.4	8.4
6	3.9	8.8
7	4	9.1
8	4.8	9.8
9	4.9	10.6
10	5.2	10.7
11	5.4	11.1
12	5.5	11.8
13	6.2	12.4
14	7	12.4

4. 试根据下列资料编制直线回归方程:

$$\sigma_x^2=25, \sigma_y^2=36, r=0.9, \beta_0=2.8$$

5. 已知$r=0.6, \bar{x}=54, \bar{y}=8, \sigma_x=10, \sigma_y=4$。试求$y$依$x$回归方程及其估计标准误差;$x$依$y$回归方程及其估计标准误差。

6. 某企业上半年产品产量(千件)与单位成本(元)资料如下:

月份	产量/千件	单位成本/(元/件)
1	2	73
2	3	72
3	4	71
4	3	73
5	4	69
6	5	68

（1）计算直线相关系数，说明产品产量与单位成本之间的相关方向和相关程度。（2）建立直线回归方程（单位成本为因变量），指出产量每增加 1 000 件时单位成本平均下降多少元；假定产量达 6 000 件，此时平均单位成本为多少元；若要保证单位成本不超过 70 元/件，产量需达到多少件？

7. 某种商品与人均收入、商品价格资料如下表所示：

需求量/千克	人均收入/元	商品价格/元
50	500	3
40	300	5
40	600	4
35	250	4
25	150	6
30	200	5
45	650	3
50	500	2
55	700	2
30	600	6

试建立二元线性回归方程。

8. 某商店近十年来商品销售额与商品流通费率的资料如下：

年份	销售额 x/百万元	流通费率 y/%
1995	0.7	6.4
1996	1.5	4.5
1997	2.1	2.7
1998	2.9	2.1
1999	3.4	1.8
2000	4.3	1.5
2001	5.5	1.4
2002	6.4	1.3
2003	6.9	1.3
2004	7.8	1.2

试选用双曲线 $\hat{y}=\beta_0+\dfrac{\beta_1}{x}$，建立回归方程。

附录一 常用统计表

附表1 标准正态分布表

$$\varphi(Z) = \int_{-\infty}^{z} \frac{1}{\sqrt{2\pi}} e^{-u^2/2} du = P\{Z \leqslant z\}$$

z	0	1	2	3	4	5	6	7	8	9
0.0	0.500 0	0.504 0	0.508 0	0.512 0	0.516 0	0.519 9	0.523 9	0.527 9	0.531 9	0.535 9
0.1	0.539 8	0.543 8	0.547 8	0.551 7	0.555 7	0.559 6	0.563 6	0.967 5	0.571 4	0.575 3
0.2	0.579 3	0.583 2	0.587 1	0.591 0	0.594 8	0.598 7	0.602 6	0.606 4	0.610 3	0.614 1
0.3	0.617 9	0.621 7	0.625 5	0.629 3	0.633 1	0.636 8	0.640 6	0.644 3	0.648 0	0.651 7
0.4	0.655 4	0.659 1	0.662 8	0.666 4	0.670 0	0.673 6	0.677 2	0.680 8	0.684 4	0.687 9
0.5	0.691 5	0.695 0	0.698 5	0.701 9	0.705 4	0.708 8	0.712 3	0.715 7	0.719 0	0.722 4
0.6	0.725 7	0.729 1	0.732 4	0.735 7	0.738 9	0.742 2	0.745 4	0.748 6	0.751 7	0.754 9
0.7	0.758 0	0.761 1	0.764 2	0.767 3	0.770 3	0.773 4	0.776 4	0.779 4	0.782 3	0.785 2
0.8	0.788 1	0.791 0	0.793 9	0.796 7	0.799 5	0.802 3	0.805 1	0.807 8	0.810 6	0.813 3
0.9	0.815 9	0.818 6	0.821 2	0.823 8	0.826 4	0.828 9	0.831 5	0.834 0	0.836 5	0.838 9
1.0	0.841 3	0.843 8	0.846 1	0.848 5	0.850 8	0.853 1	0.855 4	0.857 7	0.859 9	0.862 1
1.1	0.864 3	0.866 5	0.868 6	0.870 8	0.872 9	0.874 9	0.877 0	0.879 0	0.881 0	0.883 0
1.2	0.884 9	0.886 9	0.888 8	0.890 7	0.892 5	0.894 4	0.896 2	0.898 0	0.899 7	0.901 5
1.3	0.903 2	0.904 9	0.906 6	0.908 2	0.909 9	0.911 5	0.913 1	0.914 7	0.916 2	0.917 7
1.4	0.919 2	0.920 7	0.922 2	0.923 6	0.925 1	0.926 5	0.927 8	0.929 2	0.930 6	0.931 9
1.5	0.933 2	0.934 5	0.935 7	0.937 0	0.938 2	0.939 4	0.940 6	0.941 8	0.943 0	0.944 1
1.6	0.945 2	0.946 3	0.949 4	0.948 4	0.949 5	0.950 5	0.951 5	0.952 5	0.953 5	0.954 5
1.7	0.955 4	0.956 4	0.957 3	0.958 2	0.959 1	0.959 9	0.960 8	0.961 6	0.962 5	0.963 3
1.8	0.964 1	0.964 8	0.965 6	0.966 4	0.967 1	0.967 8	0.968 6	0.969 3	0.970 0	0.970 6
1.9	0.971 3	0.971 9	0.972 6	0.973 2	0.973 8	0.974 4	0.975 0	0.975 6	0.976 2	0.976 7
2.0	0.977 2	0.977 8	0.978 3	0.978 8	0.979 3	0.979 8	0.980 3	0.980 8	0.981 2	0.981 7
2.1	0.982 1	0.982 6	0.983 0	0.983 4	0.983 8	0.984 2	0.984 6	0.985 0	0.985 4	0.985 7
2.2	0.986 1	0.986 4	0.986 8	0.987 1	0.987 4	0.987 8	0.988 1	0.988 4	0.988 7	0.989 0
2.3	0.989 3	0.989 6	0.989 8	0.990 1	0.990 4	0.990 6	0.990 9	0.991 1	0.991 3	0.991 6
2.4	0.991 8	0.992 0	0.992 2	0.992 5	0.992 7	0.992 9	0.993 1	0.993 2	0.993 4	0.993 6

续表

z	0	1	2	3	4	5	6	7	8	9
2.5	0.993 8	0.994 0	0.994 1	0.994 3	0.994 5	0.994 6	0.994 8	0.994 9	0.995 1	0.995 2
2.6	0.995 3	0.995 5	0.995 6	0.995 7	0.995 9	0.996 0	0.996 1	0.996 2	0.996 3	0.996 4
2.7	0.996 5	0.996 6	0.996 7	0.996 8	0.996 9	0.997 0	0.997 1	0.997 2	0.997 3	0.997 4
2.8	0.997 4	0.997 5	0.997 6	0.997 7	0.997 7	0.997 8	0.997 9	0.997 9	0.998 0	0.998 1
2.9	0.998 1	0.998 2	0.998 2	0.998 3	0.998 4	0.998 4	0.998 5	0.998 5	0.998 6	0.998 6
3.0	0.998 7	0.999 0	0.999 3	0.999 5	0.999 7	0.969 8	0.999 8	0.999 9	0.999 9	1.000 0

附表 2　t 分布表

$$P[|t(n)|>t_\alpha(n)]=\alpha \quad (\text{表中 } n \text{ 为自由度})$$

单侧 双侧	$\alpha=0.10$ $\alpha=0.20$	0.05 0.10	0.025 0.05	0.01 0.02	0.005 0.01
$n=1$	3.078	6.314	12.706	31.821	63.657
2	1.886	2.920	4.303	6.965	9.925
3	1.638	2.353	3.182	4.541	5.841
4	1.533	2.132	2.776	3.747	4.604
5	1.476	2.015	2.571	3.365	4.032
6	1.440	1.943	2.447	3.143	3.707
7	1.415	1.895	2.365	2.998	3.499
8	1.397	1.860	2.306	2.896	3.355
9	1.383	1.833	2.262	2.821	3.250
10	1.372	1.812	2.228	2.764	3.169
11	1.363	1.796	2.201	2.718	3.106
12	1.356	1.782	2.179	2.681	3.055
13	1.350	1.771	2.160	2.650	3.012
14	1.345	1.761	2.145	2.624	2.977
15	1.341	1.753	2.131	2.602	2.947
16	1.337	1.746	2.120	2.583	2.921
17	1.333	1.740	2.110	2.567	2.898
18	1.330	1.734	2.101	2.552	2.878

续表

单侧 双侧	$\alpha=0.10$ $\alpha=0.20$	0.05 0.10	0.025 0.05	0.01 0.02	0.005 0.01
19	1.328	1.729	2.093	2.539	2.861
20	1.325	1.725	2.086	2.528	2.845
21	1.323	1.721	2.080	2.518	2.831
22	1.321	1.717	2.074	2.508	2.819
23	1.319	1.714	2.069	2.500	2.807
24	1.318	1.711	2.064	2.492	2.797
25	1.316	1.708	2.060	2.485	2.787
26	1.315	1.706	2.056	2.479	2.779
27	1.314	1.703	2.052	2.473	2.771
28	1.313	1.701	2.048	2.467	2.763
29	1.311	1.699	2.045	2.462	2.756
30	1.310	1.697	2.042	2.457	2.750
$n=40$	1.303	1.684	2.021	2.423	2.704
50	1.299	1.676	2.009	2.403	2.678
60	1.296	1.671	2.000	2.390	2.660
70	1.294	1.667	1.994	2.381	2.648
80	1.292	1.664	1.990	2.374	2.639
90	1.291	1.662	1.987	2.368	2.632
100	1.290	1.660	1.984	2.364	2.626
125	1.288	1.657	1.979	2.357	2.616
150	1.287	1.655	1.976	2.351	2.609
200	1.286	1.653	1.972	2.345	2.601
∞	1.282	1.645	1.960	2.326	2.576

附表3 χ^2 分布表

$$P\{\chi^2(n) > \chi_\alpha^2(n)\} = \alpha$$

n	0.995	0.99	0.975	0.95	0.90	0.75	0.25	0.10	0.05	0.025	0.01	0.005
1	—	—	0.001	0.004	0.016	0.102	1.323	2.706	3.841	5.024	6.635	7.879
2	0.010	0.020	0.051	0.103	0.211	0.575	2.773	4.605	5.991	7.378	9.210	10.597
3	1.072	0.115	0.216	0.352	0.584	1.213	4.108	6.251	7.815	9.348	11.345	12.838
4	0.207	0.297	0.484	0.711	1.064	1.923	5.385	7.779	9.448	11.143	13.277	14.806
5	0.412	0.554	0.831	1.145	1.610	2.675	6.626	9.236	11.072	12.833	15.086	16.750
6	0.676	0.872	1.237	1.635	2.204	3.455	7.841	10.645	12.592	14.449	16.812	18.548
7	0.989	1.239	1.690	2.167	2.833	4.255	9.037	12.017	14.067	16.013	18.475	20.278
8	1.344	1.646	2.180	2.733	3.490	5.071	10.219	13.362	15.507	17.535	20.090	21.955
9	1.735	2.088	2.700	3.325	4.168	5.899	11.389	14.684	16.919	19.023	21.666	23.589
10	2.156	2.558	3.247	3.940	4.865	6.737	12.549	15.987	18.307	20.483	23.209	25.188
11	2.603	3.053	3.816	4.575	5.578	7.584	13.701	17.275	19.675	21.920	24.725	26.757
12	3.074	3.571	4.404	5.226	6.304	8.438	14.845	18.549	21.026	23.337	26.217	28.299
13	3.565	4.107	5.009	5.892	7.042	9.299	15.984	19.812	22.362	24.736	27.688	29.819
14	4.075	4.660	5.629	6.571	7.790	10.165	17.117	21.064	23.685	26.119	29.141	31.319
15	4.601	5.229	6.262	7.261	8.547	11.037	18.245	22.307	24.996	27.448	30.578	32.801
16	5.142	5.812	6.908	7.962	9.312	11.912	19.369	23.542	26.296	28.845	32.000	34.267
17	5.697	6.408	7.564	8.672	10.085	12.792	20.489	24.769	27.587	30.191	33.409	35.718
18	6.256	7.015	8.231	9.390	10.865	13.675	21.605	25.989	28.869	31.526	34.805	37.156
19	6.844	7.633	8.907	10.117	11.651	14.562	22.718	27.204	30.144	32.852	36.191	38.582
20	7.434	8.260	9.591	10.851	12.443	15.452	23.828	28.412	31.410	34.170	37.566	39.997
21	8.034	8.897	10.283	11.591	13.240	16.344	24.935	29.615	32.671	35.479	38.932	41.401
22	8.643	9.542	10.982	12.338	14.042	17.240	26.039	30.813	33.924	36.781	40.289	42.796
23	9.260	10.196	11.689	13.091	14.848	18.137	27.141	32.007	35.172	38.076	41.638	44.181
24	9.880	10.856	12.401	13.848	15.659	19.037	28.241	33.196	36.415	39.364	42.980	45.559
25	10.520	11.524	13.120	14.611	16.473	19.939	29.339	34.382	37.652	40.646	44.314	46.928
26	11.160	12.198	13.844	15.379	17.292	20.843	30.435	35.563	38.885	41.923	45.642	48.290

续表

n	0.995	0.99	0.975	0.95	0.90	0.75	0.25	0.10	0.05	0.025	0.01	0.005
27	11.808	12.879	14.573	16.151	18.114	21.749	31.528	36.741	40.113	43.194	46.963	49.645
28	12.461	13.565	15.308	16.928	18.939	22.657	32.620	37.916	41.337	44.461	48.278	50.993
29	13.121	14.257	16.047	17.708	19.768	23.567	33.711	39.087	42.557	45.722	49.588	52.336
30	13.787	14.954	16.791	18.493	20.599	24.478	34.800	40.256	43.773	46.949	50.892	53.672
31	14.458	15.655	17.593	19.281	21.434	25.390	35.887	41.422	44.985	48.232	52.191	55.003
32	15.134	16.362	18.291	20.072	22.271	26.304	36.793	42.585	46.194	49.480	53.486	56.328
33	15.815	17.074	19.047	20.867	23.110	27.219	38.058	43.745	47.400	50.725	54.776	57.648
34	16.501	17.789	19.806	21.644	23.952	28.136	39.141	44.903	48.602	51.966	56.061	58.964
35	17.192	18.509	20.569	22.465	24.797	29.054	40.223	46.059	49.802	53.203	57.342	60.275
36	17.887	19.233	21.336	23.269	25.643	29.973	41.304	47.212	50.998	54.437	58.619	61.581
37	18.586	19.960	22.106	24.075	26.492	30.893	42.383	48.363	52.192	55.668	59.892	62.883
38	19.289	20.691	22.878	24.884	27.343	31.815	43.462	49.513	53.384	56.896	61.162	64.181
39	19.996	21.426	23.654	25.695	28.196	32.737	44.539	50.660	54.572	58.120	62.428	65.476
40	20.707	22.164	24.433	26.509	29.051	33.660	45.616	51.805	55.758	59.342	63.691	66.766
41	21.421	22.906	25.215	27.326	29.907	34.585	46.692	52.949	56.942	60.561	64.950	68.053
42	22.138	23.650	25.999	28.144	30.765	35.510	47.766	54.090	58.124	61.777	66.206	69.336
43	22.859	24.398	26.785	28.965	31.625	36.436	48.840	55.230	59.354	62.990	67.459	70.616
44	23.584	25.148	27.575	29.787	32.487	37.363	49.913	56.369	60.481	64.201	68.710	71.893
45	24.311	25.901	28.366	30.621	33.350	38.291	49.985	57.505	61.656	65.410	69.957	73.166

附表4 F 分布表

$$P\{F(n_1,n_2) > F_\alpha(n_1,n_2)\} = \alpha$$

$\alpha = 0.01$

	1	2	3	4	5	6	7	8	9	10	12	15	20	24	30	40	60	120	∞
1	4 052	4 999.5	5 403	5 625	5 764	5 859	5 928	5 982	6 022	6 056	6 106	6 157	6 209	6 235	6 261	6 287	6 313	6 339	6 366
2	98.50	99.00	99.17	99.25	99.30	99.33	99.36	99.37	99.39	99.40	99.42	99.43	99.45	99.46	99.47	99.47	99.48	99.49	99.50
3	34.12	30.82	29.46	28.71	28.24	27.91	27.67	27.49	27.35	27.23	27.05	26.87	26.69	26.60	26.50	26.41	26.32	26.22	26.13
4	21.20	18.00	16.69	15.98	15.52	15.21	14.98	14.80	14.66	14.55	14.37	14.20	14.02	13.93	13.84	13.75	13.65	13.56	13.46
5	16.26	13.27	12.06	11.39	10.97	10.67	10.46	10.29	10.16	10.05	9.89	9.72	9.55	9.47	9.38	9.29	9.20	9.11	9.02
6	13.75	10.92	9.78	9.15	8.75	8.47	8.26	8.10	7.98	7.87	7.72	7.56	7.40	7.31	7.23	7.14	7.06	6.97	6.88
7	12.25	9.55	8.43	7.85	7.46	7.19	6.99	6.84	6.72	6.62	6.47	6.31	6.16	6.07	5.99	5.91	5.82	5.74	5.65
8	11.26	8.65	7.59	7.01	6.63	6.37	6.18	6.03	5.91	5.81	5.67	5.52	5.39	5.28	5.20	5.12	5.03	4.95	4.86
9	10.56	8.02	6.99	6.42	6.06	5.80	5.61	5.47	5.35	5.26	5.11	4.96	4.81	4.73	4.65	4.57	4.48	4.40	4.31
10	10.04	7.56	6.55	5.99	5.64	5.39	5.20	5.06	4.94	4.85	4.71	4.56	4.41	4.33	4.25	4.17	4.08	4.00	3.91
11	9.65	7.21	6.22	5.67	5.32	5.07	4.98	4.77	4.63	4.54	4.40	4.25	4.10	4.02	3.94	3.86	3.78	3.69	3.60
12	9.33	6.93	5.95	5.41	5.06	4.82	4.64	4.50	4.39	4.30	4.16	4.01	3.86	3.78	3.70	3.62	3.54	3.45	3.36
13	9.07	6.70	5.74	5.21	4.86	4.62	4.44	4.30	4.19	4.10	3.96	3.82	3.66	3.59	3.51	3.43	3.34	3.25	3.17
14	8.86	6.51	5.56	5.04	4.69	4.46	4.28	4.14	4.03	3.94	3.80	3.66	3.51	3.43	3.35	3.27	3.18	3.09	3.00
15	8.68	6.36	5.42	4.89	4.56	4.32	4.14	4.00	3.89	3.80	3.67	3.52	3.37	3.29	3.21	3.13	3.05	2.96	2.87
16	8.53	6.23	5.29	4.77	4.44	4.20	4.03	3.89	3.78	3.69	3.55	3.41	3.26	3.18	3.10	3.02	2.93	2.84	2.75
17	8.40	6.11	5.18	4.67	4.34	4.10	3.93	3.79	3.68	3.59	3.46	3.31	3.16	3.08	3.00	2.92	2.83	2.75	2.65

续表

	1	2	3	4	5	6	7	8	9	10	12	15	20	24	30	40	60	120	∞
18	8.29	6.01	5.09	4.58	4.25	4.01	3.84	3.71	3.60	3.51	3.37	3.23	3.08	3.00	2.92	2.84	2.75	2.66	2.57
19	8.18	5.93	5.01	4.50	4.17	3.94	3.77	3.63	3.52	3.43	3.30	3.15	3.00	2.92	2.84	2.76	2.67	2.58	2.49
20	8.10	5.85	4.94	4.43	4.10	3.87	3.70	3.56	3.46	3.37	3.23	3.09	2.94	2.86	2.78	2.69	2.61	2.52	2.42
21	8.02	5.78	4.87	4.37	4.04	3.81	3.64	3.51	3.40	3.31	3.17	3.03	2.88	2.80	2.72	2.64	2.55	2.46	2.36
22	7.95	5.72	4.82	4.31	3.99	3.76	3.59	3.45	3.35	3.26	3.12	2.98	2.83	2.75	2.67	2.58	2.50	2.40	2.31
23	7.88	5.66	4.76	4.26	3.94	3.71	3.54	3.41	3.30	3.21	3.07	2.93	2.78	2.70	2.62	2.54	2.45	2.35	2.26
24	7.82	5.61	4.72	4.22	3.90	3.67	3.50	3.36	3.26	3.17	3.03	2.89	2.74	2.66	2.58	2.49	2.40	2.31	2.21
25	7.77	5.57	4.68	4.18	3.85	3.63	3.46	3.32	3.22	3.13	2.99	2.85	2.70	2.62	2.54	2.45	2.36	2.27	2.17
26	7.72	5.53	4.64	4.14	3.82	3.59	3.42	3.29	3.18	3.09	2.96	2.81	2.66	2.58	2.50	2.42	2.33	2.23	2.13
27	7.68	5.49	4.60	4.11	3.78	3.56	3.39	3.26	3.15	3.06	2.93	2.78	2.63	2.55	2.47	2.38	2.29	2.20	2.10
28	7.64	5.45	4.57	4.07	3.75	3.53	3.36	3.23	3.12	3.03	2.90	2.75	2.60	2.52	2.44	2.35	2.26	2.17	2.06
29	7.60	5.42	4.54	4.04	3.73	3.50	3.33	3.20	3.09	3.00	2.87	2.73	2.57	2.49	2.41	2.33	2.23	2.14	2.03
30	7.56	5.39	4.51	4.02	3.70	3.47	3.30	3.17	3.07	2.98	2.84	2.70	2.55	2.47	2.39	2.30	2.21	2.11	2.01
40	7.31	5.18	4.31	3.83	3.51	3.29	3.12	3.99	2.89	2.80	2.66	2.52	2.37	2.29	2.20	2.11	2.02	1.92	1.80
60	7.08	4.98	4.13	3.65	3.34	3.12	2.295	2.82	2.72	2.63	2.50	2.35	2.20	2.12	2.03	1.94	1.84	1.73	1.60
120	6.85	4.79	3.95	3.48	3.17	2.96	2.79	2.66	2.56	2.47	2.34	2.19	2.03	1.95	1.86	1.76	1.66	1.53	1.38
∞	6.63	4.61	3.78	3.32	3.02	2.80	2.64	2.51	2.41	2.32	2.18	2.04	1.88	1.79	1.70	1.59	1.47	1.32	1.00

$\alpha = 0.05$

	1	2	3	4	5	6	7	8	9	10	12	15	20	24	30	40	60	120	∞
1	161.4	199.5	215.7	224.6	230.2	234.0	236.8	238.9	240.5	241.9	243.9	245.9	248.0	249.1	250.1	251.1	252.2	252.3	254.3
2	18.51	19.00	19.16	19.25	19.30	19.33	19.35	19.37	19.38	19.40	19.41	19.43	19.45	19.45	19.46	19.47	19.48	19.49	19.50
3	10.13	9.55	9.28	9.12	9.01	8.94	8.89	8.85	8.81	8.79	8.74	8.70	8.66	8.64	8.62	8.59	8.57	8.55	8.53
4	7.71	6.94	6.59	6.39	6.26	6.16	6.09	6.04	6.00	5.96	5.91	5.86	5.80	5.77	5.75	5.72	5.69	5.66	5.63
5	6.61	5.79	5.41	5.19	5.05	4.95	4.88	4.82	4.77	4.74	4.68	4.62	4.56	4.53	4.50	4.46	4.43	4.40	4.36
6	5.99	5.14	4.76	4.53	4.39	4.28	4.21	4.15	4.10	4.06	4.00	3.94	3.87	3.84	3.81	3.77	3.74	3.70	3.67
7	5.59	4.74	4.35	4.12	3.97	3.87	3.79	3.73	3.68	3.64	3.57	3.51	3.44	3.41	3.38	3.34	3.30	3.27	3.23
8	5.32	4.46	4.07	3.84	3.69	3.58	3.50	3.44	3.39	3.35	3.28	3.22	3.15	3.12	3.08	3.04	3.01	2.97	2.93
9	5.12	4.26	3.86	3.63	3.48	3.37	3.29	3.23	3.18	3.14	3.07	3.01	2.94	2.90	2.86	2.83	2.79	2.75	2.71
10	4.96	4.10	3.71	3.48	3.33	3.22	3.14	3.07	3.02	2.98	2.91	2.85	2.77	2.74	2.70	2.66	2.62	2.58	2.54
11	4.84	3.98	3.59	3.36	3.20	3.09	3.01	2.95	2.90	2.85	2.79	2.72	2.65	2.61	2.57	2.53	2.49	2.45	2.40
12	4.75	3.89	3.49	3.26	3.11	3.00	2.91	2.85	2.80	2.75	2.69	2.62	2.54	2.51	2.47	2.43	2.38	2.34	2.30
13	4.67	3.81	3.41	3.18	3.03	2.92	2.83	2.77	2.71	2.67	2.60	2.53	2.46	2.42	2.38	2.34	2.30	2.25	2.21
14	4.60	3.74	3.34	3.11	2.96	2.85	2.76	2.70	2.65	2.60	2.53	2.46	2.39	2.35	2.31	2.27	2.22	2.18	2.13
15	4.54	3.68	3.29	3.06	2.90	2.79	2.71	2.64	2.59	2.54	2.48	2.40	2.33	2.29	2.25	2.20	2.16	2.11	2.07
16	4.49	3.63	3.24	3.01	2.85	2.74	2.66	2.59	2.54	2.49	2.42	2.35	2.28	2.24	2.19	2.15	2.11	2.06	2.01
17	4.45	3.59	3.20	2.96	2.81	2.70	2.61	2.55	2.49	2.45	2.38	2.31	2.23	2.19	2.15	2.10	2.06	2.01	1.96
18	4.41	3.55	3.16	2.93	2.77	2.66	2.58	2.51	2.46	2.41	2.34	2.27	2.19	2.15	2.11	2.06	2.02	1.97	1.92

续表

	1	2	3	4	5	6	7	8	9	10	12	15	20	24	30	40	60	120	∞
19	4.38	3.52	3.13	2.90	2.74	2.63	2.54	2.48	2.42	2.38	2.31	2.23	2.16	2.11	2.07	2.03	1.98	1.93	1.88
20	4.35	3.49	3.10	2.87	2.71	2.60	2.51	2.45	2.39	2.35	2.28	2.20	2.12	2.08	2.04	1.99	1.95	1.90	1.84
21	4.32	3.47	3.07	2.84	2.68	2.57	2.49	2.42	2.37	2.32	2.25	2.18	2.10	2.05	2.01	1.96	1.92	1.87	1.81
22	4.30	3.44	3.05	2.82	2.66	2.55	2.46	2.40	2.34	2.30	2.23	2.15	2.07	2.03	1.98	1.94	1.89	1.84	1.78
23	4.28	3.42	3.03	2.80	2.64	2.53	2.44	2.37	2.32	2.27	2.20	2.13	2.05	2.01	1.96	1.91	1.86	1.81	1.76
24	4.26	3.40	3.01	2.78	2.62	2.51	2.42	2.36	2.30	2.25	2.18	2.11	2.03	1.98	1.94	1.89	1.84	1.79	1.73
25	4.24	3.39	2.99	2.76	2.60	2.49	2.40	2.34	2.28	2.24	2.16	2.09	2.01	1.96	1.92	1.87	1.82	1.77	1.71
26	4.23	3.37	2.98	2.74	2.59	2.47	2.39	2.32	2.27	2.22	2.15	2.07	1.99	1.95	1.90	1.85	1.80	1.75	1.69
27	4.21	3.35	2.96	2.73	2.57	2.46	2.37	2.31	2.25	2.20	2.13	2.06	1.97	1.93	1.88	1.84	1.79	1.73	1.67
28	4.20	3.34	2.95	2.71	2.56	2.45	2.36	2.29	2.24	2.19	2.12	2.04	1.96	1.91	1.87	1.82	1.77	1.71	1.65
29	4.18	3.33	2.93	2.70	2.55	2.43	2.35	2.28	2.22	2.18	2.10	2.03	1.94	1.90	1.85	1.81	1.75	1.70	1.64
30	4.17	3.32	2.92	2.69	2.53	2.42	2.33	2.27	2.21	2.16	2.09	2.01	1.93	1.89	1.84	1.79	1.74	1.68	1.62
40	4.08	3.23	2.84	2.61	2.45	2.34	2.25	2.18	2.12	2.08	2.00	1.92	1.84	1.79	1.74	1.69	1.64	1.58	1.51
60	4.00	3.15	2.76	2.53	2.37	2.25	2.17	2.10	2.04	1.99	1.92	1.84	1.75	1.70	1.65	1.59	1.53	1.47	1.39
120	3.92	3.07	2.68	2.45	2.29	2.17	2.09	2.02	1.96	1.91	1.83	1.75	1.66	1.61	1.55	1.50	1.43	1.35	1.25
∞	3.84	3.00	2.6	2.37	2.21	2.10	2.01	1.94	1.88	1.83	1.75	1.67	1.57	1.52	1.46	1.39	1.32	1.22	1.00

附录二 各章习题(部分)参考答案

第一章 绪 论

一、单选题

1—5 (4)(3)(2)(4)(4) 6—10 (4)(2)(1)(2)(1)

二、多选题

1. (1)(4)(5) 2. (3)(4) 3. (1)(4) 4. (2)(3)(4)(5) 5. (1)(2)(3)(4)(5)

第二章 统计调查

一、单选题

1—5 (2)(1)(3)(3)(1) 6—7 (1)(2)

二、多选题

1. (3)(5) 2. (1)(2)(4) 3. (1)(2)(3)(4)(5) 4. (1)(2)(4) 5. (2)(3)(5) 6. (1)(3)(5)

第三章 统计整理

一、单选题

1—5 (4)(1)(2)(3)(3) 6—7 (4)(2)

二、多选题

1. (2)(3)(4) 2. (1)(2)(4) 3. (3)(4)(5) 4. (2)(3)(5) 5. (2)(3)(4) 6. (1)(3)(4) 7. (1)(2)(4)

四、计算题

1. 某商店40名营业员月工资次数分配表：

按月工资额分组/元	次数		向上累计		向下累计	
	人数/人	频率/%	人数/人	频率/%	人数/人	频率/%
150～160	2	5.0	2	5.0	40	100.0
160～170	6	15.0	8	20.0	38	95.0
170～180	8	20.0	16	40.0	32	80.0
180～190	12	30.0	28	70.0	24	60.0
190～200	8	20.0	36	90.0	12	30.0
200～210	4	10.0	40	100.0	4	10.0
合计	40	100.0	—	—	—	—

2. 某商场某年职工销售额重新分组表:

按销售额分组/万元	营业员人数比重/%
50 以下	42
50~80	44
80~100	8
100 以上	6
合计	100

3.（1）

按计划完成程度分组/%	企业数/个	工人数/人	实际产值/万元
90~100	6	3 760	2 954
100~110	9	5 540	5 380
110~120	2	2 210	2 680
120~130	1	1 320	1 890
合计	18	12 830	12 904

（2）

按工人数分组/人	企业数/个	工人数/人	实际产量/万元	工人劳动生产率/(万元/人)
499 以下	6	1 020	774	0.76
500~999	7	5 270	4 720	0.90
1 000 以上	5	6 540	7 410	1.13

4.

频率/%	较大制累计次数	频数密度
10	60	0.6
30	54	1.8
40	36	1.2
20	12	0.4

5. 由图(图略)分析可知,前三道工序的废品率已达 97.27%,减少废品的关键是减少前三道工序的废品率。其中,第一道工序的废品率又占总废品率的 63% 以上,因此重点应对 A 工序严格把关。

6.

频数/个	频率/%	累计频率/%
15	6.55	6.55
	37.55	
50		65.94
		83.84
24	10.48	
13	5.68	100.00

7. 频率依次为 13.40%,21.75%,41.25%,15.80%,5.20%,2.6%;累计频率依次为:13.40%,35.15%,76.40%,92.20%,97.40%,100%;图略;估计本厂工人工资在 65 元以下约占 85%,估计 50% 的工人的工资在 55 元以内。

第四章 综合指标

一、单选题
1—5 (1)(4)(3)(2)(4)　6—10 (4)(4)(1)(2)(3)
二、多选题
1. (4)(5)　2. (2)(3)(4)(5)　3. (1)(2)(3)(4)(5)　4. (1)(2)(3)(4)(5)　5. (2)(5)
四、计算题
1.

计划		本季度		上季度实际产值	本季比上季增减/%
产值/万元	比重/%	实际产值/万元	完成计划/%		
	21	106.7		21.7	
	32	160			23.1
235	47		225.6		12.8
		497.6	99.5	422	17.9

2. 每万人拥有该专业人数 25 人(正),每一专业人员负担人数为 401 人,每万人拥有病床数为 23 张(正),每张病床负担人口数为 438 人。

3. 略。　4. 7/9。　5. 不科学。应改为"若晚间比早晨矮 1%,则早晨将比晚间高 1/99"。
6. 102.22%。　7. 2%。　8. 计划完成 104%,提前半年于第 5 年的第三季度完成计划。　9. 65。
10. 62 元。　11. 122%。　12. 中位数 117.33 元,众数 116.07 元。

第五章 变异与均衡指标

一、单选题
1—5 (2)(2)(4)(4)(1)
二、多选题
1. (1)(3)(5)　2. (1)(2)(3)(5)　3. (2)(4)(5)　4. (1)(4)　5. (1)(4)
四、计算题
1. $\bar{x}=76.5$ 分,$R=50$ 分,$A.D=8.8$ 分,$\sigma=10.62$ 分。

2. $V_\sigma=\dfrac{\sigma}{\bar{x}}\times 100\%=\dfrac{2.21}{20.42}\times 100\%=10.32\%$。

3. 甲:$R=14$,$\sigma=4.933$;乙:$R=11$,$\sigma=3.87$。

4. (1) 256;(2) 41.67%;(3) 4;(4) 2 500;(5) 200。

5. (1) $\bar{x}_甲=43.4$ 元/件,$\bar{x}_乙=43.47$ 元/件;$\sigma_甲=8.8$ 元/件,$\sigma_乙=10.2$ 元/件;
(2) $V_{\sigma甲}=0.203$,$V_{\sigma乙}=0.235$;
(3) 甲厂的平均成本代表性大。

6. 皮尔逊法:$SK_p=-0.21$,该分布呈左偏,且偏斜程度较小。动差法:$\alpha_3=\dfrac{m_3}{\sigma^3}=\dfrac{-863.25}{18.91^3}=-0.13$

7. 图略。基尼系数值 $G=\sum\limits_{t=1}^{N-1}(M_iQ_{i-1}-M_{i-1}Q_i)=0.19$。

第六章　时间数列

一、单选题

1—5　(4)(3)(2)(2)(2)

二、多选题

1. (2)(3)(4)(5)　2. (2)(4)　3. (1)(4)　4. (1)(2)(3)(4)(5)　5. (4)(5)

四、计算题

1.

年份	销售额/万元	与上年比较			
		增长量/万元	发展速度/%	增长速度/%	每增长1%的绝对值
2001		—	—	—	—
2002	128		106.67	6.67	1.20
2003	138.24	10.24			1.28
2004	146.53	8.29	106		1.38
2005	151.53		103.41	3.41	1.47

2. 257。

3. (1) 甲车间：0.25(万元/人)，乙车间：0.21(万元/人)；(2) 0.23(万元/人)。

4. 3.868万亿元。

5. 18.6%，14.9%。

6. 10%，明年：11 000人，后年：1 210人。

7. $\hat{y}=108.75+4.42t$，2010 预测值＝157.37(万元)(取 $\sum t=0$)。

8. 季节比率：111.41%，96.65%，84.56%，107.58%；季节变差：2.405 8，−2.924 2，−1.510 8，2.029 2；季节比率：114.12%，83.87%，91.50%，110.49%。

9.

年份	69	70	71	72	73	74	75
3年移动平均%	—	—	113.56	107.45	106.61	110.73	109.33

年份	76	77	78	79	80	81	82	83
3年移动平均%	107.32	109.64	114.24	118.48	109.89	112.80	110.95	—

第七章　指　数

一、单选题

1—5　(3)(4)(1)(2)(4)　6—10　(1)(3)(3)(2)(4)　11—15　(3)(3)(2)(2)(1)

二、多选题

1. (1)(3)(4)(5)　2. (1)(2)(4)　3. (1)(2)(5)　4. (3)(5)　5. (4)(5)　6. (1)(2)(3)(4)(5)　7. (1)(2)(3)(4)　8. (1)(3)　9. (1)(4)　10. (3)(4)

四、计算题

1. 110%；110%；98.71%；98.04%%。

2. 100.11%，120.46%；由于价格提高增加销售额 0.23 万元。

3. 120.5%，137%；由于产量增长而增加的生产费用为 37 万元；87.96%。

4. 105%。

5. 零售物价指数为 106.4%,上涨 6.4%。

6. 120.37%。

7. 报告期平均成本为 2.25 元,基期平均成本为 2.39 元;总平均成本指数 94.1%,由于总平均成本降低节约的生产费用总额为 7 万元;各企业成本水平变动的影响程度为 96.6%,由于各企业成本水平降低所节约的生产费用总额为 4 万元;各企业产量结构变动的影响程度为 97.5%,由于各企业产量结构变动影响成本降低所节约的生产费用总额为 3 万元。

8. 粮食物价指数:100%;副食品物价指数:113.9%;食品类物价指数:109.5%;全部零售商品物价指数:105.79%。

9. 利税额指数为 100.48%,增加的绝对额为 1 450 元;销售量指数为 136.67%;增加的利税额为 110 000 元;价格指数为 88.8%,减少的利税额为 46 000 元;利税率指数为 82.82%,减少的利税额为 62 550 元。

10. 定基指数:1999 年为 109.1%,2000 年为 116.4%,2001 年为 110.7%,2002 年为 129%;环比指数:1999 年为 109.1%,2000 年为 106.7%,2001 年为 100.3%,2002 年为 110.5%。

第八章　抽样分布

一、单选题

1—5　(2)(1)(1)(1)(3)

二、多选题

1. (1)(2)(4)(5)　2. (2)(3)(5)　3. (1)(2)(4)(5)　4. (1)(3)(5)　5. (1)(2)(5)

四、计算题

1. $z=-1.67, p=0.047\ 5$。

2. $z=-1.41, p=0.920\ 7, p=0.079\ 3, p=0.255\ 7$。

3. $z=-2.2, p=0.013$。

4. $p=0.971$。

5. $p=0.051\ 4, p=0.370\ 7, p=0.166$。

第九章　参数估计

一、单选题

1—5　(2)(4)(4)(3)(1)

二、多选题

1. (1)(2)(3)(5)　2. (1)(2)(3)(5)　3. (1)(4)(5)　4. (1)(3)(4)　5. (3)(4)(5)　6. (2)(4)(5)

7. (3)(4)

四、计算题

1. 抽样标准误差分别相当于原来的:0.816 倍、0.707 倍、0.577 倍、1.118 倍、1.414 倍、2 倍。

2. 抽样单位数分别增加 78%、56%、11%。

3. 点估计:3 000 尾;区间估计:22 500~37 500 尾。

4. (1) 样本平均数=160 元,抽样平均误差=4.635 元。

(2) 工人的周平均工资在 150.82~169.18 元之间,工资总额 226 230.0~253 765.5 元之间。

5. 抽样数目为 280 双。

6. 97 户,388 户。

7. (−10.05%, 0.05%)。

8. (1 573.7, 2 426.3);(238.2, 591.1)。

第十章　假设检验

一、单选题

1—5　(2)(4)(2)(4)(4)　6—10　(4)(3)(2)(1)(2)　11—12　(2)(3)

二、多选题

1. (2)(4) 2. (2)(4) 3. (1)(3) 4. (1)(4) 5. (1)(3)(5) 6. (2)(3)(5) 7. (1)(2)(4) 8. (1)(3)(5)

四、计算题

1. $z=3.33$, $z_{0.975}=1.96$, 拒绝原假设。
2. $z=4.26>1.645$, 拒绝原假设。这批产品不能出厂。
3. $z=1.34$, 接受原假设。
4. $z=1.636$, 接受原假设。
5. $\chi^2=12.16$, $\chi^2_{0.95}(19)=10.117$, 接受原假设。

第十一章 方差分析

一、单选题

1—5 (4)(3)(4)(1)(3) 6—10 (3)(2)(1)(1)(2)

二、多选题

1. (1)(2)(3)(4) 2. (2)(3)(4)(5) 3. (1)(4)(5) 4. (1)(2)(4)

四、计算题

1. 解: H_0:不同训练方法对产量无显著影响 H_1:不同训练方法对产量有显著影响

方差分析表

差异源	SS	df	MS	F	P-value	F crit
组间	160	2	80	1.655	0.232	3.885
组内	580	12	48.333			
总计	740	14				

由上表知: $F=1.655<F_{0.05}(2,12)=3.885$, 接受 H_0, 没有充分证据说明训练方法的不同对产量有显著影响。

2. 解: H_0:不同行业对服务质量的投诉次数没有显著差异;

H_1:不同行业对服务质量的投诉次数有显著差异。

方差分析表

差异源	SS	df	MS	F	P-value	F crit
组间	1 502.55	3	500.85	3.295 065 8	0.047 647 3	3.238 871 5
组内	2 432	16	152			
总计	3 934.55	19				

从以上分析结果可以看出: 3.295 1>3.238 9,(或 0.047 6<0.05), 所以拒绝原假设, 即四个行业之间的服务质量有显著差异。从平均投诉的次数来看, 家电制造业最高(59), 航空公司最低(35), 从各分组的方差来看, 航空公司的服务最稳定(方差最小)。

3. 解: 检验的假设有两个

H_{01}:饲料品种(因素 A)对生长没有显著影响 H_{11}:饲料品种对生产有显著影响

H_{02}:猪品种(因素 B)对生长没有显著影响 H_{12}:猪品种对生产有显著影响

方差分析表

差异源	SS	df	MS	F	P-value	F crit
行(因素 B)	150	2	75	90	0.000	6.944
列(因素 A)	8.667	2	4.333	5.2	0.077	6.944
误差	3.333	4	0.833			
总计	162	8				

由上表知:$F_A=5.2<F_{0.05}(2,4)=6.944$,接受 H_{01},没有充分证据说明饲料品种对其生长有显著影响;$F_B=90>F_{0.05}(2,4)=6.944$,拒绝 H_{02},有充分证据说明猪的不同品种对其生长有显著影响。

4. 解:检验的假设有三个

H_{01}:光照因素 A 对产量没有显著影响　　H_{11}:光照因素 A 对产量有显著影响

H_{02}:噪音因素 B 对产量没有显著影响　　H_{12}:噪音因素 A 对产量有显著影响

H_{03}:AB 交互作用对产量没有显著影响　　H_{13}:AB 交互作用对产量有显著影响

方差分析表

差异源	SS	df	MS	F	P-value	F crit
因素 A	2.083	3	0.694	0.463	0.711	3.009
因素 B	28.389	2	14.194	9.463	0.001	3.403
AB 交互作用	63.833	6	10.639	7.093	0.000 2	2.508
误　差	36	24	1.5			
合　计	130.306	35				

从上表知:$F_A=0.463<F_{0.05}(3,24)=3.009$,接受 H_{01},没有充分证据说明光照对产量有显著影响;$F_B=9.463>F_{0.05}(2,24)=3.403$,拒绝 H_{02},有充分证据说明噪音对产量有显著影响;$F_{AB}=7.093\,9>F_{0.05}(6,24)=2.508$,拒绝 H_{03},有充分证据说明光照与噪音存在交互作用并由此对产量产生显著影响。

5. 解:运用有交互作用的双因素方差分析方法解答本题。

方差分析表

差异源	SS	df	MS	F	P-value	F crit
样本	13 172.016 7	1	13 172.016 7	1.419 44	0.238 7	4.019 5
列	98 838.633 3	2	49 419.316 7	5.325 2	0.007 7	3.168 2
交互	1 609.633 3	2	804.816 7	0.086 7	0.917 1	3.168 2
内部	501 136.7	54	9 280.309 3			
总计	614 756.983 3	59				

从以上分析结果可以看出:列因素(营销策略因素:便利、质量、价格),$P=0.007\,7<0.05$,各水平之间差异显著,即营销策略对销售情况有显著影响;样本因素(广告媒体因素:电视、报纸),$P=0.238\,7>0.05$,差异不显著,表示在电视上或是在报纸上做广告的效果是一样的;交互因素,$P=0.917>0.05$,差异不显著,表示不同营销策略与不同广告媒体之间交互作用不显著。而且,无论哪种媒体广告,强调质量时的销售情况是最好的,其销售量的均值分别 643.0(电视)、687.1(报纸)。

第十二章　相关分析

一、单选题

1—5　(4)(3)(3)(4)(4)

二、多选题

1. (2)(4)(5)　2. (2)(3)　3. (1)(4)　4. (1)(3)(4)(5)　5. (1)(4)(5)

四、计算题

1. (1) $r=0.9478$；(2) $\hat{y}=395.59+0.8958x$。

$b=0.8958$ 表示生产性固定资产价值每增加 1 万元，总产值平均增加 0.8958 万元。

(3) $S_{yx}=126.65$ 万元；(4) 1380.97 万元。

2. (1) $r=0.867$；(2) $S_{yx}=2.22$ 万元。

3. (1) $\hat{y}=3.1003+1.4481x$；

(2) $F=298.3631, F_{0.05}(1,12)=4.75$，

因为 $F>F_\alpha$，所以方程显著，即所配回归方程有意义。

4. $\hat{y}=2.8+1.08x$。

5. (1) $\hat{y}=4.96+0.24x, S_{yx}=3.2$。

(2) $\hat{x}=42+1.5y, S_{xy}=8$。

6. (1) $r=-0.91$，产品产量与单位成本高度负相关。

(2) $\hat{y}=77.37-1.82x$，当自变量(产量)每增加 1000 件时，因变量(单位成本)则平均下降 1.82 元；当产量为 6000 件时，产品单位成本为 66.45 元；当单位成本为 70 元/件时，产品产量为 4049.45 件(此为直接利用 y 依 x 回归方程计算的结果。若另行建立 x 依 y 回归方程，重新计算，得：产品产量为 3955 件)。

7. $\hat{y}=57.15+0.01x_1-5.44x_2$。

8. $\hat{y}=0.705+\dfrac{4.231}{x}$。

主要参考书目

1. 范福仁. 生物统计学[M]. 南京:江苏科学技术出版社,1982.
2. 施建军. 统计学教程[M]. 南京:南京大学出版社,1992.
3. 贾怀勤. 应用统计[M]. 北京:对外贸易教育出版社,1994.
4. 施金龙. 经济统计教程[M]. 北京:科学出版社,1999.
5. 埃维森. 统计学基本概念和方法[M]. 北京:高等教育出版社,2000.
6. 黄良文. 统计学原理[M]. 北京:中国统计出版社,2000.
7. 袁卫. 统计学[M]. 北京:高等教育出版社,2000.
8. 徐国祥. 统计学[M]. 北京:高等教育出版社,2000.
9. 曾五一. 统计学概论[M]. 北京:首都经济贸易大学出版社,2003.
10. 戴维·S·穆尔. 统计学的世界[M]. 北京:中信出版社,2003.
11. C. R. 劳. 统计与真理[M]. 北京:科学出版社,2004.
12. 胡健颖. 实用统计学(第三版)[M]. 北京:北京大学出版社,2004.
13. 刘达民. 应用统计[M]. 北京:化学工业出版社,2004.
14. 贾俊平. 统计学(第四版)[M]. 北京:中国人民大学出版社,2011.
15. Jessica M. Utts. Mind on Statistics[M]. 北京:机械工业出版社,2002.
16. David S. Moore. The Basic Practice of Statistics[M]. New York:W. H. Freeman Company,2004.
17. Yadolah Dodge. The Concise Encyclopedia of Statistics (1st edition)[M]. Springer,2008.
18. David M. Levine and David F. Stephan. Even you can learn statistics: a guide for everyone who has ever been afraid of statistics (2nd edition)[M]. Pearson Education, Inc. ,2010.